中国改革开放史料丛书

外贸体制改革

李　钢　主编

中国工人出版社

“中国改革开放史料丛书”
编委会

总序

铭记改革开放历史
奋进新时代新征程

历史是一面镜子，也是一部教科书。重视历史，研究历史，借鉴历史，是中华几千年文明的一个优良传统。当代中国是历史中国的延续和发展，书写着中国人民和中华民族不懈奋斗的宏伟篇章。历史的无穷魅力在于包含了大量丰富的史料。史料是保存历史、记述历史、再现历史的基本素材和重要依据。重视历史的学习、研究和传承，必须重视史料的收集、整理、汇辑。

改革开放是中国人民和中华民族发展史上一次伟大革命，正是这场伟大革命推动了中国特色社会主义事业的伟大飞跃。1978 年底，中国共产党召开具有重大历史意义的十一届三中全会，开启了改革开放历史新时期。从那时以来，中国共产党带领全国人民以一往无前的进取精神和波澜壮阔的创新实践，谱写了壮丽史诗。改革开放 40 多年来，从农村到城市，从生产到投资、流通、分配、消费，从所有制结构到企业形式，从经济领域到生产关系和上层建筑的某些环节，都进行了系统和全面改革，成功实现了从高度集中的计划经济体制到充满活力的社会主义市场经济体制的伟大历史性转变；对外开放从建立经济特区到沿海、沿江、沿边，从东部到中西部地区，再到加入世界贸易组织，从大规模“引进来”到大踏步“走出去”，成功实现了从封闭半封闭到全方位开放的伟大历史性转变。我们在深化经济体制改革的同时，不断深化政治体制、文化体制、社会体制、生态文明体制改革和其他领域改革，不断推进国家治理体系和治理能力现代化。在改革开放推动下，我国经济和社会发展取得了举世瞩目的辉煌成就，实现了人民生活由温饱不足到小康宽裕的伟大历史性转变。事实雄辩地证明，改革开放是决定当代中国前途命运的关键一招，是当代中国发展进步的动力之源，是大踏步赶上时代前进步伐的重要法宝，为实现中华民族伟大复兴提供了充满新活力的体制保障和快速发展的物质条件，中华民族迎来了从站起来、富起来到强起来的伟大飞跃。

现在，我国在广袤大地上全面建成小康社会，正阔步迈向全面建设社会主义现代化国家的新征程。在庆祝中国共产党成立100周年大会上，习近平总书记强调，“以史为鉴，可以知兴替。我们要用历史映照现实、远观未来，从中国共产党的百年奋斗中看清楚过去我们为什么能够成功、弄明白未来我们怎样才能继续成功，从而在新的征程上更加坚定、更加自觉地牢记初心使命、开创美好未来”。改革开放以来的岁月将彪炳于中华民族发展的壮丽史册。40多年来，中国共产党从理论到实践的伟大创造，探索和积累的宝贵经验是党和人民弥足珍贵的精神财富，对于新时代坚持和发展中国特色社会主义有着极为重要的指导意义，应当倍加珍惜。

2022年，党的二十大召开。“中国改革开放史料丛书”的出版，为了铭记改革开放以来的光辉历史过程，收集、保存、传承40多年的宝贵历史资料，也为了以实际行动落实党中央关于加强改革开放史教育的部署要求，展示改革开放历史的史料价值。

这套丛书共有20卷。分别是：《中国社会主义市场经济体制形成与发展》《计划投资体制改革》《农业农村改革》《对外开放》《行政体制改革》《财政税收体制改革》《价格体制改革》《经济特区发展》《城市改革与发展》《国有企业改革》《金融体制改革》《教育体制改革》《收入分配改革》《科技体制改革》《外贸体制改革》《商品与要素市场改革》《就业体制改革》《社会保障体制改革》《民营经济发展》《改革开放大事记》，力求从不同领域、不同角度，全面、系统、客观记录我国改革开放40多年的历史进程，重点收录具有重要价值的史料，特别是历史文献、重要人物和事件、实物和口述史料，以期在服务全面深化改革开放事业、加强改革开放史研究和教育中提供参考、发挥作用。

这套丛书的各卷主编和参与者大多是相关领域知名的专家学者，也是我国改革开放的亲历者、见证者。丛书集结了他们长期亲历和研究我国改革开放的重要成果，凝聚了他们对改革开放伟大事业的深厚情怀和责任担当。中国工人出版社对这套丛书的出版给予了大力支持，集全社之力，不舍昼夜，为本书如期付梓出版不辞辛劳；中国（海南）改革发展研究院作为30多年如一日勇立改革开放潮头、以建言改革为己任的改革智库，为此书的策划、组织和出版作出了重要贡献，彰显出改革智库记录好、传播好改革开放历史的初心使命。我作为这套丛书的编委会主任，在此向为本套丛书付出艰辛努力的各位编委会成员、作者，对中国工人出版社的领导、编辑表示由衷的敬意和感谢！

这套丛书内容时间跨度大，涉及领域多，涵盖方面广，力图史料全面、翔实、准确，任务艰巨。由于时间较紧，难免有不足之处，恳请读者批评指正。

魏礼群

2024 年 3 月

前言

党的十一届三中全会开启了中国改革开放的伟大征程。自此，解放思想，实事求是，一切向前看，实现社会主义现代化成为举国上下的共同目标。邓小平指出，社会主义也有市场经济，资本主义也有计划控制①，这冲破了计划经济理论的束缚，使我们重新认识世情、国情，也让我国从高度集中的中央计划经济逐步走向具有中国特色的社会主义市场经济。

如今，我国社会主义市场经济体制日趋完善，显示出独具的活力与魅力。社会主义市场经济的体制优势、超大规模市场的需求优势已对全球经济产生巨大影响：经济总量世界第二、制造业产值世界第一、进出口总额世界第一……无数

---

① 邓小平：《善于利用时机解决发展问题》，《邓小平文选》（第三卷），北京：人民出版社，1993 年版，第 364 页。

数据居于世界前列的背后，正是改革开放40多年来，解放和发展生产力所造就的举世瞩目的成就。站在新的历史方位，回顾改革开放的关键抉择与发展历程，不仅是对过往史实的真切描述，更是对今天和未来坚定不移全面深化改革扩大高水平对外开放的昭示：改革开放是决定中国命运的关键一招。

众所周知，我国经济改革首先从农村开始推行家庭联产承包责任制肇始，进而推进城市经济体制改革。在此期间，作为整个计划经济的重要组成部分，外贸体制改革亦在先行先试之列。前期探索性改革，在中央层面是从外贸行政体制改革开始，“两部两委”并存到组建单一的对外经济贸易部，改革的核心是政企分开，下放外贸经营权，以“自负盈亏、放开经营、工贸结合、推行代理制”为阶段性目标，调动中央各部门、地方和外贸企业的积极性，为现代化建设所需的技术设备及相关物资的进口而大力“出口创汇”，解决外汇短缺的问题。在地方层面，从1979年广东、福建两省实行“特殊政策”，试办经济特区，进而拓展到14个沿海港口城市及至整个沿海地区，核心是通过率先开放，冲破固有的计划经济束缚，利用外部资源和市场，实行沿海地区经济发展战略，使沿海三亿人口不再与内地争抢出口资源，积极主动到国际市场找饭吃，参与国际经济大循环。

以1992年邓小平“南方讲话”为标志，党的十四届三中全会把党的十四大确立的社会主义市场经济体制改革目标具体化，制定社会主义市场经济体制的基本框架。正是社会主义与市场经济的有机结合，促使我国全面深入地融入经济全球化的潮流之中。我国在1986年提出恢复在关贸总协定中缔约国地位的申请并经历多轮艰苦谈判之后，终于把我国经济体制改革的目标确立为建立社会主义市场经济体制——符合关贸总协定和之后建立的世界贸易组织的宗旨，与相关缔约方进行谈判，不断推进市场化改革特别是外贸体制改革。自此之后，我国外贸体制改革不再是单纯的自我探索式改革，而是以关贸总协定和世界贸易组织的一系列规则和协议为参照系进行的，通过不断开放以适应多边贸易体制的要求的系统性改革。1994 年，《中华人民共和国对外贸易法》正式颁布实施，这既是以开放倒逼改革的“市场化、法制化、国际化”的成果，更是深化改革、扩大开放的新起点。

2001 年底，经过 15 年的艰辛谈判，我国终于加入了世界贸易组织。这一时期的外贸体制改革，通过认真履行《中国加入世界贸易组织议定书》以及相关协议，对 2300 多部法律法规进行了全面系统的“废改立”，以此融入全球多边贸易体系。到 2006 年，中国完成了 5 年过渡期的承诺，成为世界贸易组织的全权成员。这一时期的外贸体制改革还有一个特点，就是制定并实施自由贸易区战略，以此进一步提升区域经济一体化水平，在双边与区域范围内实行较高水平的贸易投资自由化。

党的十八大以来，中国特色社会主义进入新时代。在新的征程中，我国进行了更深层次的改革和更高水平的扩大开放。在外贸体制改革方面，以建立开放型经济新格局新体制为目标，实行了更高水平的贸易投资自由化便利化的战略举措。在自主改革开放方面，实施了建立自由贸易试验区和自由贸易港的战略举措，通过开放进一步倒逼国内改革，同时也通过开放进行风险压力测试。在协议开放方面，进一步深化实施自由贸易区战略，与更多的国家和地区建立自由贸易关系，将自由化便利化从货物贸易领域拓展到服务贸易、投资等领域，进一步强化知识产权保护，推动营商环境向更高水平的市场化、法制化、国际化迈进。在全球经济治理方面，通过自身高水平开放型经济的建构，推动建设开放型的世界经济；在国际经贸规则重构、新规则形成以及世界贸易组织改革等方面发挥更大作用。与此同时，我国更加注重把握发展与安全、开放的平衡，更加注重维护自身利益。

作为中国改革开放史料丛书之一，本书遵循历史与逻辑相统一的原则，按照上述改革脉络进行编写。本书紧紧围绕外贸体制改革这一主题，将其置于我国改革开放的大背景之中加以考察，在编写的过程中力求处理好如下方面。

第一，以史料为基础。本书在前人的基础上，更加系统地梳理了改革开放以来，外贸体制改革领域的重要文献，以叙为主。大多数记述我国外贸史的论著，以抽象概述，或以后来者的视角来描述当时改革举措的得失，不免失之偏颇。我花费大量时间查找与外贸体制改革相关的原始文件，以展现不同阶段的历史原貌与改革举措。在我国经济体制改革过程中，外贸体制改革是除农村农业改革外最早进行改革的领域。本书描绘了外贸体制改革先行先试，从政策文件角度来看，以“入世”为界分为两个阶段，“入世”之前的改革以“红头文件”的形式内部发布，在当时还具有一定的保密性；“入世”之后的改革按照《中国加入世界贸易组织议定书》的承诺，外贸领域的文件基本都公开发布，体现了较高的透明度。

第二，叙述与评论的关系。本书以叙为主，还原当时的历史。以中共中央、国务院及相关部委的政策文件为主，参考了不同时期主管外贸体制改革的领导同志的回忆录或文章，以及有关专家学者的著作。我在不同时期参与或主编过多部与相关外贸体制改革的著作，在此基础上对外贸体制改革阶段性成果做出必要的评论。

第三，改革与开放的关系。邓小平指出，一个对外经济开放，一个对内经济搞活。改革就是搞活，对内搞活也就是对内开放，实际上都叫开放政策。[①]在外贸领域，改革与开放更是密不可分，且表现尤为突出。改革开放初期的外贸体制改革大多“摸着石头过河”，是自身搞活的需要。之后，逐渐以关贸总协定和世界贸易组织为代表的多边贸易体系的规则与协议为参照系进行改革。可以说，外贸体制改革的过程也就是外贸体制逐步开放的过程，是通过开放倒逼改革的过程，是我国外贸体制逐渐与多边贸易体系接轨的过程。这使得我国外贸体制兼具鲜明的开放特征、国际化特征。

第四，外贸体制改革与其他领域改革开放的关系。外贸体制改革牵扯方方面面。初期以广东福建两省实行“特殊政策”，兴办特区为突破；中央层面成立国家进出口委员会和外资管理委员会，统筹外贸、外资、外经等领域。不久，撤销“两部两委”，组建对外经济贸易部，统一管理对外经贸各项业务，改变了政出多门的局面，保证了之后改革的顺利展开。就外贸体制改革本身而言，其自身的改革离不开计划、价格、财政、税收、信贷、外汇以及海关、检验检疫等多个方面在中央授权下的配套改革。就外经贸领域而言，外贸体制改革必然涉及利用外资、技术引进以及经济技术合作等领域的体制机制建构与改革。而这些领域的建构与改革均可以单独成卷，本书为避免喧宾夺主，除作必要的叙述外，未做展开。

第五，改革与发展的关系。经济体制改革的目的就是解放和发展生产力，外贸体制改革要消除不适应外贸发展的体制机制障碍，

① 邓小平：《军队要服从整个国家建设大局》，《邓小平文选》（第三卷），北京：人民出版社，1993 年版，第 98 页。

以开放促改革、促发展，推动对外贸易不断迈上新台阶。由于本书着重涉及我国外贸体制改革的进程，所以对我国外贸发展战略未作深入分析。外贸体制改革的评价标准，就是看是否通过改革促进对外贸易发展。因此，除作出定性的评价外，多用外贸相关统计数据或图表展现出来，而未作过多阐述。在货物贸易与服务贸易数据方面，虽尽量平衡体现，但还是更加偏重于前者。

本书分为历程篇、史料篇。历程篇在总论之下按照外贸体制改革的不同阶段分为六章加以阐述：转型初期外贸体制改革的探索、外贸承包经营责任制的进一步改革、社会主义市场经济条件下外贸体制改革深入推进、“复关”和“入世”谈判与外贸体制改革、加入世界贸易组织后的外贸体制改革和新时代更高水平的外贸体制改革。史料篇收录了中共中央、国务院以及相关部门的政策文件、法律规章，有关领导专家的期刊摘要、著作，重要文献索引以及外贸体制改革大事记等。

在本书撰写过程中，本人负责全书的提纲拟定，撰写了外贸体制改革历程篇第一章至第五章，查找早期外贸体制改革的重要文件，以期还原历史原貌，补充了大事记的一些重要内容，书稿完成后进行了统稿。《中国商务年鉴》社社长、总编辑丹舟，副总编辑沈炳兴提供大量文献资料（包括图片），商务部网站商务历史子网站负责人汪雷生提供大事记相关资料，李西林负责历程篇第六章的撰写以及各章数据图表整理等工作，游佳慧、汪卫媛协助收集整理部分数据和文献资料，邵兴鲁对书稿进行初步校对。感谢每一位成员作出的无私奉献。本书力求多述少评，尽量展现历史的原汁原味，评论部分力有未逮，不当之处，恳请读者批评指正。最后，感谢丛书编委会主任魏礼群给予的信任和支持，感谢中国（海南）改革发展研究院院长迟福林的邀约，感谢中国工人出版社对本书的大力支持，对各位编辑严谨求真的工作表示由衷谢意。

李钢

2024 年 5 月 6 日

目录

第一部分
历程篇

第二部分
史料篇

CHINA'S REFORM AND OPENING UP

第一部分

历程篇

总　论
中国特色社会主义对外贸易制度与体系的形成

▼

从改革开放后的重大变革到新时期的深化改革，我国对外贸易体制走过了40多年的漫长发展历程，实现了从最初高度集中的计划体制到新时代创新开放体制的伟大变革。在新时代推动贸易强国建设的目标要求下，外贸体制改革仍在不断推进与深化。

我国对外贸易在社会主义现代化建设中发挥着不可替代的重要作用，在世界经济贸易中的分量也逐渐加大，改革开放40多年后的今天，我国已经成为世界第二大经济体、世界第一生产大国、世界第一贸易大国，其中货物贸易已经十多年位列世界第一，服务贸易稳居世界第二。这既是中国对外贸易体制逐步与世界多边贸易体制衔接（接轨）的过程，也展现了我国迈向贸易大国的历史性转变。

一、改革开放前的对外贸易政策

探讨外贸体制改革就不能不提及新中国对外贸易体制（制度）的形成与发展。新中国的成立，结束了帝国主义、封建主义和官僚资本主义的统治，也结束了自鸦片战争以来旧中国半殖民地半封建对外贸易的屈辱历史。新中国成立初期的对外贸易是在彻底摧毁帝国主义在华特权、没收官僚资本、对民族资本外贸企业进行社会主义改造的过程中建立起来的。

新中国实行国家统制对外贸易政策，坚持独立自主、平等互利原则，贯彻以自力更生为主、争取外援为辅的建设方针，立足生产发展对外贸易，统筹兼顾内外销，逐步形成了带有我国自身特色的社会主义对外贸易的体制。从新中国成立到改革开放之前，从“对外的统制贸易”到高度集权的对外贸易，有其自身独特的历史发展轨迹，这是明显有别于其他领域高度集中的计划经济体制形成的过程。在特定历史条件下形成的外贸体制，是我国高度集中的计划经济体制的一个组成部分，主要以行政管理为主，保证了统一政策、统一计划、统一经营、统一对外，对于粉碎西方国家的“封锁”“禁运”，顶住外部的经济压力，促进社会主义经济建设等方面起到了重大的积极作用。但由于受到国内外条件制约，对外贸易长期被看作社会主义扩大再生产的补充手段，局限于互通有无、调剂余缺，我国经济与世界经济的联系和交流极为有限，无法充分利用国际分工与交换来加快国内经济发展，实际上形成了半封闭的状态。

二、转型初期的外贸体制改革探索

党的十一届三中全会作出了把工作中心转移到社会主义现代化建设上来的战略决策，由此开始了从“以阶级斗争为纲”到以经济建设为中心、从僵化半僵化到全面改革、从封闭半封闭到对外开放的历史性转变。1978 年 12 月 13 日，邓小平指出，“现在我国的经济管理体制过于集中，应该有计划地大胆下放，否则不利于充分发挥国家、地方、企业和劳动者个人四个方面的积极性，也不利于实行现代化的经济管理和提高劳动生产率。应该让地方和企业、生产队有更多的经营管理的自主权。我国有这么多省、自治区、市，一个中等的省相当于欧洲的一个大国，有必要在统一认识、统一政策、统一计划、统一指挥、统一行动之下，在经济计划和财政、外贸等方面给予更多的自主权"[①]。这个讲话为我国之后的经济体制改革指明了方向。

（一）外贸领域改革两条路线并行

转型初期的外贸体制改革探索（1979—1988 年）是在极其艰难条件下起步的。当时高度集中的计划经济还未真正触及改革，外贸领域的改革是在两条线上同时进行的：一条线是 1979 年党中央、国务院决定在广东和福建两省实行"特殊政策和灵活措施"，继而兴办经济特区，开放 14 个沿海港口城市，形成对外开放经济带，从地方层面突破高度集中的计划经济，这是全面改革的大胆尝试，当然重点也包含外贸体制改革、建立利用外资新体制等。另一条线是外经贸部门自身的"先行先试"的改革，改革伊始，一方面，建立了国家进出口委员会和利用外资委员会（一套人马、两块牌子），站在"大部制"的层面，从总体上设计外贸体制改革的路径；另一方面，当时的外贸部自身也开始从外贸业务领域的角度进行政企分开的尝试。经过不到三年的时间，"两部两委"合并（1982

① 邓小平：《解放思想，实事求是，团结一致向前看》，《邓小平文选》（第二卷），北京：人民出版社，1994 年版，第 145-146 页。

年 4 月），组建对外经济贸易部，这两条线又合二为一，开启了有序协同的外经贸体制改革（经济特区则由新组建的国务院经济特区办公室负责）。1984 年 9 月，国务院批转《对外经济贸易部关于外贸体制改革意见的报告》，在总结前几年改革的基础上，提出了“政企职责分开、实行进出口代理制、工贸结合、技贸结合、进出结合”的外贸体制改革原则，并据此推出外贸体制改革方案。这是初期改革承前启后的重要举措。1984 年 10 月，中共中央印发《关于经济体制改革的决定》，更是明确提出外贸体制改革“既要调动各个方面的积极性，又要实行统一对外”的总的指导原则。在转型初期外贸体制改革过程中，将外贸经营管理权，包括一些国家统一经营的进出口商品经营权、外汇使用审批权、进出口机构设置审批权等分散、下放到各地方和部门，并辅以出口退税、外汇留成等办法，改变过去外贸进出口独家经营、过分集中的状况。

（二）转型初期外贸体制改革的具体措施

转型初期外贸体制改革主要包括以下举措：一是调整国家对外贸易机构；二是下放部分外贸经营权；三是在广东、福建两省采取特殊政策和灵活措施；四是探索工贸结合的路径；五是在外汇、税收等方面采取与外贸相关的配套改革措施；六是改革外贸计划管理；七是加强外贸行政管理；八是在 1987 年实行了外贸专业子公司出口承包经营责任制（条条承包）。这些改革调动了全国各地方、部门和出口生产企业经营外贸的积极性，增强了企业开拓国际市场的活力和竞争力，促进了我国对外贸易的持续发展。

三、外贸经营承包责任制的进一步改革

我国在外贸经营承包责任制进一步改革阶段（1988—1992年），延续了转型初期外贸体制改革的基本思路，通过强化外贸经营承包责任制继续推进改革。1987年9月，国务院下发《关于批转对外经济贸易部一九八八年外贸体制改革方案的通知》，决定在轻工业品、工艺品、服装三个出口行业进行自主经营、自负盈亏试点改革，并确定实行出口退税、改革外汇留成和使用办法、改革出口经营体制、实行进口代理作价办法，完善承包经营责任制、改进外贸行政管理等一系列改革措施。同年10月，党的十三大报告明确指出，为了更好地扩大对外贸易，必须按照有利于促进外贸企业自负盈亏、放开经营、工贸结合、推行代理制的方向，坚决地有步骤地改革外贸体制[①]。

1988年2月，国务院作出《关于加快和深化对外贸易体制改革若干问题的规定》，全面部署这一阶段的外贸体制改革，其主要举措：一是全面实行外贸承包经营责任制。由各省、自治区、直辖市、计划单列市和直接承担出口任务的国家外贸公司，分别向国家承包出口创汇、上缴外汇和经济效益指标。二是对轻工业品、工艺品、服装三个行业的外贸企业实行自负盈亏的试点改革。三是进一步改革外贸计划体制。进一步缩小进出口商品指令性计划的范围，扩大指导性计划和市场调节的范围。四是进一步改革外贸财务体制。外贸企业向国家承包经济效益指标，全面实行出口退税等。

---

① 《沿着有中国特色的社会主义道路前进——在中国共产党第十三次全国代表大会上的报告》，北京：人民出版社，1987年版，第23页。

五是进一步改革出口经营体制。少数重要出口商品实行指令性计划，少数比较重要出口商品实行指导性计划，其他绝大部分出口商品实行市场调节由各类外贸公司放开经营。六是进一步改革进口经营体制。少数重要进口商品由国家制定的外贸专业总公司及其直属的分公司统一经营，少数大宗进口商品由有专属经营权的各类外贸公司联合成交，其他绝大部分进口商品由各类外贸公司放开经营。

四、社会主义市场经济条件下的外贸体制改革

（一）外贸体制改革逐步走上市场化、法制化、国际化轨道

1992 年春，邓小平南方谈话指出，“计划多一点还是市场多一点，不是社会主义与资本主义的本质区别。计划经济不等于社会主义，资本主义也有计划；市场经济不等于资本主义，社会主义也有市场。计划和市场都是经济手段”[①]。提出要以“是否有利于发展社会主义生产力，是否有利于增强社会主义国家的综合国力，是否有利于提高人民的生活水平”，作为改革开放的判断标准。[②]这为进一步解放思想、推进改革开放指明了方向。1993 年 11 月，党的十四届三中全会通过《关于建立社会主义市场经济体制若干问题的决定》，将社会主义市场经济改革的目标和原则具体化，进一步改

① 邓小平：《在武昌、深圳、珠海、上海等地的谈话要点》，《邓小平文选》（第三卷），北京：人民出版社，1993 年版，第 373 页。
② 邓小平：《在武昌、深圳、珠海、上海等地的谈话要点》，《邓小平文选》（第三卷），北京：人民出版社，1993 年版，第 372 页。

革对外经济贸易体制，建立适用国际经济通行规则的运行机制[①]。1994年1月，国务院印发《关于进一步深化对外贸易体制改革的决定》，强调建立适应国际经济通行规则的运行机制。坚持统一政策、放开经营、平等竞争、自负盈亏、工贸结合、推行代理制的改革方向[②]。由此，我国的外贸体制改革走上了市场化、法制化、国际化的轨道。

（二）《中华人民共和国对外贸易法》的制定与实施

1994年5月，八届全国人大常委会第七次会议正式通过《中华人民共和国对外贸易法》，为建立适应社会主义市场经济和国际贸易通行规则及惯例的社会主义对外贸易制度，奠定了法制化的重要基石，标志着我国对外贸易管理与经营走上法制化轨道，这是中国对外贸易历史上具有划时代意义的一件大事。它指明社会主义市场经济是对外贸易法的立法基础，为对外贸易的基本制度和基本政策确定了前提。

从外贸体制改革的角度来看，《中华人民共和国对外贸易法》将我国外贸体制改革的方向和目标以法律的形式确定下来，从而真正建立起符合社会主义市场经济体制的对外贸易制度。从对外开放的角度来看，《中华人民共和国对外贸易法》的制定和颁布实施，使我国对外贸易制度与多边贸易体系的规则基本实现了对接，将我

① 《关于建立社会主义市场经济体制若干问题的决定》，北京：人民出版社，1993年版，第26页。

② 《关于进一步深化对外贸易体制改革的决定》，国家政府网，2010年11月15日。

国对外贸易体制改革的目标方向，政府部门宏观管理体制和外贸企业的经营机制，对外贸易参与各方的权利、义务和责任以法律的形式确定下来，并且成为迈向与世界经济贸易接轨的极为重要的步骤，初步实现了对外贸易制度、体制和政策的市场化、法制化和国际化。这一时期逐步建立了符合社会主义市场经济体制的要求，以及与国际贸易通行规则和惯例相衔接的新型外贸管理和运营体制。主要包括完善外贸宏观进出口管理，改革外汇管理体制，调整出口退税制度，完善关税制度和逐步建立外贸现代企业管理制度。

五、"复关"和"入世"谈判

（一）《中国对外贸易制度备忘录》的递交与修行

在对外贸易体制改革的过程中，也伴随着我国恢复在关贸总协定中地位的谈判和世界贸易组织成立之后的加入谈判历程。这实际上是通过开放倒逼改革的过程，是通过对标多边贸易体系协议规则，建立和不断完善社会主义市场经济的过程。这也是外贸体制改革有别于其他领域改革的最大特色。从1987年我国向关贸总协定递交的《中国对外贸易制度备忘录》第一个版本和后续的1993年、2000年的两个修订版本可以清晰地看出我国外贸体制历史性沿革和与多边贸易体系接轨的印迹。

1987年的《中国对外贸易制度备忘录》对我国经济体制的描述是：中国是一个发展中的社会主义国家，需要大力发展社会主义的商品经济，而且在相当长的历史时期内，中国的经济还要在以公有制为主体的前提下发展多种经济成分。改革的目标，就是要建立起有中国特色的有计划的商品经济新体制。从中国对外贸易政策、外贸体制改革、海关关税制度、进出口商品检验、进出口许可证制度、进出口商品作价、外汇管理制度、经济特区和沿海开放城市八个方面阐述了到 1986 年为止的中国对外贸易政策和体制改革的状况。

1993 年修订后的《中国对外贸易制度备忘录》是在我国确立建设社会主义市场经济体制，以及关贸总协定基本结束对我国对外贸易制度审议之后递交的，最主要的修改是："中国改革的目标在于建立社会主义市场经济体制，也就是说，市场在社会主义国家宏观调控下对资源配置起基础性作用，使经济活动遵循价值规律的要求，适应供求关系的变化；通过价格杠杆和竞争机制的功能，把资源配置到效益较好的环节中去，并给企业以压力和动力，实现优胜劣汰；运用市场对各种经济信号反应比较灵敏的优点，促进生产和需求的及时协调。"[①] 与此同时，修订后的《中国对外贸易制度备忘录》从原来的四个部分增加到七个部分，体现了当时我国经济体制和外贸体制改革的主要进展。

2000 年,《中国对外贸易制度备忘录》再次修订，全面反映了建立社会主义市场经济以来，我国以外贸法为依据，按照关贸总协定和世界贸易组织的规则协议及我国加入世贸组织的基本承诺，将外贸体制改革纳入市场化、法制化和国际化轨道的进程。

（二）我国成功加入世界贸易组织

2001 年 12 月 11 日，我国经过长达 15 年的艰苦努力，成功加

---

① 中国关贸总协定谈判代表团:《中国对外贸易制度备忘录》(1993 年 5 月修订本)，北京：中国对外经济贸易出版社，1993 年版，第 7 页。

入世界贸易组织，成为其第 143 个成员，标志着对外开放进入新阶段，开启了我国全面参与国际合作竞争的新时期，迎来了我国对外贸易的跨越式发展，对国民经济和社会发展作出了重大贡献。加入世界贸易组织开启了我国第三轮改革开放的新篇章，这一时期，我国全面融入多边贸易体系，深入参与国际分工与交换，真正确立了中国特色社会主义市场经济体制。外贸体制改革深入持续开展，建立了符合世贸组织规则的进出口管理法律框架和制度。通过改革行政审批制度和出口退税制度，完善贸易促进体系，深化双边和区域合作机制，为外贸快速发展创造了良好环境，开放型经济进入了新的发展阶段。

六、新时代更高水平的外贸体制改革

（一）推进新时代外贸体制改革

党的十八大以来，依托我国超大规模市场优势，我国推动规则、规制、管理、标准等制度型开放，形成更大范围、更宽领域、更深层次对外开放格局，构建互利共赢、多元平衡、安全高效的开放型经济体系，不断增强我国国际经济合作和竞争新优势。我国实行更加积极主动的开放战略，加强开放型经济发展的顶层设计，统筹推进新时期外贸体制改革。

2013 年，党的十八届三中全会通过《中共中央关于全面深化改革若干重大问题的决定》，准确评估我国改革已进入攻坚期和深水区，提出紧紧围绕使市场在资源配置中起决定性作用深化经济体制改革，对构建开放型经济新体制做出了新部署，为我国外贸体制改革指明了新方向。

2015年，中共中央、国务院印发《关于构建开放型经济新体制的若干意见》，提出构建外贸可持续发展新机制的任务举措，为新时代外贸体制改革提出了任务安排，涵盖贸易便利化体制、培育外贸竞争新优势的制度创新和导向、服务贸易促进体系、外贸政策的质量效益导向、贸易摩擦应对机制五个方面。同时，就创新外商投资管理体制，建立促进走出去战略新体制，优化对外开放区域布局，加快实施“一带一路”战略，拓展国际经济合作新空间，构建开放安全的金融体系，建设稳定、公平、透明、可预期的营商环境等作出安排。

（二）新时代我国的外贸政策和对世界的贡献

党的十九大后，我国经济发展由高速增长阶段转向高质量发展阶段。面对国际国内形势深刻变化，推动形成全面开放新格局，推进贸易强国建设，要实行更高水平的贸易和投资自由化便利化政策。在自贸试验区先行探索的基础上，全面实行准入前国民待遇加负面清单管理制度，大幅度放宽市场准入，扩大服务业对外开放。这表明，我国新一轮对外开放，制度上产生了突破性进展，行业上转向了以服务业开放和服务贸易为重点的领域。

我国外贸体制改革深入推进，不断构建和完善高水平贸易和投资自由化便利化制度。构建更高水平的贸易开放制度安排，推动进口关税总水平下降以深化货物贸易开放，通过区域及双边自由贸易安排降低进口关税税率，同时主动下调进口关税税率，我国进口关税总水平从2010年的9.8%大幅降至7.4%；创新扩大贸易开放的制度安排，对标高标准国际经贸规则推进制度型开放，将服务领域开放、电子商务等纳入自贸协定，建设自由贸易试验区，高质量高标准建设自由贸易港，开展服务业扩大开放综合试点和示范区建设，加快推进服务业开放和服务贸易发展。我国陆续在 21 个省（区、市）设立了自由贸易试验区，自贸港政策和制度框架初步建立，与 26 个国家和地区签署了 19 个自贸协定。建立更加便利的外贸发展新体制，创建贸易便利化工作机制，深化通关一体化改革，拓展国际贸易“单一窗口”功能，建立非贸税收征管工作制度。2021 年 12 月，全国进口、出口整体通关时间分别为 32.97 小时和 1.23 小时，较 2017 年缩短了 66.14%和 89.98%，大力压缩了制度性交易成本。加快创新驱动，围绕“五个优化”“三项建设”、外贸新业态新模式等部署实施了一系列外贸创新发展新机制和新举措。跨境电子商务综合试验区总量增加到 132 个，覆盖全国 30 个省（区、市）。“一试点、一示范、多基地”服务贸易平台体系日益丰富，建立完善服务贸易发展部际联席会议、服务贸易重点企业联系等制度，不断完善服务贸易发展政策和制度体系。深化共建“一带一路”经贸合作机制，推进“丝路电商”发展，积极与相关国家和地区建立贸易畅通工作组、投资合作工作组以及电子商务、服务贸易等合作机制，我国与“一带一路”沿线国家进出口总值增长至 11.6 万亿元，占同期我国外贸总值的比重提升至 29.7%。促进出口与进口更加协调，主动扩大进口，创办中国国际进口博览会，创设国家进口贸易促进创新示范区，不断推动进口管理体制机制创新，成为探索贸易便利化自由化的新途径。深化加工贸易体制改革，完善产业转移对接机制。构建新冠疫情下“稳外贸”工作体制，确保外贸产业链、供应链的通畅运转。完善贸易领域风险防范体系，增强贸易领域风险防范的法律保障，完善对外贸易救济公共服务体系，建立出口管制合规体系，保护中国企业、其他组织、个人合法权益，维护国家主权、安全和发展利益，维护公平、自由的国际经贸秩序。我国坚定不移奉行互利共赢的对外开放战略，坚定支持多边贸易体制，践行承诺、遵守规则，高度重视贸易政策合规和审议工作，积极构建更高水平开放型经济新体制，全面参与世贸组织改革和规则重构，推动建设开放型世界经济。

外贸体制改革持续激发了外贸发展活力和创新动力，我国对外贸易发展实现了历史性新突破。我国已成为 120 多个国家和地区的主要贸易伙伴，商品出口占世界市场份额由 11.1%提高到 15.1%，货物贸易和服务贸易总额跃居世界第一位，外贸高质量发展迈出新步伐，对全球经济增长的贡献率连续多年稳居世界第一位，为世界经贸发展作出了重要贡献。

第一章

转型初期外贸体制改革的探索（1978—1988年）

▼

1978年12月，党的十一届三中全会确立了以经济建设为中心，对内搞活、对外开放的基本方针，对外开放成为我国长期坚持的基本国策。随着国内经济体制改革，逐步破除高度集中的计划经济体制，朝着建立社会主义市场经济目标迈进，我国的外贸体制改革也必然提到议事日程。外贸体制改革的先行先试走在了前列，并且以开放为引领，通过开放倒逼改革，积极开展了下放外贸经营权、外贸经营承包等探索，为社会主义市场经济制度的建立与完善作出了巨人贡献。

第一节　外贸体制先行先试改革

一、外贸体制改革的背景

新中国成立后，我国逐步从新民主主义阶段过渡到社会主义阶段，建立了以公有制为基础的社会主义经济制度。在对外贸易管理体制上，采取对外贸易统制，实行与高度集中的计划经济相适应的外贸管理体制。

（一）改革开放前外贸体制概述

1949 年 10 月新中国成立后，我国便开始了在社会主义条件下如何发展对外贸易的理论与实践探索。根据当时国内外形势，我国借鉴与参照苏联模式，选择了在马克思列宁主义指导下的国家统制贸易理论及相应的对外贸易制度，实行对外贸易的管制，并采用保护贸易为主要特征的贸易政策体系。在国民经济恢复时期，只单独编制出口计划、进口计划和对外贸易运输计划，其他业务计划都是将国内贸易和对外贸易合在一起编制的。

1956 年，我国完成了对资本主义工商业的社会主义改造以后，逐步确立了与高度集中的计划经济体制相适应的外贸管理体制。我国的对外贸易全部由国营对外贸易公司统一经营，中央人民政府对外贸易部直接领导和管理各国营外贸专业总公司，各外贸专业总公司根据业务需要分别在各省、自治区、市设立了各级分支公司，在当地政府外贸行政管理部门和有关总公司的领导下经营外贸业务。

从 1956 年到 1965 年，我国高度集中的计划经济条件下的外贸管理和经营体制不断完善。“文化大革命”时期和粉碎“四人帮”之后的一段时间，这种外贸管理和经营体制仍在发挥作用。

（二）改革开放前外贸体制的作用和影响

改革开放前我国实行的是高度集中的垄断的对外贸易体制，是在当时的历史条件下形成的，有利于集中调度国内资源，发展出口贸易；有利于统一安排进口，保证我国重点产业发展和解决国内市场急需；有利于统一对外，集聚国家能力物力，转化为优势，打破帝国主义国家封锁禁运和应对国际上的竞争。对外贸易在国民经济发展中发挥了重要作用，具体表现在：促进了工农业的恢复与发展，支持了社会主义工业化体系的建立，为国家积累了经济建设资金，弥补了短缺资源，增加了市场供应，扩大了劳动就业，拓展和改善了对外关系。

从改革开放之前十年的外贸发展情况看，我国的进出口产品结构仍然比较落后，出口多以农副产品和纺织业为主，进口则以机械设备、五金矿场为主，是典型的农业国家贸易结构。

与此同时，由于生产关系不能适应生产力的发展，这种体制也愈益显示出弊病，严重制约了我国对外贸易的进一步发展。第一，外贸高度集中的计划经济体制，通过指令性计划和行政指挥，对外贸企业限制过多、统得过死，政企不分，外贸企业几乎没有经营自主权，难以积极主动地参与国际市场的竞争。第二，外贸企业（主要是十几家外贸总公司）独家垄断、统一经营，贸易渠道和经营形式单一化，造成产销脱节、工贸分离。生产供货企业无法直接面向国际市场，不能发展适销对路的出口产品、提高生产效益和竞争能力。第三，国家对外贸企业统负盈亏，缺乏经营激励和效益机制，不利于调动外贸企业和职工的积极性主动性，不利于加强经济核算和改善经营管理。

综上所述，改革开放前的对外贸易是我国高度集中的计划经济的一个组成部分，对外贸易体制只能是按照计划经济体制的要求进行管理和经营，在国民经济综合平衡、财政平衡、物资平衡和进出口平衡原则下，对外贸易必然受到当时的国情国力和国际环境的影响和制约，其发展较为缓慢，是在相对封闭、半封闭的条件下有限度的对外贸易。

二、对外经济贸易行政管理体制初期改革

改革开放伊始，党中央、国务院先行对对外经济贸易行政管理体制进行了改革，主要是在原有的对外贸易部和对外经济联络部之外，新成立国家进出口管理委员会和外国投资管理委员会，作为组织实施对外开放政策归口部门，主要目的是捋顺外经贸领域各个部门的职能，以利于对外经济活动的进一步发展。

（一）设立国家进出口管理委员会、外国投资管理委员会

为了加强进出口、外汇平衡、引进技术和利用外资的管理，1979 年 2 月，中共中央、国务院决定成立进出口领导小组。1979 年 7 月，五届人大常委会第十次会议通过《全国人民代表大会常务委员会关于设立外国投资管理委员会、进出口管理委员会和任命名单的决定》。1979 年 8 月 23 日，中共中央、国务院下发《关于进出口管理委员会、外国投资管理委员会的任务和机构的通知》（以下简称《通知》）。《通知》指出，这两个委员会，是一个机构，两个名称。国家进出口管理委员会和外国投资管理委员会的主要任务是：

（1）会同有关部门制定发展进出口贸易、技术引进、利用外资以及对外经济合作的方针、政策、条例、规章，研究总结经验，改革有关管理体制。

（2）会同国家计委，审议和制定我国进出口、技术引进、经济合作、外汇收支的长期规划和年度计划，协调有关方面的工作，检查督促计划的落实。

（3）组织有关部门和各省、自治区、市采取有力措施，扩大出口，增加外汇收入。

（4）根据中外合资经营企业法，组织制定实施条例和有关管理办法，组织有关部门审批合营企业的协议、合同和章程。

（5）统筹各管理部门、各地方引进先进技术，以提高国内的制造能力。

（6）审议我国与外国政府间的长期经济合作或长期贸易协定、协议，报请国务院批准。

《通知》建议国务院有关部委和各省、自治区、市指定一位主要负责同志亲自抓技术引进、利用外资和扩大出口的工作，设立相应的办事机构，工作上受进出口管理委员会、外国投资管理委员会的指导。《通知》特别提出要抓好几项工作，如研究改革有关外贸管理体制并组织实施；研究广东、福建两省外贸的试点工作经验；研究京、津、沪三市扩大出口的规划和措施；大抓各部（包括军工各部）的出口创汇工作等。

1981年9月，经党中央批准，成立中共国家进出口委党组，实行对外经济贸易工作统一领导和归口管理。归口管理的单位有：外贸部、外经部、海关总署、外汇管理局、商检局、中国银行、贸促会、中信公司。

两个委员会成立后，积极探索外贸体制改革，促进进出口全面发展；明确利用外资指导方针，大力推动兴办中外合资企业、合作经营企业；加强管理，开创技术引进工作新局面；组织制定对外开放急需的经贸法规，积极开展与有关国家商签双边投资保护协定等，扎扎实实推动外贸改革与发展。

（二）对外贸易部的行政体制变化

对外贸易部（以下简称外贸部）一直以来作为中央人民政府统一领导和管理对外贸易的行政机构。其职能是：编制国家进出口贸易计划和对外贸易外汇收支计划，组织和检查计划及执行；起草中国同有关国家发展经济贸易和技术合作的联系方案，负责同有关国家进行谈判，签订协定和议定书等，并监督执行；起草对外贸易管理的基本法规和海关管理法规，并贯彻执行；领导海关工作，不断加强货物监管和政治经济保卫工作；制定国营对外贸易企业进口、出口、运输、包装业务程序，管理并监督执行；发放进口、出口和过境贸易的许可证；研究拟订商品检验制度；1964 年前主管中国国际贸易促进委员会工作。

改革开放之初，对外贸易部行政体制和职能发生了重要变化。一是在成立国家进出口委会之后，外贸部不再是唯一的统一领导和管理对外贸易的行政机构。二是赋予国家进出口委会同国家计委，审议和制定我国进出口、外汇收支的长期规划和年度计划，协调有关方面的工作，检查督促计划的落实的职能后，外贸部原有的编制国家进出口贸易计划和对外贸易外汇收支计划，组织和检查计划及执行的职能被弱化。三是赋予国家进出口委会会同有关部门制定发展进出口贸易的方针、政策、条例、规章的职能后，外贸部原有的起草对外贸易管理的基本法规并贯彻执行的职能被弱化。四是在赋予国家进出口委会审议我国与外国政府间的长期经济合作或长期贸易协定、协议，报请国务院批准的职能后，外贸部在继续履行起草中国同有关国家发展经济贸易和技术合作的联系方案，负责同有关国家进行谈判，签订协定和议定书等，并监督执行的职能的基础上，还需上报前者审议。

此外，外贸部行政体制改革还有以下两个方面：第一，海关管理局从外贸部独立出来，恢复成立海关总署。外贸部原有的起草海关管理法规并贯彻执行，领导海关工作并不断加强货物监管和政治经济保卫工作的职能也一并划归海关总署。1980 年 2 月 9 日，国务院印发《关于改革海关管理体制的决定》，提出改革现行海关管理体制，成立中华人民共和国海关总署，作为国务院直属机构，统一管理全国海关机构和人员编制及其业务。第二，为了适应外贸体制改革的要求，1980 年 2 月 29 日，国务院批准将对外贸易部直属的进出口商品检验局改为中华人民共和国进出口商品检验总局，为国务院直属局，由对外贸易部代管，外贸部原有的研究拟订商品检验制度的职能也由前者承继。

（三）对外经济联络部的行政体制变化

对外经济联络部（以下简称外经部）的工作任务主要是负责我国对亚、非、拉国家的经济援助和经济技术合作工作。具体职责为：负责对亚、非、拉国家经济援助谈判工作，对外签订协定、议定书；对外签订科技合作协定、议定书；掌握协定、议定书的执行情况，了解援外项目和科技合作项目的工作进度，办理清算手续等；安排对外援款的拨款使用计划，编制援外计划，办理出国援外专家的有关事项；处理列席经互会各常委会的工作，办理国际间有关国家的铁路、交通、民航、邮电和农林电等方面的经济技术合作工作；对外派遣技术援助专家，考察专家，推荐和派遣实习生，交换技术资料和实物样品等工作。

改革开放之初，外经部的行政体制和职能发生了一些重要变化。一是赋予国家进出口委会会同有关部门制定发展对外经济技术合作的方针、政策、条例、规章的职能后，外经部原有的相应职能作了相应的调整。二是赋予国家进出口委会同国家计委，审议和制定我国对外经济合作的长期规划和年度计划，协调有关方面的工作，检查督促计划落实的职能后，外经部原有的相应职能弱化。三是在赋予国家进出口委会审议我国与外国政府间的长期经济合作协定、协议，报请国务院批准的职能后，外经部在履行原有对外签订相关协定、议定书后，还需上报前者审议。

三、广东、福建两省试行新体制

（一）广东、福建两省对外经济活动实行特殊政策和灵活措施

“文化大革命”结束后，扩大对外加工贸易，换取更多外汇，引进国外先进技术设备，提高劳动生产率，成为加快国民经济发展的一项紧迫任务。

1978 年 4 月，国家计委和外贸部组织港澳经济贸易考察团前往香港、澳门进行了实地考察，并提交了《港澳经济考察报告（汇报提纲）》（以下简称《报告》）。《报告》提出，深圳、珠海紧邻港澳，发展出口商品生产，条件十分有利，对这两个县“有必要实行某些特殊管理办法”。1978 年 12 月，外贸部对外宣布，取消不许外商在中国投资的禁区。1979 年 1 月，针对香港厂商要求在广州开设工厂的要求，邓小平在来信摘报上批示：“这件事，我看广东

可以放手干。”①

1979 年 4 月 5 日至 28 日，中央工作会议在北京举行。4 月 8 日，广东省委书记习仲勋在发言中明确提出要利用毗邻港澳的有利条件，实行特殊政策和灵活措施，加快对外开放和经济发展。福建省委领导听说广东提出在对外开放先走一步的建议后，他们认为福建华侨不少，也向中央提出实行特殊政策的要求。于是，中央工作会议结束后不久，中共中央、国务院决定派主管外经贸工作的国务院副总理谷牧率领工作组到广东、福建，和两省党政领导干部以及专家共同进行深入细致的调查研究。1979 年 7 月，中共中央、国务院批转广东省委、福建省委《关于对外经济活动实行特殊政策和灵活措施的两个报告》，原则同意试行在中央统一领导下大包干的经济管理办法，两省在计划、对外贸易、物资供应、物价管理等方面也实行新的经济体制和灵活政策。②

1980 年 5 月，中共中央、国务院对《广东、福建两省会议纪要》（以下简称《纪要》）作出批示，同意《纪要》内容，指出中央决定广东、福建两省在对外经济活动中，实行特殊政策和灵活措施是正确的。由于全国的经济体制还没有作大的改革，广东、福建两省试行新体制的过程中出现一些问题是难免的。此时的任务就是要认真及时地总结经验，研究新情况，解决新的问题。

《纪要》除对调整农业发展方针、抓紧解决能源和交通运输问

① 中共广东省委党史研究室编：《中国共产党广东历史大事记》（1949 年 10 月—2004 年 9 月），广州：广东人民出版社，2005 年版，第 282 页。

② 《中共中央、国务院批转广东省委、福建省委关于对外经济活动实行特殊政策和灵活措施的两个报告》，载教育部人文社会科学重点研究基地深圳大学经济特区研究中心编：《中国经济特区文献资料》（第一辑），北京：社会科学文献出版社，2010 年版，第 19 页。

题、资金信贷给予必要支持、搞好市场安排和物资供应等作出安排外，着重在发展对外贸易和经济特区建设方面提出了具体措施。在大力发展对外贸易方面，提出要继续抓好农副土特产品的出口，尽快恢复农副土特产品的优势地位；充分发挥广州、汕头、佛山、福州、厦门等老工业基地的作用，充分挖掘现有潜力，积极发展轻工、机械产品的出口。进一步调动广东、福建两省发展外贸的积极性，搞好经济核算，加强外贸经济核算，努力降低换汇成本，多数商品都应逐步做到有所盈利。必须坚持对外集中统一的原则，对国际市场竞争激烈和有配额的商品的进出口，必须严格按国务院批准的办法执行。①

在改进海关管理，简化出入境审批手续方面，海关的管理和关税的减免，在保证中央集中统一的前提下，应给广东、福建两省一定的灵活性。经济特区海关，在管理上实行“内紧外松”的原则。特区所需的机器设备、零配件、原材料等生产资料允许免税进口；生产用品原则上应以国内供应为主，国内确实难以供应的生活必需品，经过批准，可以征税或减免税进口。特区产品和进口商品一般不得内销，必须内销的，应按规定补征关税。对现行税法中不适应新形势的税率，作必要的修订。用进口原料加工出口的商品，其进口原材料和元器件免征关税。为解决广东、福建两省能源困难进口的煤炭、石油，经批准的中外合营企业进口的技术设备，免征关税。原则同意两省增设口岸和海关。两省组织海

① 《中共中央、国务院关于〈广东、福建两省会议纪要〉的批示》，载教育部人文社会科学重点研究基地深圳大学经济特区研究中心编：《中国经济特区文献资料》（第一辑），北京：社会科学文献出版社，2010 年版，第 40 页。

上查私队，狠狠打击走私活动，严肃处理。对去港澳办理业务的人员，以及来特区工作、居住或联系业务的港澳人士、华侨和外商，应简化出入境审批手续，凭两省签发的通行证出入。[①]

在经济特区建设方面，提出积极稳妥地抓好经济特区建设。试办经济特区，在经济、意识形态上，有一个谁战胜谁的问题，而我国又缺乏经验，因此必须采取既积极又慎重的方针。根据目前广东、福建两省的财力物力可能，广东首先集中力量把深圳特区建设好，其次是珠海。深圳特区建设同意省所划定的范围，一定要做好总体规划，分片、分期进行建设。汕头、厦门两个特区，可先进行规划，做好准备，逐步实施。经济特区的建设，要充分利用现有基础，先上那些投资少、周转快、收效大的项目。在发展加工出口工业的同时，有条件的，要逐步发展住宅、旅游等事业。在建设步骤上，先搞好水、电、道路、通讯等基础设施，为吸引侨商、外商投资创造条件。投资项目尽可能符合经济特区发展规划的要求。整个建设要认真搞好总体规划，做到心中有数，打主动仗。经济特区的管理，在坚持四项基本原则和不损害主权的前提下，可以采取与内地不同的体制和政策。特区主要是实行市场调节。为了吸引侨商、外商投资，所得税、土地使用费和工资可略低于港澳。所得税率初步定为15%。土地使用年限应根据不同情况灵活掌握。原则同意广东省起草的《经济特区暂行条例》，待经进一步修改后报国务院批准实施。经济特区主要是吸收侨资、外资进行建设，中央各

---

① 《中共中央、国务院关于〈广东、福建两省会议纪要〉的批示》，载教育部人文社会科学重点研究基地深圳大学经济特区研究中心编：《中国经济特区文献资料》（第一辑），北京：社会科学文献出版社，2010年版，第41页。

部门、各地区，除经批准可在特区经营少数中外合资企业外，一般不准在特区办企业，广东省要从严把关。一些单位去深圳、珠海占地，打乱了建设部署，应立即制止。有些部门和地方，经过批准，可派少数人员驻深圳进行对港澳及国外商情的调查和联系业务。由进出口管理委员会尽快制订具体办法。①

《纪要》最后指出，在对外经济活动过程中必须保持必要的集中统一。凡涉外方针政策必须经中央批准颁布执行；外汇必须集中统一管理；关税的减免必须报中央批准；必须严格执行中央统一规定的财经纪律和外事纪律；特区的活动不得违反我国法律。加强对干部的思想教育和业务训练，抓紧立法工作。两省要搞好省内各部门对外活动的组织协调和管理，防止各行其是。②

（二）举办经济特区

1979 年 4 月中央工作会议期间，广东省提出在对外开放中先走一步的建议。习仲勋提出要在广东毗邻港澳的地区划出一块地方，单独进行管理，初步定名为“贸易合作区”。邓小平敏锐地意识到，这将是中国实施改革开放、促进经济发展的一个重要突破口。当了解到大家对“贸易合作区”的说法意见不一时，邓小平说：“还是叫特区好，陕甘宁开始就叫特区嘛！中央没有钱，可以

① 《中共中央、国务院关于〈广东、福建两省会议纪要〉的批示》，载教育部人文社会科学重点研究基地深圳大学经济特区研究中心编：《中国经济特区文献资料》（第一辑），北京：社会科学文献出版社，2010 年版，第 43 页。

② 《中共中央、国务院关于〈广东、福建两省会议纪要〉的批示》，载教育部人文社会科学重点研究基地深圳大学经济特区研究中心编：《中国经济特区文献资料》（第一辑），北京：社会科学文献出版社，2010 年版，第 44 页。

给些政策，你们自己去搞，杀出一条血路来。”[①] 1979 年 7 月，中共中央、国务院在赋予广东、福建两省实行特殊政策、灵活措施的同时，决定先在深圳、珠海试办出口特区，待取得经验后再在汕头、厦门举办。

1979 年 12 月，在国务院召开的第一次特区筹建专题汇报会上，“经济特区”的概念首次正式提出。1980 年 3 月，中共中央在广州召开广东、福建两省会议，将“出口特区”定名为“经济特区”。1980 年 5 月，中共中央、国务院批转《广东、福建两省会议纪要》，正式将“出口特区”命名为“经济特区”。

经中共中央、国务院批准，广东、福建两省在对外经贸活动中，实行特殊政策和灵活措施取得明显成效。与此同时，在深圳、珠海、汕头、厦门举办出口特区工作也取得了重要进展。1980 年 8 月，五届全国人大常委会第十五次会议批准了国务院提出的在广东省深圳、珠海、汕头和福建省厦门设置经济特区。会议还批准了《中华人民共和国广东省经济特区条例》，并同意福建省参照该条例管理厦门经济特区，完成了设置特区的立法程序，标志着经济特区的正式诞生。改革开放之初，在缺少对外经济交往经验、国内法律体系不健全的形势下，设立经济特区对国内经济体制改革、扩大对外经济交流起到了极为重要的推动作用。

经济特区实行特殊的经济政策，以发展工业为主，工贸结合

① 中共中央文献研究室编：《邓小平年谱（一九〇四——一九七四）》（上），北京：中央文献出版社，2004 年版，第 510 页。

的外向型经济使之发挥了对外开放的窗口和基地作用。[①] 1981 年 7 月，中共中央、国务院批转《广东、福建两省和经济特区工作会议纪要》，肯定了广东、福建两省在对外经贸活动中实行特殊政策、灵活措施和试办经济特区，是一项重大的改革，必须具有敢于试验、敢于创新的精神，凡是符合党的路线、方针、政策，对两省和全国经济调整和发展有利的事，都要大胆放手去干。

《广东、福建两省和经济特区工作会议纪要》系统总结了两省试办特区以来的情况和经验，并印发《关于授权广东省、福建省人大及其常委会制定所属经济特区的各项单行经济法规的决议》，授权两省人大按照本省经济特区的具体情况和实际需要，制定经济特区的各单项经济法规。在此基础上，我国经济特区逐步形成了一整套特殊政策和灵活措施。

经济特区具有立法权，根据全国人大授权，经济特区作为一级地方行政区划，所在省可以根据具体情况和实际需要，制定各种地方性的单项法规和实施条例，在经济特区范围内实施。经济特区率先吸收外商投资，经济特区鼓励外国公民、华侨、港澳同胞及其公司、企业（客商）投资设厂或者与中方合资设厂，兴办企业和其他事业，并依法保护其资产、应得利润和其他合法权益。经济特区实施多项优惠政策，主要包括：

一是对客商用地，按实际需要提供，其使用年限、使用费数额和缴纳办法，根据不同行业和用途，给予优惠。二是特区企业进口生产所需的机器设备、零配件、原材料、运输工具和其他生产资

---

① 石广生主编：《中国对外经济贸易改革和发展史》，北京：人民出版社，2013 年版，第 180 页。

料，免征进口税。对必需的生活服务用品，可以根据具体情况，分别征税或者减免征进口税。三是特区企业所得税税率为15%。在《广东省经济特区条例》公布后两年内投资兴办的企业，或者投资额达五百万美元以上的企业，或者技术性较高、资金周转期较长的企业，给予特别优惠待遇。外商所得利润用于特区内进行再投资为期五年以上的，可申请减免用于再投资部分的所得税。四是对内联企业实行优惠待遇。国内其他地区的单位和企业到特区投资办厂，或与特区当地企业及外商开展多种形式的经济技术联合举办的生产性企业，可以享受减按15%的税率缴纳企业所得税。税后利润如汇入内地按20%税率补税；从获利年度起五年内如将税后利润留在特区再投资不需补税。特区内联企业自产产品出口和自用生产资料及办公用品进口也可按规定享受关税优惠。五是特区企业的外籍职工、华侨职工、港澳职工在缴纳个人所得税后的工资和其他正当收入，可以按照特区外汇管理办法的规定，通过特区内的中国银行或者其他银行汇出。六是特区增加银行信贷规模，放宽借用外债的限制，新增财政收入、外汇收入在一定期限内全部留用，允许特区设立银行、保险公司等金融机构。七是往来于特区的外籍人员、华侨和港澳同胞，出入境均简化手续，给予便利。

经济特区实行的上述开放政策和灵活措施，在新中国成立后大都是第一次提出并实施，具有开创性意义。1984年，邓小平首次视察深圳后指出，“这次我到深圳一看，给我的印象是一片兴旺发达”。[1]针对的经济特区的作用，邓小平则将其概括为四个窗口，

---

① 邓小平：《办好经济特区，增加对外开放城市》，《邓小平文选》（第三卷），北京：人民出版社，1993年版，第51页。

“特区是个窗口，是技术的窗口，管理的窗口，知识的窗口，也是对外政策的窗口”①。

（三）沿海开放城市适行部分特区政策

1．进一步开放沿海城市

1984年，我国决定进一步开放大连、秦皇岛、天津、烟台、青岛、连云港、南通、上海、宁波、温州、福州、广州、湛江、北海14个沿海城市。沿海开放城市是我国沿海地区对外开放的主干，其主要任务是把工业基础较好、生产技术水平较高、科技力量较强的优势，同吸收外资、引进国外先进技术结合起来，改造老企业，更新传统产品，开发新技术，推动科技进步和经济发展。

2．沿海开放城市实行特区的某些政策

根据邓小平的指示，这些地方不叫特区，但是可以实行特区的某些政策。沿海开放城市借鉴了经济特区对外开放政策的经验，在扩大城市权限和给予外商投资者政策优惠方面，实行了若干优惠政策和措施。

3．放宽利用外资建设项目的审批权限

针对生产性项目，利用外资进行老企业技术改造和建设新厂，凡属建设和生产条件不需要国家综合平衡，产品不要国家包销，出口不涉及配额，又能自己偿还的，天津、上海两市对每个项目总投资的审批权限放宽到3000万美元以下；大连市放宽到1000万美元以下；其他进一步开放的沿海港口城市的审批权限放宽到500万美

① 邓小平：《办好经济特区，增加对外开放城市》，《邓小平文选》（第三卷），北京：人民出版社，1993年版，第51–52页。

元以下。[1]

针对非生产性项目，凡属主要靠利用外资、自筹和进口器材建设、不需要国家综合平衡的，不论其投资额多少，均由各市自行审批。

4．增加外汇使用额度和外汇贷款

外汇使用额度，天津定为每年2亿美元，上海为3亿美元，大连为1亿美元，其他几个市也相应增加一定额度；有的还适当增加些中国银行外汇贷款。各市按照国家有关规定，用以引进先进技术，进口必需的关键设备、仪器仪表。使用中国银行的外汇资金及国际信托投资公司的外汇资金，其政策待遇与利用外资一视同仁，要求中国银行改进服务，扩大业务，并应联合外资银行组成投资财团，支持沿海港口城市的经济建设。

5．积极支持利用外资、引进先进技术改造老企业

抓紧老企业的技术改造，上一批对“四化”建设有重要作用的中小型项目，是这几个港口城市近期内利用外资、引进先进技术的重点。特别是那些利用现有基础，引进一些新工艺、新技术，更新若干关键设备，可以增加生产能力，提高产品质量，得到明显经济效益的项目，更应优先安排。这样做，用钱少，见效快，偿还有保证，外商的积极性也高。对这类项目，具体从以下几方面给予扶植：

一是引进专利和专门技术（软件），统按银行公布的外汇牌价结汇；二是进口国内一时不能生产或不能保证供应的关键设备、仪

① 《中共中央、国务院关于批转〈沿海部分城市座谈会纪要〉的通知》，载教育部人文社会科学重点研究基地深圳大学经济特区研究中心编：《中国经济特区文献资料》（第一辑），北京：社会科学文献出版社，2010年版，第116页。

器仪表和技术改造必需的其他器材，不论外汇来源，1990年以前免征关税和进口工商统一税；三是因技术改造新增的利润，先还账后缴利，利改税的企业先还账再缴企业所得税；四是对主要是提高产品质量而生产能力不增加或增加不多的项目，经济效益虽好但缺乏创汇能力的项目，社会经济效益好而企业收益不明显的项目，各市可以在保证完成财政、外汇上缴任务前提下，在该行业或地方财政收入中统筹还账；五是对技术改造期间要影响原有生产能力和经济收益的项目，各市在不影响全市上缴任务前提下，相应调整该企业的生产计划和利税上缴任务；六是对中外合资、合作经营企业及外商独资企业给予若干优惠待遇。选择那些确实能够引进先进技术，推动全行业技术改造，产品能开拓外销市场和替代进口，以及投资较大的开发项目，积极兴办中外合资、合作经营企业，允许外商办独资企业。这类生产企业，凡属技术密集型、知识密集型的项目，或者外商投资在3000万美元以上、回收投资时间长的项目，报经财政部批准，企业所得税也可以减按15%税率征收。土地使用费或土地税的收取标准，由各市在国家规定的幅度内灵活掌握。但是，中外合资、合作经营企业的中方税后利润，仍应按规定上缴中央财政和地方财政。[①]

特别指出，中外合资、合作经营企业、外商独资企业，作为投资进口的生产和管理设备、建筑器材；为生产出口产品而进口的原材料、元器件、零部件、包装物料等；进口自用的交通工具、办

① 《中共中央、国务院关于批转〈沿海部分城市座谈会纪要〉的通知》，载教育部人文社会科学重点研究基地深圳大学经济特区研究中心编：《中国经济特区文献资料》（第一辑），北京：社会科学文献出版社，2010年版，第117页。

公用品；投资的外商和国外技职人员进口安家物品和自用的交通工具（限合理数量），均免征关税和进口工商统一税。这类企业的产品出口（不含国家限制出口产品），免征出口关税和工业环节的工商统一税。但是，用免税进口的原材料生产的产品，内销时应照章补税。[①]

四、外贸体制先行一步改革的两次全国会议

（一）第一次全国进出口工作会议

改革开放之初，党中央、国务院要求“外贸体制改革先走一步”。在广东、福建两省实行特殊政策、灵活措施和试办特区，以及北京、天津、上海三个直辖市扩大对外经济贸易自主权的基础上，1979 年 11 月，国家进出口管理委员会召开第一次全国进出口工作会议，确定了外贸体制改革的指导思想，即要放开手脚，调动各方面的积极性，在物质利益上，要使地方和企业都得到好处，国家得到更大的好处，与此同时，又要保证必要的集中统一。这次会议部署了外贸体制改革初期的具体工作，主要是：

（1）把给予北京、天津、上海三市的外贸自主权，扩大到沿海、沿长江等省区，条件成熟一个、批准一个。

（2）扩大地方经营出口商品的范围。在统一政策、统一计划、统一对外的原则下，外贸部负责组织直属总公司经营大宗的、重要

---

① 《中共中央、国务院关于批转〈沿海部分城市座谈会纪要〉的通知》，载教育部人文社会科学重点研究基地深圳大学经济特区研究中心编：《中国经济特区文献资料》（第一辑），北京：社会科学文献出版社，2010 年版，第 117 页。

的和国际市场上竞争激烈的进出口商品及政府间贸易的统一谈判和成交；其他商品都下放到各省、自治区、直辖市经营，从各地方实际情况出发，分期分批逐步成交；对一些由几个省交叉经营的、比较大宗的、竞争比较激烈的商品，由外贸部组织协调有关地方，搞以口岸为中心的联营。

（3）发挥中央各部门抓出口的积极性。各部门除搞好本行业出口产品的规划、协调、技术指导和跨地区的协作配套外，还可以成立研究设计中心、技术咨询服务公司，按产品组织出口协会或联营，组织成套设备和技术专利出口，与外国厂商合作生产和经营推销业务，组织承包工程和劳务出口；直属企业多的可以成立进出口公司，经营所属企业产品及地方不经营的商品等。

（4）加强农工贸结合、产销结合。普遍推行外贸公司与生产企业联合办公、联合安排生产、联合对外洽谈、联合出国考察推销，互相公开出口价格和生产成本的做法。还可以根据不同情况，组织农工贸结合的专业公司、加工地和原料产地的联营公司。

（5）把下放地方和部门经营的商品，列入地方和部门的财务预决算。

（6）改革外汇结算制度。对内对外实行两种不同汇价：对外公布的外汇牌价，主要用于非贸易外汇收付的兑换；贸易外汇内部结算价格，按外贸出口商品平均换汇成本，加上10%的合理利润确定。为鼓励企业扩大出口创汇，完善出口收汇超基数留成办法，允许生产出口成品的企业之间以外汇进行结算；有外汇的企业可在银行开立账户，个人外汇收入实行留存等办法。严格控制外汇在国内流通，打击外汇黑市买卖和投机倒把。

（7）开放长江港口，先由国轮航运。

（8）增开定期班轮。根据平等互利原则和港口能力，逐步让外国班轮航行我国沿海港口。各地方、企业可自筹资金建设专用码头，各省区市可用自筹资金办船队或联营船队。

（9）充分利用和发挥港澳有利条件，开拓国际市场，发展对外经济贸易。各省区市和国务院有关部门经批准可在港澳地区建立咨询服务公司，负责协调各地、各部门对港澳的经济业务活动，包括市场调查、吸收外资、引进技术、开展“三来一补”业务活动；为国内有关地方和部门提供经济贸易信息和咨询服务。除广东、福建两省可在港澳设立外贸业务机构外，其他省区市经批准可派公司代表，作为咨询服务公司的工作人员。

与此同时，这次会议还针对千方百计扩大出口，提出出口要贯彻“挤、超、让、挖”的方针：要大搞增产节约，尽可能多“挤”一些适销对路的产品出口；凡是国际市场有销路的产品，要力争“超”产，增加出口；在计划指标范围内，内销产品适当“让”一些给出口；把生产做“活”，除国家尽快增加安排部分进口原料加工出口外，允许各地用地方外汇和分成外汇作为进料加工周转外汇，生产出口创汇多的适销对路商品；通过清仓查库，挖掘一部分物资出口，或交换部分内销商品出口。

（二）第二次全国进出口工作会议

第二次全国进出口工作会议于1980年12月12日至29日召开，传达了党中央关于进一步调整国民经济的指示精神，讨论了调整时期对外经济贸易工作的方针和任务，研究了有关政策和措施。涉及外贸体制改革的内容主要是：

（1）澄清对“外贸体制改革先行一步”提法的认识问题。会议认为，改革外贸体制要同国民经济体制改革大体上配套进行。但是，从长期闭关自守转到对外开放，很多工作应先办起来，不能等。从这个意义上讲，外贸体制改革应该可以先行一步。外贸体制改革的实践证明促进了外贸的发展。但还存在一些问题，如给一些有条件的大企业或联合企业外贸经营权，改变国家统负外贸盈亏的体制等。

（2）会议认为，外贸体制改革调动了各个方面的积极性，促进了出口货源的增加，对外贸发展起到了促进作用，但也存在对外成交上混乱，商品低价竞销等问题。为此要认真抓好协调工作，坚持统一对外，这也是外贸体制改革的重要内容。具体措施包括：

一是成立进出口公司必须按照规定经过正式批准。未经批准的，不得经营进出口贸易。中央各部的进出口公司要按照批准的经营范围办事，不能跨行业经营。地方对外成交，应集中在省里，不再逐级下放。二是加强物价管理。严格执行国务院关于严格控制物价，整顿议价的通知，跨地区、跨行业高价抢购出口货源的现象必须坚决制止。实行进出口许可证制度。三是加强海关管理。发挥海关职能，要把好关，凡不符合规定的，不予放行，并按国家有关规定进行处理。海关总署要会同有关部门，研究制定适应新情况的关税规定。四是组织联合对外成交。除外贸部各专业总公司统一经营的石油、成品油和组织统一成交的商品外，在各部门、各地区交叉经营的主要商品中有 200 余种，分别由外贸部按有关专业组织联营，或采取各种形式联合对外成交。五是抓紧建立各个行业的出口协会。作为民间贸易组织，在政府的支持和指导下，互通情况，交流经验，协调市场、价格、客户，互相促进和监督。由外贸部和有关部门共同负责，先选择几个重要商品按行业组织建立，认真试验，摸索经验。

五、对外贸先行先试改革的评价

改革开放之初，各行各业都在寻找突破口，探索改革的实施路径。对外贸易领域的体制改革就是在这样的历史条件下艰难起步的。归纳起来，有如下几个方面：

第一，尝试建立大部制，突破原有体制的束缚。通过设立国家进出口管理委员会、外国投资管理委员会，突破了原有狭隘的部门分工、“条条管理”的格局，在更高层级上统筹对外开放全局，从而打破了外贸部一统天下，垄断对外贸易的局面。虽然进出口委存续时间不到三年，但在对外贸易体制改革、建立利用外资新体制、技术引进、建立经济特区等方面开展了大量卓有成效的顶层设计和实际工作。特别是在外贸体制改革上，确定了外贸体制改革的指导思想、初期改革方案的谋划与实施。这为后来“两部两委”撤销，重新组建对外贸易经济合作部，统一领导、统筹协调对外开放各个领域（实际部门）的工作打下了良好的基础。

第二，进行外贸行政体制改革，初步下放外贸经营权，调动各方积极性。一是尝试政企分开，将外贸部的行政管理职能与外贸部直属总公司的经营职能进行区分，进而使外贸管理体制与经营体制逐渐分离，虽然这只是初步的，但毕竟是迈出了艰难的一小步。二是外贸行政管理职能的重新划分。海关总署从外贸部独立出来，行使相应的职责，外贸部直属的进出口商品检验局改为进出口商品检验总局，为国务院直属局，由外贸部代管，各归其位、专司其职。三是下放外贸经营权，给予地方有限开展对外贸易的权利。发挥中央各部门抓出口的积极性，初步建立工贸的机制，推动工贸结合、农贸结合。允许工业部门组建进出口公司等。以此调动各部门、各地方和企业开展对外贸易的积极性。

第三，广东、福建两省对外经济活动实行特殊政策、灵活措施，举办经济特区，推动沿海外向型经济发展。通过财政大包干、地方出口外汇留成等措施，鼓励两省大力发展对外贸易；举办经济特区，发挥其对外开放的窗口和基地作用；在 14 个沿海开放城市试行部分特区政策，发展外向型经济。

总体来看，外贸先行一步的改革取得应有的成效，无论是从全国来看，还是从沿海地区来看，大力发展对外贸易，助力向现代化建设成为上下一致的共识，各项举措都有力地推动了对外贸易的发展。

当时的改革虽是初步的改革，但也显著调动了有关方面的积极性，有力促进了外贸出口的增长。世界贸易组织数据显示，1978—1982 年，我国外贸进出口总额增长一倍以上，达到 416.1 亿美元。外贸出口实现更快增长，1978 年全国外贸出口为 99.6 亿美元，到 1982 年增长为 223.2 亿美元，四年增长 1.2 倍以上。1978 年至 1982 年的外贸出口平均增速约为 22.4%，是同期我国国内生产总值（GDP）平均增速的 3.03 倍，是同期全球外贸出口增速的 2.4 倍。1978—1982 年，我国外贸依存度由 9.7%提高到 14.4%，外贸进出口占世界贸易的比重由 0.8%提高到 1.2%。与此同时，我国外贸出口结构也大幅改善，初级产品出口额占比由 53.6%持续下降至 45.02%，工业制成品出口额占比由 46.4%提高到 54.98%（见表 1）。

表1　1979—1982年我国商品出口结构

单位：亿美元

年份	出口总额	初级产品		工业制成品	
		出口额	占比	出口额	占比
1979	136.58	73.15	53.6%	63.43	46.4%
1980	181.19	91.14	50.30%	90.05	49.70%
1981	220.07	102.48	46.57%	117.59	53.43%
1982	223.21	100.5	45.02%	122.71	54.98%

数据来源：《中国对外经济贸易年鉴》编辑委员会编：《中国对外经济贸易年鉴1984》，北京：中国对外经济贸易出版社，1984年版，第17页。

当然，在改革开放初期，外贸领域的体制改革虽然先行一步，但还受到固有体制机制的束缚，作为整个国民经济的组成部分，改革也必然受到各种条件的约束，不可能走得过远。改革开放的方向虽已确立，但由于缺少经验，顶层设计还不够清晰，只能是走一步看一步，“摸着石头过河”，一些涉及整个体制的根本性问题虽已触及，但未能真正突破。

第二节　对外经济贸易部成立之后的重要改革

一、对外经济贸易部成立

1982年1月19日，进出口管理委员会、外国投资管理委员会、外贸部和对外经济联络部四部委局级以上干部会议召开，党中央下达了关于四部委合并成立对外经济贸易部的决定。至此，“两部两委”并存的时期结束。1982年3月，五届全国人大常委会第二十二次会议通过决议，外贸部、对外经济联络部、国家进出口管理委员会、国家外国投资管理委员会合并成立对外经济贸易部（以下简称经贸部）。新组建的经贸部统一归口管理对外贸易、利用外资、技术进出口、对外经济技术援助、对外承包工程和劳务合作、联合国发展系统及其他多边经济技术合作；负责研究、制定对外经济贸易法令、方针、政策和规章；组织制定对外经济贸易发展战略、规划；统一指导、协调和管理全国的对外经济贸易活动。1982年4月，对外经济贸易部正式挂牌办公。经过此次调整，基本理顺了政府部门对外经济贸易的管理关系，构建了全新的对外经济贸易的行政管理体制。

1982年9月，党的十二大提出“以计划经济为主，市场调节为辅”的经济体制改革原则。1984年10月，党的十二届三中全会通过《中共中央关于经济体制改革的决定》，确定社会主义经济是公有制基础上的有计划的商品经济，提出改革的基本任务是建立起具有中国特色的、充满生机和活力的社会主义经济体制，促进社会生产力的发展①。同月，国务院批转国家计划委员会《关于改进计划体制的若干暂行规定》，明确对各类计划工作进行重大改革，要求缩小国家对重要工农业生产品产量的指令性计划范围，扩大指导性计划和市场调节的范围，扩大地区、部门、企业固定资产投资计划权限，简化审批手续。② 1985年，改革农产品购销价格体制，同时取消粮油统购价格，分批放开工业消费品价格，实行工业生产资

① 《中共中央关于经济体制改革的决定》，北京：人民出版社，1984年版，第10页。
② 《国家计划委员会关于改进计划体制的若干暂行规定》，《中华人民共和国国务院公报》，1984年25期。

料的价格双轨制。

二、外贸体制改革基本原则与改革方案

1984 年，国务院批转经贸部《关于外贸体制改革意见的报告》，明确提出了“政企分开，外贸经营实行代理制，工贸结合、技贸结合、进出结合”的外贸体制改革基本原则，并系统设计了相应改革方案。具体内容如下：

第一，改革单一的计划经济管理。对外贸易的宏观管理体制改革逐步缩减计划管理的范围，并大幅度减少指令性计划，实施指导性计划。首先是改变外贸计划全部由外贸专业总公司承接的局面。随着外贸经营权的下放，规定凡经批准经营进出口业务的单位和企业，都要承担国家出口计划任务。自 1984 年起，对部分中心城市的外贸计划在国家计划中实行单列，视同省一级计划单位，享有省级外贸管理权限。其次是简化外贸计划内容，取消了全国的收购计划和调拨计划。自 1985 年起，国家不再编制、下达外贸收购计划和调拨计划，并缩小了指令性计划的范围，扩大了指导性计划范围，注意发挥市场调节的作用。在出口计划方面，国家只下达出口总额指标和属于计划列明管理的主要商品出口数量指标，前者是指导性计划，后者是指令性计划。其余商品出口，除了履行政府间贸易协定必须保证交货，都由生产企业和外贸企业根据国内市场情况自行确定。在进口计划方面，由中央外汇进口的少数几种关系国计民生的大宗商品、大型成套设备和技术引进项目以及与协定国家的贸易，国家按商品（项目）下达计划，并指定公司经营，这部分是指令性计划，其余进口均不再下达分商品的进口计划。

第二，恢复并加强许可证管理。自1980年起恢复了对部分进出口商品的许可证制度，开始对部分出口商品进行配额管理，并重新设立了驻口岸的特派员办事处。1983年，经贸部先后在广州、上海、天津、大连4个主要口岸建立特区办事处，1987年，又在深圳经济特区设立了特派员办事处，主要任务是负责审批和签发部分进出口商品的许可证。随着计划管理体制的不断弱化，许可证制度及配额管理逐步加强。

第三，改革外贸管理方式。一是逐步实行对设立外贸企业的管理。1982年，国家对外贸企业的设立实施归口集中管理，主要是审批管理各部委和地方设立的各类外贸企业。二是对出口商品商标的协调管理。协调管理的范围和内容主要包括研究和制定有关出口商品商标管理的方针政策和规章制度，并组织实施；监督和检查全国各地区出口商品商标在国内外的使用和注册情况；协调各出口单位之间以及与生产企业之间使用出口商品商标的关系，处理商标争议等。三是对外国企业在中国设立常驻代表机构进行管理。

第四，进一步下放外贸经营权。一是各地方经过批准可以成立地方外贸公司，经营本地区的进出口业务。北京、天津、上海、辽宁、福建等省市分别成立了自己的外贸总公司，在不同程度上增加了外贸自营业务。二是批准19个中央有关部委成立进出口公司，如机械设备进出口公司、船舶进出口公司等，将原来由经贸部所属进出口公司经营的一些进出口商品，分散到有关部门所属的进出口公司经营，扩大了贸易渠道，增强了产销之间的联系。三是陆续批准了一批大中型生产企业经营本企业产品的出口业务和生产所需的进口业务。[①]

三、按照《中共中央关于经济体制改革的决定》不断完善外贸改革方案

1984年10月，党的十二届三中全会通过《中共中央关于经济体制改革的决定》（以下简称《决定》），指出此后必须继续放宽政策，按照既要调动各方面积极性，又要实行统一对外的原则改革外贸体制，积极扩大对外经济技术交流和合作的规模，努力办好经济特区，进一步开放沿海港口城市。[②]

《决定》深刻地指出，在经济体制上所形成的一种同社会生产力发展要求不相适应的僵化的模式，其主要弊端是：政企职责不分，条块分割，国家对企业统得过多过死，忽视商品生产、价值规律和市场的作用，分配中平均主义严重。这就造成了企业缺乏应有的自主权，企业吃国家"大锅饭"、职工吃企业"大锅饭"的局面，限制了企业和广大职工群众的积极性、主动性、创造性，使本来应该充满生机的社会主义经济在很大程度上失去了活力。

1．建立自觉运用价值规律的计划体制，发展社会主义商品经济

改革计划体制，首先要突破把计划经济同商品经济对立起来的传统观念，明确认识社会主义计划经济必须自觉依据和运用价值规律，是在公有制基础上的有计划的商品经济。商品经济的充分发

① 《国家计划委员会关于改进计划体制的若干暂行规定》，《中华人民共和国国务院公报》，1984年25期。

② 《中共中央关于经济体制改革的决定》，北京：人民出版社，1984年版，第34页。

展，是社会经济发展的不可逾越的阶段，是实现我国经济现代化的必要条件。只有充分发展商品经济，才能把经济真正搞活，促使各个企业提高效率，灵活经营，灵敏地适应复杂多变的社会需求，而这是单纯依靠行政手段和指令性计划所不能做到的。

第一，就总体说，我国实行的是计划经济，即有计划的商品经济，而不是那种完全由市场调节的市场经济；第二，完全由市场调节的生产和交换，主要是部分农副产品、日用小商品和服务修理行业的劳务活动，它们在国民经济中起辅助的但不可缺少的作用；第三，实行计划经济不等于以指令性计划为主，指令性计划和指导性计划都是计划经济的具体形式；第四，指导性计划主要依靠运用经济杠杆的作用来实现，指令性计划则是必须执行的，但也必须运用价值规律。按照以上要点改革的计划体制，就要有步骤地适当缩小指令性计划的范围，适当扩大指导性计划的范围。对关系国计民生的重要产品中需要由国家调拨分配的部分，对关系全局的重大经济活动，实行指令性计划；对其他大量产品和经济活动，根据不同情况，分别实行指导性计划或完全由市场调节。计划工作的重点要转到中期和长期计划上来，适当简化年度计划，并相应改革计划方法，充分重视经济信息和预测，提高计划的科学性。

1984 年 10 月，国务院批转国家计委《关于改进计划体制的若干暂行规定》，提出对各类计划工作进行重大改革，要求缩小国家对重要工农业生产品产量的指令性计划范围，扩大指导性计划和市场调节的范围，扩大地区、部门、企业、固定资产投资计划权限，简化审批手续。这一阶段，在外贸计划体制上，也相继缩小了指令性计划范围，扩大了指导性计划范围和市场调节范围。

2．建立合理的价格体系，充分重视经济杠杆的作用

1985年，改革农产品购销价格体制，同时取消粮油统购价格，分批放开工业消费品价格，实行工业生产资料的价格双轨制。在调整价格的同时，必须改革过分集中的价格管理体制，逐步缩小国家统一定价的范围，适当扩大有一定幅度的浮动价格和自由价格的范围，使价格能够比较灵敏地反映社会劳动生产率和市场供求关系的变化，比较好地符合国民经济发展的需要。

这一阶段，在外贸领域进一步改进了外贸财务管理，加强会计核算。进出口采用复币核算，既要有人民币的反映，又要有外币的反映；进出口效益分别进行核算，出口不仅核算出口所需换汇成本，还要核算出口销售的利润率；进口也要进行销售利润率的核算，即进口每1美元赔赚若干人民币。与此同时，进行了外贸企业利润分配方式的改革。

3．实行政企职责分开，正确发挥政府机构管理经济的职能

《决定》指出，过去由于长期政企职责不分，企业实际上成了行政机构的附属物，中央和地方政府包揽了许多本来不应由它们管的事，而许多必须由它们管的事又未能管好。今后政府机构管理经济的主要职能应该是：制订经济和社会发展的战略、计划、方针和政策；掌握和运用经济调节手段；制定并监督执行经济法规；管理对外经济技术交流和合作等。

就政府和企业的关系来说，今后各级政府部门原则上不再直接经营管理企业。至于少数由国家赋予直接经营管理企业责任的政府经济部门，也必须按照简政放权的精神，正确处理同所属企业的关系，以增强企业和基层自主经营的活力，避免由于高度集中可能带来的弊端。全国性和地区性的公司，是在国民经济发展的需要和企业互有需要的基础上建立的联合经济组织，它们必须是企业而不是行政机构，不能因袭过去的一套办法，而必须学会现代科学管理方法。

实行政企职责分开、简政放权，是社会主义上层建筑的一次深刻改造。对外经济贸易部作为对外经济关系领域的主要部门，也在积极探索政企分开，简政放权，把自己的全部工作切实转移到为发展生产服务，为基层和企业服务的轨道上来。

4．积极发展多种经济形式，进一步扩大对外的和国内的经济技术交流

调动一切积极因素，在国家政策和计划的指导下，实行国家、集体、个人一起上的方针，坚持发展多种经济形式和多种经营方式；在独立自主、自力更生、平等互利、互守信用的基础上，积极发展对外经济合作和技术交流。

《决定》特别强调，此后必须继续放宽政策，按照既要调动各方面的积极性，又要实行统一对外的原则改革外贸体制，积极扩大对外经济技术交流和合作的规模，努力办好经济特区，进一步开放沿海港口城市。利用外资，吸引外商来我国举办合资经营企业、合作经营企业和独资企业，也是对我国社会主义经济必要的有益的补充。我们一定要充分利用国内和国外两种资源，开拓国内和国外两个市场，学会组织国内建设和发展对外经济关系两套本领。

四、对新行政体制下外贸体制改革的评价

新形势下，我国陆续批准了一批大中型生产企业经营本企业产品的出口业务和生产所需的进口业务。据统计，从 1979 年下半

年至 1987 年上半年，全国共批准设立了各类外贸企业 2200 多家，其中包括广东省 800 多家、福建省 200 多家。1979 年以来成立的“三资企业”，也拥有与本企业生产有关的原材料的进口、产品外销业务经营权。除一般贸易外，其他多种贸易方式也开始发展起来。1982—1987 年，我国外贸进出口总额增长至 826.53 亿美元，增长接近一倍。其中，外贸出口增长了 76.7%，外贸进口增长了 1.2 倍。1982—1987 年，我国外贸依存度提高 10 个百分点，达到 25.3%。同期，我国外贸出口结构进一步优化，工业制成品出口占比约三分之二。

第三节　外贸经营承包制改革的初步尝试

外贸体制改革的第二阶段是在第一阶段的基础上，从以下放外贸经营权为主转为以外贸经营承包为主。这一阶段的改革又分为两个小阶段：1987 年实行外贸系统内的外贸专业总公司的承包，又称为“条条承包”*，这是承包制改革的初步尝试，只有一年的时间；随后的 1988 年到 1990 年又进一步推广到整个外贸领域，从中央到地方的外贸经营承包责任制，又称为“块块承包”。

*“条条承包”就是以经贸部作为总承包者，向国家承包出口创汇计划、出口成本和出口经济效益（即控制亏损总额）三项指标。经贸部在本系统内又作为总发包者，向各外贸专业总公司发包。

一、推行“条条承包”改革的原因

在以下放外贸经营权为主的改革阶段过去后，新的问题又被提了出来，即如何解决外贸领域长期存在的经济效益低下，特别是出口换汇成本高于官方名义汇率，从而影响出口贸易持续稳定扩大的问题。在这种情况下，1987 年实行了经贸部所属各外贸专业总公司和承担国家计划出口任务的中央各部委所属工贸公司的经营承包责任制。这种按隶属系统搞的承包也就是后来人们所说的“条条承包”。

实行这一改革的目的在于，通过三项经济指标的指令性约束，使外贸企业实行有限度的自负盈亏，增加出口创汇，缓解国家财政和外汇储备“双紧”的局面。当时我国面临着众多困难：许多初级产品的国际市场价格下跌，国内收购价格上涨，外贸资金严重不足，利息上涨（贷款利率上升约 10%），导致出口成本直线上升。正是面对这些困难，在国内企业大面积推广企业经营承包责任制的氛围下，经贸部也适时地采纳了承包责任制的做法。三项承包指标明确了外贸企业的责任，各项奖励措施均与承包指标紧密挂钩，从而使国家、企业和个人的利益均得到具体体现。与此同时，这一做法还相应下放了企业的经营自主权，进一步使外贸企业的责权利相一致。

二、制定鼓励出口的政策

在推行“条条承包”改革时，国务院还制定了一系列具体的鼓励出口政策，从而促进产生结构的调整。由于国际市场与国内市场两种价格体系的不同，国内深加工产品与初级产品比价的不合理，以及税负不合理等因素的影响，长期以来，我国的外销不如内销、出口深加工产品不如出口初级产品的矛盾未能很好解决，严重抑制了产业部门，特别是深加工部门的出口积极性。为了解决这一问题，1989 年，我国适时调整了对深加工产品和一般产品的出口奖励政策。采取区别对待的做法，鼓励前者的出口，对沿海地区超额完成轻纺产品出口计划的生产企业，提供扶持措施。同时还简化了奖励兑现手续，保证奖金的及时兑现。国家通过这些措施调动产业部门和企业扩大出口的积极性，初步缓解了外销不如内销，出口深加工产品不如出口初级产品的局面。

在这一阶段的改革中，为使我国的出口体制按国际惯例运作，制订和实施了出口退税政策。出口退税是世界普遍采用的鼓励出口措施，这也是一种国际惯例。通过出口产品退税，才能比较确切地体现出比较优势和比较利益，进而有利于本国产品参与国际竞争。由于当时我国税收体制不合理，征税环节繁杂，使出口退税工作滞后，掩盖了不同类别产品、不同加工深度产品比较优势，整体上降低了我国产品的出口竞争能力，也影响了出口产品结构的调整和外贸企业的经济效益。为此，经贸部协同财政部出台了出口产品退还产品税、增值率适用税率等措施，为外贸企业三项承包指标的顺利实施和外贸企业实行有限度的自负盈亏创造了良好的外部条件。

三、“条条承包”改革的影响

“条条承包”的实施，首先，调动了外贸企业的积极性，促使其在经营过程中必须通过压缩库存、控制出口成本、节约费用、合理地调整出口商品结构等具体措施，以保证完成三项承包指标，提高经营效益。其次，在一定程度上打破了旧的“财务大锅饭”的体制，即外贸企业亏损向经贸部门报账，经贸部门总亏损向国家报账的软预算约束的财务体制，使出口成本的上升得到一定程度的有效抑制，从而减缓了对国家财政的压力。最后，承包制使外贸企业内部经营机制发生了积极变化，在承包指标的硬性约束下，外贸企业只有通过建立健全内部的自负盈亏、自我约束、自我完善和自我发展的机制，才能增强自身的国际竞争能力，适应改革的潮流。

总体来看，“条条承包”取得了阶段性的成功。1979—1987年，我国进出口贸易总额由293.33亿美元增长到826.53亿美元，增长了1.8倍。从商品出口看，1979—1987年，初级产品出口额增长80.9%，工业制成品出口额增长3.1倍。这一时期，工业制成品出口额占比由46.4%提高到66.45%，除1984年和1985年外均保持增长态势（见表2）。以1987年为例，进出口贸易比上年增长11.9%，其中出口贸易增长了27.5%，而出口成本则较上年降低了1.5%，出口每美元占用资金下降了12.6%，取得了出口创汇和经济效益的双丰收，达到了预期目标。

但是，这种承包制也带来了一定的弊端，如强化了“条条利益”格局，加剧了政企不分，有限度的自负盈亏造成了外贸企业的短期行为，使出口结构难以从根本上得到改善。由于“条条承包”很快被后来的“块块承包”所替代，上述矛盾表现得并不明显。

表2　1979—1987年我国商品出口结构

单位：亿美元

年份	出口总额	初级产品		工业制成品	
		出口额	占比	出口额	占比
1979	136.58	73.15	53.6%	63.43	46.4%
1980	181.19	91.14	50.30%	90.05	49.70%
1981	220.07	102.48	46.57%	117.59	53.43%
1982	223.21	100.5	45.02%	122.71	54.98%
1983	222.26	96.2	43.28%	126.06	56.72%
1984	261.39	119.34	45.66%	142.05	54.34%

续表

年份	出口总额	初级产品		工业制成品	
		出口额	占比	出口额	占比
1985	273.5	138.28	50.56%	135.22	49.44%
1986	309.42	112.72	36.43%	196.7	63.57%
1987	394.37	132.31	33.55%	262.06	66.45%

数据来源：《中国对外经济贸易年鉴》编辑委员会编：《中国对外经济贸易年鉴1984》，北京：中国对外经济贸易出版社，1984年版，第47页。

关于“条条承包”实施的过程，在1987年10月党的十三大又提出了沿海经济发展战略的新思路，即有计划、有步骤、有领导地引导拥有2亿多人口的沿海地区走向国际市场，进一步参加国际分工、国际交换和国际竞争，大力发展外向型经济。注重发展劳动密集型产业；坚持“两头在外”，大进大出；大力发展“三资”企业，带动整个沿海地区的经济发展。这一发展战略的实施，要求外贸体制加快改革，以适应新形势的需要。因此，“条条承包”随即让位给其后三年的“块块承包”。

第二章

外贸承包经营责任制全面改革（1988—1992 年）

▼

为了适应进一步扩大对外开放和实施沿海地区经济发展战略的要求，1988 年我国对外贸易体制又进行了重大改革，在全国外贸领域全面推行承包经营责任即以地方为主的“块块承包”。国务院批转经贸部《一九八八年外贸体制改革方案的通知》指出，外贸体制改革是经济体制改革的重要组成部分，涉及计划、财政、税收、金融、价格、外汇、物资等各个方面，是一项复杂的系统工程。各地区、各部门都要按照“改革、开放、搞活”的方针，积极予以支持。

第一节　全面推行经营承包责任制改革

一、推行经营承包责任制的改革背景

随着我国对外实行开放、对内搞活经济方针的贯彻和经济体制改革的深入，国内已逐步转向有计划的商品经济。同时，在国际市场方面，对外贸易的比重扩大，外贸出口面临着一个竞争激烈的买

方市场。因此，我国原来的外贸体制，已经越来越不适应对外贸易和整个国民经济发展的需要。改革开放以来的十年间，我国已经围绕着下放部分经营成交权、扩大贸易渠道、促进工贸结合、开展多种方式的灵活贸易，实行鼓励出口的政策，以及改善宏观管理等方面进行了诸多改革，并取得了一定的成效。但是，由于外贸体制改革是一项十分复杂的系统工程，它与整个国民经济体制的改革有着密切的联系，而有些外贸改革措施因不能配套而无法实施，甚至带来新的问题。总体来看，外贸体制中一些根本性的问题尚未解决，相关改革还未取得突破性进展。

当时外贸体制的主要问题是：基本没有触动统负盈亏“吃大锅饭”的财务体制；经营进出口的企业基本未按企业化进行经营管理，政企职责不分；在外贸宏观管理和微观搞活方面还缺乏有效的措施和自我约束机制，有些该实行统一政策的未能实行，助长了各类外贸企业在不平等条件下的盲目竞争；宏观管理仍以直接控制为主，没有建立起符合我国情况的有效的外贸经济调节体系；工（农、技）贸结合的问题还没有得到真正解决。

根据党的十三大关于加快和深化经济体制改革的要求，为了适应我国进一步对外开放和加速发展对外贸易事业的需要，党中央决定全面推行对外贸易承包经营责任制，进一步加快和深化对外贸易体制改革。为此，国务院印发《关于加快和深化对外贸易体制改革若干问题的规定》（以下简称《规定》）。《规定》明确了外贸体制改革，是要实行自负盈亏，放开经营，加强管理，联合对外，以进一步促进对外贸易的发展。实现这个目标，就是要改变“吃大锅饭”的补贴体制，实现外贸经营的自负盈亏；在自负盈亏的基础上，对大部分商品实行放开经营，充分调动各方面出口的积极性；

实行进出口代理和有条件的出口生产企业、企业联合体、企业集团自营出口，推动工（农、技）贸结合、进出结合；实行政企职责分工，更多地运用政策、法规和科学的经济调节机制来加强对外贸的宏观管理，加强联合对外和统一对外；建立相应的机制，加速出口新产品的开发和国际市场的开拓。①

从国民经济发展和整个经济体制改革进程的实际出发，这次外贸体制改革的主要任务是：在部分行业进行试点，为完全自负盈亏摸索经验，在其他行业进一步完善承包经营责任制；现行的各项行之有效的鼓励出口、限制进口的政策，要继续执行，并加以完善；进一步推行进口代理作价；围绕搞活外贸企业进行政策调整，积极筹备并逐步试行新的经济调节体系，为此后实行完全的企业化经营打下基础，促进扩大出口创汇，提高用汇效益，推动外贸进一步发展。

二、经营承包责任制改革的基本原则和主要措施

本次改革的基本原则是：逐步实行自负盈亏、放开经营、工贸结合、推行代理制。

（一）实行出口退税，扩大出口信贷，改进出口奖励办法

对出口商品全部实行退还各个环节的产品税、增值税和营业税。对出口商品实行退税，是深化外贸体制改革，使各类外贸企业

① 《国务院关于加快和深化对外贸易体制改革若干问题的规定》，中国政府网，2012 年 2 月 21 日。

逐步实现自负盈亏所采取的重要政策措施。按照测算的结果，彻底退还各个生产、流通环节的累计间接税。其中，实行增值税的出口商品，退还各个环节的增值税（个别商品存在增值税率与累计间接税率差异过大的例外）；实行产品税的出口商品，核定分商品的累计退税率，按累计退税率退税；流通环节的营业税和流通环节间接消耗中的产品税应按规定予以退还。实行收购制的出口商品，退税给外贸经营企业；实行代理制的出口商品，退税给生产企业。进口原材料和元器件用于加工（包括多层次加工）复出口的，退还进口关税、进口产品税（或增值税）、进口调节税。上述各项内容，全部由中央财政统一退税，由税务部门根据必要的手续和凭证办理，并尽可能简化手续，及时退还。

为了适应出口发展战略需要，促进成套技术产品和成套机电设备出口，适当增加了出口信贷数量，并积极筹建政策性外贸金融机构，统筹鼓励出口的政策性贷款等。结汇和其他贷款业务，仍由中国银行和其他指定的金融机构执行，并逐步扩大人民币和外汇专项贷款和远期信用证贴现等业务。建立经常的中央以进养出外汇和地方留成外汇的周转金，以支持进料加工业务。

为进一步鼓励生产企业和外贸企业多出口、多创汇，继续执行现行的各项奖励制度。同时，对出口量较多的企业，可试行“工资总额”同出口收汇额挂钩的办法，以调动企业和职工的积极性。

（二）自负盈亏试点、成本控制与承包经营责任制相结合

出口退税后，由于国内国外两个价格体系的差异以及汇率方面的问题，出口商品还不能做到自负盈亏。1988 年，我国在轻工、工艺、服装三个行业实行自负盈亏的试点。试点的三个行业在实

行退税后，将70%的外汇留给出口经营单位，其中12.5%由出口经营单位给提供货源的地方政府，12.5%由出口经营单位给供货企业（是给外汇额度还是以相应的人民币补偿，由出口经营单位与供货企业自行协商）。[①] 三个试点行业所得的留成外汇，允许他们用于进口物资和进入外汇调剂市场。为使改革能有秩序地逐步进行，三个试点行业的外贸总公司与分公司的领导体制暂不变动。各地政府不对三个试点行业的各类外贸公司进行财务调剂。

对其他行业的大部分出口商品，仍实行直接的价差补贴。根据核定退税后的换汇成本进行成本控制，加强经济核算。核定成本工作，由财政部和经贸部联合进行。在退税和核定成本之后，各类外贸企业普遍实行各种不同形式的承包经营责任制，即在出口商品还有价差补贴的条件下自负盈亏，超亏不补，减亏留用。在新旧体制并存的过渡时期，凡享受国家价差补贴的各类外贸专业公司，不得经营三个试点行业的出口商品；其他享受价差补贴的各类外贸企业，也不能享受三个试点行业的外汇留成待遇。对三个试点行业以外的已具备自负盈亏条件的外贸公司，应积极推行企业化经营体制。

（三）改进外汇留成分配办法，实行按大类商品的差别计算外汇留成比例

改革外汇管理体制，在承包指标内的外汇收入，对不同地区、

① 《国务院关于调整经济特区和三个试点行业外汇留成比例的复函》，载教育部人文社会科学重点研究基地深圳大学经济特区研究中心编：《中国经济特区文献资料》（第一辑），北京：社会科学文献出版社，2010年版，第188页。

不同行业、不同商品实行差别外汇留成比例。对于超过承包指标的外汇收入，除部分商品实行全额留成以外，其余大部分均实行统一外汇留成比例，从而为外贸企业创造相对平等的竞争条件。地方、部门和企业的外汇留成，可以按照国家有关规定自主支配和使用。同时，我国在各省、自治区、直辖市、计划单列市、经济特区及沿海重要城市相继建立了一批外汇调剂中心，地方、部门和企业、外商投资企业均可在外汇调剂中心买卖外汇。调剂价格按照外汇供求状况实行有管理的浮动。

为了鼓励深加工产品出口，逐步实行按大类商品计算外汇留成的办法。深加工产品留成比例高一些，初级产品留成比例低一些。其具体办法是：机电产品出口留成外汇额度按净创汇结算后进行分配，即在出口收汇中先扣下30%作为进口原材料和元器件的留成外汇，其余70%中，上交国家50%，企业、地方和部门留成50%；轻工、工艺、服装行业按新的试点办法，实行70%留成；电子、汽车企业集团试行按全额留成；深加工的纺织产品按30%比例留成；石油和军工产品原留成办法不变；上述留成以外的其余商品，一般地区仍按25%比例留成，广东、福建、少数民族地区仍维持原定的留成比例。凡计划内的出口收汇，按上述比例分成；地方和外贸公司在退税后自负盈亏的超计划出口收汇，实行“倒三七”比例分成。留成外汇，允许用于进口物资或调剂使用。对轻工、工艺、服装三个试点行业的外汇留成，由经贸部制定详细的出口商品目录，出口收汇后，由外汇管理局凭银行结汇单证和海关放行的出口报关单据，将相应比例的留成外汇划拨给经营出口的企业，随时可以使用。上述试点行业的留成外汇，从1988年起，使当年外汇留成额度与用汇指标一致，允许使用，超计划从1988年起，所获得的留成外汇，允许在有正当来源的出口企业和有正当需要的进口企业之间相互调剂。试点行业的留成外汇，允许到外汇调剂市场参加调剂活动。

三、改革进出口经营体制

（一）改革出口经营计划体制，积极发展工贸联营

改革出口经营体制，对于少数关系国计民生的、大宗的、资源性的重要出口商品，实行指令性计划，由国家指定的外贸总公司及其直属的子公司、分公司统一经营。对于少数国际市场容量有限，有配额限制，竞争激烈的重要出口商品，实行指导性计划，由有这类商品经营权的外贸公司分散经营。其他大部分出口商品，实行市场调节，放开由各类外贸公司经营。但对所有涉及出口配额和许可证管理的商品均按出口配额和出口许可证管理制度执行。在三个行业实行自负盈亏试点和其他行业实行承包经营责任制以后，逐步过渡到自主经营和完全的自负盈亏，并进一步改革外贸计划和经营体制。

（1）集中和分散经营相结合，有步骤地进一步下放出口商品经营权。按照不同类别商品，实行不同的计划和经营体制：第一类是大宗的资源性出口商品，实行指令性出口计划，由指定的国家外贸公司统一经营；第二类是在国际市场上比较敏感的商品，实行指令性出口计划，由经过批准的有出口经营权的外贸企业分散经营；第三类是除上述第一、二类以外的其他出口商品，只对出口创汇总额和大类商品实行指导性出口计划，由经过批准的有出口经营权的各类外贸企业和出口生产企业按规定的经营范围放开经营。

（2）大力推行代理出口，促进工贸结合，发展横向联系。为了扩大加工制成品出口，继续批准一批有条件的大中型生产企业、企业联合体和企业集团，直接经营进出口贸易。进一步鼓励地方和出口经营企业参与国际市场竞争。在沿海地区充分发挥劳动力资源的优势，发展劳动密集型、技术密集型产业，把原材料来源和产品销售放在国际市场上，即所谓“两头在外”。在内地充分发挥各地方资源优势，逐步提高制成品的出口能力。此外，还鼓励发展进料加工、来料加工、来件装配和补偿贸易，即“三来一补”。鼓励各地方、各部门、各企业之间发展横向联合，工贸结合，进一步推行进出口代理制。

外贸专业公司经营的出口商品，要积极推行代理出口，逐步把加工制成品出口的责、权、利落实到出口生产企业，发展出口生产企业和外贸专业公司的直接联合经营。在已有经验的基础上，进一步制定和推行工贸联营的具体政策措施。对于生产企业和外贸企业之间的联营和联合给予鼓励和支持，不能进行干预。继续提倡内地和沿海各种形式的出口联合，在互利的基础上，发挥各自优势，扩大出口。

（3）大力开展进料加工和来料加工。我国出口贸易发展的一个重要制约因素，是原材料短缺。在国内原材料有限的情况下，优先安排出口生产，同时大力开展进料加工和来料加工。进料加工和来料加工由外贸企业和出口生产企业直接挂钩结算，不允许有任何中间加成、加利、加费的情况。对为出口生产而进口的原料、辅料和元器件，实行减免关税的优惠，并尽量简化监管手续。为解决进料所需的资金，除通过国家计划拨付的周转金外，经过经贸部和国家外汇管理局批准，地方和外贸企业可以运用留成外汇和银行贷款建立进料加工周转金。

（4）大力进行出口生产基地建设。抓紧时间进行轻纺、机电、农副等产品出口生产体系的规划和建设。以沿海开放城市和地区以及出口商品产地为重点，集中资金和物力，建设一批创汇多、见效快的出口生产基地或专厂（矿）。

（5）积极协助出口生产企业解决资金来源。为支持出口生产企业技术改造和提高产品质量，制定具体政策措施，解决资金来源，以扩大外贸公司和有出口经营权的生产企业、企业联合体和企业集团的统借转贷、统借投资业务。积极开展外贸公司对生产企业的融资、租赁和补偿贸易、来料加工等业务。

（二）实行进口代理作价办法，改革进口经营体制

改革进口经营体制，对于少数关系国计民生的、大宗的、敏感性的重要进口商品，由国家指定的外贸总公司及其直属的分支公司统一经营；对于少数国际市场集中、价格敏感的大宗进口商品，由有这类商品进口经营权的外贸公司联合成交，其他大部分进口商品，放开经营。但对所有涉及进口许可证的商品，均按进口许可证管理制度执行。实行进口代理作价办法，其具体措施如下：

（1）对使用中央外汇进口，国内市场价格已放开或对市场物价指数直接影响较小的商品，将外汇额度下达给使用单位，实行较彻底的进口代理作价，中央财政不再补贴。

（2）对少数使用中央外汇进口的粮食、化肥和钢材等重要商品，国内外价差难以取消，尚需中央财政补贴，实行过渡性进口代理作价办法，即将进口物资的数量、外汇指标和补贴额度，由国家计委、财政部分别下达给商业部、国家物资局和有关使用单位。具

体实施办法，由国家计委会同财政部、经贸部及有关部门商定。

（3）使用中央外汇进口的大宗商品和从苏联、东欧国家协定贸易进口的商品，由指定的国家外贸公司统一经营。

（4）根据产业政策，适当调整关税税率，使关税逐步成为进口调节的主要手段。

四、改革外贸行政管理体制：外贸行政机构和外贸总公司

（一）改革外贸行政管理机制

改革外贸行政管理体制，根据国务院授权，经贸部行使全国外贸行政归口管理的职能，各地方外贸厅（局、委）则在当地政府领导下，行使本地区外贸归口管理的职能。各级外贸主管部门均实行政企职责分开，不再干预外贸企业的正常经营活动。为加强外贸管理，经贸部还进一步增设了特派员办事处。它们与地方外贸主管部门分别按照职权范围，进行出口配额和进口许可证的管理。在新旧体制转换时期，为了最终实现政企职责分开，企业所有权和经营权分离，有利于挖掘企业潜力、提高经济效益和扩大出口创汇，实行承包经营责任制是一种现实可行的过渡办法。全面推行外贸承包经营责任制是核心。由各省、自治区、直辖市及计划单列市和直接承担出口任务的国家外贸公司，分别向国家承包出口收汇、上缴外汇和经济效益（补贴包干）指标。各地方承包后，按要求把各项承包指标分解落实到地方外贸企业。完成承包指标以内的外汇收入，大部分上缴国家，其余部分留给地方和企业；超过承包指标的外汇收入，则大部分归地方和企业，小部分上缴国家。其具体措施如下：

（1）经贸部和各主管部门，对所属外贸总公司都应实行和完善承包经营责任制。承包内容是：出口总额、出口收汇总额、出口商品换汇成本、盈利或补贴总额。承包方式是：由各有关主管部门发包，总公司总承包后再分包到各分公司、子公司，承包责任尽可能落实到基层，落实到人。

（2）各类外贸企业内部，包括总公司、分公司、子公司及各级公司内部的处、科、室，也要推行各种形式的责任制，把企业经营好坏同企业的发展和职工的利益紧密挂钩。

出口退税后，个别出口成本很低、盈利过大，且容易出现恶性竞争的出口商品，由经贸部实行出口许可证管理，并征收一定的出口调节基金，使外贸企业达到合理的盈利水平。

（3）实行承包经营责任制后，对某些现在交叉经营、矛盾较大的出口商品，成立联合经营的专业进出口公司，以避免因交叉经营而产生的盲目竞争。

（4）为使外贸专业总公司向完全自负盈亏的经济实体过渡，适当扩大它们的经营自主权和业务范围。允许它们引进为发展本公司经营范围内出口商品生产所需的技术和关键设备；开展进料加工、来料加工、来件装配、补偿贸易，在生产领域举办中外合资经营企业；向出口商品生产企业参股、联营；开展期货贸易、对销贸易、租赁、咨询等业务。在经贸部的统一管理下，允许外贸专业总公司利用一部分外资发展出口，多创外汇。

（5）成立一个综合性的进出结合的贸易集团公司，负责组织实施对苏联、东欧的协定贸易，统一组织成交，并联合各外贸企业开展经营。参加集团的各外贸公司对苏联、东欧的进出口业务均应实行单独核算，盈亏统一与集团公司挂钩结算，盈利部分不再上缴国家财政，用以补偿一部分进口亏损，不足部分暂由国家补贴。

（二）改进外贸行政管理，落实联合统一对外

改革外贸行政机构和外贸总公司。经贸部按照转变职能、下放权力、调整机构、精减人员的原则，调整了行政机构。国家外贸专业总公司在各地方设立的分支公司，地市外贸公司及所属生产企业，除统一经营商品的分支机构保留外，均与总公司在计划、财务、机构、编制和劳动工资等方面脱钩，成为独立的企业法人。外贸专业总公司则逐步转变职能，由行政管理型转为业务经营型，即实行企业化经营，使之朝着综合型、集团型、多功能和国际化的方向发展。经贸部和外贸专业总公司进行机构改革和转变职能后，咨询服务、信息交流和行业协调管理改由各进出口商会承担。1988年，先后组建了食品土畜、纺织丝绸、轻工工艺、五矿化工、机电、医药保健品六个行业进出口商会和一些商品分会。在整个外贸体制改革过程中，以至于新型外贸体制确立之后，外贸的行政管理都要高度集中统一。经贸部作为国务院统一归口管理对外经济贸易的职能部门，要在改革过程中，逐步转变职能，逐步实现合理的政企职责分工。在政企职责分工和加强、改善外贸行政管理方面，主要措施有：

（1）进一步明确经贸部以及各省、自治区、直辖市经贸委（厅、局）的职能，在进出口贸易发展战略、外贸宏观管理以及外贸信息网络的建立等方面进行开拓，并根据这一任务的需要适当调整内部机构。

（2）各级外贸行政管理部门以及领导工贸公司的工业主管部门进一步简政放权，实行合理的政企分工，扩大所属外贸企业在计划

安排、经营决策、劳动工资、人事任免、机构设置等方面的自主权。在进行各类外贸企业经营机制改革的同时积极创造条件，有效地管理和灵活地经营，适应国际市场多变的特点。

（3）改进和加强进出口许可证和配额管理制度。对某些出口商品的配额、许可证管理，在简化手续、方便企业的同时，审批和管理权限作出相应调整。在某些进出口商品中可拿出一部分数量，试行配额招标，促使各类外贸企业能更加有效地经营。进一步完善在国内外设立外贸企业的审批制度和办法。

（4）积极筹建粮油土畜、纺织服装、轻工工艺、五矿化工、机电等出口商会。出口商会具有半官方性质，下设分商品的分会。出口商会及分会，由有外贸出口经营权的企业组成。有外贸经营权的企业，经营粮油、食品、土产、畜产、茶叶、纺织、服装、丝绸、轻工、工艺、五金、矿产、化工、机电等商品的，必须参加有关出口商会及分会，否则不能经营该类商品的出口业务。出口商会及分会有在市场、客户、价格等方面的协调权和建议权。对不服从协调者，可以停止其会籍，经贸部相应地暂停其经营权；对情节严重者，可以开除其会籍，经贸部相应地撤销其经营权。出口商会及分会积极进行市场调研，提供咨询服务。出口商会可以成立理事会，并设立精干的办事机构处理日常事务。分会一般不另设常设机构和专职人员。出口商会及分会本着平等协商、维护共同利益的原则进行协调和提出建议。出口商会及分会的成立和撤销由经贸部审批，并归口管理。商会成立后的经费来源，由会费收入解决。

五、外贸经营责任制的影响

外贸经营责任制改革，客观上取得了一定的成效。它调动了中央、地方、企业三方发展对外贸易的积极性，促使进出口贸易，特别是出口贸易持续高速增长。这一改革还促进了对外贸易经济效益的提高。各项承包指标由各级地方政府落实到各类外贸企业，与当时实行的地方分成包干的财政体制相一致。使外贸体制向责权一致的方向转变。地方政府和外贸企业在对外贸易中更加注重严格核算进出口成本，追求经济效益。

外贸经营责任制改革还进一步为外贸企业实行有限度的自负盈亏创造了条件，在承包指标范围内，国家仍然给予外贸企业以经济扶持，即财政补贴，但补贴数额予以冻结并不再增加。一般行业和机电行业超过承包指标部分的出口，轻工、工艺、服装三个试点行业和深圳、珠海、汕头、厦门、海南五个经济特区，无论是承包指标之内，还是承包指标之外的出口，国家都不给予补贴，而是通过外贸企业、生产企业和地方的外汇留成，自行解决，从而将其置于自负盈亏的机制下实行。承包制为外贸企业注入了新活力。外贸承包经营的实施和一定程度上的政企职责分开，使企业获得了自主经营、企业化经营的条件。各类外贸企业在内部经营机制上，都采取了指标聘任、优化组合、目标责任制、工资奖金与经济管理挂钩等一系列具体措施，有效地调动了职工的积极性。通过改革还进一步推动了工贸、农贸、技贸结合、进出口结合和进出口代理制的发展。

外贸经营责任制的实施，使外贸计划、财务、经营、行政管理、外汇及公司设置等都发生了重大变化，进一步缩小了指令与计划和行政直接控制的作用，加强了宏观调控，扩大了市场机制作用的范围。同时，这种改革也为进一步深化外贸体制与经济体制的整体配套改革奠定了基础。作为整个经济体制改革重要组成部分的外贸体制改革，是庞大的系统工程中的一个子系统，它与国家计划、财政、物资、金融、物价、税收、外汇、海关等方面的改革密不可分。可是外资体制超前改革是不可能的，每前进一步均要求相应的其他体制进行变革，彼此相互制约、相互作用、相互促进。

外贸经营责任制改革这一阶段正值中国对外开放迅猛扩展和振荡调整时期。从贸易规模看，1988—1990 年年均进出口贸易总额超过 1000 亿美元，这是我国历史上外贸额第一次超千亿美元的时期。年均增长均达到两位数以上，特别是出口贸易增长率接近20%的高水平，极大地改善了我国的国际收支状况。出口贸易依存度年均达到 13.7%的较高水平，出口在世界出口国的位次也进到15 位左右。这充分显示，我国外贸体制改革的成功，对外开放政策已经植根于国民经济之中，经济开放程度与世界经济联系程度已相当紧密，以至像西方国家对华“经济制裁”这样大的国际性冲击都未能阻挡住我国对外贸易迅速发展的步伐。

当然，以承包经营责任制为中心的外贸体制改革，是适应当时我国的经济和外贸实际情况下做的一种尝试性的探索，并非改革的最终模式。在这一阶段性改革过程中，也暴露出了一些根本性的矛盾和问题，即新旧体制兼容，地方、部门利益冲突造成的问题。承包经营责任制在改革方面取得了一定的突破，同时又在一定程度上强化了旧体制的某些痼疾。这些问题均留待后续阶段的改革加以解决。

1988—1990 年全面推行外贸承包经营责任制改革，总体来说是成功的，进一步提高了各地方、各部门、各类外贸企业和生产企业扩大出口的积极性，对于改善企业内部经营机制，扩大进出口贸易，促进对外贸易的发展，起到了重要作用。三年来，外贸出口有了较大发展，国家外汇收入和储备增加，进出口商品结构和贸易平衡状况有了明显改善。但仍然存在一些不够完善之处，主要是：出口补贴和外汇留成水平不一致的不平等竞争条件尚未消除，外贸企业的自负盈亏机制基本没有建立；外贸公司过多、过滥，导致了外贸经营秩序的混乱；外贸领域存在的抬价抢购、低价竞销、肥水外流等问题，未能得到根本解决。

以承包制形式进行的外贸体制改革，极大地促进了我国对外贸易的发展，随着对外开放程度的扩大，我国经济国际化的程度提高，逐渐融入世界经济的总体发展之中。但是，由于整个经济体制改革理论上突破的阶段性，外贸体制改革本身的探索试验既缺乏目标，又缺乏整体设计，在实施中配套措施也未能完全到位，所以，在经过承包制改革后，旧体制留存的问题和改革后产生的新矛盾交织在一起，需要进一步改革。

第二节　不断完善外贸经营责任制

为了继续贯彻执行治理整顿、深化改革的方针，加快改革开放进程，1990 年 12 月，国务院印发《关于进一步改革和完善对外贸易体制若干问题的决定》，提出必须在继续发挥中央、地方和企业三方积极性的前提下，进一步改革和完善对外贸易体制，以提高出口商品质量、经济效益为中心，努力扩大出口，调整进口结构，持续、稳定、协调地发展对外贸易。

一、改革和完善外贸政策

（一）建立自负盈亏机制，统一全国外贸政策

自 1991 年 1 月 1 日起，我国取消对外贸出口的财政补贴，从建立自负盈亏机制入手，使外贸逐步走上统一政策，平等竞争，自主经营，自负盈亏，工贸结合，推行代理制，联合统一对外的轨道。这是外贸经营机制的一个重大转变。

为了适应这一机制转变，各地方、各部门制定和修改了有关外贸的地方法规及各种规章制度，遵从全国统一的外贸法规和方针政策。我国规定，经贸部是国务院综合管理全国对外经济贸易工作的职能部门，其他部门未经国务院授权，不允许制定、发布全国性的有关外贸的规章制度。

（二）继续实行外贸承包经营责任制

逐年核定出口总额、出口收汇和上缴中央外汇额度任务。我国根据“八五”计划对外贸发展的要求和全国外贸出口的实际情况，逐年核定各省、自治区、直辖市及计划单列市人民政府和各外贸、工贸专业进出口总公司及其他外贸企业等承包单位向国家承包的出口总额、出口收汇和上缴中央外汇额度任务。国家下达的各项承包指标均是指令性计划，各承包单位必须保证完成，由经贸部负责督促检查。各承包单位要负责将出口商品供货任务分解落实到生产部门、企业及其他供货单位，并督促其按时、按质、按量完成。凡未完成国家下达的各项承包指标的承包单位，应相应扣减其出口奖励

金，并调减其列名商品出口计划和配额、许可证数量。同时，对未完成上缴中央外汇额度的部分，由经贸部门负责，会同国家外汇管理部门从其留成外汇额度中扣缴补足。对按时有偿上交中央外汇额度的承包单位，由经贸部及时按照全国平均的外汇调剂价格兑现补偿的人民币。

（三）理顺财务关系，加强外贸企业财务管理

按照责、权、利一致的原则，经贸部所属各专业总公司的财务关系，隶属经贸部；其他部门所属进出口公司的财务关系保持不变；各地方所属外贸专业公司的财务关系，隶属经贸厅（委、局）；并分别纳入中央和地方财政预算管理。地方其他各类外贸企业的财务隶属关系，由各地方人民政府确定。

各级各类外贸企业加强成本核算，努力降低出口成本。采取综合运筹措施，调整出口商品结构，以盈补亏，积极完成承包任务。经贸部、财政部和各地方经贸厅（委、局）、财政厅（局），在贯彻国家产业政策的前提下，应对企业盈利或亏损，相互调剂，综合运筹。各类外贸企业严格执行财务承包责任制，不得亏损挂账。对外贸企业的国有资产加强管理，防止流失。地方各级经贸行政管理部门的人员编制，统一纳入地方行政编制序列，其经费经财政部会同经贸部核准后，统一由中央财政划转地方财政。

（四）采取综合治理措施，整顿外贸经营秩序

按照国务院批转商业部、经贸部、物资部《关于进一步清理整顿各类商业批发公司、对外经济贸易公司、物资公司意见的通知》的要求清理整顿后保留的外贸公司，严格按照经贸部重新核定的经

营范围经营。对于产品技术比较复杂、出口量较大、符合自营出口条件的大中型国营生产企业和紧密型生产企业集团，自营出口本企业产品，要继续支持，其进出口经营权，统一由经贸部审批。“八五”期间不再批准新设专门从事流通领域经营的进出口公司，个别情况需要设立的，须由经贸部从严审核，并报国务院批准。加强对境外各类中资企业的管理，进行必要的整顿。①

地县外贸机构的主要任务是发展出口商品生产，组织出口货源。加强地县外贸机构的建设，理顺其机构编制、业务职能、财务核算、劳动人事等方面的关系，进一步发挥对出口货源的生产、收购、组织、管理的积极作用。

建立、健全出口商品产地证的签发制度，严禁滥发产地证。商检部门会同各有关生产主管部门，加快建立和实行对出口商品的质量许可验证制度。加强外贸运输管理，整顿外贸货物运输代理市场。严肃处理骗取退税、逃汇套汇、商品掺假作伪、伪造文件或证件、倒卖许可证、抬价抢购、低价倾销、毁坏信誉、超范围经营、搞乱经营秩序等违法者。

二、改革外汇分成办法与平衡外汇计划

（一）改革外汇分成办法

加强出口收汇管理对各类外贸出口企业出口商品收汇实行全额分成，外汇额分成比例是：国家统一安排的石油（包括原油、成品

① 《国务院批转商业部、经贸部、物资部关于进一步清理整顿各类商业批发公司、对外经济贸易公司、物资公司意见的通知》，中国政府网，2010 年 12 月 29 日。

油，下同），出口收汇上缴中央 96%，留成 4%；煤代石油专项出口收汇上缴中央 50%，留成 50%；超产石油出口收汇有偿上缴中央 30%，留成 70%。以上外汇留成原分配比例不变。机电产品和特定科技产品出口收汇有偿上缴中央 30%（外贸出口企业 20%，出口供货企业 10%）。一般商品出口收汇上缴中央 50%，其中有偿上缴 30%（外贸出口企业 20%，出口供货企业 10%）；上缴地方政府 10%；留成 40%。来料加工工缴费收汇上缴中央 10%，留成 90%。

政府间记账协定贸易的出口，不再实行现汇分成。外贸企业的留成外汇，主要用于外汇调剂和自营进口，以补偿出口亏损。

为了保证国家收汇和防止逃汇、套汇，外汇管理部门和结汇银行应切实加强出口收汇管理，实行按出口核销单、报关单进行核销的出口收汇制度，跟踪结汇。对严重违反结汇规定的外贸企业，经贸部要取消其进出口经营权。

（二）做好外汇计划平衡，办好外汇调剂市场

加强中央外汇和地方、部门自有外汇的平衡工作。各地方、各部门进一步加强、完善外汇计划管理、编制综合外汇收支计划和自有外汇进口计划，按先还贷后进口的原则处理外汇平衡问题。中央外汇做到量入为出，并保持适当储备。国家计委要逐步建立、健全国际收支计划的编制和管理制度。

国家外汇管理局兼顾调剂与管理，加强了对外汇调剂市场的统一领导和监督。国家外汇管理局根据国家产业政策和国家批准的进口及技术引进计划，制定和调整用汇投向指导序列。保证中央和地方重点用汇，提高外汇资金的使用效益。地方政府和生产企业要切

实做好偿还外债的安排。地方政府、生产企业为了偿还外债，在调剂外汇时，优先予以保证。在完成上缴中央外汇额度（包括有偿上缴）计划任务进度后，允许外汇额度进入调剂市场，并跨省调剂；严禁用行政手段干预外汇资金的横向流通，努力调节外汇供求，稳定外汇调剂价格。

三、鼓励出口，改善出口商品计划与出口经营

（一）继续执行并完善现行各项扶持、鼓励出口的优惠政策

现行各项出口奖励、出口退税和对外贸企业贷款的优惠利率及其他扶持、鼓励出口的优惠政策和措施，继续执行。继续扶持鼓励机电产品出口。

这一时期，加工贸易发展速度加快。1987—1991 年，我国加工贸易占出口贸易比重由 22.3%提高到 45.1%，占进口贸易比重由 23.6%提高到 39.2%（见表 3、表 4）。

对苏联和东欧国家贸易由协定记账贸易改为现汇贸易后，要继续鼓励发展与这些国家之间的国家专项易货贸易和地方易货贸易。要继续鼓励、支持边境地区积极发展各种形式的边境贸易。

表 3　1987—1991 年中国出口贸易方式

单位：亿美元

年份	一般贸易		加工贸易		其他贸易	
	金额	占比	金额	占比	金额	占比
1987	296	75.2%	88	22.3%	10	2.5%
1988	326	68.6%	140	29.5%	9	1.9%
1989	316	60.1%	198	37.7%	11	2.2%

续表

年份	一般贸易		加工贸易		其他贸易	
	金额	占比	金额	占比	金额	占比
1990	355	57.1%	254	40.1%	12	2.8%
1991	381	53.0%	324	45.1%	14	1.9%

数据来源：《中国对外经济贸易白皮书》编委会编写：《中国对外经济贸易白皮书1997》，北京：中国对外经济贸易出版社，1997年版，第17页。

表4　1987—1991年中国进口贸易方式

单位：亿美元

年份	一般贸易		加工贸易		其他贸易	
	金额	占比	金额	占比	金额	占比
1987	288	66.6%	102	23.6%	42	9.8%
1988	352	63.7%	147	26.6%	54	9.7%
1989	356	60.2%	164	27.7%	71	13.2%
1990	262	49.1%	187	35.1%	85	15.8%
1991	295	46.3%	250	39.2%	93	14.5%

数据来源：《中国对外经济贸易白皮书》编委会编写：《中国对外经济贸易白皮书1997》，北京：中国对外经济贸易出版社，1997年版，第47页。

（二）改善出口商品的计划、配额和许可证管理

经贸部继续对出口商品实行分类和计划列名管理。第一、二类出口商品目录基本保持稳定。第一类出口商品目录的调整须经国务院批准；第二类出口商品目录的调整由经贸部确定；第三类实行计划列名管理的出口商品目录，经贸部应视国内外市场变化和购销秩序状况适时增减。第一、二类出口商品通过各地方经贸主管部门和

各专业总公司实行双轨制计划管理和双轨统计；第三类出口商品中实行计划列名管理的商品，由各类外贸企业按经贸部批准的经营范围和出口计划经营，并负责统计。

计划列名的出口商品，全部实行出口许可证管理，由经贸部门严格按计划核发出口许可证；非计划列名的出口商品，亦可根据需要实行出口许可证管理。堵塞许可证发放和使用等各个环节的漏洞。对实行主动配额或被动配额的商品，继续实行配额加许可证管理。

国家继续鼓励和扶持外商投资企业发展出口。对外商投资企业生产的实行计划、配额和许可证管理的出口商品，根据经贸部批准的生产规模和实际生产能力，安排出口计划、出口配额。出口生产企业与外商兴办合资、合作企业应起到扩大出口创汇的作用，合资、合作前的出口供货任务要保证完成，以利于一般贸易出口的货源稳定。在政策鼓励下，外商投资企业对外贸易实现了高速增长。

1987—1991 年，外商投资企业对外贸易出口额由 12.10 亿美元扩张到 120.47 亿美元，占外贸出口比重由 3.07%提高到 16.75%（见表 5）。

表 5　1987—1991 年外商投资企业对外贸易进出口情况

单位：亿美元

年份	外商投资企业		其他企业	
	出口金额	出口占比	进口金额	进口占比
1987	12.10	3.07%	33.74	7.81%
1988	24.61	5.18%	58.82	10.64%
1989	49.14	9.35%	87.96	14.87%

续表

年份	外商投资企业		其他企业	
	出口金额	出口占比	进口金额	进口占比
1990	78.13	12.58%	123.02	23.06%
1991	120.47	16.75%	169.08	26.51%

数据来源：《中国对外经济贸易白皮书》编委会编写：《中国对外经济贸易白皮书1997》，北京：中国对外经济贸易出版社，1997年版，第47页。

（三）改善出口经营，加强协调管理，联合统一对外

第一类出口商品，由指定的一家或几家专业总公司统一经营、统一管理，或由专业总公司与地方外贸专业公司联合经营、统一成交。第一类出口商品的财务关系不变。经营第一类出口商品的地方外贸专业公司，原规定应划归专业总公司直属的，都尽快成建制划归。第二类出口商品在经贸部统一计划安排和专业总公司全面协调管理下，由各专业总公司和地方外贸专业公司按照经贸部批准的经营范围经营。其他各类外贸企业，不得经营第一类出口商品，原则上也不得经营第二类出口商品。有关部门的综合性外贸公司经营第二类出口商品，由经贸部在其经营品种内按一定数量审批；地方（包括经济特区）的综合性外贸公司经营第二类出口商品要严格掌握，也由经贸部审批。第三类出口商品，实行按专业或产品类别分工，由经过批准的有进出口经营权的各类外贸企业，按照核定的经营范围，有管理有秩序地自主经营。

经贸部继续发挥各专业总公司和各进出口商会的作用，加强对进出口商品的协调管理，维护正常的外贸经营秩序，做到联合统一对外。各专业总公司重点协调管理好第一、二类出口商品的收购与出口价格、市场、客户等；各商会重点协调管理第三类出口商品的

收购与出口价格、市场、客户等，并协助经贸部做好各专业总公司系统之间有交叉经营的第一、二类出口商品的协调工作。各类外贸企业必须服从统一的协调管理，对违反者，经贸部及其授权单位有权对其实行必要的处罚。在各专业总公司自主经营、自负盈亏的基础上，经贸部有领导、有步骤地试行组建行业性的进出口集团公司，联合统一对外。有关出口商品分类的经营、协调管理办法，由经贸部制定。

四、适当调整进口政策，完善进口管理办法

进口商品按照自主经营、自负盈亏的原则实行分类经营、分级管理。现行进口商品分类经营和管理办法基本不变。易货贸易进口的商品不受进口商品分类目录和经营分工的限制。在加强管理的前提下，对生产建设和市场适销的物资积极组织进口。中央外汇进口要继续推行代理作价的方法，在全面实行代理作价之前，国家对中央外汇部分进口商品的补贴办法不变。为配合外交需要，对贯彻国别政策的进口贸易予以支持，由此产生的政策性进口亏损，经国务院批准，由国家专项补贴。

为保证适度的进口规模，并合理调整进口商品结构，以支持国内生产和增强外贸企业综合运筹能力。在继续加强对地方、部门自有外汇进口计划管理的同时对进口政策作适当调整，并实行中央、地方政府两级管理。在继续完善进口商品配额管理的基础上，逐步增强地方政府对进口的宏观管理能力。按照国家产业政策有计划地逐步调整进口税率，调税方案由国务院关税税则委员会制定。

总体来说，这一轮的改革是我国外贸体制从实行外贸企业自负

盈亏机制入手，向适应国际贸易规则方向迈进了一步。一是实行外贸企业自负盈亏，使企业真正走上自主从事进出口业务的轨道，有利于按照现代企业制度改组国有外贸企业。二是外贸企业自负盈亏，必须按照国际通行做法转变经营机制，增强自我发展的动能，从而更好地适应国际市场的竞争。三是有利于进一步转变外贸行政管理职能，更加重视运用法律、经济和必要的行政手段强化外贸管理，提高管理透明度及其效能。

五、本轮外贸改革的基本评价

总体来说，这一轮的改革是我国外贸体制从实行外贸企业自负盈亏机制入手，向适应国际贸易规则方向迈进了一大步。

第一，以自负盈亏为核心的外贸体制改革，使我国对外贸易经营管理基本符合国际规范。取消出口补贴，实行外贸企业自负盈亏，使企业真正走上自主从事进出口业务的轨道，增强自我发展的动能，从而更好地适应国际市场的竞争。有利于按照现代企业制度改组国有外贸企业。新的经营机制更加有利于我国企业参与国际经济贸易活动，促进经营管理水平的提高，推动我国对外贸易长期稳定发展。

第二，外汇留成和外汇调剂市场等方面政策的进一步完善，为外贸企业实现自负盈亏创造了有利条件。企业在综合考量的基础上，核算出口换汇成本。换汇成本高的一些出口产品难以为继，倒逼企业调整出口商品结构、提高出口效益。改变按地区实行不同外汇留成比例的办法，实行按照不同商品大类统一的留成制度，为企业创造了公平竞争的条件，有利于改善外贸经营秩序，促进企业改善经营管理。外汇调剂市场也是外贸企业综合运筹补偿出口成本的重要手段。

第三，有利于进一步转变外贸行政管理职能，由政企不分、宏观管理与微观管理不分，初步转向宏观管理，更加重视运用经济、法律和必要的行政手段强化外贸管理，提高管理透明度及其效能。与此同时，进一步理顺了地（市）县外贸体制，有力地调动了地方基层参与对外贸易的积极性，推动了地方经济发展。

总体来看，以自负盈亏为标志的外贸经营责任制改革是成功的，出口保持了较高的增长速度，进口也基本保持与出口同步增长。出口经济效益提高，出口费用水平下降，流动资金周转速度加快、周转次数增多。1991 年和 1992 年，我国商品进出口贸易实现了高速增长（见表 6），外贸依存度提高到 30%以上，到 1992 年我国外贸进出口总额占世界贸易比重超过了 2%。出口商品结构进一步优化（见表 7），工业制成品出口占比提升，出口质量提高，经营秩序好转。贸易收支平衡状况良好，国际支付能力增强。

表 6　1991—1992 年我国对外贸易发展情况

单位：亿美元

年份	进出口		出口		进口		差额
	金额	增速	金额	增速	金额	增速	
1991	1356.3	17.5%	718.4	15.7%	637.9	19.6%	80.5
1992	1655.3	22.0%	849.4	18.2%	805.9	26.3%	43.5

数据来源：根据国家统计局历年统计数据整理。

表 7　1988—1992 年我国出口商品结构

单位：亿美元

类型	1988 年		1989 年		1990 年		1991 年		1992 年	
	金额	占比	金额	占比	金额	占比	金额	占比	金额	占比
总额	475.2	100%	525.4	100%	620.9	100%	718.4	100%	849.4	100%
初级产品	144.1	30.3%	150.8	28.7%	158.9	25.6%	161.4	22.5%	170.0	20.0%
工业制成品	331.1	69.7%	374.6	71.3%	462.0	74.4%	557.0	77.5%	679.4	78.0%

数据来源：根据国家统计局历年统计数据整理。

这一时期的改革毕竟只是上一轮外贸经营承包责任制改革的延续和发展。外贸经营承包责任制是符合这一时期我国国情的历史选择。首先，它以所有权与经营权分离为理论基础，承包者在所有权不变的情况下，通过合同的形式，把经营权交给企业，较好地解决了国家与其企业的关系。通过承包经营，确保上交，超收多留，欠收自补，确保了国家的财政（外汇）收入。承包制促进了各级机构职能的转变，使其更多地运用经济调节手段进行宏观管理。承包经营的企业落实了经营自主权，使其增强了自我发展、自我约束的能力；与此同时，也是企业能够对上级机关的官僚主义和瞎指挥敢于抵制。其次，外贸经营承包责任制把企业推向了自负盈亏之路，促进了企业管理的改革。在思想观念上，从过去的等靠要，转变为自力更生、自主经营。“大锅饭”容易消极怠工。承包制则增强了企业和职工主人翁的意识和责任，强化了企业的利益机制，责权利紧密结合。承包之后，交足了国家的，其余都是自己的。企业必然要着眼于自身挖掘潜力，选择适应自身特点的、灵活多样的经营方式创造利润，提高经营效益。

但是，外贸经营责任制改革只是一种过渡性形式，也存在较大局限性，主要是承包的具体方案缺乏规范，承包基数受多方面因素限制难以做到科学合理；承包导致企业短期行为加剧，承包者拼设备、拼固定资产的情形严重；承包后新增固定资产的所有权与分配产生矛盾难以解决；外贸承包受国内外两个市场、两种价格的影响，外贸企业自身存在很大的外部风险等。

总之，这一时期的外贸体制改革虽在持续推进过程中，但一些根本性的问题仍未得到彻底解决，如进出口管理体制不适应外贸进一步发展的要求，管理与协调服务与国际规范差距较大，各类外贸企业管理体制和运行机制不够健全等，后续改革的任务依然十分艰巨。

第三章

社会主义市场经济条件下的外贸体制改革（1992—2001 年）

▼

1992—2001 年是我国社会主义市场经济目标确立、建立和基本形成的重要时期。在这一阶段，我国对外开放，特别是对外贸易发展面临的国内外环境发生了重大变化。以社会主义市场经济为目标的对外贸易体制改革的深入推进，极大地促进了我国对外贸易的发展。

第一节　深入推进外贸体制改革的背景

一、国际环境

随着苏联解体，“冷战”结束，世界两极中的一极消失，美国成为唯一的超级大国，逐渐形成了“一超多强”的局面。在这一时期，以信息技术为代表的科技革命不断加速，以计算机和互联网技术为代表的科技成果在世界广泛运用。美国率先将军事领域的互联网技术逐渐转化为民用技术，推动了信息产业的快速发展，产业变革又推动经济发展，美国经济进入了“二战”后最长的黄金发展期。

在这一时期，世界经济一体化、经济全球化速度加快。多边贸易组织出现突破，1994 年关贸总协定乌拉圭回合多边谈判达成协议，1995 年取代关贸总协定的世界贸易组织正式成立，其管辖范围在承继关贸总协定时期货物贸易的基础上，从货物贸易领域扩展到服务贸易领域、与贸易有关的知识产权领域和与贸易有关的投资领域等。与此同时，区域经济一体化加快发展。1992 年，美国、加拿大和墨西哥建立了北美自贸区；1993 年欧盟诞生，形成了欧洲统一大市场；1993 年 6 月亚太经济合作组织正式成立；其他地区的新的区域、次区域组织不断涌现。当然世界经济发展并不是一帆风顺的，局部金融危机不断再现，1994 年墨西哥发生金融危机，1997 年亚洲金融危机的蔓延波及了较多国家，1998 年俄罗斯发生金融危机。2000 年美国新经济泡沫破裂，经济随后陷入衰退。

二、国内环境

1992 年春，邓小平在南方谈话中强调，“计划多一点还是市场多一点，不是社会主义与资本主义的本质区别。计划经济不等于社会主义，资本主义也有计划；市场经济不等于资本主义，社会主义也有市场。计划和市场都是经济手段。”[①] 判断的标准，应该主要看是否有利于发展社会主义生产力，是否有利于增强社会主义国家的综合国力，是否有利于提高人民的生活水平。

邓小平的南方谈话进一步解放了思想、为改革开放指明了方

① 邓小平：《办好经济特区，增加对外开放城市》，《邓小平文选》（第三卷），北京：人民出版社，1993 年版，第 372–373 页。

向。1992 年 10 月，党的十四大报告总结了改革开放以来的理论探索与实践，确定了我国经济体制改革的目标是建立社会主义市场经济体制，由此，我国的改革开放进入新阶段。

1993 年 11 月，党的十四届三中全会通过《中共中央关于建立社会主义市场经济体制若干问题的决定》，将社会主义市场经济改革的目标和原则具体化，为适应建立社会主义市场经济体制的需要，在金融、财税、投资、外汇、外贸等重点领域进行重大改革。

三、改革目标

党的十四大提出，深化外贸体制改革，尽快建立适应社会主义市场经济发展的，符合国际贸易规则的新型外贸体制。《中共中央关于建立社会主义市场经济体制若干问题的决定》明确指出，进一步改革对外经济贸易体制，建立适用国际经济通行规则的运行机制。1994 年 1 月，国务院印发《关于进一步深化对外贸易体制改革的决定》，指出外贸体制改革的目标是统一政策、放开经营、平等竞争、自负盈亏、工贸结合、推行代理制，建立适用国际经济通行规则的运行机制。

此后，为积极“复关”和加入世界贸易组织，我国经济贸易体制不断改革和完善，更加重视运用经济和法律手段进行外贸管理，颁布实施了《中华人民共和国对外贸易法》，改革外汇管理体制，促进关税制度与国际接轨。规范加工贸易监管，引导加工贸易快速健康发展。开放 13 个边境城市，积极与周边国家开展边境贸易。在制造业深化开放的同时，服务业逐渐成为重要的开放领域。开放区域布局加快，重点促进长三角和沿江地区发展，建立浦东新区。

西部大开发战略的实施，为外贸改革和发展拓展了更广阔的空间。我国积极融入全球化进程中，努力推动加入世界贸易组织谈判进程，参与区域组织。亚洲金融危机后，承诺人民币不贬值，支持遭受重创的亚洲国家经济恢复，展示了我国负责的地区大国形象，融入经济全球化的步伐加快。

总体来讲，这一阶段的改革进入了市场化、法制化、国际化的轨道。2001 年底，经过 15 年的努力我国加入了世界贸易组织，对外开放步入全新阶段。

第二节　制定并实施《中华人民共和国对外贸易法》

一、《中华人民共和国对外贸易法》颁布实施的必要性

党的十四大报告提出，加强立法工作，特别是抓紧制定和完善保障改革开放、加强宏观经济管理、规范微观经济行为的法律和法规，这是建立社会主义市场经济体制的迫切要求①。党的十四届三中全会通过《中共中央关于建立社会主义市场经济体制的若干问题的决定》，再次明确指出，社会主义市场经济体制的建立和完善，必须有完备的法制来规范和保障。要高度重视法制建设，做到改革开放和

① 江泽民：《加快改革开放和现代化建设步伐 夺取有中国特色社会主义事业的更大胜利——在中国共产党第十四次全国代表大会上的报告》，北京：人民出版社，1992 年版，第 36 页。

法制建设的统一，学会运用法律手段管理经济[①]。我国外贸法律制度体系的建设进入了一个新的阶段。1994 年 5 月，八届全国人大常委会第七次会议正式通过《中华人民共和国对外贸易法》，为建立适应社会主义市场经济和国际贸易通行规则及惯例的社会主义对外贸易制度，奠定了法制化的重要基石，标志着我国对外贸易管理与经营走上法制化轨道，这是中国对外贸易历史上具有划时代意义的一件大事。

在国内方面，改革开放后，我国初步改变了主要依靠直接行政手段管理对外贸易局面，更加重视依靠法律和经济手段进行对外贸易管理。相继出台了众多涉外法律法规：外贸领域的《关于出口许可制度暂行办法》《出口商品管理办法》《关于纺织品出口配额的管理办法》《关于对外贸易代理制的暂行规定》《涉外经济合同法》等；外资领域的《中华人民共和国中外合资经营企业法》《中华人民共和国中外合作经营企业法》《中华人民共和国外资企业法》以及相关实施条例、细则等；技术贸易和知识产权领域的《技术引进合同管理条例》《中华人民共和国商标法》《中华人民共和国专利法》《中华人民共和国著作权法》以及相关实施条例、细则等；服务贸易领域的《中华人民共和国外汇管理暂行条例》《境外金融机构管理办法》《中华人民共和国海商法》《国际船舶代理管理规定》《广告管理条例》《关于出口广告经营和管理的若干规定》《关于举办来华经济技术展览会审批规定》等；海关、商检领域的《中华人民共和国海关法》《中华人民共和国进出口检验法》《中华人民共和国出口货物原产地规则》《中华人民共和

---

① 《中共中央关于建立社会主义市场经济体制的若干问题的决定》，北京：人民出版社，1993 年版，第 30 页。

国进出境动植物卫生检疫管理办法》等。此外，还有我国批准和参加的国际经贸条约，如《联合国国际货物销售合同公约》《国际纺织品贸易协定》《世界版权公约》《保护文学艺术作品伯尔尼公约》《保护工业产权巴黎公约》《国际商标注册马德里公约》《联合国海上货物运输协定》《国际集装箱安全公约》《承认和执行外国仲裁裁决公约》，以及我国承认的国际贸易惯例，如《国际贸易价格术语解释通则》《商业跟单信用证统一惯例》等。随着全面开放，外贸体制改革的不断推进，外贸经营权下放，政出多门，政策不统一，且各地执行国家外贸政策也不统一，新旧体制摩擦导致外贸秩序混乱状况严重，我国遭遇的国外反倾销日益增多，严重损害了国家和企业的经济利益。为此，必须尽快改变对外贸易领域立法分散化，缺乏系统性和统一性，立法层级不高等突出问题，颁布实施统一的《中华人民共和国对外贸易法》。

在国际方面，我国早在 1986 年就提出申请，要求恢复我国在关贸总协定中的缔约国地位，而关贸总协定对缔约国贸易争端的基本要求就是实行市场经济，贸易制度统一和透明。没有一部《中华人民共和国对外贸易法》就无法与关贸总协定为代表的多边贸易规则接轨，也就无法真正融入世界经济贸易的主流之中。因此，颁布实施《中华人民共和国对外贸易法》既是我国进一步扩大开放的内在要求，更能使我国外贸体制向国际规则靠拢，在贸易领域实现规范化和法制化。同时也极大地有助于我国“复关”和后期“入世”谈判进程。

1994 年 7 月 1 日颁布实施的《中华人民共和国对外贸易法》，是我国第一部比较全面、系统的外贸法。《中华人民共和国对外贸易法》以法律的形式确立了社会主义市场经济条件下统一的对外贸易管理的基本制度，标志着我国对外贸易发展开始进入规范化、法制化的轨道。

二、《中华人民共和国对外贸易法》的立法宗旨和基本原则

1.《中华人民共和国对外贸易法》的立法宗旨

《中华人民共和国对外贸易法》开宗明义地提出了其立法宗旨：为了发展对外贸易，维护对外贸易秩序，促进社会主义市场经济的发展，制定本法。[①] 站在国家法律的高度，指明社会主义市场经济是对外贸易法的立法基础，为对外贸易的基本制度和基本政策确定前提。

2.《中华人民共和国对外贸易法》的基本原则

第一，统一性原则。国务院对外经济贸易主管部门依照本法主管全国对外贸易工作。国家实行统一的对外贸易制度，依法维护公平的、自由的对外贸易秩序。

第二，自由贸易原则。国家准许货物与技术的自由进出口。但是法律、行政法规另有规定的除外。

第三，公平竞争原则。进出口货物配额，由国务院对外贸易主管部门或者国务院有关部门在各自职责范围内，根据申请者的进出口实绩、能力等条件，按照效益、公正、公开和公平竞争的原则进行分配。对外贸易经营者在对外贸易经营活动中，应当依法经营，

① 《中华人民共和国对外贸易法》，《中华人民共和国全国人民代表大会常务委员会公报》，1994 年 04 期。

公平竞争。

第四，透明度原则。国务院对外贸易主管部门应当会同国务院有关部门制定、调整并公布限制或者禁止进出口的货物、技术目录。

第五，平等互利，互惠对等原则。我国根据平等互利的原则，促进和发展同其他国家和地区的贸易关系。根据在对外贸易方面所缔结的或者参加的国际条约、协定，给予其他缔约方、参加方或根据互惠、对等原则给予对方最惠国待遇、国民待遇。同时，任何国家或者地区在对外贸易方面对我国采取歧视性的禁止、限制或者其他类似措施的，我国可以根据实际情况对该国家或地区采取相应的措施。

三、对外贸易管理制度

1．明确对外贸易主管部门

《中华人民共和国对外贸易法》对政府对外贸易管理部门的宏观管理做出了明文规定，国务院对外经济贸易主管部门依照本法主管全国对外贸易工作，以确保其依法行使行政权。国家实行统一的对外贸易制度，依法维护公平的、自由的对外贸易秩序。在对外贸易领域的管理上，分别对货物贸易进出口、技术贸易进出口和国际范围贸易的具体管理权限做出了规定。

与此同时，国务院对外经济贸易主管部门依照授权，被赋予了对外经济贸易领域双边、区域和多边国际条约的谈判、签约与履行的相关权利。

2．对货物进出口和技术进出口的管理

对货物进出口和技术进出口的管理做出全面规定。

第一，实行自由贸易。国家准许货物与技术的自由进出口。但是法律、行政法规另有规定的除外。

第二，明确规定了进出口限制类项目。属于下列情形之一的货物、技术，国家可以限制进口或者出口：为维护国家安全或者社会公共利益，需要限制进口或者出口的；国内供应短缺或者为有效保护可能用竭的国内资源，需要限制出口的；输往国家或者地区的市场容量有限，需要限制出口的；为建立或者加快建立国内特定产业，需要限制进口的；对任何形式的农业、牧业、渔业产品有必要限制进口的；为保障国家金融地位和国际收支平衡，需要限制进口的；根据中华人民共和国所缔结或者参加的国际条约、协定的规定，需要限制进口或者出口的。

第三，对限制类项目实行配额或者许可证管理。对限制进口或者出口的货物，实行配额或者许可证管理，对限制进口或者出口的技术，实行许可证管理。进出口货物配额，由国务院对外贸易主管部门或者国务院有关部门在各自职责范围内，根据申请者的进出口实绩、能力等条件，按照效益、公正、公开和公平竞争的原则进行分配。同时，配额的分配方式和办法由国务院规定。

第四，明确规定了禁止类进出口的项目。属于下列情形之一的货物、技术，国家禁止进口或者出口：危害国家安全或者社会公共利益的；为保护人民的生命或者健康，必须禁止进口或者出口的；破坏生态环境的；根据我国所缔结或者参加的国际条约、协定的规定，需要禁止进口或者出口的。同时还规定，对限制进口或者出口的货物，实行配额或者许可证管理；对于限制进口或者出口的技术，实行许可证管理。实行配额或者许可证管理的货物、技术，必须按照国务院规定经国务院对外经济贸易主管部门或者由其会同国务院有关部门许可，方可进口或者出口。

第五，国务院对外贸易主管部门应当会同国务院有关部门制定、调整并公布限制或者禁止进出口的货物、技术目录。

3．对国际服务贸易的管理

外贸法对国际服务贸易的管理做出全面规定。

第一，国家促进国际服务贸易的逐渐发展。

第二，明确规定限制类的服务贸易。我国基于下列原因之一，可以限制国际服务贸易：为维护国家安全或者社会公共利益；为保护环境；为建立或者加快建立国内特定的服务行业；为保障国家外汇收支平衡；法律、行政法规规定的其他限制。

第三，明确规定禁止类的服务贸易。属于下列情形之一的国际服务贸易，国家予以禁止：危害国家安全或者社会公共利益的；违反中华人民共和国承担的国际义务的；法律、行政法规规定禁止的。

第四，明确服务贸易的管理部门。由于服务贸易种类繁多，涉及较多的政府部门，因此，国务院对外贸易主管部门和国务院有关部门，依照本法和其他有关法律、行政法规，对国际服务贸易进行管理。

四、外贸经营者实行许可制度

1．明确对外贸易经营者的法律地位

《中华人民共和国对外贸易法》所称对外贸易经营者，是指依照贸易法规定从事对外贸易经营的法人和其他组织。对外贸易经营者不包括个人。此外，法人和法人以外的其他组织成为对外贸易经营者是有条件的，即要取得对外贸易经营的资格。《中华人民共和国对外贸易法》从当时我国管理现状出发，将对外贸易经营者分为两大类，包括从事货物、技术进出口的对外贸易经营者和从事国际服务贸易的经营者。同时明确规定，国家鼓励发展对外贸易，保障对外贸易经营者的经营自主权。

2．对外贸经营者实行许可制度

从事货物进出口与技术进出口的对外贸易经营，必须具备下列条件，经国务院对外经济贸易主管部门许可：有自己的名称和组织机构；有明确的对外贸易经营范围；具有其经营的对外贸易业务所必需的场所、资金和专业人员；委托他人办理进出口业务达到规定的实绩或者具有必需的进出口货源；法律、行政法规规定的其他条件。对于许可制度的实施，由国务院规定实施办法。

当时，国务院已经发布了三个授予对外贸易经营权的规定，为1992年国务院批转经贸部、国务院生产办公室《关于赋予生产企业进出口经营权有关问题的意见》，1993年经贸部、国家科委发布的《赋予科研院所科技产品进出口权暂行办法》，1993年国务院批转国家经贸委、经贸部、内贸部《关于赋予商业企业、物资企业进出口经营权试点意见》，分别规定了生产企业、科研院所、商业企业、物资企业取得对外贸易经营权的具体条件和程序。此外，外商投资企业依照有关外商投资企业的法律、行政法规的规定，进口企业自用非生产物品，进口企业生产所需的设备、原材料和其他物资，出口其生产的产品，免于办理第一款规定的许可。对于服务贸易经营资格的取得，国际服务贸易企业和组织的设立及其经营活动，应当遵守本法和其他有关法律、行政法规的规定。要求不同行业的国际服务贸易企业组织的设立需要依照该行业管理的法律、行政法规的规定办理。

3．对外贸易经营者的责任与义务

《中华人民共和国对外贸易法》规定外贸易经营者依法自主经营、自负盈亏。从事对外贸易经营活动，应当信守合同，保证商品质量，完善售后服务。对外贸易经营者应当按照国务院对外经济贸易主管部门的规定，向有关部门提交与其对外贸易经营活动有关的文件及资料。有关部门应当为提供者保守商业秘密。

《中华人民共和国对外贸易法》还对开展代理经营对外贸易业务的双方的权利和义务，以及对外贸易经营者不得有各类违法行为做出了具体规定。

五、贸易救济制度

反倾销、反补贴和保障措施是国际通行的各国可以采取的保护本国产业和贸易利益的主要措施。为了让我国的对外贸易制度与国际惯例接轨，《中华人民共和国对外贸易法》对三种措施都进行了原则性规定。

1．保障措施

因进口产品数量增加，使国内相同产品或者与其直接竞争的产品的生产者受到严重损害或者严重损害的威胁时，国家可以采取必要的保障措施，消除或者减轻这种损害或者损害的威胁。

2．反倾销制度

产品以低于正常价值的方式进口，并由此对国内已建立的相关产业造成实质损害或者产生实质损害的威胁，或者对国内建立相关产业造成实质阻碍时，国家可以采取必要措施，消除或者减轻这种损害。

3．反补贴制度

进口的产品直接或间接地接受出口国给予的任何形式的补贴，并由此对国内已建立的相关产业造成实质损害或者产生实质损害的威胁，或者对国内建立相关产业造成实质阻碍时，国家可以采取必要的措施，消除或者减轻这种损害或者损害的威胁。

上述三种措施的实施还需制定详细的条件、程序和具体的措施，在此之后，1997 年 3 月国务院公布的《中华人民共和国反倾销和反补贴条例》对倾销和损害、反倾销调查、反倾销措施以及反补贴等进行了较为详细的规定，完善了我国的反倾销和反补贴立法。为了迎接全球化的机遇和挑战，全面与世界贸易组织接轨，2001 年 12 月国务院分别公布《中华人民共和国反倾销条例》《中华人民共和国反补贴条例》《中华人民共和国保障措施条例》，新制定了保障措施条例，同时对原有条例进行了修订，使得条款更明确和细化，调查程度和透明度更高，增加了可操作性。

六、贸易促进制度

《中华人民共和国对外贸易法》单独设立对外贸易促进的相关内容，由此，建立起了符合国际惯例和通行做法的贸易促进制度。

1．设立服务对外贸易的专业金融机构

我国根据对外贸易发展的需要，建立和完善为对外贸易服务的金融机构。为实现政策性业务和商业性业务分离，我国于 1994 年 3 月成立了中国进出口银行，采取进出口信贷促进措施，主要是提供卖方信贷和买方信贷等，推动对外贸易发展。

2．设立对外贸易发展基金、风险基金

我国根据对外贸易发展的需要设立对外贸易发展基金、风险基金。此后，专门设立了中央外贸发展基金以及风险基金，用于促进各种进出口贸易活动。

3．实行出口退税

我国采取出口退税发展对外贸易。这从法律上明确了出口退税的做法，是促进对外出口贸易的国际惯例。

4．明确进出口商会的法律地位

对外贸易经营者可以依法成立和参加进出口商会。进出口商会应当遵守法律、行政法规，依照章程对其会员的对外贸易经营活动进行协调指导，提供咨询服务，向政府有关部门反映会员有关对外贸易促进方面的建议，并积极开展对外贸易促进活动。这使得进出口商会作为中介组织的法律地位得到认可，并据此开展各种贸易促进活动。

5．明确中国国际贸易促进委员会的法律地位

中国国际贸易促进组织依照章程开展对外联系，举办展览，提供信息、咨询服务和其他对外贸易促进活动。

6．对经济不发达地区的贸易促进

我国扶持和促进民族区域地方和经济不发达地区发展对外贸易，并对边境城镇与接壤国家边境城镇之间的贸易以及边民互市贸易，采取灵活措施，给予优惠和便利。这不仅是国际通行做法，也符合关贸总协定相关条款的原则精神。

按照党的十四大报告提出的“坚持统一政策、放开经营、平等竞争、自负盈亏、工贸结合、推行代理制”的外贸体制改革目标，这一时期逐步建立了符合社会主义市场经济体制的要求，以及与国际贸易通行规则和惯例相衔接的新型外贸管理和运营体制。主要包括完善外贸宏观进出口管理，改革外汇管理体制，调整出口退税制度，完善关税制度和逐步建立外贸现代企业管理制度。

第三节　运用法律、经济手段完善外贸管理

一、外贸宏观管理体制的构建

（一）外贸管理机构的主要任务与职能

根据《中华人民共和国对外贸易法》，根据市场经济改革的要求和顺应国际贸易规范运行机制的方向，1994 年 6 月，国务院印发《对外贸易经济合作部职能配置、内设机构和人员编制方案》，明确规定对外贸易经济合作部是国务院综合管理全国对外贸易经济合作的职能部门。

（1）主要任务

对外贸易经济合作部的主要任务是：研究对外贸易发展战略，编报规划，制定政策、法规，实施外经贸工作的宏观调控、行业管理、协调服务和监督检查。

（2）外贸方面的具体职责

制定全国性外经贸发展政策、法规、规章、改革方案及管理办法，统一审核、对外发布外经贸法规、规章，负责外经贸法律、法规、规章之间及国内法与国际条约、协定之间的协调和衔接；负责全国进口反倾销、反补贴以及保障措施等案件的调查与处理。

制定中长期进出口规划和出口食品、市场发展战略及贸工、贸农、贸技结合的发展战略；汇总编报国家年度进出口计划和贸易外汇收支计划并组织实施，调控进出口平衡。

指导协调全国对外经贸工作，宏观管理全国进出口商品工作。审批全国性外经贸公司（集团），归口管理设立各类外经贸企业的审批工作，会同有关部门审批国内企业的对外经营权和国际货运代理企业的经营权，归口管理在海外投资开办的企业（金融企业除外），负责外商、台港澳商常驻代表机构审批的归口管理，推广各种新的贸易方式，宏观指导和归口管理境内外的交易会、展销会和洽谈会。

制定国别（地区）外经贸政策和双边、多边外经贸政策并组织实施。代表我国政府参加国际经济贸易组织和会议，负责关贸总协定等方面的事务，同外国政府、有关国际组织进行经济贸易谈判并签约。

制定对外技术贸易政策、管理办法及年度计划并组织实施，参与制定技术和成套设备出口的信贷政策、优惠政策及其他相关政策并组织实施，归口管理国家制定出口的技术，引进技术的再出口项目。

参与制定关税、税收、汇率、信贷、价格等政策，协同国务院有关部门运用经济手段对外经贸活动进行宏观调节；按照国务院规定，对大型骨干外经贸企业国有资产进行监督；指导外经贸企业股份制的实现；负责全国各项外经贸业务统计，提供信息咨询服务。

（二）运用经济手段调节对外贸易

我国主要运用法律、经济手段调节对外贸易活动，使对外贸易按客观经济规律运行，充分利用国际国内两个市场、两种资源，优化资源配置。国家不再给各省、自治区、直辖市及计划单列市和进出口企业下达外贸承包指令性计划指标，对进出口总额、出口收汇和进口用汇实行指导性计划管理，对企业的经营目标进行引导。

我国继续采取鼓励出口的政策措施，促进出口增长。完善出口退税制度，退税既要做到足额及时，简化手续，又要继续采取有力措施，有效防止骗税，严厉打击骗税的不法行为。对机电产品出口，继续给予扶持、鼓励。大力推动贸工技结合，加快科技成果转化，优化出口商品结构。设立出口商品发展基金和风险基金，主要用于少数国际市场价格波动较大的商品以丰补歉，开发新商品、促进现有出口商品的更新换代，开拓新市场等。实行有利于外贸出口发展的信贷政策，银行对各类外贸企业出口贷款应按照信贷原则予以优先安排，贷款规模的增长与出口的增长保持同步。设立中国进出口信贷银行，为机电产品、成套设备等资本货物进出口提供政策性金融支持。上述鼓励出口的具体政策措施，由经贸部等有关部门另行制定。

发挥进口对国民经济发展的促进作用，改革和完善进口管理，主要运用经济和法律手段，同时辅之以必要的行政手段，保持进出口基本平衡。按产业政策调整关税税率，引导进口商品结构的适时调整。为促进国内产业发展，按照关贸总协定的规则对幼稚产业实行适度保护。当出现国外进口商品以补贴或低价倾销方式抢占我国市场，并对国内生产和就业造成损害或构成威胁时，国家可采取必要措施，减轻或消除这些不利影响。在国际收支出现较大逆差时，依照国际惯例，采取临时限制进口的措施。对某些重要进口商品实行必要的配额、许可证管理。逐步降低关税总水平，禁止非政策性减免税。对需依法进行检验的某些进口商品，要采用先进的检验设施，改进检验方法，方便进出。

对关系国计民生的、属于战略性资源的、国际市场垄断性强的或我国在国际市场处于主导地位的、特别重要的少数进出口商品，组建联合公司联合经营，统一对外。其他进出口商品由有外贸经营权的公司放开经营。对少数实行数量限制的进出口商品的管理，按照效益、公正和公开的原则，实行配额招标、拍卖或规则化分配。加强规划、信息服务和监测、预测工作。加快外贸管理部门和海关、外汇、财政、税务等相关部门的计算机联网建设步伐。各部门要在先搞好本系统联网的基础上，实现全国的联网。

（三）改进进出口商品经营体制

调整并改进了机电产品和大宗原材料商品进出口管理办法。1992 年 12 月，经贸部发布《出口商品管理暂行办法》。1993 年，国务院印发《机电产品进口管理暂行办法》《一般商品进口配额管理暂行办法》。1994 年 4 月，国家计委、经贸部等部门印发《一般商品进口配额管理暂行办法实施细则》，重点管好少数重点商品，减少了配额、许可证管理商品，简化了进口程序。取消了按限额审批一般机电产品的制度，实行进口登记。1994 年 7 月，经贸部印发《进口商品经营管理暂行办法》，进口经营管理体制出现重大变化，取消了对进口商品的三类管理，实行对进口商品经营的目录管理，对目录外的商品放开经营，目录内的商品实行核定公司经营。为与世界贸易组织接轨，2001 年 12 月，国务院公布《中华人民共和国货物进出口管理条例》将货物进口分为自由、限制、禁止和关税配额四类管理；货物出口分为禁止和限制出口两类管理，大量减少了配额管理的进出口货物，进一步放开了对货物进出口的限制。2001 年 12 月，国务院公布《中华人民共和国技术进出口管理条例》，将技术进出口分为自由、限制和禁止三类进行相应的管理。对于限制和禁止进出口的，国务院外经贸主管部门会同国务院有关部门，制定、调整并公布禁止或者限制进口的技术目录。

经贸部的新职能，充分体现了在外贸计划体制向市场经济体制转变过程中，外贸主管部门行政管理职能的重大转变：从原来注重微观管理向加强宏观管理转变，从以往系统内封闭性管理向全行业宏观管理转变，从以往行政管理的分散、无序状况向全国统一管理转变，从外贸行政管理无法可依、以权代法向有法可依、依法行政的法治轨道转变。

二、改革外汇管理体制

外汇管理体制既是金融领域的对外业务体制的组成部分，同时又是与外贸经营管理体制高度关联、不可分割的组成部分。早在改革开放之初，为了适应加强外汇管理的需要，建立了全国的外汇管理体制。早在 1979 年国务院就批准成立了国家外汇管理局，负责全国外汇业务管理。1980 年 12 月，国务院公布《中华人民共和国外汇管理暂行条例》，同时对外汇管理体制逐步实行改革，主要是允许设立合资银行和外资银行，实行外汇留成、改进人民币汇率制度以及设立外汇调剂中心等。之后，国务院相继印发《中华人民共和国经济特区外资银行中外合资银行管理条例》《非银行金融机构外汇管理办法》《关于中外合资经营企业外汇收支平衡问题的规定》等配套法规。

1993年11月，党的十四届三中全会通过的《中共中央关于建立社会主义市场经济体制若干问题的决定》明确要求，改革外汇管理体制，建立以市场为基础的有管理的浮动汇率制度和统一规范的外汇市场。逐步使人民币成为可兑换货币。[1]为促进对外贸易发展改革外汇管理体制，是创造外贸平等竞争环境，深化外贸体制改革的一项重要措施。这对我国与国际经济接轨，进一步对外开放，推动对外贸易持续发展具有重要意义。为了适应我国改革开放不断深化要求，促进社会主义市场经济体制的建立，更好地与国际接轨，1993年12月，中国人民银行发布《关于进一步改革外汇管理体制的公告》，开启了我国外汇管理体制改革的新篇章。

（一）实行人民币单一汇率

由于双重汇率不符合社会主义市场经济和国际贸易规范的要求，国家外汇流失严重。1994年1月，人民币官方汇率与市场汇率并轨，实行单一汇率制，建立了以市场供求为基础的、单一的、有管理的浮动汇率制度。人民币汇率不再根据出口成本进行调整，而主要由外汇市场供求决定，国家结束了多年的国家垄断的汇率制度。人民币汇率以前一天外汇市场的交易价格为基础，参照国际外汇市场主要货币的变动情况来公布人民币汇率，使人民币逐步成为可兑换的货币。当人民币出现异常波动时，将由人民银行通过在外汇市场上公开买卖外汇来调节供求，从而保持人民币汇率稳定。

① 《中共中央关于建立社会主义市场经济体制若干问题的决定》，北京：人民出版社，1993年版，第17页。

（二）实行银行结售汇制度

从1994年1月起，取消现有的各类外汇留成、上缴和额度管理制度，对境内机构经常项目下的外汇收支实行银行结售汇制度。为集中外汇，除国家规定准许保留的外汇可以在外汇指定银行开立外汇账户外，境内所有企事业单位、机关和社会团体的各类外汇收入必须及时调回境内，按银行挂牌汇率，全部结售给外汇指定银行。允许人民币在经常项目下有条件可兑换在实行售汇制后，取消经常项目正常对外支付用汇的计划审批。境内企事业单位、机关和社会团体在此项下的对外支付用汇，持有效凭证，用人民币到外汇指定银行办理兑付。

（三）建立全国统一的银行间外汇市场

建立统一的、规范化的、有效率的外汇市场。从1994年1月起，中资企业退出外汇调剂中心，外汇指定银行成为外汇交易的主体。银行间外汇交易市场主要职能是为各外汇指定银行相互调剂余缺和清算服务。各外汇指定银行在中国人民银行规定的浮动幅度范围内自行挂牌，对客户买卖外汇。中国人民银行根据宏观经济政策目标，对外汇市场进行必要的干预，以调节市场供求，保持人民币汇率的稳定。1994年4月，全国统一的外汇市场——中国外汇交易中心暨全国银行间同业拆借中心在上海成立，自4月4日起，中国外汇交易中心系统正式运营。外汇交易中心的建立统一了人民币市场汇价，改变了汇率不统一、市场分割的局面，从而奠定了浮动汇率制的基础。

（四）完善外汇管理法规体系

1996 年 12 月，我国实行人民币经常项目下的可兑换，外汇管理体制取得新进展。为适应经济发展需要和与实际贸易组织保持一致，我国对外汇管理法律法规等进行了大量的清理，按照世界贸易组织的要求废止和修改了部分法规，同时制定出台《中华人民共和国外汇管理条例》《银行外汇业务管理规定》《境内外汇账户管理规定》等一系列外汇管理法律法规，外汇管理更加规范化和法律化。

三、调整出口退税制度

1993 年 12 月，国务院公布《中华人民共和国增值税暂行条例》和《中华人民共和国消费税暂行条例》，首次明确提出“纳税人出口货物，税率为零”。这一规定从税法上保证了 1988 年确立的“征多少退多少，不征不退和彻底退税”的原则。

1994 年，我国进行财税体制改革，实行分税制。同年，国家税务总局发布《出口货物退（免）税管理办法》，出口退税进入了制度的成熟期。《出口货物退（免）税管理办法》等文件，对出口货物退税的范围、出口退税电子化管理、计税依据、计算办法、常规管理及清算检查等问题作了具体的规定。《出口货物退（免）税管理办法》明确规定，计算出口货物应退增值税款的税率，应依《中华人民共和国增值税暂行条例》规定的 17%、13%税率执行，对从小规模纳税人手中购进特准退税的货物按照 6%退税率执行，对从农业生产者手中直接购进的免税农产品不办理退税。计算出口货物应退消费税额的退税率或单位退税额，按照《中华人民共和国消费税暂行条例》所附的《消费税税目税率（税额）表》执行。[①] 以此建立了以征税税率为退税税率的“征多少、退多少”的退税率体系。

1995年5月，国务院下发《关于调低出口退税率加强出口退税管理的通知》，规定出口退税率平均下调3.7个百分点。调整后的出口退税率分别为：农产品、煤炭，退税率为3%；以农产品为原料加工生产的工业品和适用13%增值税税率的其他货物，退税率为10%；适用17%增值税税率的其他货物，退税率为14%。同年10月，国务院又下发《关于调低出口货物退税率的通知》，从1996年1月1日起，煤炭、农产品出口退税率仍为3%；以农产品为原料加工的工业品和按13%的税率征收增值税的其他货物，出口退税率由10%调减为6%；按17%的税率征收增值税的其他货物，出口退税率由14%调减为9%，出口退税率再度平均下调4.6个百分点。

1997年，亚洲金融危机爆发。我国外贸出口受到较大影响。为稳住外贸增长，从1998年起，我国陆续提高了出口货物出口退税率，使增值税平均退税率逐步提高到15%左右，形成了17%、15%、13%、5%的退税率体系。1999年，我国又对出口退税的范围和出口退税率进行了几次调整，增加了几大类机电产品的出口退税，同时提高了部分产品的出口退税率，使平均退税率提高了2.56个百分点。

---

① 《国家税务总局关于印发〈出口货物退（免）税管理办法〉的通知》，国家税务总局网站，1994年2月18日。

四、推动海关管理和关税制度与国际接轨

20 世纪 90 年代以后，我国海关和关税制度不断完善，加大了与国际接轨的力度，积极为“复关”创造条件。

（一）修订《中华人民共和国进出口关税条例》

1992 年 3 月，国务院对《中华人民共和国进出口关税条例》（以下简称《关税条例》）进行了第二次修订，并于当年 4 月 1 日起实施。此次《关税条例》的修订主要涉及以下几个方面：

第一，修改了海关税率分类条款，为我国恢复在《关贸总协定》中缔约国地位创造条件。将原《关税条例》第六条中税率分为“普通税率”和“最低税率”调整为“普通税率”和“优惠税率”，有利于进行关税互惠谈判，并与《关贸总协定》中的分类相统一。修订后的《关税条例》规定，对原产于与中华人民共和国订有关税互惠协议的国家或者地区的进口货物，按照优惠税率征税。

第二，加强和完善了海关对进出口货物的管理。20 世纪 80 年代末到 90 年代初，我国出口货物复进口大量增加，造成了国家财力、物力的大量损失，因此，对国产货物进口通过征收关税进行调节，要求从境外采购进口的原产于中国境内的货物，海关依照《海关进出口税则》征收进口关税。20 世纪 90 年代初，由于外贸经营权的逐渐放开，具有外贸经营权的企业大量增加，补税退税事务增多。《关税条例》规定，进出口货物的补税和退税，适用该进出口货物原申报进口或者出口之日所实施的税率。对海关审定完税的条款作了修改和补充，进一步明确了海关审定完税价格的客观法律依据，使海关审价工作进一步向国际规范靠拢。《关税条例》第十条

相关内容修改为：进口货物的到岸价格经海关审查未能确定的，海关应当依次以下列价格为基础估定完税价格：从该项进口货物同一出口国或者地区购进的相同或者类似货物的成交价格；该项进口货物的相同或者类似货物在国际市场上的成交价格；该项进口货物的相同或者类似货物在国内市场上的批发价格，减去进口关税、进口环节其他税收以及进口后的运输、储存、营业费用及利润后的价格；海关用其他合理方法估定的价格。同时增加了对减免进口货物加强管理的相关内容：依照国家法律、法规的规定给予特定关税减免优惠的进口货物，在监管年限内经海关核准出售、转让或者移作他用时，应当按照其使用时间折旧估价，补征进口关税。监管年限由海关总署另行规定。①

第三，增加了税率适用条款和特别关税条款，有利于更好地体现我国的对外政策。《关税条例》第六条增加了相关内容：规定按照普通税率征税的进口货物，经国务院关税税则委员会特别批准，可以按照优惠税率征税。任何国家或者地区对其进口的原产于中华人民共和国的货物征收歧视性关税或者给予其他歧视性待遇的，海关对原产于该国家或者地区的进口货物，可以征收特别关税。

（二）实施进出口新税则

为适应进一步对外开放的需要，从1992年1月1日起，我国实施新的进出口税则。采用国际上通行的《商品名称及编码协调制度》，以《商品名称及编码协调制度》的商品分类目录作为我国海

① 《中华人民共和国进出口关税条例》，《中华人民共和国国务院公报》，1992年08期。

关税则和国际贸易统计等方面统一使用的商品目录。1996 年，根据世界海关组织对《商品名称及编码协调制度》的修改，我国对所实行的《进出口税则》和《海关统计商品目录》进行了对应的转换调整。

（三）降低进口关税水平

1990 年，我国进一步大幅度调整了出口商品的指令性计划、指导性计划的范围，缩减了配额许可证管理商品的范围。从 1992 年起，基本取消了进出口指令性计划，实行指导性的总量计划，绝大多数进出口商品放开经营。多次对进口关税进行了调整，进口关税水平大幅下降。1992 年 12 月 31 日，我国降低了 3371 个税目的进口关税，降税幅度为 7.3%、进口平均关税水平从 43.2%下降为 39.9%。本次降税的重点商品包括国内不能生产供应的先进技术产品；国内需要长期进口的原材料；我国具有较强竞争力的出口商品；中美市场准入谈判中不迟于 1992 年底降税的口香糖、含可可的糖食、一次成像的照相机和胶片。

1993 年 12 月，我国继续降低 2888 个税目的进口关税，降税幅度为 8.8%，进口平均关税水平为 36.4%。本次降税的主要商品包括国内短缺的原材料如木材、纸张等；我国出口的大宗商品；履行中美市场准入达成协定的 217 种商品如各种水果等。1996 年 4 月，我国降低 4997 个税目的进口关税，降税幅度为 36%，进口平均关税水平降为 23%。本次降税的重点是国内供需矛盾突出、缺口较大的商品，特别是在加工贸易方式中进口迅速增加，而在一般贸易方式中进口大幅度减少的商品。1997 年 7 月，我国降低 4874 个税目的进口关税，降税幅度为 26%，进口平均关税水平下降为

17%。本次降税一方面加大了理顺资源性产品的税率，同时加大高新技术产品降税力度，运用关税手段鼓励高新技术产品进口，促进产业结构调整。1999 年，我国进一步调整商品的税率，使关税总水平降为 16.7%，降税的主要商品是在APEC承诺的玩具产品。2001 年 1 月，我国降低 3642 个税目的进口关税，降税幅度为 6.6%，进口平均关税水平为 15.3%，本次降税重点是中美纺织品协议涉及商品。通过多次的自主降税，从 1992 年初到 2001 年，我国进口平均关税已经从 43.2%下降到 15.3%。

五、外贸企业逐步建立现代企业制度

（一）建立现代企业制度的基本要求

为了推动全民所有制工业企业进入市场，增强企业活力，提高企业经济效益，1992 年 7 月，国务院根据《中华人民共和国全民所有制工业企业法》，制定并颁布《全民所有制工业企业转换经营机制条例》（以下简称《条例》），对转换企业经营机制作出了全面部署和安排。

1．企业转换经营机制的目标

企业转换经营机制的目标是：使企业适应市场的要求，成为依法自主经营、自负盈亏、自我发展、自我约束的商品生产和经营单位，成为独立享有民事权利和承担民事义务的企业法人。

2．转换企业经营机制必须遵循的原则

转换企业经营机制必须遵循的原则包括：一是坚持党的基本路线；二是坚持政企职责分开，保障国家对企业财产的所有权，实现企业财产保值、增值，落实企业的经营权；三是坚持责、权、利相统一，正确处理国家和企业、企业和职工的关系，贯彻按劳分配的原则，把职工的劳动所得与劳动成果联系起来；四是发挥中国共产党的基层组织在企业中的政治核心作用，坚持和完善厂长（经理）负责制，全心全意依靠工人阶级；五是坚持深化企业改革与推进企业技术进步、强化企业管理相结合；六是坚持在建设社会主义物质文明的同时，建设社会主义精神文明，建设有理想、有道德、有文化、有纪律的职工队伍。

《条例》要求，围绕转换企业经营机制，按照宏观要管好，微观要放开的要求，政府必须转变职能，改革管理企业的方式，培育和发展市场体系，建立和完善社会保障制度，协调配套地进行计划、投资、财政、税收、金融、价格、物资、商业、外贸、人事和劳动工资等方面的改革。

3．落实企业经营权

明确企业经营权，是指企业对国家授予其经营管理的财产享有占有、使用和依法处分的权利。企业按照国家规定的资产经营形式，依法行使经营权。企业资产经营形式，是指规范国家与企业的责、权、利关系，企业经营管理国有资产的责任制形式。继续坚持和完善企业承包经营责任制。逐步试行税利分流，统一所得税率，免除企业税后负担，实行税后还贷。创造条件，试行股份制。

详细列明企业经营权范围，包括企业享有生产经营决策权；产品、劳务定价权；产品销售权；物资采购权；进出口权；投资决策权；留用资金支配权；资产处置权；联营、兼并权；劳动用工权；人事管理权；工资、奖金分配权；内部机构设置权；拒绝摊派权等基本权利。企业经营权受法律保护，任何部门、单位和个人不得干预和侵犯。

对于企业享有进出口权，《条例》明确规定，企业可以在全国范围内自行选择外贸代理企业从事进出口业务，并有权参与同外商的谈判。企业根据国家外汇管理的有关规定，自主使用留成外汇和进行外汇调剂。任何部门和单位不得平调和截留企业的留成外汇；不得截留企业有偿上交外汇后应当返还的人民币。企业根据国家规定，可以在境外承揽工程、进行技术合作或者提供其他劳务。企业根据国家规定，可以进口自用的设备和物资。具备条件的企业，经政府有关部门批准，依法享有进出口经营权，任何部门和单位不得截留。有进出口经营权的企业，在获得进出口配额、许可证等方面，享有与外贸企业同等的待遇。有进出口经营权的企业，有权根据业务需要，确定本企业经常出入境的业务人员名额，报政府主管部门批准。政府有关部门对企业经常出入境人员的出入境，实行一次性审批、1年内多次有效的办法。有进出口经营权的企业，经国务院授权，可以自行审批出境人员或者邀请境外有关人员来华从事商务活动，报外事部门直接办理出入境手续。企业可以根据开展对外业务的实际需要，自主使用自有外汇安排业务人员出境。[①]

4．企业自负盈亏的责任

企业以国家授予其经营管理的财产，承担民事责任。企业对其法定代表人和其他工作人员，以法人名义从事的经营活动，承担民事责任。为此，企业必须建立分配约束机制和监督机制。

企业必须坚持工资总额增长幅度低于本企业经济效益（依据实现利税计算）增长幅度、职工实际平均工资增长幅度低于本企业劳

---

① 《全民所有制工业企业转换经营机制条例》，《中华人民共和国国务院公报》，1992年22期。

动生产率（依据净产值计算）增长幅度的原则。企业职工的工资、奖金、津贴、补贴以及其他工资性收入，应当纳入工资总额。取消工资总额以外的一切单项奖。企业必须根据经济效益的增减，决定职工收入的增减。

实行承包经营责任制的企业，未完成上交利润任务的，应当以企业风险抵押金、工资储备基金、留利补交。企业由于经营管理不善造成经营性亏损的，厂长、其他厂级领导和职工应当根据责任大小，承担相应的责任。

企业必须严格执行国家财政、税收和国有资产管理的法律、法规，定期进行财产盘点和审计，做到账实相符，如实反映企业经营成果，不得造成利润虚增或者虚盈实亏，确保企业财产的保值、增值。

企业必须依照国家有关规定，准确核算成本，足额提取折旧费、大修理费和补充流动资金。以不提或者少提折旧费和大修理费，少计成本或者挂账不摊等手段，造成利润虚增或者虚盈实亏的，有关部门应当责令企业用留用资金补足。企业的生产性折旧费、大修理费、新产品开发基金以及处置生产性固定资产所得收入，不得用于发放工资、奖金或者增加集体福利。

企业为实现政府规定的社会公益目标，由于定价原因而形成的政策性亏损，物价部门应当依法调整或者放开产品价格，予以解决。不能调整或者放开产品价格的，经财政部门审查核准，给予相应的补贴或者其他方式补偿。采取上述措施后，企业仍然亏损的，作为经营性亏损处理。

企业可以通过转产、停产整顿、合并、分立、解散、破产等方式，进行产品结构和组织结构调整，实现资源合理配置和企业的优胜劣汰。

5．企业和政府的关系

按照政企职责分开的原则，政府依法对企业进行协调、监督和管理，为企业提供服务，从而规范了政府部门的权限。

第一，按照所有权和经营权分离的原则，企业财产*属于全民所有，即国家所有，国务院代表国家行使企业财产的所有权。为确保企业财产所有权，政府及其有关部门分别行使的职责包括考核企业财产保值、增值指标，对企业资产负债和损益情况进行审查和审计监督；根据国务院的有关规定，决定国家与企业之间财产收益的分配方式、比例或者定额；根据国务院的有关规定，决定、批准企业生产性建设项目；决定或者批准企业的资产经营形式和企业的设立、合并（不含兼并）、分立、终止、拍卖，批准企业提出的被兼并申请和破产申请；根据国务院的有关规定，审批企业财产的报损、冲减、核销及关键设备、成套设备或者重要建筑物的抵押、有偿转让，组织清算和收缴被撤销、解散企业的财产；依照法定条件和程序，决定或者批准企业厂长的任免（聘任、解聘）和奖惩；拟订企业财产管理法规，并对执行情况进行监督、检查；维护企业依法行使经营权，保障企业的生产经营活动不受干预，协助企业解决实际困难。

* 企业财产包括国家以各种形式对企业投资和投资收益形成的财产，以及其他依据法律和国有资产管理行政法规认定的属于全民所有、由企业经营管理的财产。

第二，政府应当采取措施，加强宏观调控和行业管理，建立既有利于增强企业活力，又有利于经济有序运行的宏观调控体系。包括制定经济和社会发展战略、方针和产业政策，控制总量平衡，规划和调整产业布局；运用利率、税率、汇率等经济杠杆和价格政策，调控和引导企业行为；根据产业政策和规模经济要求，引导企业组织结构调整，实现资源合理配置；建立和完善适应商品经济发展的企业劳动人事工资制度、财务制度、成本制度、会计制度、折旧制度、收益分配制度和税收征管制度，制定考核企业的经济指标体系，逐步将企业职工的全部工资性收入纳入成本管理；推动技术进步，开展技术和业务培训，为企业决策和经营活动提供信息、咨询。

第三，政府应当培育和完善市场体系，发挥市场调节作用。采取的措施包括打破地区、部门分割和封锁，建立和完善平等竞争、规则健全的全国统一市场；按照国民经济发展总体规划和布局，统筹规划、协调和建立生产资料市场、劳务市场、金融市场、技术市场、信息市场和企业产权转让市场等，促进市场体系的发育和完善；发布市场信息，加强市场管理，制止违法经营和不正当竞争。

第四，政府应当建立和完善社会保障体系。采取的措施包括建立和完善养老保险制度，实行基本养老保险、企业补充养老保险、职工个人储蓄养老保险相结合的制度；建立和完善职工的待业保险制度，使职工在待业期间能够得到一定数量和一定期限的待业保险金，保证其基本生活；建立和完善医疗保险、工伤保险和生育保险等保险制度。

第五，政府应当为企业提供社会服务。采取的措施包括发展和完善与企业有关的公共设施和公益事业，减轻企业的社会负担；建立和发展会计师事务所、审计事务所、职业介绍所、律师事务所、资产评估机构和信息、咨询服务机构等社会服务组织；完善劳动就业服务体系，培训待业人员，帮助其再就业；健全劳动争议仲裁制度，及时妥善处理劳动纠纷，维护企业和职工的合法权益；协调企业与其他单位的关系，保障企业的正常生产经营秩序。

（二）对外经济贸易企业转换经营机制

我国全面推进各类外经贸企业转换经营机制。1993 年 8 月，经贸部、国家体改委、国家经贸委颁布《对外经济贸易企业转换经营机制实施办法》（以下简称《实施办法》），自此，外贸企业才真正成为自主经营、自负盈亏、自我发展、自我约束的法人实体和市场竞争主体。《实施办法》要求，充分发挥企业和职工的积极性，不断扩大进出口贸易，保证国有资产的保值和增值，增强企业实力。同时，加强企业管理和完善企业考核办法，以此引导对外贸易健康发展。

1．企业资产经营形式

企业资产经营形式一般实行承包经营责任制。对外贸易经济合作部对实行承包经营责任制的外贸企业核定出口收汇额、利润额、国有资产增值率承包指标；对其他企业核定利润额、国有资产增值率承包指标。企业按照国家规定的资产经营权，同对外贸易经济合作部签订承包合同。经贸部指导、监督各企业组织实施承包合同。

与此同时，要求实行税利分流的企业，经过批准，可以进行“税利分流”试点。具备条件的企业，经贸部和有关部门批准，可实行股份制经营。

2．企业经营自主权

按照前述《条例》，《实施办法》落实外贸企业的各项基本权利。企业享有生产经营决策权和产品、劳务定价权。即除国家组织统一联合经营的商品外，企业经营范围由企业根据自身经营优势和经营规模效益自行确定，到工商行政管理部门登记注册，报对外贸易经济合作部备案。属于国家管理的进出口商品，企业按分配数量经营。除国务院物价部门和省级政府物价部门颁布的价格分工管理目录所列的少数生产资料和国务院物价部门及省级政府物价部门管理价格的个别日用工业消费品外，企业可自行确定进口商品和所属企业产品内销的价格，出口商品收购价格根据随行就市、优质优价原则自行确定。

（三）建立现代企业制度

1993 年 11 月，党的十四届三中全会通过的《中共中央关于建立社会主义市场经济体制若干问题的决定》明确提出“转换国营企业经营机制，建立现代企业制度”的改革要求。在此之后，外贸企业要加快建立现代企业制度的步伐，由国家计划的单纯执行者真正转变为国家宏观政策指导下的进出口商品经营者；从单纯追求创汇指标转变为在坚持经济效益的基础上，实行一业为主，多种经营，努力扩大出口创汇；坚持“以质取胜”，多元化开拓市场；走实业化、集团化、国际化经营的发展道路；积极推行进出口代理制，转变经营作风，搞好代理服务。所有进出口企业均有为国家创汇的责任，必须努力增加出口创汇，并依法纳税。专业外贸企业职工工资收入与出口收汇和经济效益挂钩，但也要防止与其他行业收入过分悬殊，以保持分配的公正、合理。

具备条件的专业外贸企业经批准可以改组为规范化的有限责任公司或股份有限公司，允许吸收法人股、职工内部少量持股（不上市的公司在试点期职工股以不超过 10%为限）。少数股份公司，按规定经过严格审查批准后，也可成为上市的股份有限公司。鼓励专业外贸企业与非外贸企业发挥各自优势，合资联营，共同开拓国际市场。推动专业外贸企业、生产企业和科研院所在平等互利的基础上，通过投资、参股、联合开发、联合生产、联合经营等方式，形成一批以贸易为龙头、贸工农技相结合的或以生产科研企业为核心的工贸技一体化的大型企业集团。在进一步扩大专业外贸企业的自主权，搞活企业经营的同时，可在国有大中型专业外贸企业设立监事会，对企业国有资产的增值和经营状况进行监督、稽核，防止企业决策失误。监事会不干预企业的正常经营活动。

我国相继批准对一些大型专业外贸公司进行试点，组建企业集团，加强工贸（技贸）结合，发展实业化、集团化、国际化经营。随后，我国逐步放开外贸经营权，加快赋予有条件的生产企业、商业物资企业、科研院所和私营企业等外贸经营权，对全国范围内的国有、集体所有制科研院所、高新技术企业和生产企业实行自营进出口权登记。1997 年，根据 1996 年外经贸部颁布的《关于设立中外合资企业对外贸易公司试点暂行规定》，首次批准了三家合资外贸公司。1997 年，我国首先对五个经济特区的生产企业外贸经营权实行自动登记试点，1998 年进一步扩大了试点范围，对国家重点联系的 1000 家国有大型企业外贸经营权实行登记备案制。1998 年 9 月，经贸部发布《关于赋予私营生产企业和科研院所进出口经营权的暂行规定》，赋予私营生产企业和科研院所自营进出口权，私营企业和科研院所开始正式进入外贸领域。2001 年 7 月，经贸部发布《关于进出口经营资格管理的有关规定》。外贸经营权的下放，我国形成了外贸企业、生产企业、商业物资企业、科研院所、民营企业、外资企业共同参与外贸经营的新局面，为加入世贸组织后，按照 3 年内开放外贸经营权的承诺，我国外贸逐步由审批制向备案登记制过渡创造了条件。

六、运用法律、经济手段完善外贸管理的基本评价

总的来看，这一时期的外贸体制改革处于社会主义市场经济体制确立和基本形成阶段。旧体制的很多方面还在发挥作用，而新体制则在逐渐形成之中，政府职能转变，从微观管理转向宏观管理；企业经营机制转换，建立现代企业制度，带有较强的过渡色彩。外贸体制改革的不断推进，持续释放了外贸发展的新活力，我国外贸发展取得了重要进展，成为位居世界前列的贸易大国。

（一）《中华人民共和国对外贸易法》将外贸体制改革纳入了法制化的轨道

1994 年颁布的《中华人民共和国对外贸易法》作为一部基本法，它所规范的是国家的外贸制度和国家管理对外贸易的基本方针、政策和措施，以及我国处理对外贸易关系的基本原则。在此之后，为了保证外贸法的全面实施，国家相继制定了大量的配套实施细则和行政法规。

从外贸体制改革的角度来看，《中华人民共和国对外贸易法》将我国外贸体制改革的方向和目标以法律的形式确定下来，从而真正建立起符合社会主义市场经济体制的对外贸易制度。具体而言就是将“统一政策、放开经营、平等竞争、自负盈亏、工贸结合、推行代理制”落实到《中华人民共和国对外贸易法》的相关法条之中。

第一，统一政策。这是我国外贸政策基本特征之一，通过“国家实行统一的对外贸易制度”的条款确定下来。第二，放开经营。这是我国贸易自由化的基本前提，通过“国家准许货物和技术的自由进出口”等条款确定下来。第三，平等竞争。这是我国建立对外

贸易秩序，营造公平竞争环境的主要标志，通过“对外贸易经营者在对外贸易经营活动中，应当依法经营，公平竞争”和外贸主管部门等对进出口配额“按照效益、公正、公开和公平竞争的原则进行分配”等条款加以确定。第四，自负盈亏。这是从事对外贸易的企业法人从事经营活动必须遵从的准则，自主经营就必须做到自负盈亏，通过“对外贸易经营者依法自主经营、自负盈亏”和国家“保障对外贸易经营者的经营自主权”等条款加以确定。第五，工贸结合、推行代理制。这是鼓励广大中小型生产企业，参与国际分工与交换，拓展对外贸易的基本形式之一，通过“没有对外贸易经营许可的组织和个人，可以在国内委托对外贸易经营者在其经营范围内代为办理其对外贸易业务”“委托方和被委托方应当签订委托合同，双方的权利和义务由合同约束”等条款加以确定。

从对外开放的角度来看，《中华人民共和国对外贸易法》的制定和颁布实施，使我国对外贸易制度与多边贸易体系的规则基本实现了对接。一是实行贸易自由化。即国家准许货物贸易和技术贸易自由进出口，服务贸易也照此逐步实施。二是实行非歧视待遇。即基于对等原则，对贸易伙伴实行最惠国待遇和国民待遇。外商投资企业依照有关外商投资企业的法律、行政法规的规定，进口企业自用的非生产物品，加快企业生产所需的设备、原材料和其他物资，出口其生产的产品和组织，免予办理规定的许可。三是实行公平竞争。国内企业按照许可开展进出口经营，涉及配额和许可证管理的按照申请者的进出口实绩、能力等条件，按照效益、公正、公开和公平竞争的原则进行分配。四是实行公开、透明的进出口管理。对外贸易主管部门，不再通过内部“红头文件”管理对外贸易，转为“制定、调整并公布限制或者禁止进出口货物、技术目录”，便于各方了解和执行，实现公开化具有透明度的外贸管理。五是建立和完善符合多边贸易规则的贸易救济制度、贸易促进制度等，并依据对等原则，在贸易方面对国外对华采取歧视性做法，采取相应报复措施，以维护国家和企业利益。

《中华人民共和国对外贸易法》的制定和颁布实施，将我国对外贸易体制改革的目标方向，政府部门宏观管理体制和外贸企业的经营机制，对外贸易参与各方的权利、义务和责任以法律的形式确定下来，并且成为迈向与世界经济贸易接轨的极为重要的步骤，初步实现了对外贸易制度、体制和政策的市场化、法制化和国际化。

（二）运用法律和经济手段进一步改革和完善外贸体制

1．完善外贸宏观管理体制

一是外贸管理部门从过去的偏于微观管理，调整为“研究对外贸易发展战略，编报规划，制定政策、法规，实施外经贸工作的宏观调控、行业管理、协调服务和监督检查”。二是国家不再给各省、自治区、直辖市及计划单列市和进出口企业下达外贸承包指令性计划指标，对进出口总额、出口收汇和进口用汇实行指导性计划管理，对企业的经营目标进行引导。三是改进和完善了进出口商品经营体制，进而实现了从原来注重微观管理向加强宏观管理转变，从以往系统内封闭性管理向全行业宏观管理转变，从以往行政管理的分散、无序状况向全国统一管理转变，从外贸行政管理无法可依、以权代法向有法可依、依法行政的法治轨道转变。

2．外汇管理制度改革

1994 年，我国对外贸易体制全面深化改革，实际上是从实行汇率并轨为标志的外汇体制改革开启的。首先，取消双重汇率（如果算上外汇调剂市场，可以说是多重汇率），实行以市场供求为基础的、单一的、有管理的浮动汇率制度使汇率真正成为完全市场化的、国家调节进出口贸易和国际收支的手段，凸显了其作为经济杠杆的作用。其次，建立银行间外汇交易市场，改进汇率形成机制，保持合理的、相对稳定的人民币汇率。实现了我国在国际货币基金组织第八条承诺的义务，实行人民币经常项目下的可兑换，并最终实现人民币在资本项下可兑换的第一步。最后，汇率改革为各类出口企业创造了平等竞争的环境。汇率的本质是一种价格，它成为外贸企业成本效益核算的依据。汇改后，外贸企业能够依据对汇率的预期开展进出口经营活动，真正做到自负盈亏，促进企业加快经营机制的转换。

从汇率的实际演变来看，改革开放之后的十几年间，人民币官方汇率经历了 1 美元兑换 1.5 元人民币、1 美元兑换 2.8 元人民币、1 美元兑换 3.7 元人民币、1 美元兑换 5.2 元人民币等几个时期。双多重汇率时期，不仅出口换汇成本远高于官方汇率，外汇调剂市场最高时甚至达到 1 美元兑换 11 元人民币，黑市交易则更高。因此，汇率并轨，实行单一汇率势在必行，同时也是机构体制改革的一个重要组成部分。汇率并轨后的 1994 年，一开始定为 1 美元兑换 8.7 元人民币，随后不久，升到 1 美元兑换 8.28/8.27 元人民币，这一汇率一直维持到 2005 年的新一轮汇率制度改革。

3．调整出口退税制度

1993 年 12 月，国务院颁布《中华人民共和国增值税暂行条例》和《中华人民共和国消费税暂行条例》，首次明确提出“纳税人出口货物，税率为零”。1994 年进行财税体制改革，实行分税制，1994 年国家税务总局颁布了《出口货物退（免）税管理办法》，出口退税进入了制度的成熟期。建立了以征税税率为退税税率的“征多少、退多少”的退税率体系。通过调整和完善，使我国的出口退税制度既符合国际惯例，又适合中国具体国情，并且经受住了考验。

4．推动海关管理和关税制度与国际接轨

关税条例的修订和新税则的实施，实现了以《商品名称及编码协调制度》的商品分类目录作为我国海关税则和国际贸易统计等方面统一使用的商品目录的转换，使我国的关税制度逐渐与国际接轨。并且从1992年初到2001年，通过多次的自主降税，我国进口平均关税已经从43.2%下降到15.3%。

5．外贸企业逐步建立现代企业制度

根据《中华人民共和国全民所有制工业企业法》，国务院制定并颁布《全民所有制工业企业转换经营机制条例》，经贸部、国家体改委、国家经贸委颁布《对外经济贸易企业转换经营机制实施办法》，外贸企业逐渐建立起了现代企业制度，落实了企业依法享有的各项权利，包括生产经营决策权；产品、劳务定价权；产品销售权；物资采购权；进出口权；投资决策权；留用资金支配权；资产处置权；外汇使用和支配权；对外借款权；联营、兼并权；劳动用工权；人事管理权；外事权；工资、奖金分配权；内部机构设置权；拒绝摊派权等基本权利。在此基础上，包括外贸企业在内的一些大型国有企业走上了实业化、集团化、国际化经营的发展道路，地方外贸公司的现代企业制度建设也取得了实质性进展。

（三）外贸改革促进对外贸易进一步发展

1992—2001年，我国外贸总规模从1600多亿美元快速扩张至 5000 多亿美元，世界排名由第 11 位提升至第 6 位。其中，外贸出口、外贸进口均由不足 1000 亿美元增长至 2000 亿美元以上。同期，我国外贸也稳定实现了顺差。在这一时期，以人民币计价，我国外贸发展平均增速为 19.3%。其中外贸出口平均增速 19.1%，外贸进口平均增速 19.5%，均大大高于同期我国GDP平均增速 10.3%。同期，我国对外贸易依存度由 33.5%提高到 38.1%。其中，我国外贸出口依存度由 17.2%提高到 19.9%。同期，以美元计价，我国外贸出口平均增速 14.0%，大幅高于世界出口平均增速 5.8%（见表 8）。

表 8　1992—2001 年我国外贸发展情况

单位：亿美元

年份	进出口		出口		进口		顺差
	金额	排名	金额	排名	金额	排名	
1992	1655.25	11	849.40	11	805.85	12	43.55
1993	1957.03	10	917.44	11	1039.59	10	–122.15
1994	2366.21	10	1210.06	11	1156.15	10	53.91
1995	2808.64	10	1487.80	11	1320.84	11	166.96
1996	2898.81	10	1510.48	11	1388.33	11	122.15
1997	3251.62	10	1827.92	10	1423.70	11	404.22
1998	3239.49	10	1837.12	9	1402.37	10	434.75
1999	3606.30	9	1949.31	9	1656.99	10	292.32
2000	4742.97	8	2492.03	7	2250.94	8	241.09
2001	5096.51	6	2660.98	6	2435.53	6	225.45

数据来源：根据世界贸易组织（WTO）数据库统计数据整理。

各类贸易主体竞相发展。国有企业的外贸规模增加至 2167.1 亿美元，占对外贸易总额的比重为 42.5%。外商投资企业发展迅速，外贸规模由 1992 年的 437.5 亿美元大幅扩张至 2590.6 亿美元，增长了近5倍，占外贸总额比重提高到50%以上。其他类型的企业也加快发展步伐，外贸规模由17.1亿美元增长到338.8亿美元，增长了近19倍，占外贸比重提高到6.6%。

加工贸易在外贸发展中发挥了重要作用。我国积极把握国际产业转移机遇，大力发展加工贸易，深度嵌入了全球产业分工体系。1992—2001年，我国加工贸易规模由711.6亿美元扩张到2414亿美元，占我国外贸总额比重一半左右。其中，加工贸易出口由396.2亿美元扩张到1474.3亿美元，增长2.7倍以上，占我国外贸总额比重提高到55%以上。

服务贸易发展取得重要进展。在这一时期，我国服务贸易发展也加快速度。1992—2001年，我国服务进出口总额由220亿美元增长至784亿美元，增长近2.6倍，占世界比重由1.1%提高到2.6%。其中，我国服务出口由126亿美元增长到392亿美元，占世界比重由1.3%提高到2.6%；我国服务进口由94亿美元增长到393亿美元，占世界比重由0.9%提高到2.6%（见表9）。

表9　1992—2001年我国服务进出口额及占世界比重

单位：亿美元

年份	进出口	增速	占比	出口	增速	占比	进口	增速	占比	差额
1992	220	61.0	1.1%	126	31.7	1.3%	94	128.9	0.9%	31
1993	266	20.9	1.3%	146	15.9	1.5%	120	27.6	1.2%	25
1994	365	37.1	1.7%	202	38.5	1.9%	163	35.4	1.5%	39
1995	496	36.0	2%	244	20.9	2.0%	252	54.7	2.0%	−8
1996	506	1.9	1.9%	280	14.6	2.1%	226	−10.5	1.7%	54
1997	622	23.0	2.3%	342	22.4	2.5%	280	23.8	2.1%	63
1998	519	−16.6	1.9%	251	−26.8	1.8%	268	−4.0	2.0%	−18

续表

年份	进出口	增速	占比	出口	增速	占比	进口	增速	占比	差额
1999	610	17.6	2.1%	294	17.2	2.0%	317	17.9	2.2%	−23
2000	712	16.7	2.3%	350	19.3	2.3%	362	14.3	2.4%	−11
2001	784	10.2	2.6%	392	11.8	2.6%	393	8.6	2.6%	−1

资料来源：商务年鉴编委会编写：《中国商务年鉴2021》，北京：中国商务出版社，2021年版，第77页。

注：2015年及以后数据遵循《国际收支手册》第六版（BPM6）统计标准，2014年及以前数据遵循BPM5统计标准。

外贸发展质量进一步提升。我国出口商品持续改善，工业制成品比重不断提高，并且由粗加工转向精加工，由轻纺等产品转向重化工产品。以外贸出口为例，1992—2001 年，我国商品出口中工业制成品规模由 679.4 亿美元增长到 2397.6 亿美元，增长超过 2.5 倍，占外贸出口比重由 80%进一步提高到 90.1%。其中，轻纺产品等出口由 161.4 亿美元增长到 438.1 亿美元，占工业制成品出口比重由 23.8%降至 18.3%；机械及运输设备出口由 132.2 亿美元增长到 949 亿美元，增长约 6.2 倍，占工业制成品出口比重由不足 20%提高到约 40%。

第四章
“复关”和“入世”谈判与外贸体制改革（1986—2001年）

▼

2001年12月11日，我国结束长达15年的艰苦努力，成功加入世界贸易组织，成为世界贸易组织第143个成员，标志着对外开放进入新阶段，开启了我国全面参与国际合作竞争的新时期，迎来了对外贸易的跨越式发展。加入世界贸易组织开启了我国第三轮改革开放的新篇章。这一时期，我国全面融入多边贸易体系，深度参与国际分工与交换，真正确立了我国社会主义市场经济体制。外贸体制改革持续开展，建立了符合世界贸易组织规则的进出口管理法律框架和制度。通过改革行政审批制度和出口退税制度，完善贸易促进体系，深化双边和区域合作机制，为外贸快速发展创造了良好环境，开放型经济进入新的发展阶段。

第一节 “复关”与“入世”的背景

一、中国和关税与贸易总协定、世界贸易组织关系的演变

1947年10月30日，中国通过接受《临时适用议定书》，成为

关税与贸易总协定（GATT，以下简称关贸总协定）的创始缔约国。因此，中国要求恢复其缔约国地位，宣布准备就恢复产生的权利和义务进行谈判。《临时适用议定书》对根据 1947 年 10 月 30 日前生效的强制性立法而采取的措施，免除关贸总协定第二部分项下的义务。中国要求，中国缔约国地位议定书中的现行立法条款有关的日期应是议定书签署的日期，而不是 1947 年 10 月 30 日。

联合国在 1971 年 10 月的决议中，承认中华人民共和国的代表是中国的唯一合法代表。由于这些原因，中国要求恢复其缔约国地位无论在法律上还是政治上都是合理的。但是，考虑到中国与关贸总协定关系长期中断期间发生的巨大变化，以及中国愿意进行实质性权利和义务的谈判，对中断期间的变化采取互不追溯的方式是恰当的，也是符合有关缔约国利益的。当时，中国政府认为自身有充分的基础和能力履行总协定义务和行使总协定权利，因此就完成经济改革的时间表作出承诺是没有必要的。

20 世纪 70 年代末 80 年代初，中国在对关贸总协定进行研究和考察后，于 1983 年 1 月作出申请“复关”的决定，而后又经过 3 年多的具体准备，于 1986 年 7 月 10 日向关贸总协定正式提出“复关”申请。随后，关贸总协定理事会于 1987 年成立了中国工作组，负责中国“复关”谈判的具体工作。

中国充分参加了乌拉圭回合谈判，并签署了接受谈判结果的最后文件。1994 年 4 月 15 日，关贸总协定《马拉喀什建立世界贸易组织协议》签署，1995 年 1 月 1 日世界贸易组织正式成立。但由于种种原因，中国未能成为世界贸易组织的创始成员。因此，1995 年 12 月 7 日中国政府决定申请加入WTO，按照中国的申请并根据理事会的决定，原中国GATT1947 缔约方地位工作组（关贸总协定中国工作组）自1995年12月7日起转为中国加入WTO工作组（世贸组织中国工作组），中国由“复关”谈判转入“入世”谈判。2001年12月11日，中国最终签署了《中国加入世界贸易组织议定书》，经过漫长的15年谈判，中国成为世界贸易组织第143个正式成员。

二、“复关”与“入世”的背景

（一）国际背景

从国际政治来看，20世纪80年代国际关系缓和，和平与发展成为时代的主流。世界主要大国均将主要注意力集中到经济上，这为中国“复关”及之后加入世界贸易组织提供了必要条件。尽管中国在“复关”和加入世界贸易组织的过程中遇到了许多干扰，但这一时期的国际环境总体上有利于中国深入参与经济全球化，“复关”和加入世界贸易组织的进程。

从国际经济来看，自20世纪80年代中后期开始，世界经济一体化、区域集团化迅速发展，科技革命和产业革命的快速发展，使世界各国的资源、商品、资金、人力等要素加速国际化、全球化的进程。越来越多的国家认识到，只有在充分和有效利用世界资源和世界市场的前提下，才能实现快速发展，这也在客观上为中国参与并融入世界经济提供了机会和可能。

从世界经济秩序来看，长期以来，世界经济贸易规则的制定由欧美等少数发达国家主导，发展中国家始终处于从属地位，贸易规则不平等、争端处理不公正等现象长期存在。20世纪80年代以来，新兴经济体经济快速发展，广大发展中国家迫切要求改变不合理的世界经济秩序，欢迎和期盼中国参与并发挥作用。

（二）国内背景

以1978年底党的十一届三中全会召开为标志，我国开启了对内经济搞活和对外开放的新的伟大历史征程。经济体制改革的基本方向是政企分开，明确划分政府和企业的职能，改变高度集中的计划经济体制。逐步展开国有企业管理体制改革，同时积极引进外资和发展民营经济。经过一段时间的改革，国有企业的自主权逐步扩大，政府对经济的干预也逐步地由主要依靠行政手段向依靠经济杠杆过渡，经济体制改革有效地促进了经济增长。

但在明确建立社会主义市场经济目标之前，我国经济转型的过渡性特征十分明显，新旧体制交织在一起，体制机制的缺陷阻碍了我国以市场为导向的转型，企业的运行机制也未得到根本性的改革。深入推动体制改革不仅需要内部的动力，也需要借助外部力量加以实现。我国客观上需要通过对外开放，借助通行的国际规则，利用外在竞争压力加快国内经济体制改革的步伐。而建立在市场经济基础上的关贸总协定和世界贸易组织的规则体系正可为中国经济体制改革提供可资借鉴和参照的对象，特别是在涉外经济贸易管理体制方面。正因为如此，“复关”和加入世界贸易组织谈判为中国的经济体制改革提供了重要的推动力。

三、“复关”带来的机遇与挑战

重返关贸总协定，恢复在其中的缔约国地位，是我国的重大政治决策，对于我国的经济改革以及作为其重要组成部分的对外经贸体制改革来说，既是机遇，也是挑战。总体来看，是利大于弊。

从机遇方面来看，我国以市场为取向的经济改革与关贸总协定适用的前提——市场经济趋于一致。因此，可以把关贸总协定的框架结构和基本原则作为一个重要的参照系，在改革过程中力求适应其主导方面的要求。在邓小平提出“步子再大一点，思想再解放一点，胆子再大一点”“关于计划和市场都是经济调节手段”后，我国加快经济改革步伐，使经济运行机制与世界经济运行机制有机地结合起来，从而使我国经济参与并融入世界经济一体化的整体发展之中。重返关贸总协定正是提供了加快经济体制改革的契机，充分利用这一机遇可能为我国经济再上一个台阶创造良好的体制条件。

从挑战方面来看，“复关”是对我国对外开放的一场大考。恢复在关贸总协定中缔约国的地位，意味着参加以其为代表的多边贸易体系，就必须按照其协议和规则要求，开放市场，扩大市场准入条件，从而引入竞争。由于恢复总协定地位的紧迫性和时间性，不允许再耽搁时间，必须开列包括贸易体制在内的经济改革的时间表，这样才能为缔约方所接纳，这个“入门费”是注定要交的，因而这种外部压力也是对加快改革的一种强有力的挑战。同时，对国内产业和企业而言，大幅度削减关税和非关税壁垒，就意味着失去了保护或降低了保护，必须直面竞争，优胜劣汰。

第二节 中国政府提交《中国对外贸易制度备忘录》

1986 年 7 月 10 日，中国向关贸总协定正式提出“复关”申请之后，关贸总协定理事会于 1987 年成立了中国工作组，负责中国

“复关”谈判的具体工作。1987年，中国政府向关贸总协定秘书处提交了第一份《中国对外贸易制度备忘录》，成为关贸总协定中国工作组开始审议中国恢复GATT缔约方地位问题的基础性文件。

一、我国的基本经济概况

（一）低收入、发展中的社会主义国家

第一，我国是一个低收入的发展中国家。1985年，我国工农业总产值达人民币13336亿元（约合4541亿美元），其中工业总产值8756亿元（约合2982亿美元）。我国仍有80%的人口生活在农村。据居民家庭抽样调查，1985年农民平均每人纯收入为人民币398元（约合136美元），城镇居民平均每人可用于生活费的收入为人民币752元（约合256美元）。1985年人均国民收入为人民币656元（约合223美元）*。

* 按1985年平均汇率1美元＝2.9367元人民币折算。

第二，我国是一个发展中的社会主义国家，需要大力发展社会主义的商品经济，而且在相当长的历史时期内，我国的经济还要在以公有制为主体的前提下发展多种经济成分。我国不仅有国有企业和集体企业，而且有个体经济、私人企业、中外合资企业、中外合作经营企业和外资企业。

（二）关于我国经济体制改革

关于我国经济体制改革，《中国对外贸易制度备忘录》指出，第一，改革的目标就是要建立起有中国特色的有计划的商品经济新体制。我国长期实行的集中统一的计划经济体制，曾对建立一个独立的比较完整的工业和国民经济体系起了重要作用。但是，在这种

体制下，政府的经济决策权过于集中，强调指令性计划调节，忽视市场机制作用，致使企业缺乏活力，经济效益低，商品经济得不到发展。为了克服旧体制的弊端，提高生产力，我国从 1979 年起，逐步进行了广泛而深刻的经济体制改革。

第二，我国的改革首先从农村开始，实行家庭联产承包责任制，乡镇企业得到较大发展，农村经济逐步走上专业化、商品化的轨道。1984 年 10 月，党的十二届三中全会通过《中共中央关于经济体制改革的决定》后，开始了以城市为重点的全面改革。城市经济体制改革是从扩大企业自主权入手的。各级政府实行政企职责分开，简政放权，从直接管理企业产、供、销活动向主要负责规划、协调、服务和监督的方向转变。生产企业普遍实行了厂长负责制和其他经济责任制，在计划、购销、价格、工资、奖金以及劳动制度等方面都有了相当的自主权，国家对企业管得过多的状况有了很大改变，企业朝着自主经营、自负盈亏的方向前进。在国有企业改革的同时，也实行多种经营方式，允许中小型国有企业实行租赁承包，鼓励建立企业联合体和企业集团，试办股份制企业。

第三，大大减少了国家指令性计划管理的产品，扩大了指导性计划和市场调节的比重和范围；逐步放开价格，缩小国家定价范围，大量产品实行指导价格或市场价格；实行多渠道商品流通，发展消费品和生产资料市场，大力发展商品生产，不断扩大和完善商品市场。

第四，打破平均主义的“大锅饭”分配制度。国家机关和事业单位职工工资已由等级工资制改变为以职务工资为主要内容的结构工资制。企业恢复了奖金制度，试行工资奖金总额与经济效益挂钩，有力地调动了企业和职工的积极性。

第五，对不合理的价格体系和过分集中的价格管理体制进行了改革。一是逐步提高农产品收购价格，调整了国家定价、国家指导价格和市场调节价格的范围。二是提高部分能源、原材料价格，放宽对生产资料价格的管理。许多能源、原材料的超产部分，允许企业加价自销，许多加工工业可实行浮动价格。三是调整和放开部分消费品价格。四是改变进口商品国内作价办法，大部分实行代理作价。

截至1985年，我国主要有三种价格管理形式：一是国家定价。实行国家定价的是关系国计民生的极少数重要工农业产品、交通运输和服务费用。二是国家指导价格。在国家或业务主管部门规定的品种、幅度范围内，可由企业自行浮动的价格。三是市场调节价格。企业在国家法律允许的范围内，根据市场供求变化自行规定的价格或收费标准。

当时，我国正处于由中央计划经济向有计划的商品经济的新体制转变的过渡阶段。新的体制既符合我国的国情，也有助于我国更充分地参与国际多边经济贸易体制。

（三）我国的对外开放政策

《中国对外贸易制度备忘录》强调，我国于1979年确立了对外开放的长期基本国策。在坚持独立自主、平等互利的原则下，实行开放政策以来已取得重要成就。

第一，初步建成了我国对外开放的前沿地带，包括实行特殊政策、灵活措施的广东、福建两省，建立了深圳、珠海、汕头、厦门四个经济特区，开放了上海、天津、广州、青岛、大连等14个沿海港口城市和海南岛行政区，以及长江三角洲、珠江三角洲和闽南

（厦门、漳州、泉州）三角地带。这个约有一亿三千万人口、工业产值占全国三分之一的沿海开放地带，在吸引外资、引进技术和对外贸易等方面，有更大的自主权，享有更多的优惠待遇。这将对我国现代化建设产生深远影响。

第二，进出口贸易发展较快。据海关统计，1985 年我国进出口货物总额达到 696.1 亿美元，比 1980 年增长 84.1%，其中，出口总额 273.6 亿美元，进口总额 422.5 亿美元，分别比 1980 年增长 49.8%和 116.1%。但是，我国对外贸易规模仍然较小，1985 年出口额仅占世界出口贸易总额的 1.42%，出口商品多为初级产品和轻纺产品，机械、电子等制成品出口很少；对国内紧缺原材料、先进技术和设备的需求比较大。进口比出口增长更快，贸易逆差较大，具有发展中国家进出口贸易格局的一般特点。

第三，打开了使用外资和引进技术新局面。我国不仅在东部沿海地带，而且在全国积极使用外资引进技术。1979—1985 年，我国的中长期对外借款为 131 亿美元，吸收外商直接投资 61 亿美元，建立中外合资企业、合作经营企业和外资企业 6800 多个。我国还使用大量外汇引进技术，项目达一万多个。

第四，为了保证经济体制改革的顺利进行和贯彻执行对外开放政策，加强和完善法制建设，我国先后颁布 100 多项涉外经济法规，主要有《中华人民共和国中外合资经营企业法》《中华人民共和国中外合资经营企业法实施条例》《中华人民共和国外资企业法》《中华人民共和国中外合资经营企业所得税法》《中华人民共和国外国企业所得税法》《中华人民共和国涉外经济合同法》《中华人民共和国技术引进合同管理条例》《中华人民共和国专利法》等。为了改善投资环境，确保投资者的利益，1986 年 10 月，国务院颁布

《关于鼓励外商投资的规定》，对于外商投资的产品出口企业和先进技术企业给予特别优惠，降低劳务费用，降低场地使用费用；对产品出口企业和先进技术企业的外国投资者，在其将所得利润汇出境外时，免缴汇出额的所得税。我国依法给予外商投资企业以充分的自主权。截至 1986 年底，我国已和英国、法国、联邦德国等 18 个国家签订了相互促进和保护投资的协定，并和美、日、英、法、联邦德国等 16 个国家签订了避免双重征税协定。

第五，中国加入许多的国际经济、贸易和金融组织及有关的国际条约，如联合国下属的各个经济结构。1980 年 4 月 17 日，中国恢复了在国际货币基金组织（IMF）的代表权。同年 5 月 15 日，恢复了中国在世界银行集团组织中的合法席位。中国履行作为世界银行成员国的义务，认缴世界银行股本。世界银行把中国列为低收入的发展中国家，中国享受国际开发协会的优惠贷款。1983 年 7 月 18 日，中国正式加入海关合作理事会（CCC）。1984 年 6 月 11 日，中国恢复参加国际劳工组织的活动。同年 12 月 20 日，中国参加国际清算银行，中国人民银行与之建立了业务联系，并存入部分黄金和外汇。

二、对外贸易政策和体制

《中国对外贸易制度备忘录》从八个方面阐述了到 1986 年为止的我国对外贸易政策和体制改革的状况。

（一）对外贸易政策

我国在平等互利、互通有无的基础上，不断扩大同世界各国和各地区的贸易，并使对外贸易向多边化方向发展。

在进口政策方面。我国作为一个发展中国家，为实现自己的发展目标，需要大量进口先进技术、设备和必要的生产资料。但是，由于进口的规模受到出口能力的制约，我国只能根据有利于促进国内技术进步、提高出口能力和节约使用外汇的原则，合理确定进口商品结构，进口的重点是先进技术、关键设备以及生产和建设必需的短缺物资。

在出口政策方面。努力增加出口，创造更多的外汇，是我国扩大进口和更大规模地开展对外经济技术交流的关键。我国是一个发展中国家，外汇短缺在相当长时间里都将是一个突出问题。出口贸易是我国外汇收入的主要来源，对中国经济发展和对外开放的全局具有重大的意义。

1．扩大出口贸易的主要政策措施

一是要求出口生产企业和外贸企业把提高出口产品质量放在首位，逐步建立、健全在国外的推销系统和服务网络。二是努力改善出口商品的结构，逐步由主要出口初级产品向主要出口制成品转变，由主要出口粗加工制成品向主要出口精加工制成品转变。三是进一步改善出口商品的生产布局，在沿海地区和其他有条件的地区建立各种不同类型、各有特色的出口生产体系。四是对出口产品的生产实行鼓励和扶持政策。

2．对出口企业实施的临时性经济扶助和鼓励措施

一是对部分出口产品实行退税或免税。二是对一部分出口商品生产企业给予优惠低息贷款，以便帮助它们改善出口商品的结构和质量。三是对做出显著成绩的出口企业，国家允许企业发给职工一定数量的奖金。四是实行外汇留成，以便扩大地方、部门和企业的外汇使用权。

（二）我国外贸体制改革

第一，从 1979 年我国对外贸易体制开始改革，主要是下放对外贸易经营权，国家允许工业生产部门和地方经营对外贸易，改变了由原外贸部领导的外贸公司集中经营的局面。到 1986 年，由经贸部批准成立的经营进出口贸易的企业已有 800 多家，还有一些服务于外贸的咨询、仓储、运输等专业公司，总计 1200 多家。在这些外贸企业中，有专业外贸公司，外贸企业与生产企业的联合公司，还有一些大中型企业或企业联合体被批准可以直接经营本企业产品的出口及所需原材料的进口。中外合资、中外合作经营的企业及外资企业都有经营本企业产品出口和所需生产资料进口的权利。在贸易方式上，增加了来料加工、来样加工、补偿贸易、对销贸易等方式。在边境省区还开展与邻国的边境贸易。通过几年的外贸体制改革，已出现多渠道、多种经营方式的局面。

第二，加强和改善宏观调节与管理体系，主要运用汇率、关税、税收、信贷等手段，辅以进出口许可证和出口配额管理，合理调节进出口贸易。经贸部和各省、自治区、直辖市经贸厅（委）专司对外贸易的行政管理。中国对外贸易实行分级管理，各省、自治区、直辖市经贸厅（委）根据经贸部的授权，做好对本地区的外贸行政管理和督促检查工作。全国性或跨省市的外贸公司要报请经贸部审批，省、市外贸企业在征得经贸部同意后，由省经贸厅（委）审批，并报经贸部备案。经批准设立的外贸企业，在所在地工商行政管理部门登记注册，领取营业执照后，方可开始经营。

第三，外贸计划体制的改革。随着国家整个经济体制改革的进展，外贸计划体制也作了相应的改革，主要是将过去实行的完全指令性计划改为指令性计划和指导性计划以及市场调节三个部分。逐步缩小指令性部分，逐步扩大指导性和市场调节的部分是计划体制改革的方向。在主要商品的计划安排上已逐步将大部分商品改为指导性计划，有少部分重要商品如石油、煤炭、粮食、棉花、化肥、木材、钢材等仍保留为指令性计划。因生产或市场发生特殊情况变化，国家可对包括指令性计划在内的进出口计划指标做出适当的调整。

（三）我国海关关税制度

海关关税在中国社会主义经济建设中具有重要作用。随着经济体制和外贸体制的改革，政企职责分开，企业成为独立的经济实体，关税在调节货物进出口和保护国内生产方面所起的作用就更为重要了。

1984年，对关税税法进行全面修订，确定了关税的总政策是贯彻国家的对外开放政策，体现鼓励出口和扩大必需品的进口，保护与促进国民经济的发展。制定关税税率的基本原则是：一是对国内不能生产或不能满足供应的国计民生必需品，给予免税或低税。二是原料的进口税率一般低于半制成品或制成品的税率。三是对国内不能生产或质量未过关的机械设备和仪器仪表的零件、配件，其税率比整机低。四是对国内已能生产或非国计民生所必需的物品税率较高。五是对国内生产需要保护的产品制定更高的税率。六是对绝大多数商品不征出口税，只对极少数原料、材料和半制成品征收出口税。

《中华人民共和国进出口关税条例》规定，凡经准许进口或出口的货物，除另有规定的以外，均应由海关依据《海关进出口税则》征收进口或出口关税。进口关税设最低税率和普通税率两栏税率。最低税率适用于产自与我国签有含最惠国条款的贸易协定或条约的国家的进口货物，普通税率适用于产自未与我国签有此类协定或条约的国家的进口货物。

进口货物的完税价格，是经海关审查确定的到岸价格，即货物在国外采购地的正常批发价格，加上运抵我国进口地起卸前的包装费、运费、保险费、手续费等一切费用；若货物在采购地的正常批发价格无法确定，海关应以货物申报进口之日国内输入地点的同类进口货物的正常批发价格，减去关税和进口环节其他费用以及进口后的正常运输、储存及营业费用后作为完税价格。出口货物的完税价格是经海关审查确定的售与国外的离岸价格扣除出口关税后的价格。

《中华人民共和国进出口关税条例》在税率运用中采用了原产地规则，即任何经过两国或更多国家加工、装配的进口货物的原产国应是对货物进行最后加工或装配的国家；但是，仅对货物做包装、筛选、加刷唛头、加列标签之类整理，而未对货物进行实质加工的，则不能确定为原产国。

（四）我国进出口商品检验

为了进一步加强对进出口商品的检验，维护对外贸易有关各方的合法权益，1984 年 1 月，国务院颁布《中华人民共和国进出口商品检验条例》。检验内容包括商品的质量、重量、数量和包装。对外贸易合同有规定的，按合同规定检验，合同未规定或规定不明确的，中国出口商品按中国标准和国家有关规定检验；中国进口商按生产国标准或国际标准或中国标准检验；国家另有规定的，按有关规定检验。

国家进出口商品检验局是统一监督管理全国进出口商品检验的主管机关。国家进出口商品检验局所辖各地的进出口商品检验局和它所指定的检验机构，以第三者身份，本着独立公正、实事求是的原则，办理进出口商品检验和对外贸易公证鉴定任务，出具检验鉴定证书，作为进出口商品的交接、结算、计费、理算、报关、纳税和处理索赔的依据，为发展对外贸易服务。

（五）我国进出口许可证制度

我国实行对外开放政策后，经营进出口贸易的企业增多，国内外市场扩大了，贸易形式也多样化。原先由外贸部下达货单的办法已不能适应新形势下对外贸易管理的要求。针对这种情况，从1980年10月起，我国重新实行进出口许可证管理。许可证制度是国家为保证进出口贸易有秩序地进行而制定的一种管理制度。根据我国关于进出口许可制度的规定，对外经济贸易部是代表国家统一管理进出口货物许可证的部门。对外经济贸易部可授权省级对外经济贸易管理部门或该部派驻主要口岸特派员办事处签发本地区或辖区内某些进出口货物许可证。

1. 进口许可制度

1984年1月10日，国务院发布《中华人民共和国进口货物许可制度暂行条例》（以下简称《条例》）；同年5月15日，经贸部和海关总署公布该条例的施行细则。《条例》在全国统一实施，没有国别地区限制。进口许可制度是国家管理进口的措施之一，目的是使有限外汇资源用于国民经济发展最必需的进口。

凡属凭证进口的货物，都必须事先申请领取进口货物许可证，经由国家批准经营该业务的公司办理进口订货。海关凭进口货物许可证和其他有关单证验收放行。《条例》第六条规定，由对外经济贸易部统一公布和调整国家限制进口货物的品种。经贸部根据外汇、国内生产和市场情况的变化对限制进口货物进行调整，并及时公布。

经贸部是代表国家负责签发进口货物许可证的机关。中央和国务院各部门及所属单位需办理进口货物许可证的，由主管部门向对外经济贸易部申领。经贸部驻广州、上海、天津、大连的四个特派员办事处分别负责对其管辖地区签发部分进口许可证。各省、自治区、直辖市经贸厅（委、局）负责签发本省、自治区、直辖市各部门的部分进口许可证。

中外合资企业、中外合作经营企业和外资企业中的外国合作者，作为出资，进口本企业使用的国家限制进口的设备，可持批准证书和合同申领进口许可证。经发证机关审查，发给许可证。中外合资企业、中外合作经营企业和外资企业进口国家限制进口的物资，如用于出口生产，可免领进口许可证；如作为投资用于本企业建设或内销生产，可在申领许可证手续方面给予方便。

2．出口许可制度

根据《中华人民共和国出口许可制度暂行办法》，我国对部分出口商品实行许可证制度。自 1987 年 1 月 1 日起，我国实行出口许可证的商品有 212 种，其中 30 种由经贸部审批，42 种由经贸部特派员办事处审批，其余 140 种由授权的省级经贸厅（局、委）审批。

（六）我国进出口商品的作价

随着价格体系和外贸体制的改革，进出口商品原来全部由国家定价变为多种类型的作价办法，特别是外贸企业采取代理作价方式经营的进出口贸易有了很大发展。

1. 进口商品的国内作价办法

进口业务基本上实行由外贸企业代理作价的方式经营，1985年由外贸企业代理作价方式经营的进口，贸易额已占整个进口额的70%。这些进口商品的国内价格成分包括货物到岸价、进口关税、国内税、银行费用、代理费等。进口商品在国内市场上销售出现的盈亏由进货单位自负。对少数几种于国计民生有较大影响的进口商品，如钢材、化肥、粮食等，其国内价格实行国家定价，由国家统负盈亏。此后国家定价的商品，随着价格改革的进程逐步减少。

2. 出口商品的作价办法

生产企业或供货单位委托外贸企业的代理出口，商品出口价格是根据商品的国内成本并参照国际市场价格来确定。外贸企业收取代理费。外贸企业自营出口或与生产企业联合经营的出口，其出口价格的成分包括收购价或生产成本、运杂费、仓储费、银行费、出口关税（部分商品）、适量利润等。出口价格的确定还需考虑国际市场供求关系的变化。

（七）我国外汇管理制度

（1）我国适用国际货币基金相关协定，实行外汇收支由国家集中管理的制度。我国管理外汇的主管机关是中国人民银行领导下的国家外汇管理局，其主要职责是：制定外汇管理的法规和制度；参与编制外汇收支计划并监督执行；制定和公布人民币汇价；管理我国外汇储备和外债；管理外汇业务和贸易、非贸易外汇收支；检查和处罚违反外汇管理的案件。中国银行是经营外汇业务的国家专业银行。其他银行和金融机构，经国家外汇管理局批准，可以经营规定范围内的外汇业务，受国家外汇管理局及其分局的监督和管理。

（2）我国对外汇实行集中管理。从 1979 年起，对外汇管理体制逐步进行了改革：一是改革外汇分配制度，实行外汇留成办法。二是开办外汇调剂业务。为了调节外汇余缺，搞活经济，允许有留成外汇的企业把多余的外汇通过外汇管理部门或中国银行卖给需要外汇的企业。

同时，我国逐步缩小指令性外汇计划，扩大指导性外汇计划，在加强和改善外汇宏观管理的同时，有步骤地开放外汇市场，建立一个以经济手段为主的调节系统。中国人民银行作为中央银行在国家计划安排的总体平衡下，运用信贷、利率、汇率等手段调节外汇的流向和流量，促进国际收支的平衡。

（3）我国对外债的管理。我国实行对外开放和利用外资的政策，到 1985 年底借用外国资金余额 158 亿美元。我国借用外国资金是按计划进行的。利用外资计划由国家计划委员会制订，综合平衡后报国务院批准。国家外汇管理局按照国家确定的政策和使用外国资金的计划统一管理全国对外债务，准确、及时、全面地掌握外汇、外债的信息和数额并行使检查和监督对外借款的职能。

（4）我国的汇价政策。人民币是非自由兑换的货币。人民币汇价由国家外汇管理局制定和公布。1985 年 1 月 1 日，我国取消了以往的人民币对外币的贸易外汇内部结算价。现行人民币汇价是单一汇价，实行有管理的浮动。我国是在贯彻执行独立自主的方针和平等互利的原则下，根据我国货币和外国货币的相对购买力，我国国际收支和外汇储备的状况和趋势，以及国际金融市场上外币汇率变动的情况等因素调整人民币汇价。

（八）我国经济特区和沿海开放城市

自1979年以来，我国建立了深圳、珠海、汕头和厦门四个经济特区；进一步开放14个沿海港口城市以及海南岛。建设经济特区和进一步开放沿海地区的目的，是扩大同世界各国的经济合作和技术交流，发展对外贸易，吸收外国投资、引进先进技术和培养专业管理人才，加速中国社会主义现代化建设。在经济特区、沿海港口城市和海南岛，对外商投资给予更加优惠的待遇，主要包括：

一是对企业技术改造所需进口的关键机器设备免征进口关税和工商统一税。外商投资企业作为国外投资进口的机器设备、建厂（场）用材料，进口用于生产出口产品的原料、零配件、包装材料，都免征进口关税和工商统一税。二是在经济特区和沿海开放城市的经济技术开发区内举办的中外合资经营企业、中外合作经营企业和外资企业，其所得税减按15%的税率征收，对外商所得合法利润汇出时免征汇出额的所得税。三是在沿海开放城市，凡属技术密集型、知识密集型的项目，或者外商投资在3000万美元以上、回收投资时间长的项目，报经财政部批准，企业所得税可以减按15%的税率征收。四是在沿海开放城市内举办的能源、交通、港口方面的中外合资经营企业，中外合作经营企业和外资企业，均可减按15%的税率征收企业所得税。

第三节　关贸总协定对我国外贸体制的审议

我国于1986年7月正式申请恢复在关贸总协定中缔约国地位之后，陆续向关贸总协定提交了《中国对外贸易制度备忘录》(1987年)《中国对关贸总协定缔约国就〈中国对外贸易制度备忘录〉所提问题答复》(1987年)，关贸总协定分别汇编了关于《中国外贸制度》的综合文件和《中国缔约国地位工作组带注释的问题清单》。到1992年10月，关贸总协定中国工作组已经基本结束了对我国外贸制度的审议，将要转入议定书谈判和关税减让谈判(实质性谈判)。在审议中，缔约方就我国外贸制度提出了许多问题，审议结束并不意味着我国的外贸制度就已与关贸总协定的规则和原则完全一致，还有许多需要进行改革的内容。

一、加速与关贸总协定相适应的配套改革

从更广泛的意义上看，关贸总协定对外贸制度的审议实际上是对我国整个经济制度的审议，因为在涉及外贸体制各个方面时，其触角也延伸到了整个经济体制的各个方面，审议和评估的范围远远超出了外贸制度本身，其中的一些政策性建议或要求以及“入门费”的要价等，都不是在外贸体制范围内所能解决的。就我国外贸体制改革的整体而言，有进口体制和出口体制的配套与适应问题，过去二者相分离的状况必须彻底改变，应当不断寻求二者在改革与发展方面的最佳结合点，从而最终形成进出口双向良性循环的运行机制。就我国的流通体制而言，外贸体制既是整个流通体制的有机组成部分，又是它的外部延伸，因而在其中起着连接国内外市场

的独特作用。在我国当时的流通体制中，改革以来并未触动部门原则，也未触动传统产品经济条件下对生产资料、生活资料的严格划分，城乡供应的严格划分和国内外市场的严格划分，因而整个流通为物资部、商业部、供销合作总社和经贸部分块经营。这种体制本身就妨碍了全国统一大市场的形成，极不适应对外开放进一步扩大的需要。同时，内外贸权的严格界定，也极不利于重返关贸总协定后我国企业公平地参加在国内外市场上的竞争。因此，整个流通体制改革也有进一步深化和配套的问题。就整个经济体制改革而言，除了考虑我国国情，还必须考虑与世界经济运行机制、机理的适应性问题。换言之，经济国际化或对外开放度的提高，要求我国的经济体制与世界经济占主导地位的运行机制相衔接。具体地说，就是要从适应多边贸易体制出发，在外贸体制改革过程中，其他领域的改革也必须与之相适应、配套进行。因此，在进出口体制的小配套、流通体制中的配套和整个经济体制的大配套的过程中，应有系统设计。这里仅从大配套的角度，考察与外贸体制改革的适应性，即与关贸总协定的适应性问题。

1．经济体制改革与关贸总协定的适应性

从关贸总协定的基本原则和前提来看，其实行的是以市场经济为基础的自由贸易体制。作为主权国家，我国实行的是有计划的商品经济和计划经济与市场调节相结合的经济运行机制，在贸易体制上实行国家统一管理对外贸易的体制。从表述上看，二者确有不同，但没有本质上的利害冲突。二者在关贸总协定范围内适应性是主导方面，冲突和矛盾是次要方面，因而无论是在恢复地位谈判的过程中，以及最终恢复地位以后，都只能采取求同存异的态度。我国经过十多年以市场为取向的改革，已经不再是原来的高度集中的中央计划经济国家。指令性计划在工业总产值中所占比重已经不到17%，指令性工业产品仅为60种，国家统一分配的物资也只有27种，而且无论从计划的范围、程序和方法上均已发生了模式的重大变化。在进一步深化改革中，把计划当作与市场同样的经济手段。由计划体制决定的外贸计划也将进行进一步的改革。

2．价格体制改革与总协定的适应性

在价格形成机制和价格管理方面，我国已由原来的单一计划价格转变为国家定价、指导性价格和市场价格并存的格局。当时在价格结构中，国家定价已不足30%，指导性价格和市场价格所占比重已达70%以上。“八五”期间，我国将基本理顺价格关系，将双轨并为单轨，建立起适应有计划的商品经济所需要的价格机制。从对外贸易方面看，只有理顺了国内价格体系，才能通过汇率合理化与国际市场价格体系有机地联系在一起。在目前条件下，进出口商品的价格信号在不同程度上被扭曲，因而使外贸企业和生产企业不能以正确的市场价格为导向，效益与利益的评估也失之偏颇。因此，必须进一步发育和完善市场体系，积极创造条件，尽早实行单一的市场价格体制，使国内企业以此为导向开展生产经营活动，参与国内外市场的公平竞争。

3．企业改革与关贸总协定的适应性

在企业制度深层次的改革中，进一步使政企分开，割断行政机构对企业的“父爱”和企业对主管部门的依赖，取消一些大企业或企业集团的行政性职能，还其企业法人地位和普通商品生产者和经营者的地位。通过产权界定，使企业能够真正成为自主经营及自负盈亏的经济实体，并建立自我发展、自我约束的机制。在对外贸易领域，取消专业外贸总公司的行政性职能，不断完善行业协调管理的进出口商会的职能。在1986年9月乌拉圭回合谈判中，关贸总协定修改条款将国营贸易企业定义为“被授予法定专营权、特权的政府或非政府企业，它们通过买卖能够影响进出口流向”。在这方面，我国的专业外贸总公司和一些部属工贸公司面临严峻的考验，从而也对传统的国营贸易提出了挑战。在专营商品逐渐减少的条件下，它们必须寻求新的发展道路。

4．经济政策统一实施与关贸总协定的适应性

在中央统一政策的实施方面，改革开放以来，沿海地区、中部地区和内地经济政策有很大差别，沿海地区也有经济特区、沿海开放城市、沿海开放地带的政策性差别。在各个省、市（包括计划单列市）、自治区又有经济技术开发区、高新技术开发区、开放区、试验区等不同种类和层次的划分，这些都是政策倾斜的产物，只是程度不同而已。应当看到，各个地区在改革开放的速度和范围上、市场的发育和完善的程度上，都存在着极大的差别，这是一种客观存在。但是，在改革开放过程中，由于中央放权、地方扩权造成的“诸侯经济”使各地区的市场被不同程度地分割，因而妨碍了全国统一大市场的形成。地方保护主义使全国统一的产业政策难以实施，贸易流动缺乏透明性、地方性的替代产品政策，不仅使国外产品，而且使国内其他地方的产品都难以打动人。这种状况势必影响重返关贸总协定后的经济政策，包括外贸、外资政策在全国的统一实施。因此，在后续改革中，我国着重处理好集权与分权的关系，强化中央政府在制定和实施统一政策方面的宏观管理，使关贸总协定的规则适用于任何一级地方政府，不能有例外。在统一的关境内，采取统一的外贸、外资政策，地方政府不能越权拼优惠条件。此外，还加速全国统一大市场的形成，坚决消除地方割据，地方保护和地方性的替代产品政策。建立和完善商品市场和其他要素市场，逐步做到生产要素的相对自由流动和优化配置，最终形成完整、统一、平等竞争和开放的全国性市场体系。进一步改革财政、信贷、投资、税收、汇率和外汇管理等方面的体制，以增强与外贸体制，以及与多边贸易体制的适应性，加强在重返关贸总协定后我国在其中运作的能力，促进对外贸易和整个国民经济的健康发展。

总之，重返关贸总协定对我国外贸体制甚至经济体制改革提供了外部的机遇和挑战，积极的迎战，加快改革，将能够使我国的经济体制逐渐适应国际经济贸易运行机制的要求，从而为经济发展奠定良好的体制条件。

二、符合关贸总协定基本要求的出口体制改革

我国的出口体制改革经历了以下几个阶段：

第一阶段（1979—1984 年）的改革主要是对外贸体制改革进行探索和试点，对原有的对外贸易高度集中垄断体制进行了有限的突破。其基本措施是实行进出口分级管理，扩大地方经营商品的范围，赋予地方和部门成立专业外贸公司或出口供应公司的权限，少数有条件的生产企业可以直接参与国际贸易活动，实行出口商品外汇留成制度，对以进养出物资实行优惠关税率。这对外贸部门高度集中、统一管理、统进统出、统负盈亏、工贸脱节、产销脱钩的旧体制产生了较大的影响。

第二阶段（1985—1986 年）改革的主要内容包括政企分开、经贸部门专司行政管理，外贸企业独立经营进出口业务，独立核算，自负盈亏，简政放权，实行工贸结合、技贸结合和各种形式的

联营，实行代理制，改革外贸计划体制，简化计划内容，改革外贸财务体制，加强经济调节手段。这一阶段只是前一阶段改革的直接延伸和发展，并与整个经济体制改革相呼应。但以关贸总协定基本要求为取向的改革目标尚未确立。

第三阶段（1987—1990 年）的改革是以“自负盈亏、放开经营、工贸结合、推行代理制”为目标，实行由地方以及外贸公司和工贸公司分别向国家承包出口收汇、上缴国家外汇和财务盈亏三项指标。与此同时，取消对用汇指标的控制，允许地方、部门和企业的留成外汇在国家有关政策指导下全部自主使用，允许留成外汇进入外汇调剂中心，调剂价格基本放开，买卖双方协商确定，全面实行出口退税制度，进一步改革外贸进出口经济机制，缩小指令性计划，适当减少国家统一经营的出口商品，大部分进出口商品下放给地方和企业，加强宏观管理和指导。在这一阶段中，以关贸总协定基本准则为目标的改革基本确立，但以承包制为特征的这轮改革并未从根本上达到关贸总协定的要求。

第四阶段（1991—2001 年）的改革是以更有效地扩大对外开放，加深经济运行国际规范化为原则，在汇率合理化的基础上，使出口贸易由以补贴支撑的“输血”机制转变为以自负盈亏为核心的“造血”机制，使对外贸易逐步走上统一政策，平等竞争、自主经营、自负盈亏、工贸结合、推行代理制，联合统一对外的健康发展轨道。与此同时，改革外汇分成办法，对各类企业的商品出口实行全额分成，外贸企业的留成外汇，主要用于外汇调剂和自营进口，以补偿出口成本，实行外贸经营的自负盈亏机制。从改革的目标和实施的结果看，出口体制已与关贸总协定的要求基本趋于一致，符合国际规范和国际惯例。

我国出口体制改革以符合关贸总协定准则为取向，其演进发展的阶段性特征和实际运行都表明，出口体制总体上为关贸总协定所接受。从尚存的问题和差距来看，主要有以下几点：

（1）在新一轮出口体制改革以后，已不再实行指令性出口计划，但是商品出口方面的分级管理，使指令的外贸专业总公司能够独家经营某些商品，因而还存有垄断经营和指令性因素，缺乏竞争。

（2）在出口许可证制度方面，程序和方法上均需作大的改变。申领许可证的资格认证，限额、种类、范围等方面，均不甚透明，程序和方法上的随意性，使得出口业务受到影响，特别是在国家外贸专业总公司和地方性贸易公司、工贸公司之间尚存差别待遇。

（3）在自负盈亏机制方面还存在不少问题，在价格双轨制尚未完全合并为单轨制的条件下，双重汇率仍起着重要作用，从而提供给外贸公司内部平衡盈亏的机制还在起着不可或缺的作用，因而外贸企业出口真正做到自负盈亏还取决于各种配套改革的进程。此外，外贸专业总公司，还有一些行政性职能，这种政企不分的状况影响了自身的发展，也影响了与其他地方性外贸公司和工贸公司之间的关系。

（4）作为发展中国家，我国从事对外贸易，特别是出口贸易的企业需要合理的数量，以与出口贸易规模保持合理的配置，从而取得规模效益。但一些符合条件的工业企业或企业集团在自营出口方面的权利尚受到限制，所设立的“门槛”在一定程度上限制了有潜力的生产企业的出口。

针对上述差距或问题，我国的出口体制改革还要继续努力，使之提高国际化的程度，从而促进我国出口贸易的健康发展。第一，在计划管理方面，把计划列名的出口商品降到最低限度，对关系国计民生的大宗资源性商品以及关系国家战略利益的商品，要具体定位、测度，并力争科学化、合理化，对除此之外的所有其他出口商品，应归为一般经营性商品，放开经营，同时加强必要的宏观协调和行业协调。第二，出口许可证管理科学化、规范化、制度化。在申领出口许可证的程序、方式和方法上，一要透明，使所有有资格申领的企业有权了解该制度的各个方面和程序。二要简化繁杂的手续，节约成本。三要使其科学化、规范化，尽量减少管理的漏洞。四要进行竞争性拍卖，以提高出口效益，维护国家整体利益。第三，进一步完善外贸企业的自负盈亏机制，要从企业内部经营机制入手，使外贸企业既有充分的自主权，又能够自我约束、自我发展、自我完善。另外，也要完善与外贸企业经营有关的外部环境与条件，使其能够真正减少非市场因素造成的压力，在政企分开、计划指导市场调节的宽松条件下从事出口经营活动。同时，取消专业外贸总公司和其他工贸公司的行政性职能，将其转归各类出口商会，从而在促进竞争的同时，加强行业协调。第四，加强工贸、技贸、农贸结合，积极进行各种跨部门的联合、联营，授予各生产企业或企业集团以外贸出口经营权，使出口贸易实体多元化，打破“隔层”，有效地参与国际竞争。同时，外贸公司也要进行改造，逐步走上实业化、集团化和国际化经营的轨道。

三、符合关贸总协定基本要求的进口体制改革

与出口体制改革相比，进口体制改革是远远滞后的。党的十一届三中全会后的外贸体制改革，基本上是围绕出口体制进行的，而

进口体制基本未触动，只是随着整体改革的进程，进口指令性计划的范围有所缩小。恢复关贸总协定地位之后，缔约国各方关注的不只是中国所享受的权益，更重视的是中国应尽的义务。也就是说，在自负盈亏的出口体制形成以后，进口体制的开放性和透明度成为普遍关注的焦点。这对进口体制改革来说，既是一种机遇，同时也是一种更为严峻的挑战。我国进口体制从建立之初就是高度集中的中央计划经济的产物，虽然当时的进口体制已经作了一些重大改进，并且在客观上也对限制盲目进口、重复引进和优化进口结构起到了重要作用。但是，随着改革进程的深化，它已逐渐显示出与我国经济改革的总体要求极不适应的一面。同时，这种体制也与关贸总协定的基本规则相悖，因而必须对其施以“大手术”，从根本上进行改革。

我国进口贸易体制的运作有以下几种方式。一是进口计划。中央进口部分仍占相当大的份额，虽然改革部门和地方进口的权限与份额逐渐增大，但是后者从总体上看，在安排进口时，仍要受到进口计划的控制，实行计划管理。在整个进口中，受指令性和指导性计划控制的占绝大部分，市场调节部分（自由进口）的比例仍然很小。二是行政审批。全国有许多有进口审批权的行政机构，政出多门、多头管理、烦琐无序。有些地方和部门还自行下发了限制进口目录、替代进口目录。这使得行政审批成为计划管理手臂的直接延长，而且更加严格。三是进口许可证制度。进口许可证申领的烦琐管理手续和做法，以及种种限制，使得这一制度本身不透明，从而成为市场准入方面的又一障碍。四是进口定价。国家进口商品定价目前只占较小的比例。粮食、化肥、农药中间体、洗衣粉原料、木浆、磷酸盐、铁矿石等 8 种商品仍由国家补贴。国内“双轨制”价格，使进口商品的市场价格信号扭曲，也使中央财政不能卸掉包袱。五是外汇管制。对外汇实行计划分配和管理。分配外汇采用外汇额度的方式进行管理，外汇分配计划下达后，使用单位方可在外汇管理局或分支机构按照批准的数额开立外汇额度账户。使用时在额度内用人民币向国家银行购买外汇。计划内与计划外进口的外汇管理存在差别。前者与进口许可证制度保持一致，而后者则还有其他限制。六是进口关税。我国的关税政策是服务于国家产业政策的。在实际运作中，高额关税税率（加权平均税率为22.5%）的保护作用是首要的，而财政作用是次要的。在所有进口管理的杠杆中，关税没有成为核心杠杆或起主导作用。

从控制论的角度考察这些杠杆，可以看出，进口计划（属于商业秘密）、行政审批处于黑箱状态，外界只能见到输入与输出，而看不到其中的运作过程。而进口许可证制度、进口定价和外汇管制则属于灰箱范围，在半透明状态中运行。只有关税才处于白箱状态，从输入、内部运作到输出处于透明状态。依上述排序，在我国进口体制的管理中，起主导作用的是前五种手段，而关税只占据次要地位，起着配合作用。由此可见，进口体制与关贸总协定的要求背离程度相当大。在关贸总协定中，唯有关税是唯一合法的保护手段，其他非贸易壁垒措施均被视为对其基本原则不同程度的背离。

从1992年1月起，我国开启进口体制改革的初步进程，单方面降低225种进口关税税率；同年4月取消了进口调节税；短期内取消16种商品的进口许可证管理，2—3年将进口许可证管理商品的范围减少23种，增强进口管理透明度，抓紧清理进口管理的内部文件，继续执行的文件逐步公布；对于已经公布的1751项进口替代清单，全部予以取消，此后也不再制订进口替代清单；准备同缔约各方谈判进行较大幅度的关税减让。这些改革措施表明了我国进口体制与总协定整体性要求相一致的决心。比照关贸总协定的基本准则，我国对进口体制进行深层次的质变，建立起以关税、汇率、利率等经济杠杆为主要调节手段，同时辅之以其他法律和行政的非关税措施，基本符合关贸总协定规则的进口贸易体制。具体原则应以关税调节为主，非关税调节为辅，关税水平合理，保护幼稚工业，适度引入竞争。

进口体制改革是一项十分复杂的工程，直接涉及对国内产业的保护和引入适度竞争，同时，也有与关贸总协定规则的适应性问题。因此，改革的措施与步骤应当积极、稳妥，既要防止进口失控、管理真空的出现，又要注意关税与非关税措施的合理匹配。

总体来看，“复关”过程中对我国对外贸易制度进行了多轮审议，对我国经济体制和外贸体制改革起到了外部的推动作用。1992年10月，关贸总协定中国工作组召开第十一次工作会议，结束了对我国的审议。时值党的十四大闭幕，中国代表团在关贸总协定中国工作组会议上宣布，我国将建立社会主义市场经济体制。经过此轮审议，欧美等发达缔约国依然认为，中国正在进行以市场为导向的改革，外贸体制改革已取得一定成果。但市场机制还未达到主导地位，价格扭曲现象未得到纠正；外贸企业的经营自主权不充分，存在外汇留成和外汇调剂价格的事实出口补贴；同时，中国对进口实施除关税以外的诸多限制，这些与关贸总协定体制存在较大差距。但广大发展中国家则认为，中国是一个发展中国家，不应对其外贸体制提出苛刻的、超出关贸总协定现有义务的要求。

至此，虽然我国与缔约方关于中国外贸制度的评价并不完全一致，但在关贸总协定中国工作组范围内，对我国外贸制度的评估工作基本结束。关贸总协定中国工作组提出多边讨论的非正式文件，即“初步综合问题清单”，作为起草加入文件讨论的内容，并确定了20个成员参加的非正式磋商机制，关贸总协定中国工作组着手准备转入议定书起草和谈判阶段。从1992年10月至1995年1月，中国工作组先后召开八次工作组会议，确定了我国“复关”谈判的基本内容，包括恢复我国关贸总协定缔约国地位、发展中国家待遇、关税减让水平、无条件最惠国待遇、取消歧视性数量限制、关税领土定义、贸易制度统一实施、邻国贸易优惠制度、农业政策、价格改革、外汇制度、外贸权、商检制度、非关税措施、国民待遇、特别保障条款、加入“政府采购协定”“民用航空器协定”等十九个方面的问题。在关贸总协定中国工作组第十九次会议上，我国在许多方面作出了初步的承诺，如降低关税、实行汇率并轨等，但由于谈判各方分歧严重，我国基本利益没得到保障，“复关”协议未能达成。

第四节 修改《中国对外贸易制度备忘录》

随着全国经济体制改革的深化，我国的外贸体制改革取得了很大进展。例如，下放外贸经营权、多次降低进口税率、大幅度减少进口许可的限制，清理了一批内部法规、文件，提高了外贸体制的透明度和统一性。这些改革是为了适应建立社会主义市场经济体制而进行的必要的政策调整，同时，也是我国向关贸总协定的多边规则靠拢所作出的重大努力。1993年3月，在关贸总协定中国工作组第十三次会议期间，一些缔约方提出，中国正在进行的改革，使中国的外贸体制发生了很多变化，1987年提交的《中国对外贸易制度备忘录》已不能适应新的形势，要求我国予以更新。根据这一要求，中国代表团对《中国对外贸易制度备忘录》的内容作了修订。此次修订是根据国家体改委、国家计委、海关总署、国家外汇管理局、国家物价局、国务院特区办及经贸部有关业务司局提供的最新资料整理而成。并于1993年5月在关贸总协定中国工作组第十四次会议上向缔约方提交了备忘录的修订本。

一、概况的修订

（一）中国经济的基本特征

修订后的《中国对外贸易制度备忘录》将我国经济统计的指标体系由工农业总产值改为国内生产总值，体现了经济核算体系由计划经济条件下的实物量核算向价值增值核算的转变，也就是按照三次产业增加值进行核算，承认除第一次产业农业和第二次产业工业创造价值外，第三次产业服务业也创造价值，从而与国际经济统计保持了一致性。1992年，国内生产总值近2.4万亿元（约合4000亿美元），80%的人口生活在农村。1992年农民人均纯收入为784元（约合140美元），城镇居民人均可用于生活费的收入为1826元（约合326美元）。

我国对外贸易发展迅速。1992年货物进出口总值为1656.3亿美元，出口值为850亿美元，进口值为806.3亿美元。我国出口值占世界出口总值的2.3%。

（二）我国经济体制改革的目标

修订后的《中国对外贸易制度备忘录》将经济改革的目标，从建立起有中国特色的有计划的商品经济新体制，明确改为中国改革的目标在于建立社会主义市场经济体制，也就是说，市场在社会主义国家宏观调控下对资源配置起基础性作用，使经济活动遵循价值规律的要求，适应供求关系的变化；通过价格杠杆和竞争机制的功能，把资源配置到效益较好的环节中去，并给企业以压力和动力，实现优胜劣汰；运用市场对各种经济信号反应比较灵敏的优点，促进生产和需求的及时协调。

修订后的《中国对外贸易制度备忘录》指出，建立社会主义市场经济体制，是在过去14年改革开放基础上的重大发展和突破。具体来说，有四个方面的任务和要求：一是进一步提出转换国有企业特别是大中型企业的经营机制，把企业推向市场，增强它们的活力，提高它们的素质。二是进一步提出加快市场体系的培育。三是进一步深化分配制度和社会保障制度改革。四是进一步提出加快政府职能的转变。

（三）我国外贸体制改革的目标

修订后的《中国对外贸易制度备忘录》指出，我国外贸体制改革就是要建立起与整个经济体制改革相适应的外贸制度，目的是使其进一步符合国际规范。我国已下放了外贸经营权限，调整了官方汇率，取消了对外贸企业的出口补贴和进口调节税，并且单方面削减了部分产品的关税。

修订后的《中国对外贸易制度备忘录》还指出，当时我国进行的外贸体制改革重点是使进口体制符合国际规范，其主要内容是放宽进口限制、减少行政干预。改革的目标：一是逐步将关税总水平降到关贸总协定要求的发展中国家应有的水平；二是尽快制定《中华人民共和国对外贸易法》《中华人民共和国反倾销法》等法规，依法管理进口；三是减少进口许可证范围，扩大市场准入；四是提高进口管理的透明度，由经贸部统一发布进口管理的规章。

这充分表明了我国外贸体制改革朝着市场化、自由化、法制化和国际化方向迈进的决心。

二、经济特区和全国开放城市的修订

修订后的《中国对外贸易制度备忘录》新增加了经济特区和全国开放城市的内容，反映了自 1987 年以来，我国建立的一系列实行进一步开放政策区域的新变化。这些区域包括 5 个经济特区（1988 年新增海南经济特区）、14 个沿海开放城市、284 个市县组成的沿海经济开放区、6 个沿长江开放城市（新增）、16 个内陆省市（新增）和 13 个内陆边境开放城市（新增），共拥有 3.2 亿人口。它们在利用外资、引进技术和对外经济合作方面有更大的灵活性。

修订后的《中国对外贸易制度备忘录》进一步明确，我国实行社会主义市场经济体制，全国的“三资”企业和特区内的国有企业都接受市场机制的引导。外国投资商依法享有优惠的各项待遇。在经济特区和沿海地区已实行了土地使用权的有偿转让。特区允许私人占有房产，但不允许私人占有土地。国家制定的特区税收条例是统一的。在特区对国有企业实行的专利、版权、商标法规、破产法和中国其他地方实行的法规也是统一的。

从1988年4月起，我国通过在下列方面给予沿海城市更多的自主权，进一步放宽政策：3000万美元以下的外资项目可由省、自治区自己审批；鼓励国有企业和集体企业通过合资经营方式进行技术改造；促进出口加工所需原料的进口，简化商人出入境手续。

三、进出口制度的修订

（一）我国的外贸计划

第一，计划的制订。外贸计划主要是根据国家的社会和经济发展需要，国际收支平衡状况和市场供求状况，以及国内与国际市场竞争情况等经济因素制定的。强调它是一个目标性的指导性计划，旨在对经济进行宏观指导。计划的编制首先是由各部门，各省、自治区、直辖市、计划单列市的企事业及外贸公司分级编报。经贸部根据这些报送的计划，拟订全国外贸计划草案，并由国家计委综合平衡和上报国务院审核，最后提交全国人民代表大会常委会批准。计划批准后由国家计委和外经贸部负责实施。在华的外资企业的进出口产品没有包括在内。

第二，计划的指标。国家只对那些关系国计民生的大宗资源性商品出口实行指导，规定了最高出口数量，并在计划执行过程中，根据国际市场的需求和国内市场的变化情况，适当调整（增加或减少）。该计划没有强制性，也没有任何惩罚措施，完全由外贸公司自主经营，自负盈亏。随着我国市场机制的不断完善，指导性出口商品的目录也会逐步减少。1993年，我国对指导性的出口商品目录进行了大幅度调整，将其削减了一半以上。

国家只对中央掌握的外汇限度内确定少数产品进口实行约束，这种约束主要取决于中央掌握的外汇多少和确保国家经济建设和人民生活的最低需求。随着市场机制的不断完善，中央掌握的外汇将逐年减少，因此，这部分进口在全国进口总额中所占比例也会大幅度降低。对地方、部门、企业自有外汇进口，国家从宏观平衡角度予以指导。地方、部门、企业有权根据自己的外汇收支平衡和需要来安排进口。当时这部分进口再加上外商投资企业等其他进口，约占全国进口总额的 85%以上，进口越来越明显地受市场机制的调节。

第三，计划的实施。外贸计划是由对外贸易公司和地方政府加以实施，外经贸部依法实施行政监督。外经贸部在计划实施中的作用主要是组织监督与评议。

出口计划先下达给对外贸易公司和地方经贸厅，而后者又将计划下分给省级对外贸易企业。进口计划（进口配额）先下达给省市一级的计委和国务院有关主管生产部门，而后再由上述单位下达有关的企业，企业据此自由委托有外贸经营权的外贸公司代理进口。国家规定地方各省、自治区、直辖市对外贸易公司以及授权经营对外贸易的生产企业对国家承包出口收益、外汇上缴额度以及效益指标。这些指标通过磋商确定并详细列入承包合同中。地方政府接受的指标也是在承包合同基础上由地方外贸公司负责实施。

（二）我国的外汇管理制度

第一，明确我国外汇体制改革的方向。我国外汇体制改革的目标是实现人民币的自由兑换。我国是国际货币基金组织的成员国，在国际收支经常性交易支付方面实行外汇限制。在条件成熟时，接受取消国际收支经常性交易支付的外汇限制，避免实行多重汇率，并实行货币的自由兑换的义务。

第二，在人民币汇率上，当时我国实行官方汇率和市场汇率并存的汇率制度。官方汇率由国家外汇管理局调整和公布，采取有管理的浮动。调整官方汇率需要考虑国内外货币购买力相对的变化、国际收支和外汇储备的状况及国际市场汇率的变动等因素。我国持续采取有效措施，发展外汇市场，稳定市场汇率，为统一人民币汇率创造条件，在适当时机实现单一以市场汇率为基础的有管理的浮动汇率制度。

第三，在外汇调剂市场上，我国实行市场机制，市场运行基本上与西方国家的外汇市场相同*。买卖外汇的汇率，由买卖双方根据外汇市场的供求状况议定。一般是根据前一个营业日的市场收市价，由买卖双方会员各自提出买卖的金额和要价，逐步地提价或降价，间隔三分钟喊价一次。买卖双方的价格趋于一致时，即行成交。成交后外汇调剂市场通知买卖双方在规定期限内办理交割和结算。

外汇调剂市场公布外汇调剂指导序列。外汇调剂指导序列是根据国家产业政策决定的，目的是引导外汇的用途与国家的产业政策相适应。这是指导性的，不是强制性的，不影响企业的用汇和进口。外汇调剂市场受国家外汇管理局的指导和监督，在正常情况下，政府不干预调剂市场的交易，然而在市场汇率出现不正常波动时，中央银行可以进入市场买卖外汇进行干预，必要时，也可规定临时性的最高限价。

第四，在外商投资上，我国鼓励外商投资，保护外国投资者的合法权益。外商投资企业的产品出口所得的外汇和劳务、服务外汇

* 当时我国有15个公开市场，公开市场采取会员制。会员有两类：一类是经纪商（批准经营外汇业务的金融机构），可以代客买卖外汇；一类是自营商（买卖外汇频繁、金额较大的国内企业和外商投资企业），可以买卖本身所有的或需要的外汇。两类会员都可派交易员进场买卖外汇。

收入可以全部保留，在中国境内经营外汇业务的银行开立外汇存款账户。一切正常的外汇支出都可以从其外汇存款账户中支付。外国投资者依法纳税后的纯利润和其他正当收益可以从企业的外汇账户中汇出。外商投资企业中的外籍职工的工资收入依法纳税后可以汇出。

外商投资企业在经营活动中，可以直接向外国银行借款，事后向国家外汇管理局或其分局登记备案。外商投资企业可以从中国境内经营外汇业务的银行申请贷款*。

* 申请的贷款分为两种：流动资金贷款和固定资产贷款。贷款利率参照国际市场利率决定。

（三）进出口限制

第一，一般适用的进出口限制。我国禁止进口：各种武器、弹药、炸药、麻醉品、毒品、猥亵品以及与中国食品、医药、动植物检疫标准不符合的食品、药品、动植物的进口。我国也禁止出口麻醉品、毒品、与国家机密有关的资料及珍稀动植物。

第二，进出口许可证制度。阐释了进口许可证制度、出口许可证制度的具体做法和列明商品，以及对外商投资企业的做法。

（四）关税及其他进出口费用

1．我国关税政策

中国的关税是对进出口货物征收的主要税收。国家征收关税的目的，一方面通过关税来调节进出口及促进和保护国内生产，另一方面作为我国财政体制改革后中央财政的重要来源。我国的关税政策是促进改革开放，保护民族工业，贯彻产业政策，反对贸易歧视。

2．我国制定关税税率的基本原则

对国内不能生产或不能满足供应的关系国计民生的必需品，给予免税或低税。原料的进口税率一般低于半制成品或制成品的税率。对国内不能生产或质量不过关的机械设备和仪器、仪表的零件、配件，其税率比整机低。对国内自己能生产或非国计民生所必需的产品税率较高。对国内能生产，国内同类工业又需要保护的产品实行更高的税率。对绝大多数商品免征出口税。

3．税则分类及结构

我国从1992年1月1日起实施《商品名称及编码协调制度》，同年加入《国际商品名称及编码协调制度公约》。《中华人民共和国海关进出口税则》，共分21类，97章，6321条税目。关税税率由中华人民共和国国务院制定，税率的局部修改由国务院授权国务院关税税则委员会审定。

4．海关估价

我国的关税全部从价计征，进口关税的完税价格采用以进口货物的成交价格为基础的到岸价格，对成交价格无法确定的进口货物，由海关参照相同货物或相似货物的成交价格或计算价格确定海关估价。出口关税的完税价格为出口货物售与境外的离岸价格。《中华人民共和国海关法》规定了申诉程序。纳税义务人同海关发生纳税争议时，可向海关申请复议。对复议不服，可向法院起诉。

四、税收及其规章的修订

将税收及其规章列为单独的一部分，从价格管理、国内税及其规章、关于标准与检验及质量控制问题等方面进行了阐释。

（一）价格管理

1．国内价格管理制度

我国存在三种价格形式：国家定价、国家指导价和市场调节价。国家定价是由政府价格管理部门制定的价格，未经这些部门批准，不得变动。国家指导价是由政府价格管理部门规定基准价及其浮动幅度，或者规定最高限价和最低限价，生产经营者在上述规定范围内，考虑市场状况灵活确定的价格。市场调节价，是生产经营者在价格法规、规章和政策允许范围内，依据市场供求状况自主确定的价格。实行国家定价的是少数垄断经营和资源稀缺的重要产品和服务。

到 1992 年底，全国范围内国家定价的比重在社会商品零售总额中仅占 10%左右，在进口商品总额中占比不到 3%。按照社会主义市场经济体制的要求，价格制度还需要进一步改革和完善。我国根据各方面的承受能力，加快价格改革步伐，积极理顺价格关系，建立起以市场形成价格为主的价格机制，促使社会资源的合理配置。

2．进口商品价格的管理

当时，我国绝大部分进口商品已经实行代理作价制度，价格放开由市场调节。国家提供进口补贴的只有化肥、农药中间体、磷矿石 3 个品种，占我国全部进口总额的比重还不到 3%。进口商品价格实行市场调节仍是改革的方向，上述几个品种的补贴也逐步取消。政府服务、交通运输和邮电服务等方面的价格对国产商品和进口商品一视同仁。

3．出口商品价格的管理

我国出口商品价格由从事外贸经营的企业自行确定，政府不加干涉。外贸企业自营出口或与生产企业联合经营出口的商品，其出口价格的确定主要依据是：收购价或生产成本、运杂费、仓储费、银行费用、适量利润以及国际市场供求关系状况。生产企业或供货单位委托外贸企业代理出口的商品，其出口价格根据商品的国内成本、外贸公司收取的代理费，并参照国际市场条件确定。

（二）国内税及其规章

1．对产品征收的国内税

对产品要征收工商统一税，或者产品税或增值税。这两种税的范围和税率由国务院决定，税收由财政部管理。产品税和增值税只适用于国内产品，而工商统一税则适用于外国企业、中外合资企业、中外合作生产的产品。产品税和增值税的范围与工商统一税几乎相同，只有一小部分需要征收工商统一税的商品的税率，与需征产品税和增值税的同类产品税率略有不同。在工商统一税高的情况下，我国把它降到与产品税和增值税相同的水平，并逐步使外商投资企业适用的工商统一税与国内企业适用的产品税、增值税合并。

2．边境调节税

工商统一税是国内税，由海关在入关点代征，产品税或增值税是对国内产品在生产阶段所征的税收，出口商品实行免税。对生产企业出售给外贸公司用于并已实际出口的产品，所征的产品税和增值税予以退还。外商投资企业的产品出口免征工商统一税，所以不存在退税问题。

（三）关于标准与检验及质量控制问题

我国对进口商品实施检验是根据《中华人民共和国进出口商品

检验法》的有关规定进行的。在检验标准上，我国尽量采用国际标准。据统计，我国有 40%的标准等同或等效采用国际标准。

《中华人民共和国进出口商品检验法》规定，法律、行政法规未规定有强制性标准或者其他必须执行的检验标准的，依照对外贸易合同约定的检验标准检验。因此在这种情况下，我国对进口商品的检验是以合同为依据的。实施检验的标准与国内商品相同，不存在对进口商品实施更严格的标准。根据《中华人民共和国进出口商品检验法》，对涉及安全、卫生和环境保护的进口商品实施安全质量许可制度。这种做法与各国实施的安全认证是一致的。

五、中国的对外贸易关系

在这一时期，我国同 130 多个国家和地区签订了双边贸易协定。边境省份与尼泊尔、缅甸、巴基斯坦、越南、苏联和朝鲜有边境贸易。边境贸易的货物绝大多数是当地产品，规模不大，多为互通有无的边民互市贸易和易货贸易，一般也不用第三国货币支付。

《海关关于进口货物原产地的暂行条例》规定，如果一种产品在几个国家加工和制造，原产国应为产品进行实质性加工*的最后一个国家。这些原产地规则适用所有进口商品，用于统计目的的原产地规则也是如此。

总的来说，1993 年修订的《中国对外贸易制度备忘录》与 1987 年版相比具有以下重大改进：

第一，修订后的《中国对外贸易制度备忘录》反映了自 1987 年我国向关贸总协定提交《中国对外贸易制度备忘录》以来，我国经济体制改革的重大进展，已经从有计划的社会主义商品经济开始

* “实质性加工”是指产品加工后，在海关进出口税则中四位数税号一级的税则归类已经有了变化，或者加工增值部分所占新产品总值（包括所有与成本相关的费用）的比例已超过 30%。

转向社会主义市场经济，这不仅是提法上的改变，更为重要的是表明了我国在坚持社会主义制度的前提下，经济体制改革的方向和目标更加明确，也就是坚定地走向市场化改革的道路，逐步融入世界经济主流的发展之中。

第二，修订后的《中国对外贸易制度备忘录》反映了自1987年我国向关贸总协定提交《中国对外贸易制度备忘录》以来，关贸总协定对我国贸易制度多次审议后，我国贸易制度向关贸总协定及其各项协议和规则逐渐靠拢、逐步衔接的结果。这不仅表现在目录上更加符合关贸总协定审议的基本框架，而且在内容上更加具体、明晰。

第三，修订后的《中国对外贸易制度备忘录》反映了即将出台的《中华人民共和国对外贸易法》的基本原则，以市场经济为基础，以自由贸易为原则和符合国际规则及规范。同时，对与对外贸易直接相关的各个方面的体制机制作出了全面的解释，包括计划体制、价格体制、税收及关税制度、外汇制度、检验检疫制度等，因而成为1994年我国正式颁布《中华人民共和国对外贸易法》的先声。

第四，修订后的《中国对外贸易制度备忘录》不仅反映了关贸总协定通过前期审议倒逼我国外贸体制加快改革的具体成果，而且还表达了坚定不移实行对内改革、对外开放政策以及下一步改革的具体目标及举措。“复关”审议的结束，并不意味我国外贸体制改革已经完成，还要通过后期实质性谈判逐一加以落实。

当然，1993年修订的《中国对外贸易制度备忘录》也存在一定的局限性：一是我国刚刚确立建立社会主义市场经济体制，整体上还处于经济体制转型关键过渡期，许多举措带有明显的过渡性、暂时性的特点，尚未定型。因此，还很不成熟。1993 年后，我国经济体制改革进一步提速，后期的谈判也更加艰难。二是我国“复关”谈判的同时，关贸总协定也在加紧乌拉圭回合谈判，我国也作为观察员全程参加了这一回合的谈判。由于乌拉圭回合谈判发达国家增加了远远超出原有关贸总协定货物贸易的范围，增设了服务贸易、与贸易有关的知识产权、与贸易有关的投资措施等议题，使得国际贸易管辖的范围大大增加，这也必然对我国“复关”谈判带来新的挑战。

随着乌拉圭回合谈判结束，缔约方签署《马拉喀什建立世界贸易组织协议》，世界贸易组织正式成立。1996 年，关贸总协定中国工作组正式转为世界贸易组织中国工作组，由此我国也从恢复关贸总协定地位谈判转为加入世界贸易组织的谈判，翻开了历史新的一页。

第五节　“入世”谈判加速外贸体制改革

1995 年 1 月 1 日，世界贸易组织成立。同年 6 月 3 日，中国成为世界贸易组织观察员；1995 年 11 月 28 日，中国常驻日内瓦代表团代表金永健致函世界贸易组织总干事鲁杰罗，代表中国政府申请加入世界贸易组织。关贸总协定中国工作组更名为世界贸易组织中国工作组，标志着我国的“复关”谈判转为加入世界贸易组织谈判。在这个阶段，我国继续推进与美国、欧盟以及其他世界贸易组织成员间的双边谈判。从 1996 年 3 月 22 日起，中国加入世界贸易组织的多边谈判开始进行，直到 2001 年 9 月 17 日，多边谈判全部结束。

一、2000年《中国对外贸易制度备忘录（更新版）》的重要修订

2000年3月，世界贸易组织中国工作组召开第九次会议，是中国加入WTO从双边谈判转向多边谈判的标志性会议，我国根据与美国等国家达成的双边协议情况，提交了《中国对外贸易制度备忘录（更新版）》，其内容反映了在世界贸易组织成立和1996年我国加入世界贸易组织谈判启动后，我国经济体制和外贸体制改革取得的新的重大进展。从目录上看，仍是1993年版《中国对外贸易制度备忘录》的七个部分，只是顺序有所调整。从内容上看，基本保留了上一版的内容，只是做了必要的更新。

（一）经济社会概况

《中国对外贸易制度备忘录（更新版）》指出，1998年末，全国总人口12.5亿人，近70%的人口生活在农村。1999年，国内生产总值82054亿元（约9900亿美元）。1998年，农村居民人均纯收入2160元（约260美元），城镇居民人均可支配收入5425元（约655美元）。在这一时期，我国对外贸易发展迅速，1999年货物进出口总值3606.5亿美元，出口值1949.3亿美元，进口值1657.2亿美元。1998年，中国出口值占世界出口总值的3.4%。

1．我国经济体制改革的情况

重申我国经济体制改革的目标是建立和完善社会主义市场经济体制，使市场在国家宏观调控下对资源配置发挥基础性作用，使经济活动遵循价值规律的要求，适应供求关系的变化；通过价格信号

和竞争机制，调节经济运行、提高经济效益。

1994年，我国推出了金融、财税、投资和外汇、外贸等方面的一揽子改革，以建立社会主义市场经济体制为目标的改革取得了重大突破。在此过程中，进一步转换了国有企业的经营机制，按照"产权清晰、权责明确、政企分开、管理科学"的原则，推动国有企业建立现代企业制度，国有企业逐步走上自主经营、自负盈亏、自我约束、自我发展的轨道；全国统一开放的市场体系初步形成，城乡市场紧密结合，国内市场和国际市场相互衔接；逐步转变政府管理经济的职能，以间接手段为主的完善的宏观调控体系初步建立，市场在资源配置中的基础性作用显著增强；新的财税体制已经建立并且运行正常，政策性金融和商业金融已经分开，中央银行的调控和监管职能增强，人民币汇率顺利并轨，汇价保持稳定，实现了在经常项目下的可兑换；市场价格进一步放开，绝大多数消费品和生产资料的价格已经由市场决定，市场机制对增加供给、调节需求的作用已经非常明显；投融资的风险约束逐步加强，企业筹资渠道拓宽。

《中国对外贸易制度备忘录（更新版）》指出，我国会继续从以下方面深化改革：

一是建立现代企业制度。以建立现代企业制度为目标，把国有企业的改革同改组、改造和加强管理结合起来，构造产业结构优化和经济高效运行的微观基础。全面准确把握"产权清晰、权责明确、政企分开、管理科学"的现代企业制度基本特征，加大改革力度，使大多数国有大中型骨干企业在2000年初步建立现代企业制度，成为自主经营、自负盈亏、自我发展、自我约束的法人实体和市场竞争主体。

二是积极发展和完善市场体系。发展和完善主要由市场决定价格的市场机制。截至2000年，除极少数产品和服务价格由政府管理外，其他绝大多数产品和服务价格由市场决定。积极培育和规范金融市场和土地、劳动力、技术、信息等要素市场，形成全国统一的开放的市场体系。制定和完善市场规则，加强市场管理和监督，规范流通秩序，反对垄断，制止不正当竞争。

三是转变政府职能。按照政企分开的原则，转变政府职能的工作取得重大进展。此后，政府的经济管理职能，要真正转变到制定和执行宏观调控政策，搞好基础设施建设，创造良好的经济发展环境上来，把不应由政府行使的职能更进一步转给企业、市场和社会中介组织。完善宏观调控体系的重点是，建立计划、金融、财政之间相互配合和制约，能够更加有效地综合协调宏观经济政策和正确运用经济杠杆的机制。

四是规范和完善分配机制，加快社会保障制度改革。坚持和完善以按劳分配为主体、多种分配方式并存的分配制度。运用法律、分配政策等手段，以及社会保障等措施，协调城乡之间、地区之间、行业之间、不同社会群体之间的分配关系。加快养老、失业、医疗保险制度改革，加快形成社会保险、社会救济、社会福利、优抚安置和社会互助、个人储蓄积累保障相结合的多层次社会保障制度。

五是加快经济立法。坚持改革开放和法制建设同步进行，做到改革决策、发展决策与立法决策紧密结合，并把经济立法放在重要位置，用法律引导、推进和保障社会主义市场经济的健康发展。

2．我国外贸体制改革的情况

作为我国经济体制改革的组成部分，外贸体制改革取得突破，其目标为统一政策、放开经营、平等竞争、自负盈亏，建立起符合国际规范的外贸管理体制和外贸经营体制。

外贸体制改革的特点是：建立和完善符合市场经济要求和国际通行做法的出口促进政策，如出口信贷和出口信用保险措施。外贸直接行政干预大大弱化，指令性计划已经为市场调节所取代，外贸管理以经济和法律等间接管理手段为主；大幅度放宽了各类企业申请外贸经营权的条件，对生产企业和科研院所基本实行了外贸经营权依法登记制；修订和完善进出口商品管理的法规，全国外贸政策与管理的统一性和透明度进一步提高；大幅度降低关税水平，逐步减少非关税措施，大幅度缩小了进口行政性管理的范围和产品种类；外贸中介服务体系开始形成；政企已经分开，实行政府与企业脱钩，创造平等竞争的环境，使企业真正实现自主经营、自负盈亏。我国外贸体制已经确立了市场导向的构架。

在这一时期，我国正在根据建立社会主义市场经济体制的要求进一步深化外贸体制改革，其目标是：一是逐步将关税总水平降到世界贸易组织中与我国经济发展水平相近的发展中国家的水平。二是进一步完善全国外贸间接调控体系，增强贸易政策的统一性。三是加强外贸法制建设，出台相关的法律法规，提高外贸政策透明度。四是在加入WTO以后三年内逐步取消外贸经营权的审批许可制度，实现进出口贸易的完全放开经营。五是根据我国与WTO成员国的双边协议和加入 WTO 议定书义务，逐步减少数量措施范围，扩大市场准入。六是强化进出口商会的外贸中介组织的职能，发挥中介组织在政府与企业之间的桥梁和纽带作用，建立灵活有效的协调机制，为企业提供优质服务。

（二）进出口制度

1．外贸计划

我国每年制订国民经济和社会发展计划，包括国内生产总值、财政收支、进出口贸易的主要经济增长指标或趋势判断。发展计划每年经全国人民代表大会审议后对外公布并执行，其中包括年度进出口贸易增长指标或趋势判断。我国主要是依据国际经济形势、国内经济发展和出口产品竞争力状况，来确定年度进出口贸易发展计划的，这是一种预测性的经济发展指标。《中国对外贸易制度备忘录（更新版）》还特别指出，我国不再维持进出口计划，全国各地的贸易实体依据市场需求自行进出口。

2．我国的外汇管理制度

在外汇分配制度上，1994年初，我国取消外汇留成与上缴，人民币官方汇率与（外汇调剂）市场汇率并轨，实行银行结售汇，建立全国统一的银行间外汇市场，实现了人民币经常项目有条件可兑换。1996年下半年，我国将外商投资企业纳入银行结售汇体系，取消尚存的经常项目汇兑限制，并于同年底顺利接受国际货币基金组织协定第八条第二、三、四款，取消国际收支经常性交易支付和转移的限制，实现了人民币经常项目完全可兑换。

在这一时期，我国主要按以下原则进行经常项目外汇管理：

取消经常项目外汇支付限制。境内机构（包括外商投资企业）经常项目用汇，可以按照市场汇率凭相应的有效凭证用人民币向外汇指定银行购汇或从其外汇账户上对外支付。预付货款、佣金等超过一定比例或数额，经外汇局进行真实性审核后，可以在银行办理兑付。个人因私用汇，标准以内的可以凭有效凭证直接到银行办理，超过标准的可以持有效凭证到外汇局进行真实性审核后到银行购汇。

经常项目外汇收入实行银行结汇制度。境内机构经常项目下的外汇收入，除国家规定准许保留的外汇可以在外汇指定银行开立外汇账户外，都须及时调回境内，按市场汇率卖给外汇指定银行。所有外商投资企业均可以开立外汇结算账户，在核定的最高金额内保留经常项目外汇收入。符合一定条件的部分中资企业也可以保留一定限额的经常性外汇收入，在外汇指定银行开立经常项目的外汇结算账户。另外，中资机构部分非贸易外汇收入也可以保留外汇，开立外汇账户。

实行进出口收付汇核销制度。1991 年 1 月 1 日，我国开始实行出口收汇核销制度；1994 年 8 月 1 日开始，又实行了进口付汇核销制度。出口收汇核销是指货物出口后，由外汇局对相应的出口收汇进行核销；进口付汇核销是指进口货款支付后，由外汇局对相应的到货进行核销。出口收汇核销制度和进口付汇核销制度，成为监督进出口外汇资金流动，进行经常项目下银行结售汇真实性审核，防范外汇资源流失和违规资本流动冲击的重要手段。

在人民币汇率制度方面。1994 年 1 月 1 日汇率并轨后，我国开始实行以市场供求为基础的、单一的、有管理的浮动汇率制。中国人民银行按照前一营业日银行间外汇市场形成的加权平均汇率，公布人民币对美元、港元、日元三种货币的基准汇率。银行间外汇市场人民币对美元买卖价可以在基准汇率上下 0.3%的幅度内浮动，对港元和日元的买卖价可以在基准汇率上下 1%的幅度内浮动。外汇指定银行在规定的浮动范围内确定挂牌汇率，对客户买卖外汇。各银行挂牌的美元买卖汇率不得超过基准汇率上下 0.15%，港元、日元买卖汇率不得超过基准汇率的1%。三种货币以外的其他外国货币对人民币的汇率，则以美元作为参考汇率，参照国际市场外汇行市套算中间汇率，买卖汇率不得超过中间汇率的0.5%。

在银行间外汇市场方面。从1994年1月1日起，中资企业退出外汇调剂中心，外汇指定银行成为外汇交易的主体。1994年4月1日，银行间外汇市场即中国外汇交易中心在上海成立，并在若干城市设立分中心。4月4日起，中国外汇交易中心系统正式运营，实行会员制、分别报价、集中交易和外汇交易市场清算的制度。外汇指定银行根据外汇局核对的银行结售汇周转头寸限额到银行间市场进行外汇买卖，平补结售汇头寸。中国人民银行根据宏观经济政策目标，通过设在中国外汇交易中心的中央银行外汇公开市场操作室对市场进行必要的干预，以调节市场供求，保持人民币汇率的稳定。

外商投资企业方面。1998年12月1日外汇调剂中心关闭以后，外商投资企业外汇买卖全部在银行结售汇体系进行。为鼓励外商直接投资，我国对外商投资企业外汇管理实行不低于国民待遇的政策：一是允许外商投资企业在外汇局核定的最高限额内开立外汇结算账户，保留经常项目下的外汇收入，超过部分才须向外汇指定银行结汇。二是外商投资企业国际收支经常性交易支付和转移没有限制，可以持有效凭证到外汇指定银行或外汇局进行真实性核查后，购买外汇或直接从其外汇账户中对外支付。三是外商投资企业外方投资资本金可以开立外汇账户保留外汇，经外汇局批准后可以结汇。四是外商投资企业可以直接向境内外银行借款，自借自还，事先不需报批，事后须向外汇局登记。五是外商投资企业中外国投资者依法停业后分得的外汇资金，经批准后可以从其外汇账户中汇出或者到银行兑付。六是允许外商投资企业用人民币利润进行再投资，享受优惠投资待遇。

3．进出口限制

（1）进出口许可证制度

经贸部依据《中华人民共和国对外贸易法》的有关原则确定实行进出口许可证管理的商品种类。我国的进出口许可证制度无国别和地区歧视，不规定上限配额。1993 年，我国对 53 种商品实施进口许可证制度；1999 年，1657 亿美元的进口额中，受制于进口许可证的占 8.45%，金额为 140 亿美元。实施进口许可证制的商品减少到 35 种，减幅 34%。1999 年，仅限对经贸部授权的外贸公司进口的商品为 13 种。与此同时，我国实行出口许可证管理的商品减少到 58 类、73 种，出口额为 185 亿美元，仅占出口总额的 9.5%。

（2）关税及其他进出口费用

2000 年,《中华人民共和国海关进出口税则》共分 21 类、97 章、7066 条税目。关税税率由国务院制定，税率的局部调整由国务院关税税则委员会审定。进口关税的算数平均为 14.44%。在 7066 条税目中，税率小于 5%的有 709 个，5%~10%的有 2015 个，10%~15%的有 1356 个，15%以上的有 2896 个。此时，我国对钨砂矿、硅铁、部分铝产品等 36 种商品征收出口税。

（三）价格管理

《中国对外贸易制度备忘录（更新版）》指出，在国内价格管理体制方面，随着价格体制改革继续深化，政府定价比重大幅下降，市场调节价比重上升，具体为：一是在社会商品零售总额中，政府定价比重为 4.1%，政府指导价比重为 1.2%，市场调节价比重为94.7%。二是在农产品收购总额中，政府定价比重为9.1%，政府指导价比重为7.1%，市场调节价比重为83.8%。三是在生产资料销售总额中，政府定价比重为9.6%，政府指导价比重为4.4%，市场调节价比重为86.0%。在这一时期，我国的价格制度已经趋于合理，为企业创造了比较公平的市场竞争条件。

在进口商品价格的管理方面，各种商品、政府服务、交通运输和邮电服务等方面的价格对国产品和进口品一视同仁。在出口商品价格的管理上，我国出口商品价格由从事外贸经营的企业自行确定，政府不加干预。

在国内税及其规章方面，增值税和消费税均适用于进口货物的单位和个人。进口环节的增值税和消费税由海关代征。对出口产品一般实行增值税零税率和免征消费税政策，国务院另有规定的除外。增值税、消费税和营业税的开征和停征、税目、税率（税额）调整以及减免税政策，由国务院依法决定；执行由财政部和国家税务总局负责；增值税和消费税由国家税务系统征收管理，营业税由地方税务系统征收管理。

（四）我国的外贸制度和世界贸易组织

1995年11月，我国“复关”谈判转为加入世界贸易组织的谈判，这对于我国具有重要意义，将极大地促进对外开放和市场经济体制的建立，全面参与多边贸易规则的制定，在稳定的、可预见的法律框架下与WTO各成员展开贸易。

我国有充分的基础和能力履行WTO各个协议的义务和行使WTO权利，坚持要求以正常WTO成员的身份加入WTO，WTO成员应按照WTO的规定，采取必要措施，确保其国内立法、规章和行政程序与WTO的一致性，确保我国完全享受WTO权利。

根据《中华人民共和国宪法》的规定，全国人大常委会有权撤销同宪法、法律相抵触的行政法规和地方性法规。国务院有权改变或者撤销不适当的行政规章和地方行政规章。我国法律制度保证有效而统一地履行加入WTO之后所需承担的义务。

二、加入世界贸易组织谈判的主要内容和所达成的协议

2001 年 11 月 10 日在多哈签署的《中华人民共和国加入议定书》是我国加入世界贸易组织谈判所达成的最终成果，规定了加入世界贸易组织后所享受的权利和义务，是具有国际法意义的法律文件。

1．全面参与多边贸易体制

根据《世界贸易组织协定》，我国加入该协定，由此成为世界贸易组织成员。我国应履行《世界贸易组织协定》所附各多边协议承担的义务。我国获得世贸组织成员的完全权利，包括全面参与理事会、各委员会，全面参与贸易争端机制和参与制定多边贸易规则；参与审议新成员的加入和进行双边谈判。

2．贸易制度统一实施

《世界贸易组织协定》和加入议定书的规定适用于我国的全部关税领土，应以统一、公正和合理的方式使用和实施中央政府有关货物贸易，服务贸易，与贸易有关的知识产权，外汇管制的所有法律、法规及其他措施以及地方各级政府发布或适用的地方性法规、规章或其他措施。我国应将各种特殊经济区的法律、法规及其

他措施及时通知WTO。我国承诺在关税领土内，包括各省、自治区、经济特区、沿海开放城市、经济开发区等统一实施贸易制度和政策。

按照透明度原则，我国承诺执行已公布的有关或影响货物贸易，服务贸易，与贸易有关的知识产权，外汇管制的所有法律、法规及其他措施。应使世界贸易组织成员可获得这些措施。为此，中国应设立世界贸易组织咨询点并提供相关信息。同时，设立司法审查程序，以便审查涉及《关贸总协定 1994》相关条款和《与贸易有关的知识产权协定》相关条款的国内法律、法规，普遍适用的司法决定和行政决定实施的行政行为，并为受影响的企业或个人提供上诉机会。

涉外经济法律、法规和规章透明度。我国承诺，涉外经济法律、法规和规章未经公布不予执行。在政府主管部门设立“世界贸易组织咨询点”，代表中国政府对外提供咨询，表达中国政府权威观点。

3．非歧视待遇

非歧视待遇包括最惠国待遇和国民待遇。世界贸易组织成员间相互无条件给予最惠国待遇。我国和成员相互承诺给予无条件最惠国待遇。最惠国待遇主要体现在货物贸易减让表、服务贸易具体承诺减让表以及最惠国和面清单中。我国给予外国企业或个人、外国投资者的待遇不得低于给予其他企业或个人的待遇。包括货物和服务的采购，在国内市场营销或销售的条件，以及在生产要素、基础设施等方面所供应货物和服务的价格和可用性。

世界贸易组织成员间实施国民待遇。我国和世界贸易组织成员相互承诺在关税、国内税等方面，给予进口产品的待遇不低于给予本国产品的待遇。

4．贸易权

在不损害我国以与《世界贸易组织协定》相符的管理贸易的权利情况下，逐步放开贸易权的获得及其范围，并在加入后三年内，使所有在我国的企业均有权获得从事货物贸易的权利（继续实行国营贸易的货物除外）。此种贸易权就是进口或出口货物的权利。对于外国个人或企业应给予不低于在我国的企业贸易权方面的待遇。

5．国营贸易

我国保证国营贸易企业的进口购买程序完全透明，并符合《世界贸易组织协定》，且应避免采取任何措施对国营贸易企业购买或销售货物的数量、价值或原产国施加影响或指导。同时还应提供有关国营贸易企业出口货物定价机制的全部信息。

6．非关税措施

我国执行非关税措施的时间表，所提供的保护在规模、范围或期限方面不增加或扩大，且不实施任何新的措施，除非符合《世界贸易组织协定》的规定。同时，履行在《农业协定》《与贸易有关的投资措施协定》方面的义务。我国承诺，将400项产品实施的非关税措施（配额、许可证等）在2005年1月1日前全部取消，此后除世界贸易组织另有规定的，不再增加或实施新的非关税措施。

7．进出口许可程序

在实施《世界贸易组织协定》和《进出口许可协定》时，我国定期在官方指定刊物中公布相关内容，将加入后仍然有效的所有许可程序和配额要求通知世界贸易组织进口许可程序委员会，并附此种限制的理由或预定终止的日期。

8．价格控制

我国允许每一部门交易的货物和服务的价格由市场力量决定，且取消对此类货物和服务的多重定价做法，并在官方刊物上公布实行国家定价的货物和服务的清单及其变更情况。我国确认，价格控制将不被用于向国内产业或服务提供者提供保护的目的。

维持国家定价和政府指导价的权利。我国保留对烟草、食盐、天然气、药品等产品和民用煤气、水、电力、热力、灌溉用水、邮电、旅游景点门票、教育等服务设施实行国家定价的权利；对粮食、植物油、成品油、化肥、蚕茧、棉花等产品和运输、专业服务、服务代理、银行结算、清算和传输、住宅销售实行国家定价的权利。保留对烟草、食盐、天然气、药品等产品和民用煤气、水、电力、热力、灌溉用水、邮电、旅游景点门票、教育等服务设施实行国家定价的权利；对粮食、植物油、成品油、化肥、蚕茧、棉花等产品和运输、专业服务、服务代理、银行结算、清算和传输、住宅销售和租用、医疗服务等服务保留实行政府指导价的权利；在向世界贸易组织秘书处做出通报后，有权增加国家定价和政府指导价的产品和服务。

9．补贴规定

中国通知世界贸易组织在其领土内给予或维持的、属于《补贴与反补贴措施协定》界定的补贴、按具体产品划分的任何补贴。对国有企业提供的补贴将被视为专项性补贴，特别是在国有企业是此类不同的主要接受者或国有企业接受此类补贴的数量异常之大的情况下。中国自加入时起取消被协定禁止的所有补贴。中国保留对国内产业进行与世界贸易组织有关规则相符的补贴权利。

10．海关估价及对进出口产品征收的税费

我国遵守世界贸易组织《海关估价协定》，以成交价为海关估价基础，不以最低限价和参考价为基础。保证国家主管机关或地方各级主管机关实施或管理的海关规费或费用，国内税费包括增值税，符合《关贸总协定1994》。在进行边境税的调整方面，对于外国个人、企业和外国投资企业，自加入时起，被给予不低于给予其他个人和企业的待遇。

11．与贸易有关的投资措施

我国承诺，取消国家对外商投资企业有关贸易和外汇平衡要求、当地含量要求、转让技术要求等，由投资企业自行决定。对此，全国人大对与外资有关的三部法律进行修改。

12．与贸易有关的知识产权

我国确认，对其领土内的个人或企业只实施、适用或执行与世界贸易组织《与贸易有关的知识产权协定》不相抵触的，与技术转让、生产工序或其他专有知识有关的法律、法规或措施。技术转让的条款和条件、生产工序或其他专有知识，特别是在投资的过程中，只需经投资方议定。

13．我国在世界贸易组织中的发展中国家待遇

欧美等发达国家成员同意以灵活务实的态度解决我国发展中国家地位问题。我国在涉及补贴/反补贴、保障措施等问题时，享有协定规定的发展中国家待遇；保留了对农业国内支持高于发达成员水平的权利；在争端解决中，我国有权要求世界贸易组织秘书处提供法律援助；同时在与技术性贸易壁垒相关的国际标准的采用问题上，我国可享有一定的灵活性。

2001年9月17日，世界贸易组织中国工作组第十八次会议通过了我国“入世”议定书及附件，标志着历时 15 年的中国“复关”和加入世界贸易组织谈判全部完成。2000 年 8 月 25 日，全国人大常委会通过我国加入世界贸易组织的决定。2001 年 11 月 10 日，在卡塔尔首都多哈，世界贸易组织第四届部长级会议审议通过了我国加入世界贸易组织的决定。2001 年 11 月 11 日，经贸部部长石广生代表我国政府签署了《中国加入世界贸易组织议定书》并向世界贸易组织总干事穆尔递交《中国加入世界贸易组织批准书》，标志着我国加入世界贸易组织的所有法律程序履行完毕。2001 年 12 月 11 日，我国正式加入世界贸易组织。

三、加入世界贸易组织的意义

加入世界贸易组织不仅是一个经济问题，更是一个重大的政治问题。因此，对于加入这一组织不能简单地就经济问题谈经济问题，就贸易体制谈贸易体制，还要有更加广阔的视角来评价这一进程。

第一，加入世界贸易组织的过程，既是融入多边贸易体制的过程，也是充满国际政治斗争的过程。必须看到，作为“二战”之后国际经济秩序的一个重要组成部分，关贸总协定的规则及其协议都是由欧美国家主导形成和发展起来的。“冷战”结束之后，继承了关贸总协定衣钵的世界贸易组织又进一步将管辖范围从货物贸易领域拓展到服务贸易、与贸易有关的知识产权领域和有限的与贸易有关的投资领域等。乌拉圭回合谈判及其建立世界贸易组织主要是体现了发达国家的利益诉求，而对发展中国家关注的基本问题大都没有得到真正的解决（如农产品问题、纺织品问题等）。我国加入世界贸易组织的谈判也因此面临更多和更复杂的局面，特别是发达国家的无理要求以及其间许多国际政治因素的严重干扰。直到1999年9月中美元首在奥克兰亚太经合组织首脑会议期间会面才决定重起谈判。我国制定的加入谈判的决策、一系列谈判的方针和原则、国内统一的决策机制和协调机制，做到了坚持底线和原则，即以权利和义务平衡为原则，与此同时，又保持高度的灵活性，对发展中国家待遇等问题给予灵活和妥善处理，所有这些对加入世界贸易组织的谈判推进和最终成功发挥了决定性的作用。

第二，加入世界贸易组织的过程，有力地推动了我国社会主义市场经济体制的建设与完善和以对外开放推动国内改革。整个谈判过程，实际上就是以多边贸易体系的规则和协议来具体衡量我国以市场化为导向的经济体制改革的进展程度和所要达到的预期目标之间所存在的差距。在谈判期间，我国根据规则和协议要求，以及主要缔约方的要价，在不突破底线和自身承受能力的情况下，适当调整出价，一边谈判，一边降低关税和非关税措施，扩大各相关领域的对外开放。1986—2001年，我国关税总水平从申请“复关”时的43.2%逐步下降到加入世界贸易组织时的15.3%。多次降税扩大了进口，同时在激烈的国际竞争中出口也不断攀升。1986—2001年，我国外贸进出口规模由700多亿美元增长至5000多亿美元，增长近6倍，占世界比重由1.7%提高到4.0%，世界排名由第11位跃升至第6位（见表10）。事实证明，越开放，越能促改革、促发展。通过对外开放极大地推动国内的经济体制改革，建立起既符合我国国情、保持中国特色社会主义制度，又能够按照市场经济通行规则运行、符合国际规范的市场经济体制。

表10 中国外贸发展情况

单位：亿美元

年份	进出口			出口			进口		
	金额	世界占比	位次	金额	世界占比	位次	金额	世界占比	位次
1986	738.5	1.7%	11	309.4	1.4%	15	429.0	1.9%	10
1995	2808.6	2.7%	10	1487.8	2.9%	10	1320.8	2.5%	11
2001	5096.5	4.0%	6	2661.0	4.3%	6	2435.5	3.8%	6

数据来源：根据世界贸易组织数据库统计数据整理。

第三，加入世界贸易组织的过程既带来重大机遇，也带来更大挑战。从机遇上看，加入谈判的过程就是参与和融入以多边贸易体系为代表的世界市场经济主流的过程，经济体制对标式的改革，使我国有条件更好地利用两种资源和两个市场。对世界而言，没有中国的世界贸易组织是不完整的，对我国而言，加入世界贸易组织可以打开更广阔的市场和经济发展空间。只有加入世界贸易组织，才能享受作为其缔约方的权利与义务；而处于该组织之外，对发展与世界贸易组织成员（占世界贸易90%以上）的经贸关系来说，就只能被动地承担多边义务，而不能享受其权利。同时，只有加入世界贸易组织，才能在国际经贸事务中获得话语权，获得参与制定和修改国际经贸规则的权利，从而更好地维护我国的经济利益，进而维护广大发展中国家的利益。从挑战上看，加入世界贸易组织，也就意味着让渡了部分经济主权，关税的减让、削减非关税措施、开放服务贸易领域等都是具有极强的约束力，关税水平的降低和上线约束、非关税措施的承诺的水平上不得增加（世界贸易允许的例外除外）等都是让渡部分经济主权的具体表现。加入的结果必然是让出部分国内市场，对国内相关产业和企业造成一定的影响，企业必然面临更加激烈的竞争。中国企业也只有在全球化的“大海”中学会游泳，搏击风浪，才能更好地生存与发展，立于不败之地。与此同时，加入世界贸易组织对政府管理也带来极大挑战。在市场配置资源起着基础性作用的条件下，政府的管理职能必然要进行转变。政府这只“有形之手”应当也只能在市场失灵时才应出手。政府管理应在法律授权的条件下，以法律手段和经济手段调节经济，不能再以简单的行政手段直接干预经济并依法行政，寓管理于服务之中。

总而言之，加入世界贸易组织的艰难谈判过程，是一种学习、一种考试。既有着深刻的国际政治蕴含，也充满着国际经济博弈；既要享受应用的权利，也必须承担相应的义务（甚至在有些方面超出既定水平多交了“入门费”）；既有难逢的机遇，也有难以预料的挑战。我们最终在激烈的国际竞争中，以不断增强的综合国力和国际竞争力的“硬实力”与社会主义市场经济体制的“软实力”赢得了在世界多边贸易体系中的缔约方地位以及之后的全权成员的地位与话语权。

第五章

加入世界贸易组织后的外贸体制改革（2002—2011年）

▼

加入世界贸易组织开启了我国第三轮改革开放的新篇章，在这一时期，我国全面融入多边贸易体系，深入参与国际分工与交换，真正确立了社会主义市场经济体制。外贸体制改革深入持续开展，建立了符合世界贸易组织规则的进出口管理法律框架和制度。通过改革行政审批制度和出口退税制度，完善贸易促进体系，深化双边和区域合作机制，为外贸快速发展创造了良好环境，开放型经济进入了新的发展阶段。

第一节　加入世界贸易组织后外贸体制改革的背景

一、国际背景

进入21世纪以后，和平、发展、合作成为时代潮流。世界政治经济格局出现新变化，“一超多强”的局面虽已形成，但世界多极化趋势还在曲折中不断发展；经济全球化已呈不可阻挡之势，世界各类经济金融组织或机构发挥着重要作用；与全球化并行不悖的区域经济一体化也在不断拓展，通过签署自由贸易协定和投资协定，建立了多种形态的双边和区域经济一体化组织或架构。以信息技术、生命科学为代表的科技革命与产业变革呈现出新特点，创新成为全球经济发展的推动力。国际环境总体上有利于我国进一步对外开放和对外经济贸易发展。

1．经济全球化趋势不断加快

进入21世纪，经济全球化势不可当，成为世界经济的基本特征，区域经济一体化进一步推动了商品、资本、技术、人员和信息在全球范围的自由流动和配置，技术创新、知识应用、贸易投资、金融活动日益国际化，使得世界各国的经济联系更加紧密，国家间的经济依存性不断增强。由于发达国家高新技术产业的兴起，一些传统产业正在向新兴经济体和其他发展中国家转移。这就为包括我国在内的发展中国家参与世界分工、吸引外资、引进技术并获取比较利益，提供了更为有利的发展机遇。

同时，也必须看到，经济全球化是一把双刃剑。经济全球化既会带来机遇，也会带来挑战，以经济和科技实力为基础的综合国力竞争将更加激烈。西方国家以其雄厚的科技和经济实力，掌握着国际经济组织以及国际经济规则的主导权，在经济全球化中受益最大，而广大发展中国家总体上处于不利地位。全球化加剧了各国之间在资源、资本、技术和市场方面的竞争，也导致南北差距进一步拉大，一些弱小国家逐渐被边缘化。由于全球化的收益分配失衡，从而引发不同国家之间、各个国家内部的贫富矛盾，进而引发社会危机。

2．科技革命和产业变革加快发展

21世纪信息技术和生命科学快速发展，成为影响最广泛的领域，生物技术、新材料、先进制造技术、清洁高效能源、航空航天、环境保护领域不断取得突破，并且在产业领域快速得到应用，从而加快了产业变革。特别是作为构成21世纪的最强大力量之一的信息技术，已跨越其产业边界，向政治、经济、文化、教育、社会、军事等各个领域渗透，并通过商业化不断开拓新的世界市场，引发巨大的新的市场需求。全球范围内的科技进步浪潮，为我国在技术跨越的基础上实现工业化、推动生产力跨越式发展提供了现实的可能性。

3．区域经济一体化向纵深发展

自20世纪80年代中期以来，世界经济呈现出两大潮流，即经济全球化和区域经济一体化。1995年世界贸易组织成立以后，在经济全球化发展的同时，区域经济合作发展更加迅速，建立自由贸易区成为区域经济一体化的一种主要实现形式或主要选择。进入21世纪，区域经济一体化进一步向纵深发展，特别是自由贸易区涵盖的领域更加广泛，除包括货物贸易与服务贸易自由化和知识产权保护外，还包含投资自由化、政府采购、竞争政策等。到2011年，向世界贸易组织通报的区域贸易安排有300多个，其中生效的自贸协定约250个，绝大多数世界贸易组织成员都参加了一个以上的自由贸易协定。

4．多哈回合谈判曲折艰难

2001年11月启动被称为“多哈发展议程”（简称多哈回合）的新一轮多边贸易谈判也屡屡受阻。多哈回合谈判涵盖约20个议题，包括农业、非农产品市场准入、服务业、贸易便捷化等。其中，农业和非农产品市场准入被认为是最关键也是世界贸易组织成员分歧最集中的两个议题。这两个议题不解决，其他议题的谈判便无法取得进展。虽然各方分歧非常复杂，但主要分歧在发达国家和发展中国家之间，原因是发展水平不同，导致利益和需求也不同。欧美等发达国家的主要目标是进一步打开发展中国家的工业品和服务市场，而发展中国家则希望欧美等发达国家降低农业补贴并开放农业市场。如何达成一项平衡的协议，使各方均得到好处又尽量避免损失就成了谈判中的最大难题。

多哈回合按计划应在 2005 年 1 月 1 日前结束，因涉及各方利益的进退取舍，多哈回合启动以来，谈判进程一波三折。直到 2013 年 12 月 7 日，在世界贸易组织第九届部长级会议上，多哈回合第一份成果——《巴厘一揽子协议》才以 159 个成员方全数通过，成为多哈回合“零的突破”。在全球市场存在不确定性的情况下，多哈回合谈判最终达成协议，成为全球经济的“强心剂”，为世界贸易提供动力、为世界经济带来巨大利益。

尽管国际环境总体有利，但国际局势仍风云变幻，综合国力竞争空前激烈，世界贸易面临诸多不确定性因素，出现了许多新特点和新矛盾，特别是美国“新经济泡沫”破裂、欧债危机相继爆发以后，世界经济增长速度减缓，全球需求结构出现明显变化，围绕市场、资源、人才、技术、标准等的竞争更加激烈，气候变化以及能源资源安全、粮食安全等全球性问题更加突出，各种形式的保护主义抬头，我国经济发展面临的外部环境更趋复杂。

二、国内背景

1．紧紧抓住重要战略机遇期，加快经济发展

党的十六大报告指出，经过全党和全国人民的共同努力，我们胜利实现了现代化建设“三步走”战略的第一步、第二步目标，人

民生活总体上达到小康水平。这是社会主义制度的伟大胜利，是中华民族发展史上一个新的里程碑。必须看到，我国正处于并将长期处于社会主义初级阶段，现在达到的小康还是低水平的、不全面的、发展很不平衡的小康，人民日益增长的物质文化需要同落后的社会生产之间的矛盾仍然是我国社会的主要矛盾[①]。纵观全局，21 世纪的前 20 年，对我国来说，是一个必须紧紧抓住并且大有作为的重要战略机遇期。需要集中力量，全面建设惠及十几亿人口的更高水平的小康社会，这是实现现代化建设第三步战略目标必经的承上启下的发展阶段，也是完善社会主义市场经济体制和扩大对外开放的关键阶段。为此，必须坚持改革开放，不断完善社会主义市场经济体制。改革开放是强国之路，必须坚定不移地推进各方面改革。改革要从实际出发，整体推进，重点突破，循序渐进，注重制度建设和创新。坚持社会主义市场经济的改革方向，使市场在国家宏观调控下对资源配置发挥基础性作用。

在重要战略机遇期，我国坚持“引进来”和“走出去”相结合，全面提高对外开放水平。适应经济全球化和加入世界贸易组织的新形势，在更大范围、更广领域和更高层次上参与国际经济技术合作和竞争，充分利用国际国内两个市场，优化资源配置，拓宽发展空间，以开放促改革促发展。一是深化外经贸体制改革，推进外贸主体多元化，完善有关税收制度和贸易融资制度。二是改善投资环境，对外商投资实行国民待遇，提高法规和政策透明度。三是积极参与区域经济交流和合作。四是在扩大对外开放中，注意维护国

① 江泽民：《全面建设小康社会 开创中国特色社会主义事业新局面——在中国共产党第十六次全国代表大会上的报告》，北京：人民出版社，2002 年版，第 18 页。

家经济安全。

2．全面认识“入世”后的机遇与挑战，趋利避害

加入世界贸易组织，是我国改革开放进程中具有历史意义的一件大事，这不仅是一个重大的经济问题，也是一个重大的政治问题。世界贸易组织的基本原则，如非歧视、透明度、公平竞争都是建立在市场经济基础上的。因此，扩大开放，加入世界贸易组织，首先要创造市场方面的有利条件。建立和完善中国特色的社会主义市场经济，一方面要坚持社会主义制度不动摇，另一方面则要按市场经济规律建立市场经济制度，培育市场主体，完善市场秩序，而这在以市场经济为基础、以自由贸易和公平交易为原则的多边贸易体系-——世界贸易组织中以规则、协定的形成具体表现出来。世界贸易不再是“国际富人俱乐部”，而成为“经贸联合国”（还包括国际货币基金组织和世界银行集团）。这就需要自上而下地进行世界贸易相关知识和《中国加入世界贸易组织议定书》的宣传普及。只有加入世界贸易才能真正参与并融入世界经济主流发展之中，才能自由、公平地参加国际分工与交换，通过合作与竞争不断发展壮大自己。可以说这也是新一轮解放思想、深化改革、扩大开放的过程。

加入世界贸易组织后，既给我国带来机遇，也带来挑战，利弊皆存。从机遇和有利的一面来看，一是有利于我国按照国际通行规则办事，改善经济发展的外部环境，直接参与国际经济规则的制定，维护国家权益。二是有利于我国国际市场竞争的要求，加快经济结构调整和科技进步，提高产业和产品的竞争力，提高国民经济整体素质和竞争力。三是有利于建立一套适应国际通行做法的外经贸法制体系，促进在经济工作中依法办事，促进社会主义市场经济发展。四是有利于在更大范围、更广领域、更高层次上参与国际经

济技术合作，改善我国的贸易投资环境，增加贸易机会，增强对外资的吸引力，更有效地利用国内国际两个市场、两种资源，发挥比较优势，把我国对外开放提高到一个新的水平。从挑战来看，主要包括：一是给我国某些产业和企业竞争力带来挑战；二是给我国政府管理体制和管理方式带来挑战；三是给人才方面带来挑战。因此，要科学全面认识利与弊、机遇与挑战，趋利避害，紧紧抓住机遇，充分加以利用，敢于面对挑战，努力规避风险。

3．以开放促改革，认真履行“入世”承诺

《中国加入世界贸易组织议定书》作为重要的国际协议，需要转换成国内法才能加以实施。因此，这一时期通过对外开放倒逼国内改革所面临的首要任务就是国内法律法规的“废改立”，使其符合《世界贸易组织协定》的要求和履行承诺义务。而国内法，特别是经济法领域的“废改立”就是经济体制改革的成果以法律法规的形式表现出来的标志。改革开放以后，我国以市场经济为导向，逐步建立起了一系列的法律法规，建立了市场经济的制度、体制和机制，明确了政企分开，市场发挥配置资源的基础性作用，而政府负责宏观经济管理并在市场失灵时发挥调节和引导作用，总体上是应当充分肯定的。但由于新旧体制交织，在立法过程中大多是行政主管部门起草，这不可避免地使许多法律法规带有浓厚的行政和计划经济的色彩，部门利益保留较多。一些关系国计民生的垄断领域的特殊利益集团也保留了众多行业层面的特权。此外，国内法制建设不平衡，地方保护主义浓重，建立国内统一大市场依然任重道远。

在货物贸易领域，按照《中国加入世界贸易组织议定书》分阶段履行降税和削减非关税措施的任务极为艰巨。大幅度降税在给最终消费者带来贸易福利的同时，也给相关国内企业带来了巨大竞争

压力，进口商品的增加挤出了国内的无效供给，国内企业为了生存和发展必须加快技术改造、产品升级换代，相关产业也必须相应升级迭代。非关税措施的大幅度削减，使得原有享受指定经营、垄断经营的国营贸易企业感受到了空前未有的压力，也迎来更多同行业领域的国内外竞争者。为了迎接挑战，要进一步深化国有企业改革，建立适应社会化大生产和市场经济要求的现代企业制度，增强市场竞争能力、技术创新能力和抵御风险的能力，形成一批有国际竞争力的大型企业和跨国公司，同时还要发展一大批技术水平高、有市场竞争力的中小企业，特别是"专精特新"的高科技企业。

在服务贸易领域，履行《服务贸易总协定》的义务，扩大服务业的开放，同样也给服务业细分领域的经营者带来了巨大挑战。改革开放以后，我国服务业作为一个整体，在体制改革过程中，缺乏顶层设计，各个领域部门管理体制自行设置，改革的进度、深度、广度参差不齐，一些在市场化改革中保留下来的部门，在后期逐渐形成了固化的部门利益，且往往以部门的上位法为由强化自身的管理，很少考虑如何改进和完善服务本身的问题。而另外一些被裁撤的部门，其所属领域被"市场化"，部门管理为行业协会管理所取代，并无上位法的支撑。因此，无序发展也导致行业的诸多乱象。在《中国加入世界贸易组织议定书》中，按照《服务贸易总协定》的类别，对服务业的开放进行了相关的承诺，总体上促进了服务业的开放发展，但是由于服务业各部门领域改革不彻底、不到位，政府与市场错配成为常态。在此过程中，由于部门立法的滞后、条例细则不完善、部门管理与行业规制未能有效衔接，导致一些服务领域被外资企业垄断，过度开放有可能使国家利益受到损害。与此同时，一些服务领域形成了某些国有企业垄断的局面，而在另外一些领域又形成无序过度竞争的混乱局面。原有封闭的领域通过开放，使外商投资企业大量涌入，参与到竞争中来，迫使国内经营者不得不在管理、服务质量和品质上下功夫以满足客户的多样化需求。

在知识产权保护领域，认真履行《与贸易有关的知识产权协定》是一大挑战。在完善保护知识产权立法的同时，需要加大实施保护知识产权的法律力度，加强知识产权领域的违法调查，严格执法，对严重侵犯知识产权的各种违法犯罪行为予以严厉打击，通过教育使各行各业提高保护知识产权的自觉性。

4．规避风险，确保经济金融安全

加入世界贸易组织后，我国注重并且处理好对外开放、发展国际经济合作与维护国家利益和安全的关系。“入世”使一些产业面临巨大挑战，设置过渡期，分阶段履行降税承诺，就是对国内有关产业的一种保护。同时，按照加入世界贸易组织的承诺，在金融、保险、电信、法律、会计、建筑、旅游、教育、运输等各个服务贸易领域实现了进一步开放，外国服务供应者进入上述领域的条件大大改善。特别是金融服务业的开放，为我国经济、金融发展提供了机遇，但由于国际金融业的竞争更加激烈，金融市场的风险和不确定性增加，也给我国金融业发展和经济安全带来严峻挑战。由于金融在市场配置资源中起着核心作用，是调节宏观经济的重要杠杆、实现经济稳定的重要工具和基础，国家经济安全的核心。因此，必须坚持金融领域审慎开放，谨慎把握资本市场开放的时机和程度，提升金融监管水平，才能规避国际金融风险，抵御国际金融危机的冲击。

第二节　我国全面融入多边贸易体系

按照《中国加入世界贸易组织议定书》，“入世”的前三年，我国主要在关税减让、非关税措施取消和服务业市场的适度开放等方面作出了承诺。进口关税到2004年整体下降到10.6%，取消部分商品的进口配额、进口许可证和进口招标，提高商品进口配额增长率，调整关税配额商品的关税、配额与非国营贸易比例，在金融服务、运输服务、通讯服务、建筑及相关工程服务、租赁服务、分销服务等领域扩大开放。

2006年12月11日，我国正式加入世界贸易组织迎来5周年，对外贸易体制和政策更加完善，货物贸易市场开放水平显著提高，平均关税水平按照加入承诺，从加入世界贸易组织时的15.3%降低到2005年的9.9%，服务贸易按照承诺逐步开放，知识产权保护执法力度大大加强。2009年12月11日，中国加入世界贸易组织8周年，关税减让承诺履行完毕，进一步降低《中国加入世界贸易组织议定书》中最后6种产品的进口关税，关税总水平下降为9.8%。

截至2010年，我国全面融入多边贸易体系，加入世界贸易组织的所有承诺全部履行完毕，认真履行承诺的实际行动得到世界贸易组织大多数成员的肯定。2006年、2008年和2010年，中国政府接受了世界贸易组织的三次贸易政策审议。世界贸易组织所倡导的非歧视、透明度、公平竞争等基本原则已经融入我国的法律法规和有关制度。市场意识、开放意识、公平竞争意识、法治精神和知识产权观念等在我国更加深入人心，推动了经济进一步开放和市场经济体制进一步完善。

一、调整和完善涉外法律体系

在加入世界贸易组织后的短短3年中，我国全面认真地履行承诺，集中清理了2300多部法律法规和部门规章，对其中不符合世界贸易组织规则和中国加入世界贸易组织承诺的，分别予以废止或修订，其中直接废除的就有800多项；公布了所有与贸易有关的法律法规，使各项法律规章的实施更加透明；新修订的法律法规减少和规范了行政许可程序，建立健全了贸易促进、贸易救济法律体系。根据《与贸易有关的知识产权协议》，我国对与知识产权相关的法律法规和司法解释进行了修改，基本形成了体系完整、符合我国国情、与国际惯例接轨的保护知识产权法律法规体系。

（一）修订《中华人民共和国对外贸易法》

为了履行我国加入世界贸易组织的有关承诺，适应外贸改革和发展新形势的需要，2003年12月22日，《中华人民共和国对外贸易法》的修订正式进入了全国人大常委会的立法程序。2004年4月6日，《中华人民共和国对外贸易法》（修订草案）经十届全国人大常委会第八次会议审议通过，2004年7月1日正式开始实施。

修订后的《中华人民共和国对外贸易法》共11章70个条款，与原《中华人民共和国对外贸易法》相比，增加和修订了许多新内容。从目录上看，由原来的8章增加到11章，增加了与对外贸易有关的知识产权保护、对外贸易调查和对外贸易救济3章内容。其中，对外贸易救济从原来对外贸易秩序中分离出来，成为单独一章。从内容上看，补充和完善了对外贸易经营者、对外贸易促进等章节条款的内容。

《中华人民共和国对外贸易法》的适时修订，一方面是履行我国加入世界贸易组织承诺的需要，另一方面是适应我国对外贸易快速发展新形势的需要。该法的顺利实施，对我国统筹国内发展与对外开放，实现对外贸易事业全面、协调和可持续发展具有重要意义。同时，有效实施也必将进一步提高我国对外开放的能力和水平，深化与世界各国（地区）的贸易关系。

（二）服务贸易扩大开放相关立法

为履行在加入世界贸易组织时作出的服务业市场准入承诺，我国对相关服务行业的法律法规、部门规章进行了相应调整，主要包括以下内容：

1．调整金融服务法律制度

我国加入世界贸易组织时承诺逐步扩大外国银行经营本币业务的地域范围，并在“入世”后5年内取消地域限制。为此，我国于2002年2月颁布实施新修订的《中华人民共和国外资金融机构管理条例》，允许外资金融机构在满足审慎性准入前提下，在我国境内任何城市申请设立营业性机构。独资银行、外国银行分行、合资银行按照中国人民银行批准的业务范围，可以部分或者全部开展吸收公众存款、发放贷款业务。2003年12月，十届全国人大常委会第六次会议决定修订《中华人民共和国商业银行法》，将《中华人民共和国外资金融机构管理条例》的内容写入法律，使市场准入义务得到了法律保障。

2．调整保险服务法律制度

为履行“入世”承诺，2001年12月，国务院印发《中华人民共和国外资保险公司管理条例》，逐步取消了对外资保险公司的限制，统一内外资保险公司的待遇和适用的规则，并根据审慎监管原则与其他有关国际惯例，规定了对外资保险公司设立和经营实施合理的审批和监管。2002 年 10 月，九届全国人大常委会第三十次会议决定修订《保险法》，对外国保险机构进入我国市场等问题作了相应规定。

3．调整证券服务法律制度

为兑现“入世”承诺，2002 年 7 月，中国证监会发布《外资参股基金管理公司设立规则》《外资参股证券公司设立规则》《关于向外商转让上市公司国有股和法人股有关问题的通知》《合格境外机构投资者境内证券投资管理暂行办法》等政策法规，修改了证券交易所管理办法，允许外国证券公司成为我国证券交易所的特别会员。2007 年 7 月 4 日，中国证监会印发《境外证券交易所驻华代表机构管理办法》。

4．调整电信服务法律制度

根据在基础电信和增值电信方面的承诺，我国在加入世界贸易组织前就正式颁布了《中华人民共和国电信管理条例》，并制定了《外商投资电信企业管理规定》，对外资进入我国电信服务市场作了明确规定。

5．调整视听和出版服务法律制度

根据有关承诺，2001 年 12 月，国务院印发《电影管理条例》《音像制品管理条例》《出版管理条例》，允许外国的音像制品在中国市场销售，外国人、外国企业可以在中国境内设立相应的经销企业，可以投资建设、改造电影院等。

6．调整旅游服务法律制度

根据进一步开放旅游业的承诺，2009 年 2 月，国务院印发《旅行社管理条例》，扩大了外资准入的范围，且超出承诺水平，对外国经营业绩好、服务规范的跨国旅行社允许其控股。

7．调整海运及其他服务法律制度

根据“入世”承诺，2001 年 12 月，国务院印发《中华人民共和国国际海运条例》，扩大了外资进入我国海运市场的领域。根据“入世”承诺，2001 年 12 月，国务院印发《外国律师事务所驻华代表机构管理条例》；2003 年 3 月，印发《中外合作办学条例》。

（三）知识产权法律

为履行加入世界贸易组织关于知识产权保护的承诺，我国调整了知识产权法律制度。

加入世界贸易组织后，我国对与贸易有关的知识产权法及实施细则进行了修订，包括《中华人民共和国专利法》（1984 年颁布，经 1992 年、2000 年和 2008 年三次修订）、《中华人民共和国商标法》（1982 年颁布，经 1993 年和 2001 年两次修订）、《中华人民共和国著作权法》（1990 年颁布，经 2001 年和 2010 年两次修订），规定所有涉及知识产权的案件都可以向法院起诉，从而取消了行政机关的终局决定权，并加大了对知识产权的保护力度。

为履行“入世”承诺，我国还新颁布和实施了《中华人民共和国计算机软件保护条例》《集成电路布图设计保护条例》《中华人民共和国植物新品种保护条例》，分别对计算机软件、集成电路布图设计和植物新品种提供保护。同时，修改了《兽药管理条例》《中华人民共和国药品管理法实施条例》《饲料和饲料添加剂管理条例》等的相关条款，对未披露信息提供保护。

加入世界贸易组织后，我国进一步加大执法力度，坚决打击侵犯知识产权的违法犯罪活动。在这一时期，全国开展了打击和宣教相结合的知识产权专项行动。知识产权司法保护不断强化。最高人民法院联合最高人民检察院两次颁布了知识产权刑事案件司法解释，降低了知识产权犯罪量刑门槛。此外，还加强了知识产权司法审判能力建设，在全国试行知识产权审判庭统一受理知识产权民事、行政和刑事案件的知识产权司法保护"三审合一"模式。

为全面推进保护知识产权工作，2010 年 10 月，国务院部署开展了打击侵犯知识产权和制售假冒伪劣商品（以下简称打击侵权和假冒伪劣）专项行动，集中整治侵权和假冒伪劣突出问题，查办了一批大案要案。

二、完善体制机制

（一）外贸管理体制

1. 对外贸易经营权惠及个人

根据 2004 年新修订的《中华人民共和国对外贸易法》，对外贸易经营者是指依法办理工商登记或者其他执业手续，依照本法和其他有关法律、行政法规的规定从事对外贸易经营活动的法人、其他组织或者个人，[①] 将外贸经营者的范围扩大到了依法从事外贸经营活动的个人。

2. 对外贸易经营权由审批制改为备案制

根据 2004 年新修订的《中华人民共和国对外贸易法》，我国

① 《中华人民共和国对外贸易法》，《中华人民共和国国务院公报》，2004 年 04 期。

对企业的外贸经营权由审批制改为备案登记制，所有对外贸易经营者均可以依法从事对外贸易。从事货物进出口或者技术进出口的对外贸易经营者，应当向国务院对外贸易主管部门或者其委托的机构办理备案登记；但是，法律、行政法规和国务院对外贸易主管部门规定不需要备案登记的除外。这取消了对货物和技术进出口经营权的审批，只要求外贸经营者进行备案登记。取消外贸经营权审批促进了国有企业、外商投资企业和民营企业多元化外贸经营格局的形成。在国有企业和外商投资企业进出口持续增长的同时，民营企业对外贸易发展迅速，进出口市场份额持续扩大，成为对外贸易的重要经营主体。2010 年，国有企业、外商投资企业和民营企业进出口分别占我国进出口总额的 20.9%、53.8%和 25.3%。

（二）完善贸易促进机制

我国制定对外贸易发展战略，建立和完善对外贸易促进机制。根据对外贸易发展的需要，建立和完善为对外贸易服务的金融机构，设立对外贸易发展基金、风险基金。通过进出口信贷、出口信用保险、出口退税及其他促进对外贸易的方式，发展对外贸易。建立对外贸易公共信息服务体系，向对外贸易经营者和其他社会公众提供信息服务。采取措施鼓励对外贸易经营者开拓国际市场，采取对外投资、对外工程承包和对外劳务合作等多种形式，发展对外贸易。对外贸易经营者可以依法成立和参加有关协会、商会。有关协会、商会应当遵守法律、行政法规，按照章程对其成员提供与对外贸易有关的生产、营销、信息、培训等方面的服务，发挥协调和自律作用，依法提出有关对外贸易救济措施的申请，维护成员和行业的利益，向政府有关部门反映成员有关对外贸易的建议，开展对外贸易促进活动。中国国际贸易促进组织按照章程开展对外联系，举办展览，提供信息、咨询服务和其他对外贸易促进活动。国家扶持和促进中小企业开展对外贸易。国家扶持和促进民族自治地方和经济不发达地区发展对外贸易。

（三）建立对外贸易调查制度

为了维护对外贸易秩序，国务院对外贸易主管部门可以自行或者会同国务院其他有关部门，依照法律、行政法规的规定对有关事项进行调查。我国可以依据《中华人民共和国对外贸易法》和其他国内法的规定来应对国家间的贸易问题，以主动介入的姿态积极应对各种不利情况，防止和制约其他国家设立的各种贸易壁垒。为此，在加入世界贸易组织后，我国建立了对外贸易调查制度。2005年1月，商务部发布《对外贸易壁垒调查规则》。

（四）完善贸易救济制度

以自由贸易为宗旨的全球贸易体系是促进世界贸易健康发展的基本保障，我国一贯奉行自由贸易、公平竞争的原则，但是在面对国际市场失灵或者存在不正当竞争或者发起针对我国的贸易战，从而对重要或薄弱产业造成冲击时，我国应该合理应用多种贸易救济措施予以回应。我国在世界贸易组织规则和体制内，利用多双边渠道，通过对话、协商和谈判来解决争议。在扩大市场开放、保护知识产权、促进贸易平衡、改革人民币汇率形成机制、规范进出口经营秩序等方面采取了许多措施，充分照顾到贸易伙伴的关切。在协商不能解决争端的情况下，我国通过世界贸易组织争端解决机制，妥善处理与贸易伙伴的贸易争端，维护了多边贸易体制的稳定。与此同时，迫切需要建立并不断完善有效的贸易救济机制。

2001 年 11 月，国务院印发《中华人民共和国反倾销条例》《中华人民共和国反补贴条例》《中华人民共和国保障措施条例》，构成了我国贸易救济制度的三大支柱。《中华人民共和国进出口货物原产地条例》《中华人民共和国货物进出口管理条例》《农业转基因生物标示管理办法》《最高人民法院关于审理国际贸易行政案件若干问题的规定》和相应海关规则等成为贸易救济体制的有力支撑。2004 年 3 月，国务院对《中华人民共和国反倾销条例》《中华人民共和国反补贴条例》《中华人民共和国保障措施条例》进行了修订，不仅在实体性和程序性规定上注重与世贸组织相关协议的规定衔接，而且对贸易救济措施增加了“符合公共利益”方面的要求，并结合我国地区和产业之间经济发展不平衡的实际情况，加强了对我国特定地区和产业的保护。商务部颁布的各种反倾销、反补贴和保障措施规则为落实贸易救济措施提供了保障。一套基本符合世界贸易组织规则的较为完善的贸易救济体制基本形成。

通过加强贸易摩擦应对工作的总体协调和部门合作，加强产业政策与贸易政策的衔接；发挥行业协会作用，充分考虑上下游产业的关联性，加强业内前期的对外交涉和沟通，规范进出口经营秩序；建立健全政府、企业、商会和行业协会“三位一体”的协调联动工作机制，积极支持企业应对反倾销、反补贴调查。通过政治交涉、法律抗辩、业界合作，全方位、多途径应对贸易摩擦。充分发挥行业协会的预警、组织、协调作用，加强行业自律，规范企业行为，防止恶性竞争，努力营造国际化、法治化的营商环境，促使我国贸易摩擦应对机制不断改进和完善。

三、提升对外开放水平

（一）按照承诺降低关税水平

1. 完全履行关税减让，超前兑现承诺

2002年1月1日，国务院关税税则委员会公布实施新的关税税则，这标志着我国正式开始履行加入世界贸易组织承诺的关税减让义务。在这一时期，我国平均关税水平已经从“入世”前的15.3%大幅降至9.8%，提前完成了《中国加入世界贸易组织议定书》中所承诺的“入世”后关税总水平。与此同时，还在多哈回合谈判期间作出新的承诺，将农业和工业品的实施关税再削减约30%。关税约束率自2005年起维持在100%。

加入世界贸易组织后，我国严格执行《中国加入世界贸易组织议定书》中减让表的规定，逐步降低我国关税税率水平，完全履行了减让表中的关税减让承诺。2010年是我国加入世界贸易组织后降税承诺的最后一年，经过降税，2001年加入世界贸易组织的降税承诺已经全部履行完毕，关税总水平由2001年的15.3%调整至2010年的9.8%，农产品平均税率由2001年的18.8%调整至2010年的15.2%，工业品平均税率由2001年的14.7%调整至2010年的8.9%。

2. 关税政策不断完善，内涵不断丰富

（1）确立发展与保护动态平衡的关税政策目标

加入世界贸易组织使我国的关税政策从内向保护逐渐转变为发展与保护有机结合，动态平衡取向。在此之前，一直都在强调关税的保护功能，认为保护政策等价于关税政策，在一定程度上阻碍了我国企业竞争力的提高和产业的发展。在“入世”之初，我国基本

上确立了“通过保护促进发展，以发展的方式进行保护”的方针。总体来看，“入世”之后，我国关税政策的目标选择是突出关税的“发展”职能，而将关税的“保护”职能作为非核心目标取向。

（2）关税总水平基本符合我国经济发展水平

自2001年加入世界贸易组织后，我国一直严格履行“入世”承诺的降税义务，关税总水平由2001年的15.3%降低到9.8%，降幅高达35.95%。关税总水平趋于合理，高关税的状况基本结束。之后各年的关税减让相对平缓，因为随着过渡期推移，关税进一步下降空间的缩小，同时也有按实际情况本着保护发展本国产业的考虑来制定关税税率。而且这种保护不是全产业全行业全面的保护，而是有重点提高对某几个工业行业的保护程度。

（3）关税结构趋于合理

在关税总体下调的过程中，对农产品给予了总体较高的保护，对非农产品则提供了较低保护。并且从基本国情出发，对关税升级理论灵活加以运用，对一些高新技术产品实行减免税优惠政策，对一般制成品仍严格实行按加工程度由低到高的税率。可见，我国在制定关税税率时与世界通行做法基本一致，都从关税结构升级理论出发。这样一种关税结构能够通过关税的资源配置效应优化产业结构、促进贸易结构高度化。更重要的是，能够适应我国外贸发展方式转变的要求。

（4）关税税种灵活多样

在加入世界贸易组织之前，我国的关税税种比较单一，绝大多数以从价税为主。我国自1951年建立关税制度以来，只设置了普惠税率和优惠税率两栏，一直采用单一的从价税形式，只有极少量的从量税、复合税和滑准税，征收税率固定，无法在情况突变时采取有效的措施。但在加入世界贸易组织后，我国顺应了世界关税越来越灵活多样的趋势，在大幅度调低关税总水平的前提下，实现税种多样化，充分发挥关税制度的功能，参照一些发达国家的做法，扩大从量税、复合税、滑准税的适用范围，实行多样的征税标准，真正发挥出关税的职能作用。到2004年，我国设定了最惠国税率、协定税率、特惠税率、普通税率、暂定税率、配额关税税率等多种税率，也出现了按产品的旺季淡季设置不同税率。这样多税种灵活的税收政策有利于关税职能的实现，有利于应对突发的事件。

（二）大幅度削减非关税措施

根据承诺，我国自2005年1月起全部取消对424个税号产品的进口配额、进口许可证和特定招标等非关税措施，包括377种进口许可证、27种产品配额和47种单一许可证产品，仅仅保留了依据国际公约以及在世界贸易组织规则下为保证生命安全、保护环境实施进口管制产品的许可证管理，包括实行价格控制的产品和服务，实行政府指导价的产品有粮食、植物油、成品油、化肥、蚕茧和棉花。实行政府定价的公用事业有民用煤气价格、自来水价格、电力价格、热力价格、灌溉用水价格。实行政府定价的服务有：邮电服务收费、旅游景点门票费、教育服务收费。实行政府指导价的范围有：运输服务收费，专业服务收费，服务代理收费，银行结算，清算和传输税费，住宅销售价格和租用费用，医疗服务收费。

（三）扩大服务贸易的市场准入

我国认真履行加入世界贸易组织的承诺，承诺开放九大服务贸易领域，为境外服务商提供了包括金融、电信、建筑、分销、物流、旅游、教育等在内的广泛的市场准入机会。在世界贸易组织服务贸易分类的160个分部门中，我国开放了100个，开放范围接近发达国家的平均水平。

四、“入世”以来的基本评价

“入世”以后，我国经济取得了举世瞩目的成就，GDP跃居世界第四位，在全球经济体系中的地位和影响力不断提高。

我国全面履行加入世界贸易组织承诺，贸易和投资自由化便利化程度显著提高。不断扩大农业、制造业、服务业市场准入，不断降低进口产品关税税率，取消所有不符合世界贸易组织规则的进口配额、许可证等非关税措施，全面放开对外贸易经营权，大幅降低外资准入门槛。关税总水平由15.3%降至9.8%，达到并超过了世界贸易组织对发展中国家的要求。中国服务贸易开放部门达到100个，接近发达国家水平。大规模开展法律法规清理修订工作，中央政府共清理法律法规和部门规章2300多件，地方政府共清理地方性政策和法规19万多件。对外开放政策的稳定性、透明度、可预见性不断提高。

我国坚持实行平等互利、合作共赢的对外开放政策，为世界经济发展带来有力推动。全面享受世界贸易组织成员权利，经济发展获得了良好外部条件，同世界各国在经济、贸易、科技、文化等领域交流合作的广度和深度不断拓展。外贸发展潜力极大释放，以人民币计价，2002—2011年，我国外贸进出口年均增长18.8%，远高于同期国内生产总值平均增速，外贸依存度平均值超过50%。2006年，外贸依存度达到峰值64.2%。外贸进出口额的全球排名由第6位上升到第2位，其中出口额跃居第一位，进口额累计近9万亿美元（见表11）；累计吸收外商直接投资7595亿美元，居发展中国家首位；对外直接投资年均增长40%以上，2010年达到688亿美元，居世界第五位。每年平均进口9000亿美元的商品，为贸易伙伴创造大量就业岗位和投资机会。在华外商投资企业累计汇出利润2617亿美元，年均增长30%。

表11　2002—2011年我国货物贸易发展情况

单位：亿美元

年份	进出口		出口		进口		差额
	金额	排名	金额	排名	金额	排名	
2002	6207.66	6	3255.96	5	2951.70	6	304.26
2003	8509.88	4	4382.28	4	4127.60	3	254.68
2004	11545.55	3	5933.26	3	5612.29	3	320.97
2005	14219.06	3	7619.53	3	6599.53	3	1020.00
2006	17604.39	3	9689.78	3	7914.61	3	1775.17
2007	21765.72	3	12204.56	2	9561.16	3	2643.40
2008	25632.60	3	14306.93	2	11325.67	3	2981.26
2009	22075.35	2	12016.12	1	10059.23	2	1956.89
2010	29740.01	2	15777.54	1	13962.47	2	1815.07
2011	36418.65	2	18983.81	1	17434.84	2	1548.97

数据来源：根据世界贸易组织（WTO）数据库统计数据整理。

我国积极承担应尽国际责任，努力推动各国共同发展。积极采取一系列重大政策措施，同国际社会一道应对国际金融危机，着力推动世界经济强劲、可持续、平衡增长。坚定支持世界贸易组织多哈回合谈判，参与国际宏观经济政策协调，参与二十国集团等全球经济治理机制建设，致力于国际货币体系、国际贸易体系、大宗商品价格形成机制等改革和完善，致力于促进经济全球化和区域经济一体化。我国高举自由贸易旗帜，反对各种形式的保护主义，推动建立公平、合理、非歧视的国际贸易体系。积极推动建立更加平等、更加均衡的新型全球发展伙伴关系，加强南北对话和南南合作，加大对外援助力度，在这一时期累计对外提供各类援款 1700 多亿元，免除 50 个重债穷国和最不发达国家近 300 亿元到期债务，承诺对同我国建交的最不发达国家 97%的税目的产品给予零关税待遇，为 173 个发展中国家和 13 个地区性国际组织培训各类人员 6 万多名，增强了受援国自主发展能力。实践证明，我国加入世界贸易组织，扩大对外开放，不仅惠及 13 亿中国人民，也惠及各国人民，为全球经济增长作出了巨大贡献。

世界银行的一份报告指出，我国在加入世界贸易组织的过渡阶段结束后，全部的市场准入承诺的平均数（“平均数”表明承诺减让表中已作出承诺的部门或服务提供方式的组合占总数的比例）是 57.4%，高于其他国家组在乌拉圭回合中的承诺（包括高收入国家组）；市场准入承诺的平均比例（“平均比例”指承诺减让表中按照限制及约束范围因素加权平均后承诺的部门或服务提供方式的组合占总数的比例）达到了 38%，略高于高收入国家的 36%；在国民待遇方面的承诺平均数和平均比例分别为 57.4%和 45%，高于其他国家组。

按照我国对加入世界贸易组织的承诺，从 2006 年 11 月起，除个别领域外，我国取消服务业对外资的限制。至此，服务业开放的过渡期结束后，我国服务业进入了全面开放的新阶段。2007 年、2008 年，《国务院关于促进服务业加快发展的若干意见》《服务贸易发展“十一五”规划纲要》《国务院办公厅关于加快发展服务业若干政策措施的实施意见》相继出台，进一步推动了服务业的开放。

在这一时期，我国服务贸易发展经历了几个关口，逐步确立了全球服务贸易大国地位。2002 年，我国服务贸易进出口总额仅为 862.72 亿美元，2003 年突破千亿美元关口，达 1020.66 亿美元。2006 年，服务进口额突破千亿美元，为 1008.38 亿美元。2007 年，服务贸易进出口总额超过 2000 亿美元，为 2654.5 亿美元。同年，服务出口额超过 1000 亿美元，达 1353.2 亿美元。与此同时，2001—2007 年，我国服务贸易总额在世界的排名从第 11 位升为第 7 位；出口排名从第 12 位升为第 6 位；进口排名从第 10 位升为第 7 位。2007—2011 年，服务贸易总额从 2000 多亿美元增为近 4500 亿美元。2011 年，我国服务贸易跻身世界第四，仅位于美国、德国、英国之后。其中出口额为 2010.47 亿美元，位居世界第五；进口额 2478.44 亿美元（见表 12），位居世界第三。

表 12　2002—2011 年我国服务贸易发展情况

单位：亿美元

年份	进出口		出口		进口		差额
	金额	排名	规模	排名	规模	排名	
2002	862.72	9	397.45	11	465.28	8	-67.83
2003	1020.66	9	467.6	9	553.06	8	-85.46
2004	1376.34	9	649.13	9	727.21	8	-78.08
2005	1624.4	7	784.69	8	839.71	7	-55.02
2006	1949.09	8	940.71	9	1008.38	8	-67.67
2007	2654.5	7	1353.2	6	1301.3	7	51.9
2008	3222.63	6	1633.14	6	1589.49	7	43.65
2009	3024.93	6	1435.73	6	1589.2	6	-153.47

续表

年份	进出口		出口		进口		差额
	金额	排名	规模	排名	规模	排名	
2010	3717.4	5	1783.39	5	1934.01	3	−150.62
2011	4488.91	4	2010.47	5	2478.44	3	−467.97

数据来源：根据世界贸易组织（WTO）数据库统计数据整理。
注：2014年及以后数据遵循《国际收支手册》第六版（BPM6）统计标准，2014年及以前数据遵循BPM5标准。

第三节　实施自由贸易区战略

一、建立自由贸易区成为世界经济潮流

第一，自由贸易区成为引领区域经济一体化的主要形式。从传统上讲，区域经济一体化的类型按照从低到高的排序可以分为优惠贸易安排、自由贸易区、关税同盟、共同市场和经济货币联盟等。1995 年世界贸易组织成立以后，新签自由贸易协定的数量占绝大部分，优惠贸易安排有所减少，关税同盟数量略有增加。自由贸易区成为主要形式，一方面有其特殊的政治、经济、国际关系，另一方面还在于与其他区域经济一体化类型相比，这种形式比较适中而且相对灵活。一般的优惠贸易安排仅限于关税领域，且产品范围受到限制，优惠幅度也有限。关税同盟虽然一体化程度相对较高，但统一内部和外部关税的谈判需时较长，难度较大，普遍采行并不现实。共同市场和经货联盟等高级一体化类型更需要经济发展水准差异较小等制约条件，一般难以达到。

第二，在新签自由贸易协定中，发达国家与发展中国家之间、

发展中国家之间和转型国家之间签署的自由贸易协定占主要部分。根据经济发展水平、经济结构和社会制度等不同，区域经济一体化可以划分为发达国家成员之间、发展中国家之间、转型国家（过渡经济体）之间、发达国家与发展中国家之间、发达国家与转型国家之间、发展中国家与转型国家之间等六种组合形式。1995年以后，转型国家之间、发达国家与发展中国家之间以及发展中国家之间的区域贸易安排数量增长最快，其他三种组合形式的区域贸易安排只是略有增加。这反映出在“北南型”自由贸易区主导下，持续向“南南型”自由贸易区推展的态势。

第三，在区域经济一体化过程中，“深层次”一体化进一步发展。根据区域经济一体化发展的程度，可以分为“浅层次的”一体化——主要是贸易和生产一体化，“深层次的”一体化——包括服务贸易、投资、知识产权保护、政府采购和竞争政策等在内的一体化。在自由贸易协定成为新一轮区域经济一体化主导形式的过程中，各国或各地区之间签署的自由贸易协定本身也有涵盖范围的差别。例如，在“浅层次的”一体化——货物贸易一体化中排除或限制个别领域的自由化（日本与新加坡自由贸易协定将农业领域排除在外，美国与韩国自由贸易协定对农业领域做出具体限制等）。在“深层次”一体化中，发展中国家之间的自由贸易协定由货物贸易向投资领域扩展，服务贸易涉及的部门也十分有限，而发达国家与发展中国家之间的自由贸易协定涵盖更多的领域，不再满足传统意义上的货物贸易、服务贸易与投资领域，而进一步向知识产权保护、环境保护、政府采购和竞争政策等在内的一体化领域扩展。

二、积极融入建设自由贸易区的潮流并实施自由贸易区战略

20世纪90年代，特别是加入世界贸易组织之后，我国积极地参与区域经济合作与一体化进程，逐步形成了以自由贸易区为核心，以周边国家为重点、面向全球其他区域，具有中国特色的区域经济合作总体布局。2002年11月，《中国—东盟全面经济合作框架协议》正式签署，宣布到2010年建成中国—东盟自由贸易区。2007年，党的十七大首次提出实施自由贸易区战略，加强双边多边经贸合作①。至此，建设自由贸易区，推动贸易投资自由化便利化成为我国对外贸易领域以开放推动改革、倒逼改革的一种十分重要的方式。我国顺势而动，融入潮流，一方面推动经济全球化朝着均衡、普惠、共赢方向发展，另一方面积极推进区域经济一体化，并初步构建了中国特色的区域经济合作的总体布局并实施以自由贸易区为核心的战略。密切跟踪区域经济一体化发展态势、深刻把握其发展规律与特点，深化完善自身区域合作布局，不断强化与多双边的配合，在国际合作与竞争中争取主动。

（一）实施自由贸易区战略的立场与指导原则

在已经全面融入世界经济，并作为世界贸易组织重要成员的国际背景下，我国实施自贸区战略，所持的基本立场是：在世界多边

① 胡锦涛：《高举中国特色社会主义伟大旗帜 为夺取全面建设小康社会新胜利而奋斗——在中国共产党第十七次全国代表大会上的报告》，北京：人民出版社，2007年版，第27页。

贸易体系框架下，积极开展双边和区域自由贸易；同步推进经济外交和政治外交，使二者更加紧密地结合在一起，促进我国全球战略利益的实现；通过建立双边及区域自由贸易区，并不断完善其布局，进一步促进国内经济改革和结构调整，提升我国经济的国际竞争力；确保国家和企业的根本利益；促进与我国建立自贸区的各国经济发展，达到互利共赢的目的。

根据我国经济发展水平和产业的国际竞争力选择重点对象。在这一时期，我国商签自贸协定的重点国别或区域经济组织，还是将发展中国家和过渡经济体放在优先考虑位置上，对于与一些发达国家商签自贸协定慎重行事。毕竟我国与发展中国家和过渡经济体的经济发展水平相近，在考虑彼此关切的基础上，更容易达成低水平或一般水平的自贸协定。作为发展中大国与发达国家签订自贸协定，对方的要价必然涉及我国经济发展的弱势领域，如农业的特定产品、制造业的高端产品和服务业等，而且势必涉及投资、知识产权、竞争政策、政府采购等领域深度开放问题。与之达成高水平的自贸协定，对我国而言，在利弊权衡上，必须审慎对待。

在这一时期，我国确立了实施自由贸易区战略的指导原则，即“全面规划、突出重点、先易后难、循序渐进”。

一是与世界贸易基本规则和相关协议保持一致；签署多样化自贸协定，不拘泥于FTA的名称，只要是有利于自由贸易并朝着这一方向推进的各种形式都可作为选择。二是协定内容应统筹考虑全面性，包括货物贸易、服务贸易、投资以及新领域，如知识产权、政府采购、竞争政策等；渐进性，从货物贸易起步，渐次向服务贸易、投资领域、知识产权保护领域等递进发展；选择性，涉及重大国计民生的战略性产业、领域和敏感产品在一定时期内排除在谈判内容之外，以切实维护自身利益；灵活性，实行早期收获等灵活高效务实的实施方式，尽早取得实际效果。三是充分考虑对国内各相关产业的影响，既考虑农业、制造业和服务贸易等领域的各自特点、发展水平，还要考虑适当超前开放促进竞争，同时应确保国家经济安全。

（二）选择标准与谈判模式

政治和外交上是发展中国家和过渡经济体优先；经济贸易上是互补性强、具有一定的经济规模、市场容量相对较大，资源丰富的国家或区域组织优先；地缘上是周边国家优先，然后是大周边以及其他地区的国家与区域组织；可行性上是先易后难，考虑我国与对象国彼此能够接受的程度，逐渐拓展贸易自由化领域，扩大开放程度；时间上是尽可能简易快行，避免复杂化，同时考虑与其他国家实施自贸区战略的现实竞争关系。

第一，“一国两制”下的谈判模式：着眼于最终建成中国统一大市场，对内地与香港地区、内地与澳门地区的两个CEPA，在已签补充协议的基础上进一步完善；积极创造条件，探讨推进两岸自由贸易区或两岸共同市场。

第二，与发展中国家的谈判模式：在已签自由贸易协定的基础上，不断完善，既坚持平等互利，又考虑对象国的发展水平和承受能力，尽量多予少取。与此同时，继续探索诸如早期收获等的创新方式。

第三，与发达国家的谈判模式：我国作为发展中国家与发达国家建立自由贸易区，属于“南北类型”。其特点是我国经济总量和市场规模巨大，但经济结构与层级质量较低；而与我国谈判的发达国家则相反，经济总量和市场规模较小，但经济结构与层级质量较高，特别是在一些独具特色的领域（包括货物贸易和服务贸易）具有国际一流水准的竞争力。因此，就单个产品/领域开放看似乎对我国影响有限，但如果综合来看，其影响则不容小觑，如果被各个击破，则可能付出长期的代价。例如，与欧洲自由贸易联盟的瑞士、挪威、冰岛分别商签自贸协定，其结果就相当于与该联盟达成自贸协定，必须谨慎对待，全面考量。

第四，与过渡经济体（国家）的谈判模式：当时我国尚未与过渡经济体（国家）就建立自由贸易区进行商谈，与上海合作组织成员国的区域经济合作现阶段还局限在贸易投资便利化和投资领域合作的水平上，应当积极创造条件，选择好路线图，主导推进，引领该组织区域经济合作最终走向自由贸易区，这也应成为我国实施自由贸易区战略不可或缺的有机组成部分。

三、自由贸易区建设的发展与特点

我国最早参加的第一个具有实质意义的区域性优惠贸易安排是《亚太协定》，其前身为1994年签订的《曼谷协定》，该协定是在联合国亚太经社会主持下，在发展中成员国之间按照授权条款达成的一项优惠贸易安排。现有成员国有中国、印度、韩国、孟加拉国、斯里兰卡和老挝。2003年2月，我国代表团与印度代表团通过积极的双边磋商，在北京达成了《中国与印度关于〈曼谷协定〉的双边磋商纪要》，成功解决了与印度在《曼谷协定》中的相互适用问题，进一步增强《曼谷协定》的活力。

自2001年底加入世界贸易组织之后，我国在积极融入多边贸易体系的同时，积极稳妥地推进与有关国家和地区的自贸区谈判。截至 2011 年底，我国通过签署双边和区域自由贸易协定建立的自由贸易区达到 10 个，涉及 29 个国家和地区，全部进入实施阶段。其中，7 个是与其他国家或国家集团签署的自贸协定，还有 3 个是在“一国两制”框架下，与我国的港澳台地区签署的、属于自贸协定范畴的相关协议。

在这一时期，我国还与南部非洲关税同盟、海湾合作理事会、澳大利亚、挪威、瑞士、冰岛等进行自由贸易协定谈判；与印度、韩国开展官方或民间建立自由贸易区的联合研究，启动中日韩自贸区关产学联合研究。这些都标志着我国实施的自由贸易区战略正在稳步向前推进。

在区域经济一体化的潮流中，我国实施的自由贸易区战略带有鲜明的中国特色，表现出如下一些特点：

第一，在我国领土范围内不同关境之间建立自由贸易区，这是其他国家签订自由贸易协定所不曾有的，这也是我国的一大特色。我国内地与香港地区、内地与澳门地区之间签订的更紧密的经贸关系安排以及内地和台湾地区《海峡两岸经济合作框架协议》，实质上就是在世界贸易组织中，我国事实上存在不同关境，各个独立关境作为相对独立的经济体和世界贸易组织缔约方，彼此间签署的自由贸易协定。从我国的“一国两制”角度看，也是一个国家内部或更加明确地说“两岸四地”彼此之间更加紧密的经贸安排。

第二，我国签署的双边和区域自由贸易协定的对象从发展中国家到发达国家不断延伸。我国作为发展中国家，与发展中国家之间签订南南型自由贸易协定，由于发展程度接近，在照顾彼此经济利益关切方面相对容易达成一致。在后续发展中，我国又与新西兰等发达国家签订南北型自由贸易协定，使自由贸易区建设不断向前推进。

第三，我国不断从传统货物贸易型自由贸易协定转向涵盖货物、服务、投资、知识产权等综合性自由贸易协定。在这一过程中，采取了循序渐进的方式，并有所创新和发展。例如，根据难易程度，先签订货物贸易协定，待条件成熟后，再逐步扩展到投资领域、服务贸易领域以及知识产权等领域。再如，根据对象国的特殊性，在中国—东盟自贸协定中对泰国的热带水果类产品实行“早期收获”安排，在中国—巴基斯坦自贸协定中，对来自巴方的部分进口商品也实行“早期收获”安排，使对象国在签订协议后尽早享受自由贸易的果实。

第四，我国在实施自由贸易区战略中逐渐形成了总体布局框架。按照国内优先于国外，且贸易投资自由化水平高于与其他国家签订的自由贸易协定，香港、澳门和台湾地区享受的优惠待遇不适用于国与国之间的自贸协定。周边优先于其他地区，发展中国家优先于发达国家的次序，有序地进行了全面布局。与此同时，在开展其他类型的区域经济合作及此区域经济合作中，也朝着自由贸易区的方向推进。

四、自由贸易区战略实施的评价

我国的自由贸易区战略作为一项国家战略，从雏形到成型有一个逐渐深化的过程，这个过程既是学习探索的过程，也取决于国内外环境及其各种因素。更多的是“干中学”，在实施的过程中不断深化与完善。

第一，从第一个中国—东盟自由贸易协定签署实施，到2007年正式上升为国家战略，实施自由贸易区战略再到之后的持续推进，既顺应了区域经济一体化的世界潮流，又使我国贸易投资自由化提升到了一个新的水平。自贸协定伙伴国的进口产品关税水平不断降低，2010年简单平均税率为3.36%，远低于全国整体平均水平（7.92%）；实际进口零关税税目进一步增多，2010年零关税税目占全部税目比重为64.5%，高于全国整体水平（24%）40多个百分点。服务业开放领域进一步扩大，市场准入条件进一步放宽。

第二，自由贸易区战略在实施过程中，我们意识到，贸易投资自由化没有终点，其范围也在不断拓展，从货物贸易到服务贸易，从贸易自由化便利化到投资自由化便利化，从一般的产权保护到知识产权的保护，以至更多的新领域。与自贸伙伴协定在实施中，还对协定的内容进一步扩展，逐步升级为综合性自贸协定。而我国的对外开放也不可能有终点，需要通过不断扩大开放保持经济活力，加速经济发展。

第三，实施自由贸易区战略本身，也进一步推动了国内的经济体制改革。贸易领域的进一步自由化带来了新的竞争压力，促进了市场化改革深入推进；投资和服务贸易新领域的开放和扩大市场准入条件，推动了国内相关制度、规制和标准加快改革，以符合相关自贸协定自由化、便利化的要求。

第四，自由贸易区战略的实施，极大地推动了我国贸易投资的进一步发展。到2011年，我国与签署自贸协定的国家和地区的贸易额已经占到我国进出口总额的25%。2010年利用外资占到65%以上。2010年对这些国家和地区的投资占我国对外投资的比重超过三分之二。这充分表明，建立自由贸易区极大地密切和深化了与这些国家和地区的经贸关系。

第五，在这一时期，我国在全面融入多边贸易体系的同时，也积极参与其他多种形式双边和区域经济合作。截至 2010 年，与我国签订双边贸易协定或经济合作协定的国家和地区已超过 150 个。我国与美、欧、日、英、俄等主要经济体均建立和保持着经济高层对话机制。积极参与亚太经济合作组织、东盟与中日韩（10 + 3）领导人会议、东亚峰会、中非合作论坛、大湄公河次区域经济合作、中亚区域经济合作、“大图们倡议”等区域和次区域经济合作机制。坚持“与邻为善、以邻为伴”方针，与周边国家和地区建立和发展了多种形式的边境经济贸易合作。

第六章
新时代更高水平的外贸体制改革（2012—2022年）

▼

党的十八大以来，我国实施更加积极主动的开放战略，加快构建更高水平的开放型经济新体制。创设自由贸易试验区，把扩大开放与体制改革相结合、把培育功能与政策创新相结合，形成与国际投资、贸易通行规则相衔接的基本制度框架，打造新时代改革开放新高地，为全面深化改革和扩大开放探索新途径、积累新经验，示范带动、服务全国共同发展。加快实施自由贸易区战略，建设面向全球的高标准自由贸易区网络，有效联通国内国际两个市场、两种资源，为构建新发展格局提供更高水平的机制性保障。

第一节　新时代外贸体制改革的背景

一、国际背景

当今世界正经历百年未有之大变局，全球性挑战增加，加强全球治理、推进全球经济治理体系变革是大势所趋。国际力量对比

“东升西降”是最具革命性的变化，新兴市场和发展中国家群体性崛起，经济、贸易、对外投资的世界占比都比20世纪90年代大幅提高。全球治理多极化趋势明显，发展中国家参与治理的意愿和能力不断提升，推动全球治理体系更加公正合理。随着全球经贸格局持续深入调整，国际经贸规则也进入变革与重构期。全球经贸发展深层次矛盾日益突出，现有国际经贸规则难以适应新变化。国际金融危机后，保护主义、单边主义上升，全球产业链供应链因非经济因素而面临冲击，经济全球化在曲折发展中遭遇逆流，多边贸易体系的权威受到严重影响。多哈回合谈判停滞不前，尽管世界贸易组织经过多年谈判达成了《贸易便利化协定》等多项成果，在一定程度上促进了全球贸易增长，但全球价值链分工呈现出萎缩态势。全球由经济产业之争逐渐转向规则制度之争，引发全球产业链体系的分化与重构。

全球多边、区域与双边贸易体制并行发展，区域及双边贸易安排备受青睐，区域经济一体化加快推进，区域价值链呈现增强趋势。一些巨型的自由贸易协定达成，且进一步拓展了涵盖范围，进而形成了一些国际经贸新规则。区域经贸关系重构过程中也彰显了日益激烈的大国博弈。2008年国际金融危机以来，奥巴马政府在美国实行“再工业化”，力促美国跨国公司回归本土；在国际上实行“两洋战略”，积极推进“跨太平洋伙伴关系协定”和“跨大西洋伙伴关系协定”谈判，在区域经济一体化中排挤我国。在此期间，中美曾一度达成共识，开展双边投资协定谈判，并取得一定进展。但特朗普政府时期，美国采取了保护主义、单边主义、霸凌主义的经贸政策，于2017年8月发起针对我国的“301调查”，并在2018年3月正式发布调查报告，自同年5月起连续采取对华加征关税等单边措施。此后，对华关税战、贸易战、科技战不断升级，实行了产品替代、企业“黑名单”、产业断链、科技隔离等一些措施，以达到所谓“经济脱钩”的目的。

国际经贸新规则加快构建步伐，规则主导权之争加剧。国际贸易投资不断创新发展，全球治理议题逐渐由货物贸易转向服务贸易领域，关注重点由市场开放等边境措施转向补贴、竞争、劳工、环境等“边境后”规制。在多边贸易体制对国际经贸规则重构领导力削弱的情况下，高标准的自由贸易协定逐渐引领国际经贸规则的重构，特别是超大型自由贸易协定将在全球新一轮经贸规则重构中发挥越来越重要的作用，发达经济体与新兴经济体之间利益诉求与博弈增强。新一轮科技革命和产业变革迅猛发展，数字经济成为国际合作和竞争的前沿领域，不断催生新的治理难题，网络安全、数字主权、跨境数据流动等新议题博弈更趋激烈。多边贸易谈判缓慢前行，在关税、补贴、服务贸易国内规制等取得一定进展。跨太平洋伙伴关系协定（CPTPP）、美墨加协定（USMCA）、欧盟与日本经济伙伴关系协定（EPA）、区域全面经济伙伴关系协定（RCEP）等超大型自由贸易协定竞相发展，特别是发达经济体主导的大型区域贸易安排，倡导“零关税、零壁垒、零补贴”等“三零”规则，在数字贸易规则中凸显了高标准，原产地、竞争中立等规则更加彰显了国家间利益诉求和博弈的工具性特征。

二、国内背景

改革开放以来，我国逐步形成了全方位、宽领域、多层次的对外开放新格局，综合国力和国际影响力实现了由弱到强的巨大转变，经济规模和贸易规模均跃居世界第二，成功实现从低收入国家向上中等收入国家的跨越，人民生活水平实现从温饱不足到总体小康的跨越，我国发展站在新的历史方位，已完成两个一百年奋斗目标的第一个——全面建成小康社会，开启实现第二个百年奋斗目标新征程，朝着实现中华民族伟大复兴的宏伟目标继续前进。我国发展仍处于重要战略机遇期，但机遇和挑战都有新的发展变化。面对新一轮全球科技革命和产业变革方兴未艾、多点突破，我国需要加快建设创新型国家，推动高质量发展，以适应科技新变化、人民新需要，形成优质高效多样化的供给体系，使供求在新的水平上实现均衡。面对经济发展中增长速度换挡器、结构调整阵痛期、前期刺激政策消化期“三期叠加”，亟须推动实现质量变革、动力变革、效率变革“三大变革”，需充分发挥大国经济优势，坚定实施扩大内需战略，坚定不移扩大对外开放，以国内大循环为主体、国内国际双循环相互促进，加快培育形成参与国际竞争和合作新优势，保持我国经济长期持续健康发展。

当经济全球化遭遇逆风，我国参与国际经济竞争的基础和条件已经发生重要变化，以市场和资源“两头在外”为重要支撑、以要素资源为重要驱动力的“世界工厂”发展模式难以为继，各种深层次矛盾也开始集中暴露出来。我国改革进入了“深水区”“攻坚期”，需要爬坡过坎，啃“硬骨头”。进一步深化改革，就必须发挥自我革命的精神，冲破思想观念上的障碍，攻克体制机制上的顽瘴痼疾，突破利益固化的藩篱，进一步解放和发展社会生产力。改革开放的实践表明，开放带来进步，封闭必然落后。2014 年 12 月 5 日，在中共中央政治局第十九次集体学习中，习近平总书记指出，要准确把握经济全球化新趋势和我国对外开放新要求。改革开放是我国经济社会发展的动力。不断扩大对外开放、提高对外开放水平，以开放促改革、促发展，是我国发展不断取得新成就的重要法宝[①]。开启新一轮对外开放，以高水平开放推动包括外贸体制改革在内的深层次改革，构建更高水平的开放型经济新体制，加快完善社会主义市场经济体制，推进国家治理体系和治理能力现代化，能够进一步激发和凝聚社会创造力，推动实现更高质量、更有效率、更加公平、更可持续的发展。

实行高水平对外开放，为包括外贸体制改革在内的国内改革提供了重要动力。在开放路径上，一方面要持续推进协议开放，通过商签落实多边、区域及双边经贸协定等，不断完善与通行的国际经贸规则相衔接的外贸体制机制；另一方面要创新推进自主开放，通过设立自由贸易试验区、探索建设中国特色自由贸易港等，主动对标国际高标准经贸规则，深化推进外贸等领域改革，开展压力测试，扩大对外开放领域、拓宽对外开放空间。从开放模式上，既要持续深化商品、服务、资金、人才等要素流动型开放，也要稳步拓展规则、规制、管理、标准等制度性开放，加快接轨、适应、推动创新国际贸易规则和经济秩序，以对外全方位开放助推国内全面深化改革。在开放观念上，积极从被动的规则跟随者、接受者转变为主动的规则参与者、引领者，全面参与并力争共同主导全球经济治理，在贸易领域要积极参与世界贸易组织改革和规则重构，推动建设开放、包容、普惠、平衡、共赢的经济全球化。

① 《习近平主持中共中央政治局第十九次集体学习并发表重要讲话》，《人民日报》，2014 年 12 月 7 日。

第二节　在构建更高水平开放型经济新体制中推进外贸体制改革

我国经济由高速增长阶段转向高质量发展阶段，要着力发展开放型经济，深入推进商品和要素流动型开放，稳步拓展规则、规制、管理、标准等制度型开放，实行更高水平的贸易投资自由化便利化政策，全面深化外贸体制改革，充分释放外贸发展活力，加快培育外贸竞争新优势。

一、顶层设计推动外贸体制改革

（一）开放型经济新体制下推动外贸体制改革

2012 年，党的十八大提出，实行更加积极主动的开放战略，全面提高开放型经济水平。2013 年，党的十八届三中全会通过的《中共中央关于全面深化改革若干重大问题的决定》指出，紧紧围绕使市场在资源配置中起决定性作用深化经济体制改革，加快完善现代市场体系、宏观调控体系、开放型经济体系[①]。适应经济全球化新形势，构建开放型经济新体制，推动对内对外开放相互促进、引进来和走出去更好结合，促进国际国内要素有序自由流动、资源高效配置、市场深度融合，加快培育参与和引领国际经济合作竞争新优势，以开放促改革。

2015 年，中共中央、国务院印发《关于构建开放型经济新体

① 《中共中央关于全面深化改革若干重大问题的决定》，北京：人民出版社，2013 年版，第 3–4 页。

制的若干意见》，提出了构建外贸可持续发展新机制的五个方面任务举措。

1．提高贸易便利化水平

强化大通关协作机制，实现口岸管理相关部门信息互换、监管互认、执法互助。加快国际贸易“单一窗口”建设，全面推行口岸管理相关部门“联合查验、一次放行”等通关新模式。依托电子口岸平台，推动口岸管理相关部门各作业系统横向互联，建立信息共享共用机制。探索开展口岸查验机制创新和口岸管理相关部门综合执法试点。加快海关特殊监管区域整合优化。加快一体化通关改革，推进通关作业无纸化。与主要贸易伙伴开展检验检疫、认证认可和技术标准等方面的交流合作与互认。加强口岸检验检疫综合能力建设，完善产品质量安全风险预警和快速反应体系。整合和规范进出口环节经营性服务和收费。

2．培育外贸竞争新优势

优化市场布局和贸易结构。稳定传统优势产品出口，进一步推进以质取胜战略，提升出口产品质量、档次和创新要素比重，扩大大型成套设备和技术出口。加强外贸诚信体系建设，规范进出口秩序。鼓励企业开展科技创新和商业模式创新，加快培育以技术、品牌、质量、服务为核心的外贸竞争新优势。鼓励发展跨境电子商务、市场采购贸易等新型贸易方式。积极解决电子商务在境内外发展的技术、政策问题，在标准、支付、物流、通关、检验检疫、税收等方面加强国际协调，参与相关规则制定，创新跨境电子商务合作方式，融入国外零售体系，化解相关贸易摩擦。优化进口商品结构，鼓励先进技术、关键设备和零部件进口，稳定资源性产品进口，合理增加一般消费品进口。培育国际大宗商品交易平台。提高一般贸易和服务贸易比重，推动加工贸易转型升级，提升产业层次，提高加工贸易的质量和附加值，延长加工贸易产业链，提高加工贸易增值率。

3．建立健全服务贸易促进体系

提升服务贸易战略地位，着力扩大服务贸易规模，推进服务贸易便利化和自由化。鼓励发展生产性服务贸易。依托大数据、云计算、物联网、移动互联网等新技术，推动服务业转型，培育服务新业态。创新服务贸易金融服务体系，建立与服务贸易相适应的口岸管理和通关协作模式。提高货物贸易中的服务附加值，促进制造业与服务业、货物贸易与服务贸易协调发展。推进国内服务市场健全制度、标准、规范和监管体系，为专业人才和专业服务跨境流动提供便利。制定与国际接轨的服务业标准化体系，加强与服务贸易相关的人才培养、资格互认、标准制定等方面的国际合作。促进服务外包升级，提升服务跨境交付能力，建设好服务外包示范城市。

4．实施质量效益导向型的外贸政策

支持技术含量高、附加值大、资源和能源消耗低、环境污染小、产业关联度强的对外贸易活动，实现外贸绿色低碳可持续发展。进一步完善出口退税制度，优化出口退税流程。健全出口信用保险体系。加强贸易风险、汇率风险监测分析，适时公布有关风险提示，引导企业有效规避出口风险。

5．健全贸易摩擦应对机制

强化中央、地方、行业协会商会、企业四体联动的综合应对机制，指导企业做好贸易摩擦预警、咨询、对话、磋商、诉讼等工作。有理有节、化解分歧、争取双赢，以协商方式妥善解决贸易争端，对滥用贸易保护措施和歧视性做法，善于运用规则进行交涉和制衡。依法开展贸易救济调查，维护国内产业企业合法权益。

（二）全面开放新格局下推动外贸体制改革

2017 年，党的十九大报告指出，我国经济已由高速增长阶段转向高质量发展阶段，正处在转变发展方式、优化经济结构、转换增长动力的攻关期，建设现代化经济体系是跨越关口的迫切要求和我国发展的战略目标[①]。贯彻新发展理念，建设现代化经济体系，要推动形成全面开放新格局，拓展对外贸易，培育贸易新业态新模式，推进贸易强国建设。实行更高水平的贸易和投资自由化便利化政策，全面实行准入前国民待遇加负面清单管理制度，大幅度放宽市场准入，扩大服务业对外开放。构建面向全球的贸易、投融资、生产、服务网络，加快培育国际经济合作和竞争新优势。

2019 年 10 月，党的十九届四中全会审议通过《中共中央关于坚持和完善中国特色社会主义制度 推进国家治理体系和治理能力现代化若干重大问题的决定》，提出要建设更高水平开放型经济新体制，实施更大范围、更宽领域、更深层次的全面开放[②]。2019 年 11 月，中共中央、国务院印发《关于推进贸易高质量发展的指导意见》，提出加快推动由商品和要素流动型开放向规则等制度型开放转变，建设更高水平开放型经济新体制，完善涉外经贸法律和规则体系，深化外贸领域改革，推动进口与出口、货物贸易与服务贸

① 习近平：《决胜全面建成小康社会 夺取新时代中国特色社会主义伟大胜利——在中国共产党第十九次全国代表大会上的报告》，北京：人民出版社，2017 年版，第 30 页。

② 《中共中央关于坚持和完善中国特色社会主义制度 推进国家治理体系和治理能力现代化若干重大问题的决定》，《人民日报》，2019 年 11 月 6 日。

易、贸易与双向投资、贸易与产业协调发展，促进国际国内要素有序自由流动、资源高效配置、市场深度融合，促进国际收支基本平衡。针对我国外贸发展的短板和薄弱环节，强调深化供给侧结构性改革和外贸体制改革，激发制度的活力和创新的潜力，推动外贸发展由要素驱动向创新驱动转变，由规模速度型向质量效益型转变，由成本、价格优势为主向竞争新优势转变。[①]

2020年，党的十九届五中全会审议通过《中共中央关于制定国民经济和社会发展第十四个五年规划和二〇三五年远景目标的建议》，提出建设更高水平开放型经济新体制。全面提高对外开放水平，推动贸易和投资自由化便利化，推进贸易创新发展，增强对外贸易综合竞争力[②]。2021年，《中华人民共和国国民经济和社会发展第十四个五年规划和2035年远景目标纲要》在“形成强大国内市场 构建新发展格局”专篇中提出，立足国内大循环，协同推进强大国内市场和贸易强国建设，形成全球资源要素强大引力场[③]，并对建设更高水平开放型经济新体制等进一步提出了一系列任务举措。

二、构建新时期外贸发展新体制

（一）构建更高水平的贸易开放新体制

进一步降低进口关税。一方面，加快实施自由贸易区战略，不

① 《中共中央、国务院关于推进贸易高质量发展的指导意见》，《人民日报》，2019年11月29日。
② 《中共中央关于制定国民经济和社会发展第十四个五年规划和二〇三五年远景目标的建议》，北京：人民出版社，2020年版，第30页。
③ 《中华人民共和国国民经济和社会发展第十四个五年规划和2035年远景目标纲要》，北京：人民出版社，2021年版，第41页。

断商签更高标准自由贸易协定，拓宽了零关税产品，降低了关税税率。另一方面，多次主动下调进口关税税率，特别是降低百姓生活有需求、国内供给有短板的消费品关税税率。此外，还加大海南离岛免税购物政策调整优化力度，对购物额度等作出了调整。这些举措都进一步降低了关税总水平。2022 年，我国进口关税总水平从 2010 年的 9.8%大幅降至 7.4%。

创新扩大贸易开放的制度安排。对标高标准国际经贸规则，将服务贸易开放、电子商务等纳入自贸协定，提升协定开放覆盖范围和开放水平。开展服务业扩大开放综合试点和示范区建设，为扩大服务业对外开放、建设更高水平开放型经济新体制探索新路径，为全国服务业开放发展、创新发展提供示范引领。建设扩围自由贸易试验区，先行先试，探索推广准入前国民待遇加负面清单管理等制度成果，不断加大压力测试，扩大贸易开放力度。高质量、高标准建设自由贸易港，分步骤、分阶段安排，打造具有较强国际影响力的高水平自由贸易港，全面实行以贸易和投资自由化为重点，资金、运输、人员自由便利，数据安全有序流动的自贸港制度和政策。

（二）建立更加便利的外贸发展新体制

创建贸易便利化工作机制。组建国家贸易便利化委员会，各省（自治区、直辖市）建立贸易便利化工作联席会议制度，严格履行承诺，推动世界贸易组织《贸易便利化协定》在国内实施。2020 年 1 月，对《贸易便利化协定》规定的各类措施实施率已达到 100%。

深化通关一体化改革。深化“放管服”改革，完善海关行政审批网上办理平台，全面推行“双随机、一公开”监管，推广“不见面审批、无陪同查验”。2018年，我国将出入境检验检疫管理职责和队伍划入海关总署，关检融合统一申报正式实施，报关单、报检单合并为一张报关单，并精简合并了申报项目，极大地提高了通关效率。2021年12月，全国进口、出口整体通关时间分别为32.97小时和1.23小时，分别较2017年缩短了66.14%和89.98%。

拓展国际贸易“单一窗口”功能。优化通关、退税、外汇、安全、环保管理方式，推进国际贸易“单一窗口”建设和应用，基本服务功能拓展至18类，覆盖跨境贸易全链条全流程，与港口、机场、铁路等对接稳步推进，跨部门信息共享平台建设取得重要成果。建立非贸税收征管工作制度，关税保证保险、自报自缴、汇总征税和电子支付改革深入推进，税收征管质量进一步提升，大力压缩了制度性交易成本。

实施适应新冠疫情防控需要的贸易便利化政策。2020年，制定实施应对新冠疫情影响促进外贸稳增长10条措施，统筹做好口岸新冠疫情防控和通关便利化50条措施。研究设立关键零部件和设备进出口绿色通道，推动出台受新冠疫情影响退运货物不征税政策，制定延期缴纳税款和减免滞报金、滞纳金等措施。

（三）建立外贸创新发展的新机制

2019年，中共中央、国务院印发《关于推进贸易高质量发展的指导意见》提出强化科技创新、制度创新、模式和业态创新加快创新驱动，培育贸易竞争新优势[①]。利用多双边合作机制，加强技

---

①《中共中央、国务院关于推进贸易高质量发展的指导意见》，《人民日报》，2019年11月29日。

术交流与合作。着力扩大知识产权对外许可，积极融入全球创新网络。提高产品质量，进一步完善认证认可制度，加快推进与重点市场认证和检测结果互认。完善检验检测体系，健全重要产品追溯体系。完善品牌管理体系。加强知识产权保护和信用体系建设，完善海外知识产权维权援助机制，推进商务、知识产权、海关、税务、外汇等部门信息共享、协同执法的监管体系建设，建立经营主体信用记录，实施失信联合惩戒。

2020年，国务院办公厅印发《关于推进对外贸易创新发展的实施意见》，进一步就外贸创新发展作出了新部署，围绕“五个优化”“三项建设”提出了一系列外贸创新发展的新机制和新举措。创新国际市场开拓方式，推动与重点市场国家特别是共建“一带一路”国家商建贸易畅通工作组、电子商务合作机制、贸易救济合作机制，探索线上线下同步互动、有机融合的办展新模式，建设跨境贸易投资综合法律支援平台。结合区域发展战略，优化国内区域布局，建立产业转移承接结对合作机制。优化经营主体，构建畅通的国际物流运输体系、资金结算支付体系和海外服务网络，支持龙头企业搭建资源和能力共享平台，建立和完善重点外贸外资企业联系服务机制。优化商品结构，搭建应急供应链综合保障平台，建设质量安全风险预警和快速反应监管体系，建设一批重点出口产品质量检测公共服务平台，推进与重点出口市场认证证书和检测结果互认。优化贸易方式，动态调整加工贸易禁止类商品目录，修订《边民互市贸易管理办法》，制定边民互市进口商品负面清单，开展边民互市进口商品落地加工试点，促进内外贸一体化。创新运营方式，建立国家外贸转型升级基地管理服务机构，搭建研发、检测、营销、信息、物流等方面的公共服务平台；加快推动加工贸易转型升级示范区、试点城市和梯度转移重点承接地发展，推进国家级新区、经济技术开发区、高新技术产业开发区、海关特殊监管区域等各类开放平台建设，创新管理制度。创新服务模式，发挥国家级展会平台示范引领作用，创新线上线下融合办展模式，打造“永不落幕”展会，推动外贸发展的政策举措和制度创新。创新服务渠道，加快建立国际营销体系，完善营销和服务保障体系，建设国际营销公共平台，助力企业开拓国际市场。

构建适应外贸新业态新模式发展的政策和制度。2021 年 7 月，国务院办公厅印发《关于加快发展外贸新业态新模式的意见》，提出深化外贸领域“放管服”改革，推动外贸领域制度创新、管理创新、服务创新、业态创新、模式创新，拓展外贸发展空间，提升外贸运行效率，保障产业链供应链畅通运转。创新监管方式，适时研究完善相关法律法规，引入“沙盒监管”模式，完善外贸新业态新模式统计体系。加强财税、金融等支持，引导社会资本以基金方式支持外贸新业态新模式发展，探索实施促进外贸新业态新模式发展的税收征管和服务措施。营造良好环境，探索建立外贸新业态新模式企业信用评价体系，推进新型外贸基础设施建设，参与外贸新业态新模式的国际规则和标准制定，促进外贸新业态新模式健康持续创新发展。跨境电子商务综合试验区总量增加到 132 个，覆盖全国 30 个省（区、市）；市场采购贸易方式试点增加到 31 个，设立 13 个边民互市贸易进口商品落地加工试点；开展二手车出口业务地区达 30 个。①

① 《国务院办公厅关于加快发展外贸新业态新模式的意见》，《中国对外经济贸易文告》，2021 年 40 期。

（四）创建服务贸易发展体制机制

2015 年以来，我国在北京实施两轮服务业扩大开放综合试点，2020 年将北京市服务业扩大开放由“试点”升级为“示范区”，加大先行先试力度，探索更多可复制可推广经验。2021 年，服务业扩大开放综合试点扩围至天津、上海、海南、重庆等四省市，强调服务国家重大战略，开展差异化探索，在加快发展现代产业体系、建设更高水平开放型经济新体制等方面取得更多可复制可推广经验。服务业扩大开放综合试点及示范建设，为进一步推进服务业改革开放、促进服务业开放与服务贸易协同发展方面发挥了示范带动作用。

2016 年以来，我国先后实施三轮服务贸易创新发展试点，范围扩大到 28 个地区，重点在完善管理体制、扩大对外开放、提升便利水平、创新发展模式、健全促进体系、优化政策体系、完善监管模式、健全统计体系等八个方面开展了探索。截至目前，试点探索并向全国复制推广了 90 项创新成果和制度型经验，逐步建立完善了服务贸易发展部际联席会议、服务贸易重点企业联系等制度。同时，中国服务外包示范城市、特色服务出口基地有序拓展，“一试点、一示范、多基地”平台体系日益丰富，不断完善服务贸易发展的政策和制度体系。

（五）深化共建“一带一路”经贸合作机制

1．推动建立贸易畅通机制

2017 年 5 月，在“一带一路”国际合作高峰论坛高级别会议“推进贸易畅通”平行主题会议上，我国发起《推进“一带一路”

贸易畅通合作倡议》，83个国家和国际组织积极参与。我国已与13个“一带一路”沿线国家签署了7个自贸协定，与17个国家建立了贸易畅通工作组，与46个国家地区建立了投资合作工作组，同多个国家建立了电子商务、服务贸易等合作机制。建立“中欧班列”通关协调机制，推动加入国际公路运输公约，促进跨境运输便利，中欧班列成为贯穿欧亚大陆的国际贸易大通道，截至2021年10月底，已铺画73条运行线路，通达欧洲23个国家的175个城市，累计开行超4.6万列。[①] 建成“一带一路”海关信息交换共享平台，完善跨境动植物检疫合作机制，扩大“关铁通”合作范围，与31个共建“一带一路”国家签署了“经认证的经营者（AEO）”互认协议。在新冠疫情背景下，通过远程视频会议、电话会议等方式积极推进双边联（混）委会框架下建设贸易畅通、投资合作、服务贸易、电子商务等工作机制。2021年，我国与“一带一路”沿线国家进出口总值增长至11.6万亿元，占同期我国外贸总值的比重提升至29.7%。

2．建立“丝路电商”合作机制

跨境电子商务等新业态新模式正成为推动贸易畅通的重要新生力量。中国积极与“丝路电商”伙伴国共同推进机制建设、举办工作会议，加强双边政策的沟通和协调，共同举办政企对话会和圆桌工作会，促进地方合作和产业对接，打造合作亮点。积极与有关国家在无纸贸易、在线消费者权益保护、电子认证等方面开展联合研究，促成《金砖国家电子商务合作倡议》《中东欧16+1

① 叶子：《共建“一带一路”取得实打实、沉甸甸的成就》，《人民日报海外版》，2021年11月24日。

电子商务合作倡议》。举办“一带一路”跨境电商研修班。创办“思路电商”云上大讲堂，开辟能力建设合作新途径。2016年以来，我国已与22个国家签署电子商务合作备忘录并建立双边电子商务合作机制*，合作伙伴遍及五大洲，“丝路电商”成为经贸合作新渠道和新亮点。跨境电商零售进口试点范围扩大至所有自贸试验区、跨境电商综试区、综合保税区、进口贸易促进创新示范区、保税物流中心（b型）所在城市（及区域），进一步便利共建国家商品进入国内市场。

* 与中国建立电子商务合作机制的22个国家包括：乌兹别克斯坦、瓦努阿图、萨摩亚、哥伦比亚、意大利、巴拿马、阿根廷、冰岛、卢旺达、阿联酋、科威特、俄罗斯、哈萨克斯坦、奥地利、匈牙利、爱沙尼亚、柬埔寨、澳大利亚、巴西、越南、新西兰和智利。

（六）创建扩大进口的外贸发展新机制

1．创办进口博览会

中国国际进口博览会是世界上第一个以进口为主题的国家级展会，是国际贸易发展史上一大创举。举办进口博览会是我国推进新一轮高水平对外开放的重大决策，是主动向世界开放市场的重大举措，是支持经济全球化和贸易自由化的实际行动。习近平总书记指出，中国主动扩大进口，不是权宜之计，而是面向世界、面向未来、促进共同发展的长远考量。① 2018年以来，进口博览会已经连续成功举办四届，成为国际采购、投资促进、人文交流、开放合作的四大平台，成为全球共享的国际公共产品。进口博览会创新办展方式，引领了进口特殊食品临时许可证书延长时限、保税展示交易等政策和制度创新，探索了“智慧旅检”等新模式，不断推动进口管理体制机制创新，成为探索贸易便利化自由化的新途径。

① 习近平：《论把握新发展阶段、贯彻新发展理念、构建新发展格局》，北京：中央文献出版社，2021年版，第283页。

2．创设国家进口贸易促进创新示范区

2020年，我国设立了首批10个国家进口贸易促进创新示范区*，覆盖东中西部和东北老工业基地，囊括海陆空港，体现了中国进口发展的动力和潜能。未来，我国还将增设进口贸易促进创新示范区。进口贸易促进创新示范区承载了两大功能定位，即贸易促进和贸易创新，将着力提升进口便利化水平，扩大技术设备和原材料进口，培育新型进口商品消费模式，搭建营销网络和服务平台，通过创新和降低制度性成本激发进口潜力，为构建新发展格局提供新支撑。

* 首批10个国家进口贸易促进创新示范区包括：上海市虹桥商务区、辽宁省大连金普新区、江苏省昆山市、浙江省义乌市、安徽省合肥经济技术开发区、福建省厦门湖里区、山东省青岛西海岸新区、广东省广州市南沙区、四川省天府新区、陕西省西安国际港务区。

（七）深化加工贸易体制改革

2016年1月，国务院发布《关于促进加工贸易创新发展的若干意见》，进一步深化了加工贸易体制机制改革，完善管理制度，建立健全与开放型经济相适应的管理体系。不断深化加工贸易行政审批改革、建立加工贸易新型管理体系、优化监管方式、推进内销便利化、整合优化海关特殊监管区域。发挥中国加工贸易产品博览会等平台作用，完善了产业转移对接机制。

（八）构建新冠疫情下“稳外贸”工作体制

在新冠疫情背景下，国务院办公厅出台《关于支持出口产品转内销的实施意见》《关于进一步做好稳外贸稳外资工作的意见》《关于加快发展外贸新业态新模式的意见》等政策文件，创新了出口产品转内销、贸易新业态、融资模式、通关便利化等相关一系列外贸发展政策和制度，稳住了外贸主体，确保了外贸产业链、供应链的通畅运转。

（九）完善贸易领域风险防范体系

增强贸易领域风险防范的法律保障，2018年8月，十三届全国人大常委会第五次会议通过《中华人民共和国电子商务法》。研究修订《中华人民共和国技术进出口管理条例》《禁止进口限制进口技术管理办法》。完善贸易救济调查的法律法规体系，完成《反倾销价格承诺暂行规则》《反倾销新出口商复审暂行规则》《保障措施调查听证会暂行规则》等部门规章修订和《反倾销期终复审规则》草案起草。2020年10月，十三届全国人大常委会第二十二次会议通过《中华人民共和国出口管制法》，建立出口管制合规体系，全面提升出口管制法治化水平。同年9月，商务部印发《不可靠实体清单规定》，保护我国企业、其他组织、个人合法权益，维护国家主权、安全和发展利益，维护公平、自由的国际经贸秩序。

完善对外贸易救济公共服务体系。巩固和拓展双边贸易救济合作机制，通过召开机制会议、签署合作机制谅解备忘录等，提升运用贸易救济规则能力和水平，增信释疑，管控分歧。加强风险监测分析预警，健全产业损害预警体系。完善对外贸易调查制度，丰富调查工具。妥善应对贸易摩擦，建立22家全国性应对贸易摩擦工作站，引导各地方商务主管部门和全国400余家地方工作站，为外经贸企业提供法律服务。

三、构建更高水平开放型经济贸易新体制的评价

党的十八大以来，我国顺应经济全球化大势，坚定不移推进高水平对外开放，取得了一系列突破性进展和标志性成果，对外开放

的广度和深度得到全面拓展，正在形成全方位、多层次、宽领域的对外开放新格局。外贸体制改革深入推进，贸易投资自由化便利化大幅提升，商品出口占世界市场份额由11.1%提高到15.1%，货物贸易和服务贸易总额跃居世界第一，外贸高质量发展迈出新步伐。

我国对外贸易发展实现了历史性新突破。以开放促改革，外贸体制改革不断深入，建立了更高水平的贸易投资自由化便利化制度和政策体系，关税总水平大幅下降，外资准入大幅放宽，激发了外贸发展新活力。2012年，我国保持世界第一货物出口国地位。2013年，首次跃升为世界第一货物贸易大国。此后，连续3年成为世界第一货物贸易大国。2017年以来，世界第一货物贸易大国地位不断得到巩固。2020年，货物贸易和服务贸易总额跃居世界第一，成为世界第一大贸易国。2021年，我国外贸发展实现逆势快速增长，货物进出口总额超过6万亿美元，顺差达6764.3亿美元（见表13），世界第一贸易大国地位进一步巩固。与此同时，我国外贸进口稳居世界第二，进口规模不断扩大，10年间外贸进口总额接近20万亿美元，让世界各国更多分享了我国经济增长、消费繁荣带来的红利，为拉动全球贸易增长作出了积极贡献。

表13　2012—2021年我国货物进出口情况

单位：亿美元

年份	进出口		出口		进口		差额
	金额	排名	金额	排名	金额	排名	
2012	38671.2	2	20487.1	1	18184.1	2	2303.0
2013	41590.0	1	22090.1	1	19499.9	2	2590.2
2014	43015.3	1	23422.9	1	19592.3	2	3830.6
2015	39530.3	1	22734.7	1	16795.7	2	5939.0

续表

年份	进出口		出口		进口		差额
	金额	排名	金额	排名	金额	排名	
2016	36855.6	2	20976.3	1	15879.3	2	5097.0
2017	41071.4	1	22633.5	1	18437.9	2	4195.6
2018	46224.4	1	24867.0	1	21357.5	2	3509.5
2019	45778.4	1	24994.6	1	20783.9	2	4210.7
2020	46474.4	1	25902.2	1	20572.2	2	5330.0
2021	60514.9	1	33639.6	1	26875.3	2	6764.3

数据来源：根据世界贸易组织（WTO）数据库统计数据整理。

我国服务贸易发展提高到新水平。2013年，服务进口规模提升至世界第二。2014年，服务贸易总额跃居世界第二，实现了历史性跨越，此后连续7年位居全球第二，服务贸易在国际贸易中的地位不断提升。2021年，我国服务进出口总额达到8212.7亿美元，占世界比重7.1%。其中，服务出口3942.7亿美元，占世界比重6.6%；服务进口4270.0亿美元，占世界比重7.7%（见表14）。

表14　2012—2021年我国服务进出口情况

单位：亿美元

年份	进出口		出口		进口		差额
	金融	排名	金融	排名	金融	排名	
2012	4828.8	4	2015.8	5	2813.0	3	−797.2
2013	5376.1	4	2070.1	5	3306.1	2	−1236.0
2014	6520.2	2	2191.4	5	4328.8	2	−2137.4
2015	6541.8	2	2186.3	5	4355.4	2	−2169.1
2016	6616.3	2	2095.3	5	4521.0	2	−2425.7
2017	6956.8	2	2280.9	5	4675.9	2	−2395.0
2018	7966.1	2	2714.5	5	5251.5	2	2537.0
2019	7388.7	2	2831.9	5	5006.8	2	−2174.9

续表

年份	进出口		出口		进口		差额
	金融	排名	金融	排名	金融	排名	
2020	6617.2	2	2806.3	4	3810.9	2	−1004.6
2021	8212.7	2	3942.7	3	4270.0	2	−327.3

数据来源：根据世界贸易组织（WTO）数据库统计数据整理。

对外贸易发展质量跃上新台阶。我国对外贸易规模不断扩大的同时，贸易结构不断改善，贸易发展实现了质的跃升，这也反映了我国参与国际经济合作和竞争的基础条件、比较优势和竞争地位发生了实质性的有利转变。从产品结构看，2012—2020年，我国货物进出口中工业制成品占比稳定保持在80%以上。其中，工业制成品出口占货物出口的比重稳定保持在95%以上，工业制成品进口占货物进口比重的70%左右（见表15）。在工业制成品贸易中，机械及运输设备出口占比提高到50%以上，化学品及有关产品出口占比提高到7%左右，两者合计占比接近60%（见表16）。从产品技术看，2012—2020年，我国中高技术产品出口占货物出口比重已经稳步提升至60%以上，高技术产品出口占货物出口比重已稳步提升至30%以上，均位居世界前列。

表15　2012—2020年我国货物贸易结构情况

年份	进出口		出口		进口	
	初级产品	工业制成品	初级产品	工业制成品	初级产品	工业制成品
2012	19.0%	81.0%	4.9%	95.1%	34.9%	65.1%
2013	18.4%	81.6%	4.9%	95.1%	33.7%	66.3%
2014	17.7%	82.3%	4.8%	95.2%	33.0%	67.0%
2015	14.6%	85.4%	4.6%	95.4%	28.1%	71.9%
2016	14.8%	85.2%	5.0%	95.0%	27.8%	72.2%

续表

年份	进出口		出口		进口	
	初级产品	工业制成品	初级产品	工业制成品	初级产品	工业制成品
2017	17.0%	83.0%	5.2%	94.8%	31.4%	68.6%
2018	18.1%	81.9%	5.4%	94.6%	32.9%	67.1%
2019	18.9%	81.1%	5.4%	94.6%	35.1%	64.9%
2020	17.2%	82.8%	4.5%	95.5%	33.2%	66.8%

数据来源：根据国家统计局统计数据计算。

表16　2012—2020年我国工业制成品出口结构情况

年份	合计	化学品及有关产品	按原料分类的制成品	机械及运输设备	杂项制品	未分类的其他商品
2012	100%	5.8%	17.1%	49.5%	27.5%	0.1%
2013	100%	5.7%	17.2%	49.4%	27.7%	0.1%
2014	100%	6.0%	18.0%	48.0%	27.9%	0.1%
2015	100%	6.0%	18.0%	48.8%	27.1%	0.1%
2016	100%	6.1%	17.6%	49.4%	26.6%	0.3%
2017	100%	6.6%	17.2%	50.4%	25.5%	0.3%
2018	100%	7.1%	17.2%	51.4%	24.1%	0.3%
2019	100%	6.8%	17.2%	50.5%	24.7%	0.8%
2020	100%	6.8%	17.5%	50.8%	23.6%	1.2%

数据来源：根据国家统计局统计数据计算。

第三节　设立自由贸易试验区和自由贸易港

建设自由贸易试验区是以习近平同志为核心的党中央在新时代推进改革开放的重要战略举措，在我国改革开放进程中具有里程碑意义。设立自贸试验区是新形势下通过自主开放，以开放促改革，为我国扩大开放和深化改革探索新思路和新途径。2013 年 11 月，党的十八届三中全会审议通过《中共中央关于全面深化改革若干重大问题的决定》，指出设立中国（上海）自由贸易试验区是党中央在新形势下推进改革开放的重大举措。在推进现有试点基础上，选择若干具备条件地方发展自由贸易园（港）区。2017 年 10 月，党的十九大报告提出，赋予自由贸易试验区更大改革自主权，探索建设自由贸易港。2019 年《关于推进贸易高质量发展的指导意见》，提出充分发挥自由贸易试验区示范引领作用，高水平建设中国特色自由贸易港。自贸区港建设进入了提速发展的新阶段。

一、自贸试验区建设不断扩围深化

（一）设立首个自贸试验区——中国（上海）自由贸易试验区

2013 年 8 月，国务院正式批准设立中国（上海）自由贸易试验区。试验区范围涵盖上海市外高桥保税区、外高桥保税物流园区、洋山保税港区和上海浦东机场综合保税区等 4 个海关特殊监管区域，总面积为 28.78 平方公里。为推进中国（上海）自由贸易试验区加快政府职能转变，探索外商投资负面清单管理，创新对外开放模式，国务院提请全国人大常委会审议并决定在试验区调整部分法律规定的行政审批和事项。

2013 年 9 月，国务院下发《关于印发中国（上海）自由贸易试验区总体方案的通知》，提出要率先建立符合国际化和法治化要求的跨境投资和贸易规则体系。按照先行先试、风险可控、分步推进、逐步完善的方式，经过2年至3年的改革试验，力争建设成为具有国际水准的投资贸易便利、货币兑换自由、监管高效便捷、法制环境规范的自由贸易试验区，使试验区成为我国进一步融入经济全球化的重要载体，打造中国经济升级版。[①]

上海自贸试验区成立后，加快转变政府职能，积极推进服务业扩大开放和外商投资管理体制改革，探索资本项目可兑换和金融服务业全面开放，探索建立货物状态分类监管模式，构建促进投资和创新的政策支持体系，着力培育国际化和法治化的营商环境。一年后，便在政府职能转变、管理模式创新、贸易投资便利化等方面形成了一批可复制、可推广的改革创新成果。

（二）自贸试验区建设不断扩围深化

为在更大范围进行改革创新实践和探索，更好发挥改革开放试验田作用，进一步构建全方位对外开放的新格局，自贸试验区扩围深化工作不断推进。

2015年4月，国务院公布《中国（广东）自由贸易试验区总体方案》《中国（天津）自由贸易试验区总体方案》《中国（福建）自由贸易试验区总体方案》《进一步深化中国（上海）自由贸易试验区改革开放方案》，设立广东、天津、福建等3个自由贸易试验区，将上海自由贸易试验区的实施范围扩展为120.72平方公里。其中，广东自贸试验区定位为依托港澳、服务内地、面向世界，将自贸试验区建设成为粤港澳深度合作示范区、21世纪海上丝绸之

① 《国务院关于印发中国（上海）自由贸易试验区总体方案的通知》，中国政府网，2013年9月27日。

路重要枢纽和全国新一轮改革开放先行地。天津自贸试验区定位为努力成为京津冀协同发展高水平对外开放平台、全国改革开放先行区和制度创新试验田、面向世界的高水平自由贸易园区。福建自贸试验区定位为围绕立足两岸、服务全国、面向世界的战略要求，充分发挥改革先行优势，营造国际化、市场化、法治化营商环境，把自贸试验区建设成为改革创新试验田；充分发挥对台优势，率先推进与台湾地区投资贸易自由化进程，把自贸试验区建设成为深化两岸经济合作的示范区；充分发挥对外开放前沿优势，建设21世纪海上丝绸之路核心区，打造面向21世纪海上丝绸之路沿线国家和地区开放合作新高地。

2017年3月，国务院公布《中国（辽宁）自由贸易试验区总体方案》《中国（浙江）自由贸易试验区总体方案》《中国（河南）自由贸易试验区总体方案》《中国（湖北）自由贸易试验区总体方案》《中国（重庆）自由贸易试验区总体方案》《中国（四川）自由贸易试验区总体方案》《中国（陕西）自由贸易试验区总体方案》，设立辽宁、浙江、河南、湖北、重庆、四川、陕西等7个自由贸易试验区。其中，辽宁自贸试验区定位为加快市场取向体制机制改革、积极推动结构调整，努力将自贸试验区建设成为提升东北老工业基地发展整体竞争力和对外开放水平的新引擎。浙江自贸试验区定位为，将自贸试验区建设成为东部地区重要海上开放门户示范区、国际大宗商品贸易自由化先导区和具有国际影响力的资源配置基地。河南自贸试验区定位为加快建设贯通南北、连接东西的现代立体交通体系和现代物流体系，将自贸试验区建设成为服务于“一带一路”建设的现代综合交通枢纽、全面改革开放试验田和内陆开放型经济示范区。湖北自贸试验区定位为立足中部、辐射全国、走向世界，努力成为中部有序承接产业转移示范区、战略性新兴产业和高技术产业集聚区、全面改革开放试验田和内陆对外开放新高地。重庆自贸试验区定位为全面落实党中央、国务院关于发挥重庆战略支点和连接点重要作用、加大西部地区门户城市开放力度的要求，努力将自贸试验区建设成为“一带一路”和长江经济带互联互通重要枢纽、西部大开发战略重要支点。四川自贸试验区定位为，立足内陆、承东启西，服务全国、面向世界，将自贸试验区建设成为西部门户城市开发开放引领区、内陆开放战略支撑带先导区、国际开放通道枢纽区、内陆开放型经济新高地、内陆与沿海沿边沿江协同开放示范区。陕西自贸试验区定位为全面落实党中央、国务院关于更好发挥“一带一路”建设对西部大开发带动作用、加大西部地区门户城市开放力度的要求，努力将自贸试验区建设成为全面改革开放试验田、内陆型改革开放新高地、“一带一路”经济合作和人文交流重要支点。

2018 年 4 月，我国在海南全岛设立自由贸易试验区。中共中央、国务院印发的《关于支持海南全面深化改革开放的指导意见》明确提出，支持海南全岛建设自贸试验区，这是党中央、国务院着眼于国际、国内发展大局，深入研究、统筹考虑、科学谋划作出的重大决策，是当前我国扩大对外开放、积极推动经济全球化决心的重大举措。[①] 同年 10 月，国务院公布《关于印发中国（海南）自由贸易试验区总体方案的通知》（以下简称《总体方案》）提出，以制度创新为核心，赋予更大改革自主权，大胆试、大胆闯、自主改，

① 《中共中央、国务院关于支持海南全面深化改革开放的指导意见》，《中华人民共和国国务院公报》，2018 年 13 期。

深化简政放权、放管结合、优化服务改革，加快形成法治化、国际化、便利化的营商环境和公平开放统一高效的市场环境，将生态文明理念贯穿自贸试验区建设全过程，积极探索自贸试验区生态绿色发展新模式，加强改革系统集成，力争取得更多制度创新成果。发挥海南岛全岛试点的整体优势，紧紧围绕建设全面深化改革开放试验区、国家生态文明试验区、国际旅游消费中心和国家重大战略服务保障区，实行更加积极主动的开放战略，加快构建开放型经济新体制，推动形成全面开放新格局，把海南打造成为我国面向太平洋和印度洋的重要对外开放门户。① 与此前 11 个自贸试验区相比，海南自贸试验区突出体现了海南的主要特点和优势：第一，突出全岛试点的整体优势。这是根据中央对海南的定位，充分发挥海南岛独立地理单元的区位优势和全岛试点的整体优势，便于加强改革系统集成，增强制度创新的整体性、协同性，有针对性地研究提出试点任务。第二，突出海南特色内容。根据海南发展需要充分吸收现有自贸试验区的试点内容，占海南自贸试验区试点任务的 60%。在此基础上，《总体方案》进一步提出了医疗卫生、文化旅游、生态绿色发展等符合海南发展定位的特色试点内容。第三，严格生态环境保护要求。海南地理位置独特，拥有全国最好的生态环境，《总体方案》体现了建设国家生态文明试验区的要求，将生态文明的理念贯穿自贸试验区建设的全过程，积极探索自贸试验区生态绿色发展的新模式，并且加强口岸风险等重大的风险防控体系和机制建设。第四，与探索建设中国特色自由贸易港相衔接。《总体方案》

---

① 《国务院关于印发中国(海南)自由贸易试验区总体方案的通知》，《中华人民共和国国务院公报》，2018 年 30 期。

明确提出，到2020年，自贸试验区建设取得重要进展，国际开放度显著提高，努力建成投资贸易便利、法治环境规范、金融服务完善、监管安全高效、辐射带动作用突出的高标准高质量自贸试验区，为逐步探索、稳步推进海南自由贸易港建设，分步骤、分阶段建立自由贸易港政策体系打好坚实基础。

2019年8月，国务院公布《关于印发中国（上海）自由贸易试验区临港新片区总体方案的通知》，增设上海自由贸易试验区临港新片区。增设新片区，是新时代彰显我国坚持全方位开放鲜明态度、主动引领经济全球化健康发展的重要举措。凸显了在更深层次、更宽领域、以更大力度推进全方位高水平开放的特点。新片区对标国际上公认的竞争力最强的自由贸易园区，选择国家战略需要、国际市场需求大、对开放度要求高但其他地区尚不具备实施条件的重点领域，实施具有较强国际市场竞争力的开放政策和制度，加大开放型经济的风险压力测试力度，以投资自由、贸易自由、资金自由、运输自由、人员从业自由等为重点，推进投资贸易自由化便利化。到2025年，建立比较成熟的投资贸易自由化便利化制度体系。到2035年，建成具有较强国际市场影响力和竞争力的特殊经济功能区，形成更加成熟定型的制度成果，打造全球高端资源要素配置的核心功能，成为我国深度融入经济全球化的重要载体。

与此同时，国务院下发《关于印发6个新设自由贸易试验区总体方案的通知》，增设山东、江苏、广西、河北、云南、黑龙江等6个自由贸易试验区。其中，山东自贸试验区定位为全面落实中央关于增强经济社会发展创新力、转变经济发展方式、建设海洋强国的要求，加快推进新旧发展动能接续转换、发展海洋经济，形成对外开放新高地。江苏自贸试验区定位为全面落实中央关于深化产业结构调整、深入实施创新驱动发展战略的要求，推动全方位高水平对外开放，加快“一带一路”交汇点建设，着力打造开放型经济发展先行区、实体经济创新发展和产业转型升级示范区。广西自贸试验区定位为全面落实中央关于打造西南中南地区开放发展新的战略支点的要求，发挥广西与东盟国家陆海相邻的独特优势，着力建设西南中南西北出海口、面向东盟的国际陆海贸易新通道，形成21世纪海上丝绸之路和丝绸之路经济带有机衔接的重要门户。河北自贸试验区定位为全面落实中央关于京津冀协同发展战略和高标准高质量建设雄安新区要求，积极承接北京非首都功能疏解和京津科技成果转化，着力建设国际商贸物流重要枢纽、新型工业化基地、全球创新高地和开放发展先行区。云南自贸试验区定位为全面落实中央关于加快沿边开放的要求，着力打造“一带一路”和长江经济带互联互通的重要通道，建设连接南亚东南亚大通道的重要节点，推动形成我国面向南亚东南亚辐射中心、开放前沿。黑龙江自贸试验区定位为全面落实中央关于推动东北全面振兴全方位振兴、建成向北开放重要窗口的要求，着力深化产业结构调整，打造对俄罗斯及东北亚区域合作的中心枢纽。

2020年9月，国务院发布《关于印发北京、湖南、安徽自由贸易试验区总体方案及浙江自由贸易试验区扩展区域方案的通知》，新增北京、湖南、安徽三个自由贸易试验区，进一步扩展了浙江自由贸易试验区区域，对标国际先进规则，加大开放力度，开展规则、规制、管理、标准等制度型开放。赋予自贸试验区更大改革自主权，深入开展差别化探索。北京自贸试验区围绕助力建设具有全球影响力的科技创新中心，加快打造服务业扩大开放先行区、数字经济试验区，着力构建京津冀协同发展的高水平对外开放平台，提出了营造国际一流创新创业生态、创新服务贸易管理、探索建设国际信息产业和数字贸易港等方面的具体举措。湖南自贸试验区围绕打造世界级先进制造业集群、联通长江经济带和粤港澳大湾区的国际投资贸易走廊、中非经贸深度合作先行区和内陆开放新高地，提出了打造高端装备制造业基地、实现湘粤港澳服务业联动发展、建设中非经贸深度合作先行区等方面的具体举措。安徽自贸试验区围绕推动科技创新和实体经济发展深度融合，加快推进科技创新策源地建设、先进制造业和战略性新兴产业集聚发展，推动长三角区域一体化发展，形成内陆开放新高地，提出了推进科技金融创新、促进科技成果转移转化、培育布局未来产业等方面的具体举措。浙江自贸试验区扩展区域围绕打造以油气为核心的大宗商品资源配置基地、新型国际贸易中心、国际航运和物流枢纽、数字经济发展示范区和先进制造业集聚区，提出了进一步提升贸易便利化水平、推进投资自由化便利化、推动金融创新服务实体经济等方面的具体举措。

在这一时期，全国共设立21个自由贸易试验区，更好地主动服务和融入“一带一路”建设、京津冀协同发展、长江经济带发展、粤港澳大湾区建设、长江三角洲区域一体化发展和中部崛起等国家发展战略，推动形成全方位、多层次、多元化的开放合作格局。

二、探索建设中国特色自由贸易港

（一）战略决策

习近平总书记指出，在海南建设自由贸易港，是党中央着眼于国内国际两个大局、为推动中国特色社会主义创新发展作出的一个重大战略决策，是我国新时代改革开放进程中的一件大事[①]。

2018年4月13日，习近平总书记在庆祝海南建省办经济特区30周年大会上发表重要讲话强调，党中央决定支持海南全岛建设自由贸易试验区，支持海南逐步探索、稳步推进中国特色自由贸易港建设。[②] 2019年11月，中共中央、国务院印发《关于推进贸易高质量发展的指导意见》，提出加快探索建设自由贸易港，打造开放层次更高、营商环境更优、辐射作用更强的开放新高地。[③]

2020年6月，中共中央、国务院印发《海南自由贸易港建设总体方案》。海南自贸港实施范围为海南岛全岛。《海南自由贸易港建设总体方案》指出，在海南建设自由贸易港，是推进高水平开放，建立开放型经济新体制的根本要求；是深化市场化改革，打造法治化、国际化、便利化营商环境的迫切需要；是贯彻新发展理念，推动高质量发展，建设现代化经济体系的战略选择；是支持经济全球化，构建人类命运共同体的实际行动。

总体上，海南自贸港要对标国际高标准经贸规则，聚焦贸易投资自由化便利化，建立与高水平自由贸易港相适应的政策制度体系，建设具有国际竞争力和影响力的海关监管特殊区域，打造引领我国新时代对外开放的鲜明旗帜和重要开放门户。在建设时序上，分步骤、分阶段推进。到2025年，初步建立以贸易自由便利

---

① 习近平：《论把握新发展阶段、贯彻新发展理念、构建新发展格局》，北京：中央文献出版社，2021年版，第355页。

② 习近平：《在庆祝海南建省办经济特区30周年大会上的讲话》，《人民日报》，2018年4月14日。

③《中共中央、国务院关于推进贸易高质量发展的指导意见》，《人民日报》，2019年11月29日。

和投资自由便利为重点的自由贸易港政策制度体系。到2035年，自由贸易港制度体系和运作模式更加成熟，以自由、公平、法治、高水平过程监管为特征的贸易投资规则基本构建，实现贸易自由便利、投资自由便利、跨境资金流动自由便利、人员进出自由便利、运输来往自由便利和数据安全有序流动；营商环境更加优化，法律法规体系更加健全，风险防控体系更加严密，现代社会治理格局基本形成，成为我国开放型经济新高地。到本世纪中叶，全面建成具有较强国际影响力的高水平自由贸易港。

（二）制度设计

按照《海南自贸港建设总体方案》的设计，海南自由贸易港政策制度体系涵盖11个方面的内容。其中，促进贸易投资自由化便利化是重点，各类生产要素跨境自由有序安全便捷流动和现代产业体系是支撑，特殊的税收制度安排、高效的社会治理体系和完备的法治体系是保障，同时要明确分工和机制措施、守住不发生系统性风险底线这个前提。

1．贸易自由便利

对货物贸易实行以“零关税”为基本特征的自由化便利化制度安排，对服务贸易实行以“既准入又准营”为基本特征的自由化便利化政策举措。

（1）“一线”放开

“一线”进（出）境环节强化安全准入（出）监管。制定海南自贸港禁止、限制进出口的货物、物品清单，清单外货物、物品自由进出。制定海南自由贸易港进口征税商品目录，目录外货物进入自由贸易港免征进口关税。以联运提单付运的转运货物不征税、不检验。从海南自贸港离境的货物、物品按出口管理。实行便捷高效的海关监管，建设高标准国际贸易“单一窗口”。

（2）“二线”管住

货物从海南自贸港进入内地，原则上按进口规定办理相关手续，照章征收关税和进口环节税。对鼓励类产业企业生产的不含进口料件或者含进口料件在海南自贸港加工增值超过30%（含）的货物，经“二线”进入内地免征进口关税。行邮物品由海南自贸港进入内地，按规定进行监管，照章征税。对海南自贸港前往内地的运输工具，简化进口管理。货物、物品及运输工具由内地进入海南自贸港，按国内流通规定管理。内地货物经海南自贸港中转再运往内地无须办理报关手续，应在自贸港内海关监管作业场所（场地）装卸，与其他海关监管货物分开存放。

（3）岛内自由

海关对海南自由贸易港内企业及机构实施低干预、高效能的精准监管，实现自由贸易港内企业自由生产经营。由境外启运，经海南自由贸易港换装、分拣集拼，再运往其他国家或地区的中转货物，简化办理海关手续。货物在海南自由贸易港内不设存储期限，可自由选择存放地点。实施“零关税”的货物，海关免予实施常规监管。

（4）推进服务贸易自由便利

实施跨境服务贸易负面清单制度，破除跨境交付、境外消费、自然人移动等服务贸易模式下存在的各种壁垒，给予境外服务提供者国民待遇。实施与跨境服务贸易配套的资金支付与转移制度。在告知、资格要求、技术标准、透明度、监管一致性等方面，进一步规范影响服务贸易自由便利的国内规制。

2．投资自由便利

大幅放宽海南自贸港市场准入，强化产权保护，保障公平竞争，打造公开、透明、可预期的投资环境，进一步激发各类市场主体活力。

（1）实施市场准入承诺即入制

严格落实“非禁即入”，建立健全备案制度，市场主体承诺符合相关要求并提交相关材料进行备案，即可开展投资经营活动。对外商投资实施准入前国民待遇加负面清单管理制度，大幅减少禁止和限制条款。

（2）创新完善投资自由制度

实行以过程监管为重点的投资便利制度。建立以电子证照为主的设立便利，以“有事必应”“无事不扰”为主的经营便利，以公告承诺和优化程序为主的注销便利，以尽职履责为主的破产便利等政策制度。

（3）建立健全公平竞争制度

强化竞争政策的基础性地位，确保各类所有制市场主体在要素获取、标准制定、准入许可、经营运营、优惠政策等方面享受平等待遇。政府采购对内外资企业一视同仁。加强和优化反垄断执法，维护公平竞争市场秩序。

（4）完善产权保护制度

依法保护私人和法人财产的取得、使用、处置和继承的权利，以及依法征收私人和法人财产时被征收财产所有人得到补偿的权利。加强对中小投资者的保护。建立健全知识产权领域市场主体信用分类监管、失信惩戒等机制。加强区块链技术在知识产权交易、存证等方面的应用，探索适合自由贸易港发展的新模式。

3．跨境资金流动自由便利

重点围绕贸易投资自由化便利化，分阶段开放资本项目，有序推进海南自由贸易港与境外资金自由便利流动。

（1）构建多功能自由贸易账户体系

以国内现有本外币账户和自由贸易账户为基础，构建海南金融对外开放基础平台。通过金融账户隔离，建立资金“电子围网”。

（2）便利跨境贸易投资资金流动

进一步推动跨境货物贸易、服务贸易和新型国际贸易结算便利化，实现银行真实性审核从事前审查转为事后核查。在跨境直接投资交易环节，按照准入前国民待遇加负面清单模式简化管理，探索适应市场需求新形态的跨境投资管理。在跨境融资领域，探索建立新的外债管理体制，试点合并交易环节外债管理框架，完善企业发行外债备案登记制管理，全面实施全口径跨境融资宏观审慎管理。在跨境证券投融资领域，在境外上市、发债等方面给予扶持产业以优先支持，简化汇兑管理。

（3）扩大金融业对内对外开放

率先在海南自由贸易港落实金融业扩大开放政策，支持建设国际能源、航运、产权、股权等交易场所，加快发展结算中心。

（4）加快金融改革创新

支持发展房地产投资信托基金（REITs），放宽外资企业资本金使用范围，创新科技金融政策、产品和工具。

4．人员进出自由便利

针对高端产业人才，实行更加开放的人才和停居留政策。在有效防控涉外安全风险隐患的前提下，实行更加便利的出入境管理政策。

对外籍高层次人才投资创业、讲学交流、经贸活动方面提供出入境便利。完善国际人才评价机制，以薪酬水平为主要指标评估人力资源类别，建立市场导向的人才机制。对外籍人员赴海南自由贸易港的工作许可实行负面清单管理，放宽外籍专业技术技能人员停居留政策。允许符合条件的境外人员担任海南自由贸易港内法定机构、事业单位、国有企业的法定代表人。实行宽松的商务人员临时出入境政策。

建立健全人才服务管理制度。实现工作许可、签证与居留信息共享和联审联检。推进建立人才服务中心，提供工作就业、教育生活服务。

实施更加便利的出入境管理政策。逐步实施更大范围适用免签入境政策，逐步延长免签停留时间。优化出入境边防检查管理，为商务人员、邮轮游艇提供出入境通关便利。

5．运输来往自由便利

实施高度自由便利开放的运输政策，推动建设西部陆海新通道国际航运枢纽和航空枢纽，加快构建现代综合交通运输体系。

（1）建立更加自由开放的航运制度

建设“中国洋浦港”船籍港。支持海南自由贸易港开展船舶登记。研究建立海南自由贸易港航运经营管理体制及海员管理制度。进一步放宽空域管制与航路航权限制。

（2）提升运输便利化和服务保障水平

推进船舶联合登临检查。构建高效、便捷、优质的船旗国特殊监管政策。为船舶和飞机融资提供更加优质高效的金融服务，取消船舶和飞机境外融资限制，探索以保险方式取代保证金。加强内地与海南自由贸易港间运输、通关便利化相关设施设备建设，合理配备人员，提升运输来往自由便利水平。

6．数据安全有序流动

在确保数据流动安全可控的前提下，扩大数据领域开放，创新安全制度设计，实现数据充分汇聚，培育发展数字经济。

有序扩大通信资源和业务开放。开放增值电信业务，逐步取消外资股比等限制。允许实体注册、服务设施在海南自由贸易港内的企业，面向自由贸易港全域及国际开展在线数据处理与交易处理等业务，并在安全可控的前提下逐步面向全国开展业务。安全有序开放基础电信业务。开展国际互联网数据交互试点，建设国际海底光缆及登陆点，设立国际通信出入口局。

7．现代产业体系

大力发展旅游业、现代服务业和高新技术产业，不断夯实实体经济基础，增强产业竞争力。

（1）旅游业

围绕国际旅游消费中心建设，推动旅游与文化体育、健康医疗、养老养生等深度融合，提升博鳌乐城国际医疗旅游先行区发展水平，支持建设文化旅游产业园，发展特色旅游产业集群，培育旅游新业态新模式，创建全域旅游示范省。加快三亚向国际邮轮母港发展，支持建设邮轮旅游试验区。设立游艇产业改革发展创新试验区。支持创建国家级旅游度假区和5A级景区。

（2）现代服务业

深化对内对外开放，吸引跨国公司设立区域总部。创新港口管理体制机制，拓展航运服务产业链，推动保税仓储、国际物流配送、转口贸易、大宗商品贸易、进口商品展销、流通加工、集装箱拆拼箱等业务发展，打造国际航运枢纽。建设海南国际设计岛、理工农医类国际教育创新岛、区域性国际会展中心，扩大专业服务业对外开放。构建具有国际竞争力的海洋服务体系。建设国家对外文化贸易基地。

（3）高新技术产业

聚焦平台载体，以物联网、人工智能、区块链、数字贸易等为重点发展信息产业。依托文昌国际航天城、三亚深海科技城，布局建设重大科技基础设施和平台，培育深海深空产业。围绕生态环保、生物医药、新能源汽车、智能汽车等壮大先进制造业规模。发挥国家南繁科研育种基地优势，建设全球热带农业中心和全球动植物种质资源引进中转基地。建设智慧海南。

8．税收制度

按照零关税、低税率、简税制、强法治、分阶段的原则，逐步建立与高水平自由贸易港相适应的税收制度。

（1）零关税

全岛封关运作前，对部分进口商品，免征进口关税、进口环节增值税和消费税。全岛封关运作、简并税制后，对进口征税商品目录以外、允许海南自由贸易港进口的商品，免征进口关税。

（2）低税率

对在海南自由贸易港实质经营的企业，实行企业所得税优惠税率。对符合条件的个人，实行个人所得税优惠税率。

（3）简税制

改革税种制度，降低间接税比例，实现税种结构简单科学、税制要素充分优化、税负水平明显降低、收入归属清晰、财政收支大体均衡。

（4）强法治

税收管理部门按实质经济活动所在地和价值创造地原则对纳税行为进行评估和预警，制定简明易行的实质经营地、所在地居住判定标准，强化对偷漏税风险的识别，防范税基侵蚀和利润转移，避免成为“避税天堂”。积极参与国际税收征管合作，加强涉税情报信息共享。加强税务领域信用分类服务和管理。

（5）分阶段

按照海南自由贸易港建设的不同阶段，分步骤实施零关税、低税率、简税制的安排，最终形成具有国际竞争力的税收制度。

9．社会治理

推进政府机构改革和政府职能转变，鼓励区块链等技术集成应用于治理体系和治理能力现代化，构建系统完备、科学规范、运行有效的自由贸易港治理体系。

（1）深化政府机构改革

进一步推动海南大部门制改革，控制行政综合类公务员比例，行政人员编制向监管部门倾斜，推行市场化的专业人员聘任制。

（2）推动政府职能转变

加强社会信用体系应用，深化“双随机、一公开”的市场监管体制，坚持对新兴业态实行包容审慎监管。充分发挥“互联网+”、大数据、区块链等现代信息技术作用，通过政务服务等平台建设规范政府服务标准、实现政务流程再造和政务服务“一网通办”。政府作出的承诺须认真履行。

（3）打造共建共治共享的社会治理格局

深化户籍制度改革，实行以公民身份证号码为唯一标识、全岛统一的居住证制度。赋予行业组织更大自主权，发挥其在市场秩序维护、标准制定实施、行业纠纷调处中的重要作用。赋予社区更大的基层治理权限。

（4）创新生态文明体制机制

深入推进国家生态文明试验区（海南）建设，全面建立资源高效利用制度，健全自然资源产权制度和有偿使用制度。实行差别化的自然生态空间用途管制。健全自然保护地内自然资源资产特许经营权等制度，探索生态产品价值实现机制。建立热带雨林等国家公园，构建以国家公园为主体的自然保护地体系。探索建立政府主导、企业和社会参与、市场化运作、可持续的生态保护补偿机制。加快构建自然资源统一调查评价监测和确权登记制度。健全生态环境监测和评价制度。

10．法治制度

建立以海南自由贸易港法为基础，以地方性法规和商事纠纷解决机制为重要组成的自由贸易港法治体系，营造国际一流的自由贸易港法治环境。

（1）制定实施海南自由贸易港法

以法律形式明确自由贸易港各项制度安排，为自由贸易港建设提供原则性、基础性的法治保障。

（2）制定经济特区法规

在遵循宪法规定和法律、行政法规基本原则前提下，支持海南充分行使经济特区立法权，立足自由贸易港建设实际，制定经济特区法规。

（3）建立多元化商事纠纷解决机制

完善国际商事纠纷案件集中审判机制，提供国际商事仲裁、国际商事调解等多种非诉讼纠纷解决方式。

11．风险防控体系

制定实施有效措施，有针对性防范化解贸易、投资、金融、数据流动、生态和公共卫生等领域重大风险。

（1）贸易风险防控

实施智能精准监管，依托全岛“人流、物流、资金流”信息管理系统、社会管理监管系统、口岸监管系统“三道防线”，形成海南社会管理信息化平台，对非设关地实施全天候动态监控。加强特定区域监管，在未设立口岸查验机构的区域设立综合执法点，对载运工具、上下货物、物品实时监控和处理。海南自由贸易港与内地之间进出的货物、物品、人员、运输工具等均需从口岸进出。完善口岸监管设备设施的配置。海关负责口岸及其他海关监管区的监管和查缉走私工作。海南省政府负责全省反走私综合治理工作，对下级政府反走私综合治理工作进行考评。建立与广东省、广西壮族自治区等地的反走私联防联控机制。

（2）投资风险防控

完善与投资规则相适应的过程监管制度，明确加强过程监管的规则和标准，对投资经营活动的全生命周期实施有效监管，对新技术、新产业、新业态、新模式实行包容审慎监管，对高风险行业和领域实行重点监管。建立健全法律责任制度。实施好外商投资安全审查，在创造稳定、透明和可预期的投资环境同时，有效防范国家安全风险。

（3）金融风险防控

依托资金流信息监测管理系统，建立健全资金流动监测和风险防控体系。建立自由贸易港跨境资本流动宏观审慎管理体系，加强对重大风险的识别和系统性金融风险的防范。加强反洗钱、反恐怖融资和反逃税审查，研究建立洗钱风险评估机制，定期评估洗钱和恐怖融资风险。构建适应海南自由贸易港建设的金融监管协调机制。

（4）网络安全和数据安全风险防控

深入贯彻实施网络安全等级保护制度，重点保障关键信息基础设施和数据安全，健全网络安全保障体系。建立健全数据出境安全管理制度体系。健全数据流动风险管控措施。

（5）公共卫生风险防控

加强公共卫生防控救治体系建设，建立传染病和突发公共卫生事件监测预警、应急响应平台和决策指挥系统。加强疾病预防控制体系建设，加强公共卫生人才队伍建设。建设生物安全防护三级实验室和传染病防治研究所，强化全面检测、快速筛查能力，优化重要卫生应急物资储备和产能保障体系。健全优化重大疫情救治体系，建设传染病医疗服务网络。构建网格化紧密型医疗集团。完善基层医疗卫生机构标准化建设。加强国际卫生检疫合作和国际疫情信息收集与分析，严格落实出入境人员健康申报制度。加强对全球传染病疫情的监测，推进境外传染病疫情风险早期预警。建立海关等多部门协作的境外疫病疫情和有害生物联防联控机制。提升进出口商品质量安全风险预警和快速反应监管能力，完善重点敏感进出口商品监管。

（6）生态风险防控

实行严格的进出境环境安全准入管理制度，禁止洋垃圾输入。推进医疗废物等危险废物处置设施建设，提升突发生态环境事件应急准备与响应能力。建立健全环保信用评价制度。

（三）法制保障

2021年6月，十三届全国人大常委会第二十九次会议通过《中华人民共和国海南自由贸易港法》，这是贯彻落实党中央对海南自由贸易港建设决策部署的重大举措，有利于稳定各方面的预期，保障各项改革措施于法有据，确保海南自由贸易港建设在法治轨道上行稳致远。

1．《中华人民共和国海南自由贸易港法》的主要内容

《中华人民共和国海南自由贸易港法》重点围绕贸易投资自由化、便利化这一中心任务，着眼于基本框架和关键制度，主要包括五个方面内容：

第一，在授权立法和管理权限方面，规定国家建立海南自由贸易港建设领导机制和与海南自由贸易港建设相适应的行政管理体制。国务院及其有关部门根据需要及时依法授权或者委托海南省人民政府及其有关部门行使相关管理职权，授权海南省人大常委会根据本法结合实际需要制定海南自由贸易港法规。

第二，在贸易自由化、便利化方面，确立一线放开、二线管住的货物贸易监管模式，对负面清单之外的跨境服务贸易，按照内外一致的原则管理。

第三，在投资自由化、便利化方面，全面推行极简审批投资制度，完善投资促进和投资保护制度，强化产权保护，适用专门的外商投资准入负面清单和放宽市场准入特别清单，推行市场准入承诺即入制。

第四，在税收制度方面，按照简税制、零关税、低税率的原则，明确海南自由贸易港封关时、封关后简化税制的要求，免征关

税的情形、货物在内地与海南自由贸易港之间进出的税收安排及对符合条件的企业和个人实行所得税优惠。

第五，生态环境保护方面，规定海南自由贸易港实行最严格的生态环境保护制度，实行环境保护目标完成情况一票否决制和生态环境损害责任终身追究制。此外，《中华人民共和国海南自由贸易港法》还在产业发展、人才支撑和综合措施方面，规定了与海南自由贸易港建设相适应的制度政策体系。

2．《中华人民共和国海南自由贸易港法》的重要意义

第一，制定《中华人民共和国海南自由贸易港法》是贯彻党中央决策部署、落实国家重大战略、以立法引领和保障改革的重要举措。建设海南自由贸易港是习近平总书记亲自谋划、亲自部署、亲自推动的改革开放重大举措，是党中央着眼于国内国际两个大局，深入研究、统筹考虑、科学谋划作出的战略决策。制定《中华人民共和国海南自由贸易港法》，将党中央关于建设海南自由贸易港的决策部署转化为法律规范，为海南自由贸易港建设提供立法引领和法律保障，对于全面深化改革、全面依法治国，有效发挥法治固根本、稳预期、立长远的保障作用十分重要。

第二，制定《中华人民共和国海南自由贸易港法》是进一步彰显我国对外开放、推动经济全球化的决心的客观要求。在新的历史条件下，我国扩大对外开放和推动经济全球化的步伐从未减弱。制定海南自由贸易港法，保障海南自由贸易港在法治轨道上有序运行，打造法治化、国际化、便利化的营商环境，推动将海南建设成为新时代全面深化改革开放的新标杆，有利于充分展示我国建立对外开放新格局、坚定不移扩大对外开放的意志和决心。

第三，制定《中华人民共和国海南自由贸易港法》，是从国家立法层面为海南自由贸易港实现制度创新、系统协调推进改革提供法律基础的实际需要。海南自由贸易港政策制度体系的核心是制度创新，需要积极探索建立适应自由贸易港建设的更加灵活、高效的监管模式和管理体制。经过制度创新实践，逐步形成在国家法制统一前提下的海南自由贸易港法律法规体系。制定《中华人民共和国海南自由贸易港法》对自由贸易港的功能定位、运行方式、管理模式进行顶层设计，有利于加强制度设计的系统性与协调性，保障政策措施的稳定性与权威性，避免各级各类法律规范在适用中可能出现的冲突，使各项制度措施相互配合、相得益彰，提高制度的整体效益。

三、自由贸易港区引领深化外贸体制改革

发挥自由贸易试验区示范引领作用，高水平建设中国特色自由贸易港，均聚焦贸易和投资自由化便利化，以制度创新为核心，探索形成与国际贸易投资通行规则相衔接的制度体系，成为引领外贸体制改革的新平台，为加快形成法治化、国际化、便利化的营商环境和公平开放统一高效的市场环境作出了重要贡献。

（一）探索可复制、可推广政策和制度

在转变政府职能方面，改革创新政府管理方式，推进政府管理由注重事先审批转为注重事中、事后监管，探索建立与国际高标准投资和贸易规则体系相适应的行政管理体系。

（1）在扩大投资领域开放方面，探索建立准入前国民待遇加负面清单管理模式，着力扩大服务业开放，构筑对外投资服务促进体

系，进一步提升对外开放水平。

（2）在促进贸易转型升级方面，完善外贸发展载体，培育贸易新业态新模式，发展新型国际贸易，建立完善相应的海关监管、检验检疫、退税、物流等支撑系统，形成以技术、品牌、质量、服务为核心的竞争新优势。

（3）在深化金融领域开放创新方面，加快金融制度创新，对人民币资本项目可兑换、金融市场利率市场化、人民币跨境使用等方面创造条件进行先行先试，深化外汇管理体制改革和外债管理方式改革，增强金融服务功能。

（4）在监管和税收制度环境方面，创新监管模式，实施“一线放开”“二线安全高效管住”，促进试验区内货物、服务等各类要素自由流动，推动服务业扩大开放和货物贸易深入发展，形成公开、透明的管理制度。同时，在维护现行税制公平、统一、规范的前提下，实施促进贸易投资的税收政策。

（二）更加自由便利的自贸港政策制度框架初步形成

截至2021年底，已发布《中华人民共和国海南自由贸易港法》《海南自由贸易港跨境服务贸易特别管理措施（负面清单）（2021年版）》《海南自由贸易港知识产权保护条例》《海南自由贸易港优化营商环境条例》等政策文件100多份，为建设高水平的中国特色自由贸易港提供了重要制度保障，开放层次更高、营商环境更优、辐射作用更强的开放新高地建设取得显著成效。

1．实施更加自由便利的贸易投资政策

2021年4月，商务部等20部门联合印发《关于推进海南自由贸易港贸易自由化便利化若干措施的通知》，明确了28项政策措施。建立以“零关税”为基本特征的货物贸易制度，在洋浦保税港区率先实行“一线放开、二线管住”的货物进出境管理制度。出台外商投资准入负面清单、放宽市场准入特别措施。推出第一张跨境服务贸易负面清单，全面深化服务贸易创新发展试点，支持发展数字贸易。

2．实施更加安全便捷的金融支持政策

2021 年 3 月，中国人民银行、中国银保监会、中国证监会、国家外汇管理局发布《关于金融支持海南全面深化改革开放的意见》，推动建立与海南自由贸易港相适应的金融政策和制度框架。取消期货公司、基金管理公司、证券公司外资股比限制，支持海南自由贸易港内企业境外上市。在全国率先探索非居民按照规定参与境内交易场所特定品种交易和进行资金结算，制定境内贸易融资资产转让业务操作指引。截至 2021 年底，海南国际能源交易中心、海南热带农产品交易中心、海南知识产权交易中心、海南国际文化艺术品交易中心和三亚国际资产交易中心等已开业，海南国际清算所完成注册。开展贸易外汇收支便利化试点，创新离岸贸易外汇管理政策，自由贸易账户业务稳健发展。

3．实施更加自由便利的人员进出政策

2020 年 9 月，海南省人民政府印发《海南自由贸易港外籍“高精尖缺”人才认定标准（2020—2024 年试行）》。与此同时，海南省委、省政府印发《海南自由贸易港高层次人才认定办法》，海南省委人才办发布《海南自由贸易港高层次人才分类标准（2020）》，开展国际人才服务管理改革试点。发布境外人才执业管理办法，开放境外人员参加职业资格考试 38 项，单项认可境外职业资格 219 项。2021 年 2 月，海南省委、省政府印发《海南自由贸易港聘任境外人员担任法定机构、事业单位、国有企业领导职务管理规定（试行）》，从制度层面对境外人员担任领导职务的选聘和日常管理监督进行初步探索和规范保障。2020 年 4 月，海南省委人才工作委员会印发《关于推进“1+N”人才评价机制改革的实施意见》，全面放开对高校毕业生的落户限制。实施“天涯英才卡”服务制度，创新外国人工作许可证、居留许可证审批流程新模式。

4．探索数据安全有序流动制度

开通海南自由贸易港国际互联网数据专用通道，设立海口区域性国际通信业务出入口局。开展数据安全有序流动试点和数据跨境传输管理工作，试点进一步开放国内互联网虚拟专用网等增值电信业务，开放在线数据处理与交易处理业务中的经营类电子商务业务等部分增值业务外资股比限制。

5．实施更加高效精准的税收优惠政策

制定实施鼓励类企业所得税和高端紧缺人才所得税两个“15%”优惠政策，境外直接投资所得免征企业所得税。完善离岛旅客免税购物政策，增设免税店，允许“邮寄送达”和“离岛寄存、返岛提取”。出台运输船舶增值税退税、洋浦启运港退税、内外贸同船运输境内船舶加注保税油等政策。推动国家级展会境外展品免税政策。

6．实施更加便利开放的运输服务政策

推进琼州海峡港航一体化，构建更加安全高效、便捷经济的琼州海峡运输大通道。设立便捷、高效的船舶登记程序，推动建设“中国洋浦港”国际船籍港。创新邮轮游艇管理，支持三亚建设国际邮轮母港，推动琼港澳游艇自由行。开放客运和货运第七航权，推动博鳌机场升级为国际口岸。

四、自由贸易港区建设的基本评价

2013 年以来，我国在 21 个省（区、市）设立了自由贸易试验区，覆盖全国东部、西部、南部、北部、中部地区。自由贸易港区建设以及制度创新成果复制推广，有效推动各地进一步提升开放水平、改革意识、行政效率、发展动能、经济活力，带动全国营商环境优化，引领构建更高水平的开放型经济新体制。

（一）自贸试验区先行先试作用突出

1．加快推进制度型开放

自贸试验区作为国家高水平开放平台，充分发挥改革开放“试验田”作用，以制度创新破除体制机制障碍，不断加大对外开放压力测试力度，在贸易投资自由化便利化等多个领域推出一大批制度创新成果，引领带动外贸体制改革等国内改革不断深化发展。上海自贸试验区设立后，2013 年便推出全国第一张外资准入负面清单，探索准入前国民待遇加负面清单管理模式，经过 7 次修订缩减，特别管理措施由 190 项压减到 2021 年版的 27 项。2016 年外资准入负面清单管理制度扩展至全国。2019 年 3 月，十三届全国人大二次会议审议通过《中华人民共和国外商投资法》，开启了一个新的外商投资管理体制。截至 2021 年底，国务院公布了 6 批集中复制推广的改革试点经验，累计向全国或特定区域复制推广了 260 项制度创新成果。其中，优化政府监管领域的成果有 60 项，投资自由化便利化领域的有 76 项、贸易便利化领域的有 76 项。

2．稳外贸稳外资成绩突出

自贸试验区制度创新，既有外商投资准入负面清单、国际贸易

"单一窗口"等基础性、引领性的制度变革，也有"海关通关一体化"等监管模式创新，还有投资管理体制改革"四个一"等全流程制度优化，极大地激发了经贸发展新活力。例如，《自由贸易试验区外商投资准入特别管理措施（负面清单）（2021 年版）》全面放开了制造业领域的外资准入限制，进一步扩大了服务业开放；自贸试验区国际贸易"单一窗口"逐步覆盖海关、税务等 20 多个部门和货物申报、跨境电商等多个领域，建设水平远超世界贸易组织的《贸易便利化协定》要求，而且已经推广到全国；货物状态分类监管、原产地自主声明等一系列便利化举措大幅提高了通关效率，降低了成本。2021 年，21 家自贸试验区实际使用外资 2130 亿元，实现进出口总额 6.8 万亿元，同比分别增长 19%和 29.5%。这 21 个自贸试验区国土面积占全国不到千分之四，但实现了占全国 18.5%的外商投资和 17.3%的进出口，为稳外贸、稳外资作出了积极贡献。①

（二）海南自贸港建设成效显著

海南自贸港政策制度框架初步建立，贸易自由化便利化水平进一步提升。放宽市场准入特别措施、贸易自由化便利化措施、金融支持海南全面深化改革开放意见、外商投资准入和跨境服务贸易负面清单等相继出台，自由贸易港政策累计达 150 多项。三张"零关税"清单、加工增值 30%（含）以上免征关税政策等有序实施，三张"零关税"清单适用商品货值 77.2 亿元。完成自用生产设备

① 《国新办举行 2021 年商务运行情况新闻发布会》，国务院新闻网站，2022 年 1 月 25 日。

和原辅料“零关税”政策调整，“‘一线’放开、‘二线’管住”制度扩点扩区。大力推进以“中国洋浦港”为船籍港的国际船舶登记制度改革，“中国洋浦港”国际船舶达33艘，海南省国际船舶总吨位跃居全国第二。全面落实《中华人民共和国海南自由贸易港法》，制定优化营商环境、公平竞争、反消费欺诈、社会信用等配套法规。

制度集成创新成效突出。设立全国唯一省级改革和制度创新奖，累计发布制度创新案例13批123项，多项案例获得中央和有关部门肯定并在全国范围复制推广。海南省委、省政府印发《海南自由贸易港制度集成创新行动方案（2020—2022年）》《海南省创一流营商环境行动计划（2020—2021年）》，成立省优化营商环境工作专班。全面推进“放管服”改革，设立国际投资、贸易“单一窗口”，“一枚印章管审批”改革实现市县区全覆盖，极简审批成为全国标杆。

经济发展质量明显提高。开放型经济势头良好，2021年，货物贸易突破千亿元，经济外向度同比提升7.1个百分点；离岛免税店销售额高速增长，突破600亿元；博鳌乐城国际医疗旅游先行区引进特许药械品种首例超过200种，成为国际先进药械进入中国的最主要通道。产业结构显著优化，以旅游业、现代服务业、高新技术产业和热带特色高效农业为主导的“3+1”现代产业增加值占比达70%，高新技术企业连续4年保持40%以上的增速。[①]

---

①《“奋进自贸港 建功新时代”系列专题新闻发布会（第一场）》，海南自由贸易港网站，2022年4月13日。

第四节　加快实施自由贸易区战略

自由贸易区是我国深化改革、扩大对外开放、参与推动经济全球化的重要平台，也是建设开放型世界经济的重要内容。从国内看，改革开放到了新的历史关口，通过商签自由贸易协定推动更高水平开放，促进国内加快改革步伐，推动我国产业结构加快迈向中高端，不断发展更高层次的开放型经济，推动国内形成全面开放新格局。从国际看，全球范围内区域一体化建设提速发展，自由贸易区的数量不断增加，自由贸易区谈判涵盖议题快速拓展，自由化水平显著提高。中国积极推动建设开放型世界经济，坚持多边开放和区域开放相结合，在支持多边贸易体制的同时，不断加快自由贸易区建设。

一、持续深入推进自由贸易区战略

2012 年 11 月，党的十八大报告提出统筹双边、多边、区域次区域开放合作，加快实施自由贸易区战略，推动同周边国家互联互通[①]。2013 年，党的十八届三中全会通过《中共中央关于全面深化改革若干重大问题的决定》，要求加快自由贸易区建设，明确提出以周边为基础加快实施自由贸易区战略改革市场准入、海关监管、检验检疫等管理体制，加快环境保护、投资保护、政府采购、电子

① 胡锦涛：《坚定不移沿着中国特色社会主义道路前进 为全面建成小康社会而奋斗——在中国共产党第十八次全国代表大会上的报告》，北京：人民出版社，2012 年版，第 24 页。

商务等新议题谈判，形成面向全球的高标准自由贸易区网络[1]，并要求扩大对港澳台地区的开放合作。2014年12月，习近平总书记在主持中央政治局第十九次集体学习时强调，“以开放促改革、促发展，是我国发展不断取得新成就的重要法宝”，要求“加快实施自由贸易区战略”，并首次提出“我们不能当旁观者、跟随者，而是要做参与者、引领者，善于通过自由贸易区建设增强我国国际竞争力，在国际规则制定中发出更多中国声音、注入更多中国元素”[2]。

2015年11月，中共中央、国务院印发《关于构建开放型经济新体制的若干意见》，提出坚持自主开放与对等开放，加强走出去战略谋划，实施更加主动的自由贸易区战略，拓展开放型经济发展新空间。2015年12月，国务院正式发布《关于加快实施自由贸易区战略的若干意见》，这是我国开启自由贸易区建设进程以来的首个战略性、综合性文件，对我国自由贸易区建设作出了“顶层设计”，明确提出要逐步构建起立足周边、辐射“一带一路”、面向全球的高标准自由贸易区网络。

实施自由贸易区提升战略，是对我国自由贸易区战略的再深化。未来我国将与更多贸易伙伴商签自由贸易协定，在贸易和投资自由化便利化、知识产权保护、电子商务、招标投标、政府采购等方面实行更高标准规则，更好联通国内国际市场，促进企业拓展内

---

①《中共中央关于全面深化改革若干重大问题的决定》，北京：人民出版社，2013年版，第27页。
②《习近平主持中共中央政治局第十九次集体学习并发表重要讲话》，《人民日报》，2014年12月7日。

外贸业务。2021 年，十三届全国人大四次会议通过《中华人民共和国国民经济和社会发展第十四个五年规划和 2035 年远景目标纲要》，进一步提出优化自由贸易区布局，推动区域全面经济伙伴关系协定实施，加快中日韩自由贸易协定谈判进程，稳步推进亚太自贸区建设。提升自由贸易区建设水平，积极考虑加入全面与进步跨太平洋伙伴关系协定，推动商签更多高标准自由贸易协定和区域贸易协定[①]。2021 年 7 月，商务部发布《"十四五"商务发展规划》，对实施自由贸易区提升战略作出了工作部署，提出要优化自由贸易区布局，提升自由贸易区建设水平，全面深入参与规则领域各议题谈判。

此外，我国还与美国、欧盟分别开展了投资协定谈判。中美双边投资协定谈判于 2008 年启动，谈判旨在达成一项高水平的协定，实现双方创建非歧视、透明、开放的投资体制的共同目标。2016 年 9 月，两国元首确认双边投资协定谈判取得重大成果。但随后，中美经贸摩擦升级，中美投资协定谈判中断。2013 年 11 月，中欧双方共同宣布启动谈判，经过近 7 年共计 35 轮谈判，2020 年 12 月双方共同宣布正式完成《中欧全面投资协定》谈判。《中欧全面投资协定》是一份全面、平衡和高水平的双边投资协定，主要涉及市场准入（即准入前国民待遇加负面清单）、公平竞争环境、争端解决和可持续发展等方面的内容。

---

① 《中华人民共和国国民经济和社会发展第十四个五年规划和 2035 年远景目标纲要》，北京：人民出版社，2021 年版，第 128 页。

二、建设面向全球的高标准自由贸易网络

把握经济全球化新趋势，深入推进自由贸易区建设，对外签署自由贸易协定数量由10个增加到19个。加强同世界高标准自贸区交流互鉴，探索既符合自身改革发展需要，又与国际通行标准对接的自贸规则，成为深化我国外贸体制改革的重要途径。

（一）自由贸易区网络持续拓展

2013年4月，我国和冰岛正式签署《中冰自由贸易协定》，成为我国与欧洲国家签署的第一个自贸协定，协定于2014年7月正式生效。《中冰自由贸易协定》是涵盖内容较为全面的一揽子协定，包括一般条款、货物贸易（包括关税减让、贸易救济、卫生与植物卫生措施、技术性贸易壁垒等内容）、原产地规则、海关手续与贸易便利化、竞争、知识产权、服务贸易、投资、合作、机制条款、争端解决、最终条款等12章内容，还包含关税减税表、产品特定原产地规则、具体承诺减让表、自然人移动等9个附件。根据《中冰自由贸易协定》规定，双方最终实现零关税的产品，按税目数衡量均接近96%，按贸易量衡量均接近100%。

2013年7月，我国和瑞士正式签署《中瑞自由贸易协定》，涵盖货物贸易、服务贸易、投资、知识产权、环境等领域，是我国与欧洲大陆国家签署的第一个综合性自贸协定，协定于2014年7月正式生效。根据《中瑞自由贸易协定》规定，瑞士参与降税的产品比例为99.99%，仅有作为例外的254项产品不予降税；我国参与降税的产品比例为96.5%，有457项产品作为例外不予降税。中瑞自贸区是中国与全球经济前20强国家建立的第一个双边自贸区，不

仅为两国合作创造了更多机遇，还具有一定示范带动作用，有利于促进我国与其他欧洲国家的经贸合作，助推中欧经贸关系加快发展。

2015 年 6 月，我国和韩国正式签署《中韩自由贸易协定》，涵盖货物贸易、服务贸易、投资和规则等 17 个领域，包含了电子商务、竞争政策、政府采购、环境等“21 世纪经贸议题”，协定于同年 12 月生效。这是东北亚地区的第一个自贸协定，是当时我国对外签署的覆盖议题范围最广、开放水平最高、涉及国别贸易额最大的自贸协定。在关税减让方面，中韩自贸区建成后，我国实现零关税的产品将达到税目的 91%，进口额的 85%，韩国实现零关税的产品将达到税目的 92%、进口额的 91%。同时，我国在多个领域为韩国首开先河。在协定中第一次纳入电子商务章节。在服务贸易方面，中国首次承诺在协定签署生效后将以负面清单模式继续开展服务贸易谈判，并基于准入前国民待遇和负面清单模式开展投资谈判。

2015 年 6 月，我国和澳大利亚正式签署《中澳自由贸易协定》，并于同年 12 月正式生效。《中澳自由贸易协定》是我国首次与经济总量较大的主要发达经济体谈判达成的自由贸易协定，也是与其他国家迄今已商签的贸易投资自由化整体水平最高的自由贸易协定之一。在货物贸易领域，澳大利亚最终实现零关税的税目占比和贸易额占比将达到 100%；我国实现零关税的税目占比和贸易额占比将分别达到 96.8%和 97%。这大大超过一般自贸协定中 90%的降税水平。在服务贸易领域，澳大利亚承诺自协定生效时以负面清单方式开放服务部门，成为世界上首个对我国以负面清单方式作出服务贸易承诺的国家。双方商定以负面清单方式启动并尽快完成下一轮服务贸易谈判。澳大利亚在假日工作机制等方面对我国作出专门安排。在投资领域，双方自协定生效时起将相互给予最惠国待遇；澳大利亚对我国企业赴澳投资降低审查门槛，并作出便利化安排。此外，协定还在包括电子商务、政府采购、知识产权、竞争等“21世纪经贸议题”在内的十几个领域，就推进双方交流合作作了规定。

2017年5月，我国和格鲁吉亚正式签署《中格自由贸易协定》，涵盖货物贸易、服务贸易、原产地规则、海关程序和贸易便利化、卫生与植物卫生措施、技术性贸易壁垒、贸易救济、知识产权和合作领域等17个章节，协定于2018年1月正式生效。这是我国与欧亚地区国家建立的第一个自贸区，也是“一带一路”倡议提出后我国启动并建成的第一个自贸区。在货物贸易方面，格鲁吉亚对我国96.5%的产品立即实施零关税，覆盖自我国进口总额的99.6%；我国对格鲁吉亚93.9%的产品实施零关税，覆盖自格鲁吉亚进口总额的93.8%，其中90.9%的产品（42.7%的进口额）立即实施零关税，其余3%的产品（51.1%进口额）5年内逐步降为零关税。在服务贸易方面，双方就市场准入、国民待遇、最惠国待遇等主要义务作出规定，并设有金融服务、自然人移动、运输及相关服务、中医药合作等附件。此外，双方还在环境与贸易、竞争、知识产权、投资、电子商务等众多领域达成广泛共识。

2017年12月，我国和马尔代夫正式签署《中马自由贸易协定》。此协定是党的十九大提出的“促进自由贸易区建设，推动建设开放型世界经济”的最新成果，体现了我国积极推动形成全面开放新格局，坚定支持自由贸易和经济全球化的态度和意愿。在货物贸易领域，协定实现了较高的自由化水平，双方承诺的零关税产品税目数和贸易额比例均超过95%。在服务贸易领域，马尔代夫作出开放承诺的服务部门数量从其在世界贸易组织框架下承诺的5个增加至86个，并在商业服务、速递服务、电信、建筑、分销、环境、金融、医疗（含中医）、交通等我国关注的领域均作出了具有商业意义的承诺；我国在商业服务、建筑、旅游和公路运输等服务部门对马尔代夫作出了高于在世界贸易组织框架下的承诺。

2019年10月，我国与毛里求斯正式签署了《中毛自由贸易协定》，涵盖了货物贸易、服务贸易、投资、经济合作等内容，实现了“全面、高水平和互惠”的谈判目标。在货物贸易领域，我国和毛里求斯最终实现零关税的产品税目比例分别达到96.3%和94.2%，占自对方进口总额的比例均为92.8%。在服务贸易领域，双方承诺开放的分部门均超过100个。其中，毛里求斯将对我国开放通讯、教育、金融、旅游、文化、交通、中医等重要服务领域的130多个分部门，这是毛里求斯迄今为止在服务领域开放水平最高的自贸协定。在投资领域，协定较1996年中国–毛里求斯双边投资保护协定在保护范围、保护水平、争端解决机制等方面有较大升级。两国还就原产地规则等议题达成一致，对双边投资保护协定实现了较大升级，同意进一步深化两国在农业、金融、医疗、旅游等领域的经济技术合作。《中毛自由贸易协定》于2021年1月正式生效，这是我国与非洲国家签署的第一个自贸协定，不仅为深化两国经贸关系提供更加有力的制度保障，也为中非全面战略合作伙伴关系赋予了全新内涵。

2020年10月，我国与柬埔寨正式签署《中柬自由贸易协定》，协定于2022年1月正式生效。双方货物贸易零关税产品税目比例均将达到90%以上，双方还将加强在服务贸易、投资、“一带一路”倡议、电子商务、经济技术等领域合作。这是第一个将“一带一路”倡议合作独立设章的自贸协定，是建立在《中国–东盟自由贸易协定》、共建“一带一路”和澜湄合作三个框架下的又一新机制。

2020年11月，东盟、中国、日本、韩国、澳大利亚和新西兰等15个成员共同签署《区域全面经济伙伴关系协定》（RCEP）。在RCEP中，货物贸易零关税产品数量整体上超过90%，服务贸易开放承诺显著高于目前各方与东盟现有自贸协定水平，采用负面清单方式对制造业、农林渔业、采矿业等领域投资作出较高水平承诺。RCEP还增加了知识产权、竞争政策、电子商务等规则领域的新议题，体现了自由贸易协定发展的新方向。

（二）自由贸易区网络更加凸显“高标准”特征

1. 自由贸易协定范围覆盖五大洲

扎实推进与非洲、欧亚等地区“一带一路”沿线国家商签自由贸易协定，不断扩大覆盖区域。2019年10月，推动《中国与欧亚经济联盟经贸合作协定》生效。2020年11月，举办《中国与欧亚经济联盟经贸合作协定》联委会首次会议，促进“一带一路”倡议与欧亚经济联盟建设对接合作。同年12月，与白俄罗斯共同完成服务贸易与投资协定联合可行性研究并宣布正式启动谈判；宣布与乌克兰启动贸易自由化安排联合可行性研究；稳步推进中国-摩尔瓦多自由贸易协定谈判。2020年，推动《中毛自由贸易协定》核准生效，并于2021年1月起开始实施。《中毛自由贸易协定》是我国与非洲国家签署的第一个自贸协定，填补了现有自贸区网络格局中非洲地区的空白，为中非全面战略合作伙伴关系赋予了全新的内涵，将中非经贸合作提升到新的高度。

2. 自贸协定彰显“高水平”特征

我国自由贸易协定伙伴逐渐向新西兰、瑞士、韩国、澳大利亚、日本等发达经济体拓展。2020年9月，我国和欧盟签署《中欧地理标志协定》。自由贸易协定自由化程度提高，例如，在《中澳自由贸易协定》中，澳大利亚最终实现零关税的税目占比和贸易额占比将达到100%，我国最终实现零关税的税目占比和贸易额占比将分别达到96.8%和97%。在《中韩自由贸易协定》签署后，双方承诺以负面清单模式继续开展服务贸易谈判，基于准入前国民待遇和负面清单模式开展投资谈判。在《中澳自由贸易协定》中，在服务贸易领域对我国首次以负面清单模式作出承诺。2020年11月签署的《区域全面经济伙伴关系协定》生效后，区域内90%以上货物贸易将最终实现零关税；在服务贸易领域，日本、韩国、澳大利亚、新加坡、文莱、马来西亚、印尼等7个成员采用负面清单方式承诺；我国等其余8个成员采用正面清单承诺，并将于协定生效后6年内转化为负面清单；在投资领域均以负面清单模式作出承诺。在《中欧双边投资协定》中，我国首次在包括服务业和非服务业在内的所有行业以负面清单形式作出承诺。

3．自由贸易协定向新规则新议题拓展

2015年签署的《中韩自由贸易协定》《中澳自由贸易协定》，涵盖了货物贸易、服务贸易、投资和规则等10多个领域，还包含了竞争政策、知识产权、环境等“21世纪经贸议题”。《中欧双边投资协定》涉及领域超越传统双边投资协定，在公平竞争方面就国有企业、补贴透明度等议题达成共识，在可持续发展方面就与投资有关的环境、劳工问题作出专门规定，在环境保护方面将有效实施《巴黎气候协定》，在争端解决方面构建了国与国争端解决机制。

4．自贸协定向数字领域拓展

《区域全面经济伙伴关系协定》不仅涵盖货物贸易、服务贸易、投资等传统领域，也涉及电子商务等新兴数字贸易领域，首次在亚太区域内达成电子商务规则成果，包括通过电子方式改善贸易管理与程序、针对非应邀商业电子信息加强监管和合作、对计算机设施位置和通过电子方式跨境传输信息提出相关措施方向，维持当前不对电子商务征收关税等相关条款。我国积极推进加入《全面与进步跨太平洋伙伴关系协定》和《数字经济伙伴关系协定》，深度参与数字经济等国际合作。

三、RCEP是商品和要素流动型开放向规则等制度型开放转变的重要标志

（一）RCEP是全面、现代、高质量、互利互惠的自由贸易协定

RCEP谈判于2012年由东盟10个国家发起，邀请澳大利亚、中国、印度、日本、韩国、新西兰6个国家参加，从2013年正式开始，历经8年、31轮正式谈判，于2020年11月签署。RCEP是当前世界上人口最多、经贸规模最大、最具发展潜力的自由贸易区。2021年11月，RCEP保管机构东盟秘书处发布通知，宣布文莱、柬埔寨、老挝、新加坡、泰国、越南等6个东盟成员和中国、日本、新西兰、澳大利亚等4个非东盟成员已向东盟秘书长正式提交核准书，达到协定生效门槛。根据协定文本的规定，RCEP于2022年1月对已经完成核准程序的10国开始生效。RCEP的生效实施有助于削减关税和非关税壁垒，实现商品和服务贸易更加自由便利，促进区域经济一体化发展，为自由贸易和多边主义注入新活力。

（1）整合了区域内经贸规则

RCEP整合了东盟与中国、日本、韩国、澳大利亚、新西兰多个“10+1”自贸协定以及中国、日本、韩国、澳大利亚、新西兰5国之间已有的多对自贸伙伴关系，还在中日和日韩间建立了新的自贸伙伴关系。采用区域累积的原产地规则，进一步深化域内产业链价值链。支持利用新技术推动海关便利化，进一步推动新型跨境物流发展。采用负面清单推进投资自由化，进一步提升投资政策透明度。

（2）实现了高质量和包容性相统一

RCEP签署生效后，已核准成员之间90%以上的货物贸易将最终实现零关税，服务贸易和投资总体开放水平显著高于原有“10+1”自由贸易协定，还纳入了高水平的知识产权、电子商务、竞争政策、政府采购等现代化议题。同时，RCEP还照顾到不同国家国情，给予最不发达国家特殊与差别待遇，通过规定加强经济技术合作，满足了发展中国家和最不发达国家的实际需求，可促进本地区包容均衡发展，使各方都能充分共享RCEP成果。

（二）RCEP签署实施将进一步深化外贸体制改革

RCEP签署后，我国率先在2021年3月宣布完成核准工作。2021年11月，我国宣布，在关税减让、原产地规则实施、协定约束性义务履约等方面的准备工作已经就绪，将稳步推进生效后的各项实施工作，适时出台《关于高质量实施RCEP的指导意见》。截至2021年12月，商务部在全国范围内主办3次RCEP专题培训，加大宣介、推广、培训力度，提升自贸协定综合利用率，提升多双边经贸关系水平。

（1）持续推进商品和要素流动型开放

商务部等有关部门梳理RCEP协定中涉及的701条约束性义务，针对关税减让、海关程序简化、原产地规则等，完成中方内部关税承诺表转换工作，起草RCEP原产地实施管理办法，积极推进国内实施各项技术准备工作。

（2）积极拓展规则、标准等制度型开放

对照RCEP协定中的产品标准、服务贸易开放措施、投资负面清单承诺、知识产权全面保护承诺以及行政措施和程序合规等约束性义务，积极开展协定实施的技术准备工作。对标国际先进产业水平，完善我国制造业质量标准、规则等，促进制造业向中高端迈进。围绕进一步扩大服务业开放，深入推进服务贸易创新发展，开展提升标准、完善规则等准备工作。

四、对标国际高标准经贸规则推进制度型开放

加强同世界高标准自贸区交流互鉴，探索既符合我国自身改革方向，又与国际通行规则对接的自贸规则，进一步提高货物贸易零关税比例，放宽服务贸易和投资市场准入，积极参与数字经济等新规则新议题谈判，有助于加快推动建设更高水平开放型经济新体制。

申请加入《全面与进步跨太平洋伙伴关系协定》（CPTPP）、《数字经济伙伴关系协定》（DEPA），是我国进一步深化改革和扩大高水平对外开放的重要行动，也是推进规则等制度型开放的重要途径。2021年9月，商务部向CPTPP保存方新西兰贸易与出口增长部提交了我国正式申请加入CPTPP的书面信函。同年11月，商务部致信新西兰贸易与出口增长部，代表我国向DEPA保存方新西兰

正式提出申请加入DEPA。我国将以积极开放态度参与数字经济、贸易和环境、产业补贴、国有企业等一体的谈判，努力通过深化改革、扩大开放，全面达到 CPTPP和DEPA的规则标准。

五、加快实施自由贸易区战略的基本评价

多边贸易体制和区域贸易安排是驱动经济全球化向前发展的两个“轮子”。我国坚定维护多边贸易体制，积极推进自由贸易区建设。截至 2021 年底，我国已与 26 个国家和地区签署了 19 个自由贸易协定。自由贸易伙伴占外贸比重已从 2012 年的 12.3%提高到 2020 年的近 35%。

自由贸易区建设拓展深化了我国经贸合作网络。在共建“一带一路”引领下，我国自由贸易伙伴逐渐从亚洲拓展到大洋洲、拉丁美洲、欧洲和非洲。通过与自由贸易伙伴建立制度性的经贸合作安排，有利于优化双边贸易投资环境，进一步提升了双方货物贸易、服务贸易自由化、便利化水平，加大了相互投资力度，也促进了双方在各领域的经济合作，增进了人员流动与相互交流。同时，双方经贸合作的持续健康发展也对自由贸易伙伴所在地区其他国家的自贸区建设以及深化经贸合作发挥了积极的示范作用，有利于加快形成面向全球的贸易、投融资、生产、服务网络，促进我国产业链供应链价值链更加完整、更具韧性，加快培育提升国际经济合作和竞争新优势。

自由贸易区建设促进构建更高水平的开放型经济。从发展历程看，我国自由贸易协定水平不断提升，覆盖议题范围不断拓展，不断做出更加开放、便利和规范的制度安排，为深度挖掘自由贸易伙

伴间合作潜力提供了重要保障。由此，通过深入推进自由贸易区建设，以高水平开放，促进深层次改革，推动高质量发展，为构建更高水平的开放型经济持续注入新动力。未来，我国将加强同世界高标准自贸区交流互鉴，进一步提高货物贸易自由化便利化水平，进一步放宽服务贸易和投资市场准入，积极开展数字经济、环境保护等新规则新议题谈判，加快建设更高水平开放型经济新体制。

自由贸易区建设为开放型世界经济发展作出了重要贡献。近年来，我国持续努力，积极与更多贸易伙伴签署自贸协定，不断扩大自贸“朋友圈”，共同推动贸易投资自由化便利化，展现了坚定支持自由贸易和经济全球化的态度和意愿，为全球经济复苏和增长注入了新动力。同时，自由贸易区建设也为我国参与国际经贸规则制定、争取全球经济治理制度性权力提供了重要平台，有助于在国际规则制定中发出更多中国声音、注入更多中国元素，助力构建公正、合理、透明的国际经贸投资规则体系，推动经济全球化朝着更加开放、包容、普惠、平衡、共赢的方向发展。

第五节　全面参与世界贸易组织改革与规则重构

2018 年 11 月，习近平总书记在首届中国国际进口博览会开幕式上强调，中国一贯主张，坚定维护世界贸易组织规则，支持对世界贸易组织进行必要改革，共同捍卫多边贸易体制[①]。2020 年 10

① 习近平：《论把握新发展阶段、贯彻新发展理念、构建新发展格局》，北京：中央文献出版社，2021 年版，第 285 页。

月，党的十九届五中全会要求，积极参与全球经济治理体系改革。我国践行承诺、遵守规则，高度重视贸易政策合规和审议工作，积极构建更高水平开放型经济，全面支持多边贸易体制发展，推动建设开放型世界经济。

一、坚定支持多边贸易体制

（一）利用多边平台倡导自由贸易

我国倡导通过加强合作、平等对话和协商谈判来解决国际贸易中的问题，主办亚太经合组织第二十二次领导人非正式会议、二十国集团领导人第十一次峰会等国际会议，加强与各方协调，推动将支持多边贸易体制、反对贸易保护主义写入会议成果文件。领导人出席博鳌亚洲论坛、世界经济论坛等国际论坛时，多次阐明支持多边贸易体制、推动建设开放型世界经济的坚定立场。在世界贸易组织内积极倡议，与多数成员发出反对单边主义和保护主义的共同声音。

2014 年 11 月，亚太经合组织第二十二次领导人非正式会议在北京召开。会议成果文件《亚太经合组织第二十二次领导人非正式会议宣言》重申，多边贸易体制在推动贸易扩大、经济增长、创造就业和可持续发展方面的价值及其中心和首要地位。强调坚定地加强世界贸易组织所代表的，基于规则、透明、非歧视、开放和包容的多边贸易体制。重申反对各种形式保护主义的承诺，并致力最大限度地克制使用可能符合世界贸易组织规则但具有明显保护主义效果的措施，并及时纠正这些措施。

2016 年 9 月，二十国集团领导人第十一次峰会在杭州召开。

会议成果文件《二十国集团领导人杭州峰会公报》指出，继续努力建设开放型世界经济，反对保护主义，促进全球贸易和投资，加强多边贸易体制，确保全球化背景下的经济增长提供惠及更多人的机遇、得到公众普遍支持。《二十国集团领导人杭州峰会公报》重申维护以世界贸易组织为核心、以规则为基础、透明、非歧视、开放和包容的多边贸易体制。承诺开展以发展为核心的“后内罗毕”工作，承诺优先推进多哈回合剩余议题谈判，包括农业谈判的所有三大支柱（市场准入、国内支持、出口竞争）、非农市场准入、服务、发展以及与贸易有关的知识产权、规则。重申反对任何形式的贸易和投资保护主义，核准了《二十国集团全球贸易增长战略》和《二十国集团全球投资指导原则》。

2017 年 9 月，金砖国家领导人第九次会晤在厦门举行，提出要推动开放、包容、普惠、平衡、共赢的经济全球化，建设开放型世界经济，支持多边贸易体制，反对保护主义。会议成果文件《金砖国家领导人厦门宣言》指出，继续坚定维护以世贸组织为代表、以规则为基础、透明、非歧视、开放和包容的多边贸易体制，重申确保全面实施和执行现有世贸组织规则，进一步加强世贸组织作用。继续坚决反对保护主义。2022 年 6 月，习近平总书记在北京以视频方式主持金砖国家领导人第十四次会晤，就深化金砖合作、坚持多边主义、反对单边经济制裁和“长臂管辖”等共同关心的问题达成许多重要共识。会晤通过并发表《金砖国家领导人第十四次会晤北京宣言》，就深化金砖合作、坚持多边主义、促进世界经济复苏、共同防控新冠疫情、反对单边经济制裁和“长臂管辖”、加强人文交流等表明“金砖立场”。

2017 年 5 月，第一届“一带一路”国际合作高峰论坛在北京召开。习近平总书记在“一带一路”国际合作高峰论坛开幕式的演讲中指出，我们要打造开放型合作平台，维护和发展开放型世界经济，共同创造有利于开放发展的环境，推动构建公正、合理、透明的国际经贸投资规则体系，促进生产要素有序流动、资源高效配置、市场深度融合。维护多边贸易体制，推动自由贸易区建设，促进贸易和投资自由化便利化。[①] 2019 年 4 月，习近平总书记在第二届“一带一路”国际合作高峰论坛圆桌峰会的开幕式上指出，我们要共同推动建设开放型世界经济，反对保护主义，继续把共建“一带一路”同各国发展战略、区域和国际发展议程有效对接、协同增效，通过双边合作、三方合作、多边合作等形式，鼓励更多国家和企业深入参与，做大共同利益的蛋糕。要本着多边主义精神，扎实推进共建“一带一路”机制建设，为各领域务实合作提供坚实保障。[②] 各方通过的《共建“一带一路”开创美好未来——第二届“一带一路”国际合作高峰论坛圆桌峰会联合公报》强调，支持以世界贸易组织为核心、以规则为基础、开放、透明、非歧视的多边贸易体制。公报强调，促进贸易投资自由化和便利化，期待进一步开放市场，反对保护主义、单边主义和其他不符合世界贸易组织规则的措施。

（二）维护世界贸易组织平稳运行

建设性参与世界贸易组织总干事遴选工作。2020 年 6 月 8

① 《习近平在“一带一路”国际合作论坛开幕式上的演讲》，《人民日报》，2017 年 5 月 15 日。

② 《习近平在第二届“一带一路”国际合作高峰论坛圆桌峰会上的开幕辞（全文）》，中国政府网，2019 年 4 月 27 日。

日，世界贸易组织正式启动新总干事遴选程序，至 7 月 8 日，世界贸易组织成员提名新总干事人选，共有 8 位候选人获得正式提名并参选世界贸易组织总干事。7 月 10 日，世界贸易组织正式公布了新总干事遴选程序。9 月 7 日起，世界贸易组织总理事会主席与争端解决机构主席和贸易政策审议机构主席组成的三人小组，与世界贸易组织所有成员代表分别会面并展开三轮磋商，逐步缩小候选人范围，并最终通过协商一致原则确定新总干事人。2020 年 10 月 28 日，世界贸易组织总干事遴选“三人小组”宣布恩戈齐·奥孔乔–伊韦阿拉为新任总干事唯一推荐人选。2021 年 2 月，在世界贸易组织总理事会特别会议上，世界贸易组织全体成员一致同意，任命尼日利亚经济学家恩戈齐·奥孔乔–伊韦阿拉为新任总干事，任期为 2021 年 3 月至 2025 年 8 月。

参与推动争端解决上诉程序改革。为维护多边贸易体制，保障并完善争端解决机制，2018 年 11 月 22 日，欧盟、中国、加拿大、印度、挪威、新西兰、瑞士、澳大利亚、韩国、冰岛、新加坡、墨西哥等世界贸易组织成员向世贸组织提交了关于争端解决上诉程序改革的联合提案。两份提案旨在回应并解决相关成员对上诉程序的关注，维护和加强上诉机构的独立性和公正性，并推动尽快启动上诉机构成员遴选程序。其中，第一份提案回应了个别成员对于上诉程序提出的关注，就离任上诉成员规则等问题提出了解决方案；第二份提案主要是加强上诉机构的独立性，提交上诉机构提高报告的效率和能力，以及自动启动上诉机构程序。2018 年 12 月，世界贸易组织总理事会对提案进行了讨论，联署方在会上发表了联合声明，指出争端解决机制的核心地位和重要作用，对当前上诉机构席位持续空缺表示高度关注，号召所有成员尽快讨论并通过提案相关的建议，以尽快启动遴选程序，填补上诉机构的空缺。

联合构建临时性上诉仲裁安排。2020 年 3 月，中国、欧盟和其他十多个世界贸易组织成员联合发表部长声明，决定在世界贸易组织建立多方临时上诉仲裁安排。在上诉机构停摆期间，“多方临时上诉仲裁安排”利用世界贸易组织《关于争端解决规则与程序的谅解》第二十五条规定的仲裁程序处理各参加方提起上诉的争端案件。2020 年 7 月，“多方临时上诉仲裁安排”参加方就仲裁员名单达成一致，成功组建了由 10 人组成的仲裁员库，并联合向世界贸易组织争端解决机构作出通报。仲裁员库的成功组建是全面实施多方临时上诉仲裁安排的必要步骤，对维护争端解决机制的有效运转、维护以规则为基础的多边贸易体制具有重要意义。

二、高度重视贸易政策合规和审议工作

加入世界贸易组织以来，我国清理法规和部门规章 2300 多件，地方政府清理地方性政策、法规 19 万多件。在知识产权领域内，很多地方设立了知识产权法院，有些省份还设立了专门的知识产权法庭，加大了行政保护和司法保护力度。

（一）开展贸易政策合规工作

（1）建立贸易政策合规工作制度

我国持续深入开展贸易政策合规工作，完善合规机制、加强能力建设。2014 年 6 月，国务院办公厅印发《关于进一步加强贸易政策合规工作的通知》，对贸易政策合规工作作出了新部署。同年 12 月，商务部公布《贸易政策合规工作实施办法（试行）》，明确

了贸易政策及合规含义、适用范围、工作程序等，提出了3类25项可能影响贸易的政策措施。编制《贸易政策合规工作手册》，帮助各地方、各部门合规工作人员提升业务能力。建立贸易政策合规网上系统，为合规工作提供咨询、培训、统计、交流的平台。

（2）开展贸易政策合规评估及培训

我国认真对贸易政策相关文件开展合规评估，举办全国贸易政策合规培训班，支持国务院有关部门和地方政府开展合规培训。自2015年以来，商务部已经连续举办16期全国贸易政策合规工作培训班，有效提高了参训人员对世贸规则的运用能力及合规工作水平。加大对补贴政策、数量限制等通报力度，进一步增强了贸易政策透明度。

（3）新冠疫情期间持续推进贸易政策合规工作

2020年，我国克服新冠疫情影响，利用线上和线下两种方式举办两期全国贸易政策合规培训班，继续对中央、地方近300项法律、法规及措施进行合规评估。2021年，全面更新和完善《贸易政策合规工作手册》，进一步发掘贸易政策合规网上系统价值，充分利用出口商品技术指南、世界贸易组织专题数据库等公共信息服务平台，确保相关贸易政策措施与世界贸易组织规则一致。2022年5月11日至12日，在线举办2022年第一期全国贸易政策合规工作培训班，分别就多边贸易体制基本原则与最新情况、补贴规则、服务贸易国内规制、技术性贸易措施、争端解决案例及从贸易救济角度看合规等进行了专题授课，开展了合规实践经验分享。

（二）认真对待贸易政策审议工作

贸易政策审议是与规则谈判、争端解决并列的世界贸易组织三大功能之一，成员之间相互就贸易政策提出问题、表达关注，是成员相互了解彼此贸易体制、经贸政策走向和承诺执行情况的重要透明度机制。按照世界贸易组织规则，贸易额排名全球前四位的成员，每两年需要接受一次审议。我国2001年加入世界贸易组织，经过5年过渡期，自2006年起接受世界贸易组织贸易政策审议，迄今已完成8次审议。我国建立了由商务部牵头、60多个部门参加的贸易政策审议部际工作协调机制，始终以开放坦诚的姿态，介绍宏观经济和贸易投资政策发展情况，听取其他成员对我国改革开放的意见和建议，认真回应各成员提出的大量问题与关注。

1．第四次贸易政策审议

2012年6月，世界贸易组织开展了对我国的第四次贸易政策审议，对我国经贸发展和相关政策以及对世界经济、其他世界贸易组织成员和多边贸易体制的影响进行了广泛评论，30多个成员提出了1700多个问题，我国认真回应了世界贸易组织成员提出的问题。绝大多数成员肯定我国在多边贸易体制，尤其在推动多哈回合谈判上所发挥的积极和建设性作用。发展中成员盛赞我国以实际行动支持“南南合作”，通过“促贸援助”、最不发达国家产品零关税待遇、WTO“最不发达国家和加入世贸组织中国项目”等具体举措，积极支持其他发展中国家特别是最不发达国家的发展。一些成员发言表达了对我国的期望，希望我国继续维持和深化改革开放政策、继续开放货物和服务贸易市场，同时也希望继续发挥领导作用，支持多边贸易体制的发展和推动多哈回合谈判成功结束。我国重申改革和开放的决心不会动摇、方向不会改变，将实行更加积极主动的开放战略，不断拓展新的开放领域和空间，扩大和深化同各方利益的会合点。

2．第五次贸易政策审议

2014 年 7 月，世界贸易组织开展了对我国的第五次贸易政策审议，共收到世界贸易组织成员提出的 1700 多个问题，会上 47 个成员代表发言，我国全面回应了各成员提出的大量关注。各成员高度赞赏党的十八届三中全会所作的全面深化改革的决定及为扩大开放采取的一系列新举措，普遍认为我国对世界经济贸易复苏作出了重要贡献，充分肯定在反对贸易保护主义、维护和加强多边贸易体制中发挥的建设性作用，积极评价中国（上海）自由贸易试验区推出的扩大开放的措施。发展中成员盛赞我国以实际行动推动“南南合作”，开展“促贸援助”、给予最不发达国家产品零关税待遇，积极帮助其他发展中国家特别是最不发达国家的经济发展。同时，一些世界贸易组织成员希望我国尽快落实全面深化改革的重大决定，宣布改革的具体措施和时间表，继续开放货物和服务贸易市场，为世界经贸发展作出更重要的贡献。部分世界贸易组织成员对贸易政策透明度（包括对贸易有关的政策措施的统一及时对外发布、翻译和公众参与评议）、政府产业政策、国有企业待遇、外商投资管理体制、知识产权保护、扩大服务业开放等问题提出了具体关注。

针对各世界贸易组织成员提出的建议，我国表示，根据党的十八届三中全会的决定，正在组织推动全面深化改革的具体方案和措施，不断完善社会主义市场经济体系，着力推动新一轮对外开放。我国将深化依法行政，透明、公开、统一实施各项贸易政策，一如既往欢迎各国投资者来华投资兴业，依法保障外国投资者的合法权益，进一步加大知识产权保护力度，努力为各类性质的市场主体营造公开透明的法律环境、高效便利的行政环境和平等竞争的市场环境。同时，还将深化国有企业改革，进一步扩大服务业开放。

3．第六次贸易政策审议

2016年7月，世界贸易组织开展了对我国的第六次贸易政策审议。世界贸易组织成员提交了1964个书面问题，59个成员代表在会上发言，对我国成为其重要经贸合作伙伴表示高度重视，对进一步深化改革和扩大对外开放表示充分肯定，对我国经济保持快速增长并为其他成员带来市场机遇给予积极评价，对坚持多边贸易体制表示赞赏，对支持最不发达国家贸易发展、促进“南南合作”、积极发挥负责任大国作用表示感谢。同时，一些世纪贸易组织成员对中国贸易政策透明度、国有企业和补贴、知识产权保护力度、产能过剩、TBT、SPS等进口非关税措施、外资环境及制度安排、我国参与多边贸易体制等方面表示关注，提出了问题和建议。

我国就世界贸易组织成员提出的主要问题和建议进行了回应。关于透明度问题，我国立法过程中的公众参与度进一步提高，文件翻译的有关制度安排取得了进一步完善。关于国有企业和补贴问题，我国继续深入推进国有企业改革，2015年8月，中共中央、国务院印发《关于深化国有企业改革的指导意见》，明确国有企业改革应坚持社会主义市场经济改革方向。我国高度重视国有企业公平、公正参与市场竞争。国有企业在获取资金、破产和竞争立法方面与其他企业使用相同的规则和法律。关于知识产权保护，我国高度重视知识产权保护的立法、司法、执法工作和长效机制建设。北京、上海、广州设立知识产权法院，“清风行动”开展一年多来初见成效，出口侵权假冒商品现象得到有力遏制。关于产能过剩，既有周期性原因，也有结构性因素，是一个全球性问题，需要各国共同应对。关于技术性贸易壁垒、卫生与植物卫生措施等进口非关税措施问题，我国认真执行《技术性贸易壁垒协定》和《卫生与植物卫生措施协定》义务，愿就进一步推动相关措施的贸易便利化与其他成员开展进一步交流与合作。关于外资环境及制度安排问题，我国通过进一步扩大开放，加大外商投资企业的合法权益保护，加强对外商投资企业的服务，努力为外商营造公开、透明和可预期的投资环境。在自由贸易试验区对外商投资试点准入前国民待遇加负面清单管理模式，取得了良好效果。

4．第七次贸易政策审议

2018 年 7 月，世界贸易组织开展了对我国的第七次贸易政策审议。审议会上，我国向世界贸易组织成员介绍了 2016 年以来采取的一系列自主开放和继续全面深化改革的举措，展示了我国发展给世界经济增长带来的机遇，重申坚定支持多边贸易体制，反对单边主义和保护主义的决心。

世界贸易组织成员普遍积极评价我国自主开放和继续全面深化改革的举措，充分肯定我国发展对世界经济增长的助推作用，高度赞赏我国对多边贸易体制的支持，感谢对不发达成员的帮助。同时，一些世界贸易组织成员对我国的产业政策、补贴政策、产能过剩、国有企业的优势待遇、贸易政策透明度、知识产权保护、外商投资市场准入、网络安全政策等领域表达了关注，提出了问题和建议。我国对以上问题作了详细澄清和回应。

5．第八次贸易政策审议

2021 年 10 月，世界贸易组织以视频方式开展了对我国的第八次贸易政策审议，39 个世界贸易组织成员提出了 2562 个问题，涉及货物贸易、服务贸易、知识产权、投资领域等众多议题。在审议会上，我国详细介绍了自2018年7月第七次审议以来，经贸政策的发展以及参与世界贸易组织工作的一些情况。我国在发言中强调了两个方面：一方面，经过不懈奋斗和努力，坚持改革开放政策，实现了经济跨越式发展，为世界提供了巨大机遇，也为世界经济发展作出了突出贡献；另一方面，加入世界贸易组织20年来，我国严格遵守规则，认真履行承诺，是多边贸易体制的坚定支持者、积极参与者和重要贡献者。

65个世界贸易组织成员在会上发言，对我国作了积极评价。一是肯定我国积极参与世界贸易组织工作，认真履行加入承诺，积极参与渔业补贴谈判，积极引领投资便利化谈判，建设性参与电子商务谈判。二是感谢我国给予最不发达国家产品进口免关税待遇，帮助其他发展中成员和最不发达国家融入多边贸易体制。三是充分肯定我国主动降低关税，压减外资准入负面清单，不断扩大市场准入，积极推动贸易投资自由化便利化，为各成员提供广阔市场。四是积极评价“一带一路”倡议在促进相关国家贸易经济合作方面具有巨大潜力，为合作伙伴带来更多发展机遇。

三、参与推进世界贸易组织谈判和改革

（一）提出世界贸易组织改革的“中国主张”

1. 提出关于世界贸易组织改革的立场

2018年11月，我国发布《中国关于世贸组织改革的立场文件》，阐明了我国对世界贸易组织改革的基本原则和具体主张，指出以世界贸易组织为核心、以规则为基础的多边贸易体制是经济全球化和自由贸易的基石。在世界经济深刻调整、单边主义和保护主

义抬头、多边贸易体制遭受严重冲击的情况下，中方支持对世界贸易组织进行必要改革，以增强其权威性和有效性。中方提出关于世界贸易组织改革的三个基本原则和五点主张。三个基本原则如下：

第一，世界贸易组织改革应维护多边贸易体制的核心价值。非歧视和开放是世贸组织最重要的核心价值，也是世贸组织成员在多边规则框架下处理与其他成员经贸关系的遵循。非歧视涉及最惠国待遇和国民待遇，核心是确保任何成员不得在进出口方面针对某一成员采取歧视性做法。开放涉及关税约束和禁止数量限制，核心是确保任何成员不得随意将进口关税提高到超过其约束水平，不得随意对某一成员产品设立数量限制。改革应维护多边贸易体制的规则基础，为国际贸易创造稳定和可预见的竞争环境。

第二，世界贸易组织改革应保障发展中成员的发展利益。发展是世贸组织工作的核心。世界贸易组织明确规定发展中成员可以享受特殊与差别待遇，包括比发达成员更小的市场开放程度、更长的开放过渡期、保留政策空间的灵活性以及接受技术援助等。改革应解决发展中成员在融入经济全球化方面的困难，赋予发展中成员实现其经济发展所需的灵活性和政策空间，帮助达成联合国 2030 年可持续发展目标，缩小南北差距。

第三，世界贸易组织改革应遵循协商一致的决策机制。规则应该由国际社会共同制定。改革关系到多边贸易体制的未来发展方向，改革的议题选择、工作时间表和最终结果都应由世界贸易组织广大成员在相互尊重、平等对话的基础上，通过协商一致的方式作出。磋商进程应保证所有成员特别是发展中成员的共同参与，不能由少数成员说了算，也不能搞小圈子。

我国的五点主张如下：

第一，世界贸易组织改革应维护多边贸易体制的主渠道地位。中方反对个别成员以新概念和新表述“偷换概念”“另起炉灶”，混淆并否定多边贸易体制的权威性。改革应维护多边贸易体制在全球贸易自由化便利化进程中的主渠道地位。

第二，世界贸易组织改革应优先处理危及世界贸易组织生存的关键问题。目前，个别成员阻挠启动上诉机构成员遴选程序，滥用国家安全例外条款采取征税措施，并以国内法为由采取单边主义措施，冲击多边贸易体制的规则基础。改革应尽快解决上诉机构成员遴选问题，并将违反世界贸易组织规则的单边主义和保护主义做法关进制度的笼子，确保世界贸易组织各项功能的正常运转。

第三，世界贸易组织改革应解决贸易规则的公平问题并回应时代需要。我国反对有些成员滥用现有规则漏洞行贸易保护主义之实。改革应解决发达成员过度农业补贴对国际农产品贸易造成的长期严重扭曲，纠正贸易救济措施滥用特别是反倾销调查中的“替代国”做法对正常国际贸易秩序的严重干扰。同时，改革应推动世界贸易组织规则与时俱进，涵盖反映21世纪经济现实的议题，例如投资便利化、中小微企业等议题。

第四，世界贸易组织改革应保证发展中成员的特殊与差别待遇。发展中成员在经济社会发展阶段、产业结构和竞争力、区域发展层次、教育文化水平、社会保障体系、参与国际治理能力等方面与发达成员存在全方位差距，不能简单地用经济总量来衡量。我国反对有些成员借世贸组织改革质疑甚至剥夺一些发展中成员享受特殊与差别待遇的权利。我国是世界上最大的发展中国家，愿意在世界贸易组织中承担与自身发展水平和能力相适应的义务，但绝不允许任何成员剥夺中国理应享受的发展中成员特殊与差别待遇。

第五，世界贸易组织改革应尊重成员各自的发展模式。目前，有些成员否认发展模式的多样性，一方面指责其他成员的国有企业、产业补贴等正常的发展模式和政策措施，另一方面限制正常的科技创新成果交流，实际上就是希望维护自身的垄断地位，限制其他成员的发展空间，我国对此坚决反对。改革应取消一些成员在投资安全审查和反垄断审查中对特定国家企业的歧视，纠正发达成员滥用出口管制措施、阻挠正常技术合作的做法。中方反对借世贸组织改革对国有企业设立特殊的、歧视性纪律，也不同意将没有事实依据的指责列为世界贸易组织改革议题。

2．全面阐述世界贸易组织改革的主张

2019年5月，我国正式向世界贸易组织提交了《中国关于世贸组织改革的建议文件》，就4个行动领域和12个具体议题提出改革思路。这是一份由发展中成员提交、全面阐述世界贸易组织改革主张的文件。

一是解决危及世界贸易组织生存的关键和紧迫性问题。针对这一问题，我国就三项议题提出了改革思路，即打破上诉机构成员遴选僵局、加严对滥用国家安全例外的措施的纪律、加严对不符合世界贸易组织规则的单边措施的纪律。

二是增加世界贸易组织在全球经济治理中的相关性。针对这一领域，我国就五项议题提出了改革思路，即解决农业领域纪律的不公平问题，完善贸易救济领域的相关规则，完成渔业补贴议题的谈判，推进电子商务议题谈判开放、包容开展，推动新议题的多边讨论。

三是提高世界贸易组织的运行效率。针对这一领域，我国就两项议题提出了改革思路，即加强成员通报义务的履行、改进世界贸易组织机构的工作。

四是增强多边贸易体制的包容性。针对这一领域，我国就两项议题提出了改革思路，即尊重发展中成员享受特殊与差别待遇的权利、坚持贸易和投资的公平竞争原则。

3．多渠道支持世界贸易组织改革工作

我国通过二十国集团、亚太经合组织、金砖国家合作机制等国际治理平台，宣传我国支持多边主义和自由贸易立场，呼吁国际社会维护多边贸易体制，反对单边主义和保护主义。2018 年 11 月，《中国关于世贸组织改革的立场文件》发布后不久，二十国集团领导人峰会就支持对世界贸易组织进行必要改革达成重要共识。同时，我国积极推进中欧世界贸易组织改革联合工作组各项工作，举办世贸组织改革部级研讨班。

（二）参与推进世界贸易组织谈判工作

推动贸易便利化谈判。《贸易便利化协定》作为世界贸易组织成立近 20 年来达成的首个多边贸易协定，是多哈回合谈判启动以来取得的最重要突破。据世界贸易组织估算，《贸易便利化协定》如果得到落实，将使全球贸易成本减少约 14.3%，到 2030 年推动全球出口额外增加 2.7%，推动全球经济额外增长 0.5%。我国积极参与并推动谈判，先后提交和参与联署 8 份提案，内容不仅涉及贸易法规的公布和实施、风险管理、后续稽查等具体措施，还涉及成员需求和优先领域确定、技术援助和能力建设支持等综合性问题。达成《贸易便利化协定》后，我国于 2014 年 6 月向组织通报了实施计划。2015 年 9 月，我国成为接受《贸易便利化协定》议定书的第 16 个世界贸易组织成员。2016 年，我国担任二十国集团主席国期间，推动多国完成《贸易便利化协定》国内批准程序。自2017年2月《贸易便利化协定》正式生效以来，积极实施《贸易便利化协定》所要求的各项贸易便利化措施。2020年1月，我国向世界贸易组织通报提前实施《贸易便利化协定》中“确定和公布平均放行时间”等措施，对《贸易便利化协定》规定的各类措施实施率已达到100%。

参与《信息技术协定》扩围谈判。扩围谈判是世界贸易组织成立后达成的第一份关于取消关税的重要协议。扩围谈判自2012年5月启动，至2015年12月达成全面协议，经过近20轮磋商，共有24个参加方、53个世界贸易组织成员参加，参加方扩围产品全球贸易额达1.3万亿美元，占相关产品全球贸易额的约90%。2012年9月以来，我国不断协调国内相关产业，不断改进出价，为扩围谈判取得成功发挥了重要作用。协议在1996年《信息技术协定》产品范围基础上新增201项产品，包括信息通信技术产品、半导体及其生产设备、视听产品、医疗器械及仪器仪表等与当代科技发展密切相关的产品。所有产品计划于2016年7月起实施降税，绝大多数产品将在3年至5年后最终取消关税，并在最惠国待遇基础上对全体世界贸易组织成员适用。

推动世界贸易组织第12届部长级会议成功举行。中国代表团全程参与各议题磋商，加强与世界贸易组织总干事沟通交流，重视与其他成员的团结协作，推动相关议题达成协议并作出重要贡献。会议最终取得“1+4”成果，“1”即发布《MC12成果文件》，各方重申加强以世贸组织为核心的多边贸易体制，推进世贸组织必要改革。“4”包括：一是《关于〈与贸易有关的知识产权协定〉的部长决定》和《关于世贸组织新冠肺炎疫情应对和未来疫情应对准备的部长宣言》，帮助发展中成员提高新冠疫苗的可及性和可负担性，推动构建人类卫生健康共同体，推动疫后经济复苏；二是《渔业补贴协定》，这是世界贸易组织过去9年达成的首份多边协定，为实现联合国2030年可持续发展议程作出重要贡献；三是《关于紧急应对粮食安全问题的部长宣言》和《关于世界粮食计划署购粮免除出口禁止或限制的部长决定》，维护自由开放的农产品贸易环境，增强全球粮食和农业市场的韧性；四是《关于电子商务的工作计划》，将电子传输临时免征关税的做法延续到下一届部长级会议。

（三）参与推进多项议题磋商谈判

积极参与农产品出口限制和透明度议题磋商，在电子商务、渔业补贴等议题谈判中提出多份中方提案，联合发起并推动《环境产品协定》谈判达成重要共识，参与妇女经济赋权等新兴议题讨论，深入研究贸易与健康、贸易与环境等新兴议题。发起成立“投资便利化之友”，引导70多个成员达成《关于投资便利化的部长联合声明》。加入“中小微企业之友”，推介我国在世界贸易组织相关提案中关于支持中小微企业的内容。加入“电子商务发展之友”，积极推动世界贸易组织电子商务议题多边讨论，分享经验做法，帮助发展中成员从发展电子商务中受益。

四、参与国际贸易新规则重构

（一）参与制定数字贸易规则

推进电子商务规则制定。我国支持以开放、透明、包容、灵活方式开展与贸易有关的电子商务议题规则制定工作。坚持发展导向，重点关注通过互联网实现交易的跨境货物贸易及物流、支付等相关服务，在跨境电子商务便利化、电子签名、电子认证、在线消费者权益保护等领域建立规则；制定发展合作条款，加强对发展中成员特别是最不发达国家的技术援助与能力建设；尊重成员监管权利并照顾发展中成员具体关切，在技术进步、商业发展与各成员网络主权、数据安全、隐私保护等合理公共政策目标之间实现平衡，通过平等协商达成平衡、务实、各方都能接受的结果。2016 年 11 月，我国向世界贸易组织提交了电子商务议题谈判文本，促进跨境电子商务政策透明度，并提出谈判中应继续暂停对电子交易征收关税等内容。2019 年 1 月，包括我国在内的 76 个世界贸易组织成员，在达沃斯举行的电子商务非正式部长级会议上签署了《关于电子商务的联合声明》。与此同时，我国全面参与金砖国家、二十国集团、亚太经合组织框架下数字经济与电子商务议题讨论与磋商，积极分享我国电子商务创新发展实践，推动在数字时代营造开放自由的国际贸易环境。

提出数据安全倡议。2020 年 9 月，我国提出《全球数据安全倡议》，具体阐释了 8 个方面的内容：一是各国应以事实为依据全面客观看待数据安全问题，积极维护全球信息技术产品和服务的供应链开放、安全、稳定；二是各国反对利用信息技术破坏他国关键基础设施或窃取重要数据，以及利用其从事危害他国国家安全和社会公共利益的行为；三是各国承诺采取措施防范、制止利用网络侵害个人信息的行为，反对滥用信息技术从事针对他国的大规模监控、非法采集他国公民个人信息；四是各国应要求企业严格遵守所在国法律，不得要求本国企业将境外产生、获取的数据存储在境内；五是各国应尊重他国主权、司法管辖权和对数据的安全管理权，未经他国法律允许不得直接向企业或个人调取位于他国的数据；六是各国如因打击犯罪等执法需要跨境调取数据，应通过司法协助渠道或其他相关多双边协议解决。国家间缔结跨境调取数据双边协议，不得侵犯第三国司法主权和数据安全；七是信息技术产品和服务供应企业不得在产品和服务中设置后门，非法获取用户数据、控制或操纵用户系统和设备；八是信息技术企业不得利用用户对产品依赖性谋取不正当利益，强迫用户升级系统或更新换代。产品供应方承诺及时向合作伙伴及用户告知产品的安全缺陷或漏洞，并提出补救措施。

（二）参与制定服务贸易国内规制相关规则

服务贸易国内规制相关规则旨在提高国内监管透明度，简化行政程序，有助于减少服务贸易壁垒，降低企业成本和面临的不确定性，改善全球服务贸易营商环境。服务贸易国内规制顺利完成谈判，是世贸组织恢复谈判功能的重要里程碑，也是国际服务贸易监管规则发展和创新的重要成果。中国、美国、欧盟等67个世界贸易组织成员参加了此次议题谈判，其服务贸易规模占世界服务贸易总额的90%。我国积极联合各方发起谈判，研提谈判具体问题解决方案，为谈判顺利结束作出重要贡献。同时，持续开展包括服务业在内的改革开放，颁布《中华人民共和国外商投资法》及其配套法规，建立了包括服务业在内的外商投资准入前国民待遇加负面清单管理制度，发布了海南自由贸易港跨境服务贸易负面清单，不断改善营商环境，以实际开放行动履行了责任担当。2021年12月，67个世界贸易组织成员就服务贸易国内规制联合声明倡议召开各参加方驻世贸组织代表团团长级会议，共同发表了《关于完成服务贸易国内规制谈判的宣言》。宣言正式宣布服务贸易国内规制联合声明倡议谈判成功完成，宣布达成《服务贸易国内规制参考文件》，明确相关谈判成果将纳入各方现有多边承诺。各参加方将在宣言发布之日起12个月内完成相关核准程序，并提交具体承诺减让表以供确认。未来，服务贸易国内规制联合声明倡议可望吸引更多成员加入，实现谈判成果多边化。

（三）推动制定全球投资便利化规则

2016年9月，二十国集团领导人第十一次峰会提出《G20全球投资指导原则》。在此基础上，2017年我国作为参加方在世界贸易组织联合发起了关于投资便利化的谈判议题，旨在建立国际规则，在全球范围内提升投资政策透明度、简化和加快投资审批程序、促进国际合作。截至目前，各个参加方已就协定框架和主要规则形成初步共识。2020年，我国大力推进投资便利化议题工作，会同100多个成员启动谈判。2021年12月，我国和欧盟、俄罗斯、日本、智利、巴西、尼日利亚等共112个世贸组织成员共同联署《投资便利化联合声明》，强调将继续坚持发展导向，并以现有谈判文本为基础推进谈判，在2022年底前结束文本谈判，推动最终达成投资便利化多边协定。

（四）推动制定多项贸易相关领域规则

牵头制定世界海关组织电子商务海关监管指南文件，积极参与“经认证的经营者”等领域国际海关规则制定。深度参与联合国贸法会、国际统一私法协会等国际组织有关贸易投资规则制定，推进铁路运单物权化、司法拍卖船舶等议题规则制定。签署国际统一私法协会《矿业、农业和工程设备议定书》。积极参与国际投资争端规则改革进程。开展中欧、中俄等知识产权国际交流，加强知识产权保护国际合作，积极参与相关国际规则构建。

五、全面参与世贸组织改革与规则重构的基本评价

近年来，逆全球化潮流涌动，保护主义和单边主义抬头，以世界贸易组织为核心的多边贸易体制遭遇挑战。我国始终坚定支持多边贸易体制，全面参与世贸组织各项工作，推动世贸组织更加重视发展中成员的关切，反对单边主义和保护主义，维护多边贸易体制的权威性和有效性，与各成员共同推动世界贸易组织在经济全球化进程中发挥更大作用。

促进多边贸易体制稳定运行。利用多边机制、国际论坛等重要平台积极倡导自由贸易，旗帜鲜明地反对单边主义和保护主义。高度重视贸易政策合规工作，认真做好贸易政策审议。联合提案推动争端解决上诉程序改革，联合构建临时性上诉仲裁安排。支持世界贸易组织将发展作为工作重心，积极响应世界贸易组织“促贸援助”倡议，实施“最不发达国家及加入世贸组织中国项目”，全力支持发展中国家融入多边贸易体制。

为世界经贸发展作出重要贡献。我国坚定不移奉行互利共赢的对外开放战略，从加入世界贸易组织到共建“一带一路”、举办进口博览会，为促进世界经济贸易发展、增加全球民众福祉作出了重大贡献，成为世界经济的主要稳定器和动力源。2012—2021 年，我国经济占世界经济比重由 11.3%上升到超过 18%，对全球经济增长的贡献率连续多年稳居世界第一。对外贸易持续发展，成为世界第

一大贸易国，是120多个国家和地区的主要贸易伙伴，惠及14亿多中国人民，也惠及世界各国人民。贸易模式的创新也为世界贸易的增长带来了新的动力。跨境电商等对外贸易新业态新模式快速发展，为贸易伙伴提供了更加广阔的市场。未来，我国不仅是“世界工厂”，还将更大程度地迈向“世界市场”，为各国提供更多发展机遇。

提出世界贸易组织改革的“中国方案”。因应世界经贸发展新形势和世界贸易组织改革的迫切需要，我国发布《中国关于世贸组织改革的立场文件》，阐明了对世界贸易组织改革的基本原则和具体主张。向世界贸易组织提交了《中国关于世贸组织改革的建议文件》，就4个行动领域和12个具体议题提出了改革思路。我国提出的改革方案，既维护了多边贸易体制在全球贸易自由化便利化进程中的主渠道地位，强化了多边贸易体制的权威性，也回应了时代需要，致力推动世界贸易组织规则与时俱进；既对危及世界贸易组织生存的关键问题提出了破解之道，也强调了多边贸易体制的包容性以及贸易规则的公平问题，以期推动经济全球化朝着更加开放、包容、普惠、平衡、共赢的方向发展，让不同国家、不同阶层、不同人群共享经济全球化的成果。

主要参考资料

1. 习近平. 习近平谈治国理政（第二卷）[M]. 北京：外文出版社，2017.
2. 习近平. 习近平谈治国理政（第三卷）[M]. 北京：外文出版社，2020.
3. 习近平. 论把握新发展阶段、贯彻新发展理念、构建新发展格局[M]. 北京：中央文献出版社，2021.
4. 习近平. 习近平谈治国理政（第四卷）[M]. 北京：外文出版社，2022.
5. 江泽民. 江泽民文选（第三卷）[M]. 北京：人民出版社，2006.
6. 胡锦涛. 胡锦涛文选（第三卷）[M]. 北京：人民出版社，2016.
7. 中共中央文献研究室. 邓小平年谱（一九七五—一九九七）（上）[M]. 北京：中央文献出版社，2004.
8. 李志宁. 中华人民共和国经济大事典（1949.10—1987.1）[M]. 长春：吉林人民出版社，1987.
9. 王绍熙. 中国对外贸易理论和政策[M]. 北京：对外贸易教育出版社，1989.
10. 孙玉宗、王寿椿. 对外贸易经济学[M]. 北京：对外贸易教育出版社，1992.
11. 李钢. 从“国际富人俱乐部”到“经贸联合国”——关税与贸易总协定[M]. 北京：人民出版社，1993.
12. 中国关贸总协定谈判代表团. 中国对外贸易制度备忘录

（1993 年 5 月修订本）[M]. 北京：中国对外经济贸易出版社，1993.

13. 罗锐韧. 中华人民共和国对外经济贸易法律实务全书[M]. 北京：企业管理出版社，1995.

14. 刘向东. 中国对外经贸政策与改革纵览[M]. 北京：中国对外经济贸易出版社，1998.

15. 世界贸易组织秘书处. 乌拉圭回合协议导读[M]. 北京：法律出版社，2000.

16. 刘向东. 邓小平对外开放理论的实践[M]. 北京：中国对外经济贸易出版社，2001.

17. 孙玉琴. 中国对外贸易史[M]. 北京：对外经济贸易大学出版社，2004.

18. 钟坚. 邓小平经济特区思想的丰富内容和时代意义[N]. 人民日报，2004. 09. 16.

19. 李钢、李俊. 迈向贸易强国——中国外经贸战略的深化与升级[M]. 北京：人民出版社，2006.

20. 陈文敬、李钢、李健. 振兴之路——中国对外开放 30 年[M]. 北京：中国经济出版社，2008.

21. 刘向东. 对外开放起始录[M]. 北京：经济管理出版社，2008.

22. 沈觉人. 沈觉人论中国对外贸易问题[M]. 北京：中国商务出版社，2011.

23. 石广生. 中国对外经济贸易改革和发展史[M]. 北京：人民出版社，2013.

24. 沈觉人. 往事如歌（上、下）[M]. 北京：中国商务出版社，

2014.

25. 商务部国际贸易经济合作研究院. 中国对外贸易史（下）[M]. 北京：中国商务出版社，2015.
26. 任彦、王如君、李志伟、陈效卫、杨迅. 打破低效障碍，为全球贸易添活力[N]. 人民日报，2017.02.24.
27. 商务部国际贸易经济合作研究院. 迈向贸易强国之路——40 年改革开放大潮下的中国对外贸易[M]. 北京：中国商务出版社，2018.
28.《改革开放简史》编写组. 改革开放简史[M]. 北京：人民出版社、中国社会科学出版社，2021.
29. 中国商务年鉴编辑委员会. 中国商务年鉴 2021[M]. 北京：中国商务出版社，2021.
30.《中国自由贸易试验区年鉴》编辑委员会. 中国自由贸易试验区年鉴 2021[M]. 北京：中国商务出版社，2021.
31. 权衡. 坚定不移推进高水平对外开放[N]. 人民日报，2022.06.10.

CHINA'S REFORM AND OPENING UP

第二部分

史料篇

政策法规

▼

国务院关于宝安、珠海两县外贸基地和市政建设规划设想的批复[①]

（1979年2月14日）

广东省革命委员会：

粤革〔1978〕160号报告收悉。国务院原则上同意你省关于宝安、珠海两县外贸基地和市政建设的规划设想。现就几个主要问题批复如下：

一、今后三年，宝安、珠海两县外贸基地和市政建设国家预算内投资1.5亿元，由国家计委按建设进度分年专项拨给广东省，广东省负责包干建设，1979年安排3500万元。另外，宝安电厂和广州至澳门公路桥梁工程的建设方案，由水电部和交通部分别归口负责重新审定后另复。

---

① 《国务院关于宝安、珠海两县外贸基地和市政建设规划设想的批复》，载钟坚、郭茂佳、钟若愚主编，《中国经济特区文献资料》（第一辑），北京：社会科学文献出版社，2010年版，第3-4页。

国家预算内基建投资用的钢材、木材和水泥，由国家物质总局随投资分年专项分配。

两县建设所需汽车 150 辆（包括农用汽车），由国家物质总局分年专项拨给；所需大中型拖拉机 274 台、手扶拖拉机 2993 台由广东省就地生产，分年供应，具体品种可商一机部调剂。

二、两县扶持外贸基地可以使用银行外汇贷款。贷款指标和具体项目，由省提出方案同中国人民银行、外贸部商定。

三、两县为扩大农副产品出口而减少粮食种植面积，影响到粮食征购，可按照实际情况调减两县粮食征购基数。两县需要增加的统销粮，可纳入粮食销售计划。由于减少征购增加销售所造成的粮食缺口，由省内平衡解决；如果省内平衡不了，由商业部安排调入。

四、两县国营农场和社、队农场生产的良种猪和育肥鸡，全部卖给国家的，在改善经营管理，提高饲养技术，降低成本的情况下，仍然发生亏损的，可以由省里有关部门规定，在一定时期内实行按收购价格给予价外补贴。

五、两县发展外贸和旅游事业需要增加的劳动指标，由国家劳动总局纳入年度劳动计划，分期分批安排。两县新增加的人员，应首先安置 1972 年以前下乡的知识青年和按规定留城的知识青年。职工工资待遇，可按国家现行计件工资和奖励制度的有关规定执行。至于是否搞边境补贴问题，由省同国家劳动总局另行研定。

六、为支持两县加快外贸基地的建设，从 1979 年起至 1981 年，两县的税收和利润除了归还贷款之外，三年以内，暂不上缴，留给当地，用于经济建设和各项事业开支。

宝安、珠海毗邻港澳，地处边防，工农业生产基础薄弱，斗争十分复杂。抓紧时机把两县建设好，对于充分利用港澳，发展对外贸易，发展国际交往和开展旅游服务事业，加速边防地区的建设，无论政治上、经济上都有重要的意义。必须从各方面充分利用两县的优越条件。除初步规划的项目外，为方便港澳同胞看病就医，还可扩建医院、药店；吸收港澳同胞和华侨的资金，合建工厂、农场和其他事业，也可试办。总之，凡是看准了的，说干就干，立即行动，把它办成、办好。你们决定加强两县的领导是必要的。对于两县外贸基地和市政建设工作，从省到地、县都要建立明确的严格的责任制，尽快把规划落实到基层，做到有规划，有检查，有措施，有效果。要充分发动和依靠群众，调动各方面积极因素，搞好筹建和施工，成熟一项，就干一项，早建成，早见效。有关部门要多关心两县的建设，主动地真心实意地帮助解决建设中的困难。国务院深信，经过三、五年的努力，实现中央领导同志的指示，把宝安、珠海两个县建设成为具有相当水平的工农业结合的出口商品基地，建设成为吸收港澳游客的游览区，建设成为新型的边防城市，是完全可能的。

国务院关于狠抓出口保证国家外汇收入的通知[①]

（1985 年 4 月 1 日）

各省、自治区、直辖市及计划单列市人民政府，国务院各部委、各直属机构：

我国去年对外贸易形势很好，进出口总额大幅度增加，亏损补贴减少，占用流动资金下降，经济效益显著提高。但是，从去年第四季度以来，在外贸进出口和外汇收支上出现了一些值得注意的问题。特别是去年十二月和今年头两个月，出口增长缓慢，进口增长过快，国家外汇库存急剧下降，出口成本上升。这种情况如不及时采取有效措施加以改变，继续发展下去，国家生产建设和市场供应急需进口的重要物资和技术设备的用汇将没有保证，势必影响生产和建设的发展，影响经济体制改革的顺利进行。因此，各地人民政府、各部委要从全局出发，通力协作，密切配合，充分发挥有利因素，狠抓出口工作，坚决完成今年出口商品收汇二百七十亿美元的计划，并且力争超过。同时，要适当调整某些进口商品，节省外汇支出。现通知如下：

一、坚持外贸体制改革的方向

国务院批转经贸部《关于外贸体制改革意见的报告》（国发〔1984〕122 号文件）所确定的改革方向和原则是正确的，必须贯

① 《国务院关于狠抓出口保证国家外汇收入的通知》，中国政府网，2013 年 8 月 27 日。

彻执行。但由于外贸工作涉及到国内外各个方面，情况比较复杂，因此，外贸体制改革要有计划、有步骤地进行，必须“慎重初战，务求必胜”。

经贸部和各地人民政府要加强对外贸工作的领导和管理，当前特别要加强督促检查，正确运用行政管理和经济调节手段，进一步促进对外贸易的发展。

二、坚决完成今年的出口计划

根据全国计划会议的安排，今年的出口计划已经下达，各地经贸厅（委、局）和各类外贸专业总公司要按照计划的安排，积极承担并保证完成和超额完成本地区、本公司系统的出口任务。各地区、各有关部门对列入出口计划的商品，要积极督促有关企业抓紧落实货源，保证按计划供货；对计划上未列名的国外适销的出口商品，在不低于一九八四年出口水平的基础上努力增加出口。当前特别要处理好某些商品的内外销矛盾，保证优先出口。对生产出口商品所需的原材料、辅料、燃料动力，要按照原来的供应渠道优先供应，其中属于国家计划分配和安排的，应按国家规定的价格供应。对实行市场调节、价格已经放开的出口商品，凡是出口适销、国内又紧俏的，为保证出口货源需要，各类外贸企业在提高经济效益的前提下，可采用以进养出、进出结合、预购、换购、同生产企业合作、联营、引进先进技术或关键性设备扶持生产等办法，由企业之间签订经济合同，把经营搞活。

今年进口计划要作适当调整，具体项目或商品经国家计委确定后将由经贸部下达。

交通运输部门要积极挖掘铁路、公路、水运、空运、港口的运输和装卸的潜力，保证外贸运输计划的完成和超额完成。

三、鼓励扩大出口、多创外汇

为了鼓励出口，适当解决一部分有亏损的商品出口，确定以今年经贸部下达的出口计划创汇总额为基数，对超计划出口的部分，由地方负责盈亏，外汇实行中央和地方倒“三七”分成（地方七成、中央三成）。超计划出口商品留成外汇，地方可在今年进口计划之外，按照国务院有关规定，进口一部分用于生产和市场所需的物资。

各经济特区和海南行政区的出口商品收汇，除本地生产的出口商品仍按现行规定超基数部分留成100%外，对在经济特区和海南行政区以外收购原料、成品出口或接受内地委托代理出口的商品，外汇留成分别按国家规定的有关留成办法计算，留给经济特区、海南行政区或有关委托出口的地区。

四、进口和出口实行分别核算

进口商品除国家确定给予价差补贴者外，其余商品均由订货部门负责盈亏。出口商品的财务核算，继续实行分级管理、核定成本、独立核算、减亏分成。

全国出口商品成本，已由经贸部、财政部核定，各地区、各公司要认真贯彻执行。鉴于国内外情况发生了变化，为了不影响各外贸公司对外成交和出口业务的正常进行，对某些核定的成本与实际成本差距较大的商品，由经贸部做必要的调整。各类外贸企业要进一步改善经营管理，降低成本，积极组织对外成交和交货。

对出口商品征收利润调节税和对进出口产品征、退产品税或增值税的问题，按照国发〔1985〕40号、43号文件规定执行。

五、坚持统一政策、统一规划和分级管理的原则

国发〔1984〕122号文件规定由外贸专业总公司统一经营的十六种出口商品、七种进口商品及主要成套项目，仍由指定的外贸专业总公司经营和组织成交，其余商品由经批准有对外出口经营权的企业或企业联合体在批准的范围内经营，并承担经贸部下达的出口商品收汇计划任务。要坚持统一对外、联合对外的原则。对各地和各类外贸企业交叉经营的进出口商品，或在国际市场上竞争激烈以及国外对我有限制的商品，为了防止进口抬价争购、出口削价竞销，由各外贸专业总公司负责进行业务协调，必要时制订出口最低限价和进口最高限价。

对政府间的协定贸易，由有关外贸专业总公司按照协定，组织签订合同和履约交货。

对实行进出口商品代理制要积极创造条件，有计划、有步骤地推开，做到责权利一致。暂时不具备实行代理制条件的，可仍按一九八四年外贸收购办法执行，但要积极创造条件，逐步过渡到代理制。

港澳市场是我国出口商品现汇收入的主要来源。目前由于多头对外，造成价格下跌，不仅影响国家外汇收入，而且对港澳经济的稳定繁荣十分不利。为了改变这一状况，两纱两布（棉纱、棉坯布、棉涤纶纱、棉涤纶坯布）的经营和管理，要按照国发〔1985〕10号文件规定执行。对供应港澳的鲜活商品、冷冻商品，原则上仍按经贸部现行的配额管理办法执行，必要时实行许可证制度，其中广东省供港澳的塘鱼、蔬菜、岭南水果，由广东省人民政府管理并制订具体实施办法。

六、对进出口商品推行许可证制度

为了适应开放、搞活和改革的新形势，便于银行监督、海关监管和经贸部门搞好协调管理，对进出口商品要有步骤地推行许可证制度，并实行分级审批发证。绝大多数进出口商品可实行自动生效许可证制；少数关系重大的大宗商品由经贸部或经贸部特派员办事处发放许可证；其他商品由各省、自治区、直辖市及计划单列市经贸厅（委、局）发放许可证。发放许可证要经过试验，逐步推开，成熟一个搞一个，做到有条不紊，并要考虑到广东、福建省和沿海开放城市、经济特区经营出口的特殊情况，由经贸部拟定实施办法报国务院批准后执行。

七、加强对经营进出口贸易公司的管理

目前，各地区、各部门成立的各类经营进出口贸易的公司已有上千家，其中有相当一部分新成立的公司，不仅没有承担国家出口计划任务，而且在经营上又对内争货源，对外争客户，在外贸经营上出现了一定的混乱。因此，对已经批准成立的公司要进行整顿，并加强行政管理，对今后审批新成立的经营进出口业务的企业要严加控制。所有经营出口业务的企业，都要有明确的经营范围，有必要的资金，同时要承担相应的出口收汇任务。对经营进出口业务的企业的分级审批办法，由经贸部制定。

国务院关于批转对外经济贸易部一九八八年外贸体制改革方案的通知①

（1987年9月26日）

各省、自治区、直辖市人民政府，国务院各部委、各直属机构：

国务院同意对外经济贸易部《一九八八年外贸体制改革方案》，现转发给你们，请认真遵照执行。

外贸体制改革是经济体制改革的重要组成部分，涉及计划、财政、税收、金融、价格、外汇、物资等各个方面，是一项复杂的系统工程。各地区、各部门都要按照“改革、开放、搞活”的方针，积极予以支持。

当前外贸体制的改革，要实行自负盈亏，放开经营，加强管理，联合对外，以进一步促进对外贸易的发展。这一目标要经过试点逐步达到。一九八八年轻工、工艺、服装三个行业的试点，要在自主经营、自负盈亏，打破统负盈亏的外贸财务体制上迈出重要的一步。对于在新旧外贸体制并存的过渡阶段产生的新问题，各有关部门要密切配合，妥善地加以解决。同时，要根据改革方案的要求，尽快制定各项具体实施办法，以保证一九八八年外贸体制改革的顺利进行。

① 《国务院关于批转对外经济贸易部一九八八年外贸体制改革方案的通知》，中国政府网，2012年2月22日。

一九八八年外贸体制改革方案

我国原来的外贸体制，是在产品经济和单一计划经济基础上产生、建立起来的。随着我国对外实行开放、对内搞活经济方针的贯彻和经济体制改革的深入，国内已逐步转向有计划的商品经济；同时，在国际市场方面，对资贸易的比重扩大，外贸出口面临着一个竞争激烈的买方市场，因此，我国原来的外贸体制，已经越来越不适应对外贸易和整个国民经济发展的需要。近几年来，已经围绕着下放部分经营成交权，扩大贸易渠道，促进工贸结合，开展多种方式的灵活贸易，实行鼓励出口的政策，以及改善宏观管理等方面，对外贸体制进行了一些改革，并取得了一定的成效。但是，由于外贸体制改革是一项十分复杂的系统工程，它与整个国民经济体制的改革有着密切的联系，而在前一段改革中，有些外贸改革措施因不能配套而无法实施，甚至带来新的问题。从总体上看，外贸体制中一些带根本性的问题尚未解决，改革还未取得突破性进展。

现行外贸体制的主要问题是：统负盈亏“吃大锅饭”的财务体制基本上没有触动；经营进出口的企业基本上未按企业化进行经营管理，政企职责不分；在外贸宏观管理和微观搞活方面，还缺乏有效的措施和自我约束机构，有些该实行统一政策的未能实行，助长了各类外贸企业在不平等条件下的盲目竞争；宏观管理仍以直接控制为主，没有建立起符合我国情况的有效的外贸经济调节体系；工（农、技）贸结合的问题还没有真正解决。

外贸体制改革，是要实行自负盈亏，放开经营，加强管理，联合对外，以进一步促进对外贸易的发展。实现这个目标，就是要改变“吃大锅饭”的补贴体制，实现外贸经营的自负盈亏；在自负盈亏的基础上，对大部分商品实行放开经营，充分调动各方面出口的积极性；实行进出口代理和有条件的出口生产企业、企业联合体、企业集团自营出口，推动工（农、技）贸结合、进出结合；实行政企职责分工，更多地运用政策、法规和科学的经济调节机制来加强对外贸的宏观管理，加强联合对外和统一对外；建立相应的机制，加速出口新产品的开发和国际市场的开拓。

从国民经济发展和整个经济体制改革进程的实际出发，一九八八年外贸体制改革的主要任务是：在部分行业进行试点，为完全自负盈亏摸索经验，在其它行业进一步完善承包经营责任制；现行的各项行之有效的鼓励出口、限制进口的政策，要继续执行，并加以完善；进一步推行进口代理作价；围绕搞活外贸企业进行政策调整，积极筹备并逐步试行新的经济调节体系，为今后实行完全的企业化经营打下基础，促进扩大出口创汇，提高用汇效益，推动外贸进一步发展。具体意见如下：

一、实行出口退税，改革外汇留成办法，进行出口体制改革的试点

为实现各类外贸企业自主经营、自负盈亏，必须综合运用退税、汇率、核定换汇成本、信贷、外汇留成和奖励政策等经济杠杆，使大部分出口商品能在自负盈亏的基础上自主经营。但是，全面调整经济政策，建立完善的外贸经济调节体系，必须随着整个国民经济体制改革同步进行，需要有一个过程。因此，一九八八年重点出台以下改革措施：

（一）对出口商品全部实行退还各道环节的产品税、增值税和营业税。

对出口商品实行退税，是深化外贸体制改革，使各类外贸企业逐步实现自负盈亏所采取的重要政策措施，必须坚决推行。按照测算结果，彻底退还各道生产、流通环节的累计间接税，其中，实行增值税的出口商品，退还各道环节的增值税（个别商品存在增值税率与累计间接税率差异过大的例外）；实行产品税的出口商品，核定分商品的累计退税率，按累计退税率退税；流通环节的营业税和流通环节间接消耗中的产品税应规定予以退还，具体数量由经贸部和税务总局共同算帐后尽快确定。实行收购制的出口商品，退税给外贸经营企业；实行代理制的出口商品，退税给生产企业。进口原材料和元器件用于加工（包括多层次加工）复出口的，退还进口关税、进口产品税（或增值税）、进口调节税。

上述各项，全部由中央财政统一退税，由税务部门根据必要的手续和凭证办理，并尽可能简化手续，及时退还。

（二）对部分行业实行自负盈亏的试点，其他行业实行成本控制，完善承包经营责任制。

出口退税后，由于国内国外两个价格体系的差异以及汇率方面的问题，出口商品还不能做到自负盈亏。一九八八年，在轻工、工艺、服装三个行业实行自负盈亏的试点。具体实施步骤和办法，由经贸部拟定。试点的三个行业在实行退税后，将70%的外汇留给出口经营单位，其中12.5%由出口经营单位给提供货源的地方政府，12.5%由出口经营单位给供货企业（是给外汇额度还是以相应的人民币补偿，由出口经营单位与供货企业自行协商）。三个试点行业所得的留成外汇，允许他们用于进口物资和进入外汇调剂市场。为使改革能有秩序地逐步进行，三个试点行业的外贸总公司与分公司的领导体制暂不变动。各地政府不要对三个行业的各类外贸公司进行抽肥补瘦的财务调剂。

对其他行业的大部分出口商品，仍实行直接的价差补贴。要核定退税后的换汇成本，进行成本控制，加强经济核算。核定成本工作，由财政部和经贸部联合进行。在退税和核定成本之后，各类外贸企业普遍实行各种不同形式的承包经营责任制，即在出口商品还有价差补贴的条件下自负盈亏，超亏不补，减亏留用。在新旧体制并存的过渡时期，凡享受国家价差补贴的各类外贸专业公司，不得经营三个试点行业的出口商品；其他享受价差补贴的各类外贸企业，也不能享受三个试点行业的外汇留成待遇。

对三个试点行业以外的已具备自负盈亏条件的外贸公司，应积极推行企业化经营体制。

（三）改进外汇留成分配办法，实行按大类商品的差别计算外汇留成比例。

为了鼓励深加工产品出口，要逐步实行按大类商品计算外汇留成的办法。深加工产品留成比例高一些，初级产品留成比例低一些。具体意见是：机电产品出口留成外汇额度按净创汇结算后进行分配，即在出口收汇中先扣下30%作为进口原材料和元器件的留成外汇，其余70%中，上交国家50%，企业、地方和部门留成50%；轻工、工艺、服装行业按新的试点办法，实行70%留成；电子、汽车企业集团试行按全额留成；深加工的纺织产品按30%比例留成；石油和军工产品原留成办法不变；上述留成以外的其余商品，一般地区仍按25%比例留成，广东、福建、少数民族地区仍维持原定的留成比例。凡计划内的出口收汇，按上述比例分成；地方和外贸公司在退税后自负盈亏的超计划出口收汇，实行“倒三七”比例分成。留成外汇，允许用于进口物资或调剂使用。对轻工、工艺、服装三个试点行业的外汇留成，由经贸部制定详细的出口商品目录，出口收汇后，由外汇管理局凭银行结汇单证和海关放行的出口报关单据，将相应比例的留成外汇划拨给经营出口的企业，随时可以使用。上述试点行业的留成外汇，从一九八八年起，使当年外汇留成额度与用汇指标一致，允许使用，超计划外汇留成按现行办法办理。经济特区的外汇留成仍按有关规定执行。从一九八八年起所获得的留成外汇，允许在有正当来源的出口企业和有正当需要的进口企业之间相互调剂。试点行业的留成外汇，允许到外汇调剂市场参加调剂活动，其具体办法由有关部门另行规定。

（四）改进奖励办法，鼓励扩大出口。

为进一步鼓励生产企业和外贸企业多出口、多创汇，继续执行现行的各项奖励制度。同时，对出口量较多的企业，可试行“工资总额”同出口收汇额挂钩的办法，以调动企业和职工的积极性。

（五）扩大出口信贷，积极筹建外贸金融机构。

为了适应出口发展战略需要，促进成套技术产品和成套机电设备出口，要适当增加出口信贷数量，并积极筹建政策性外贸金融机构，统筹鼓励出口的政策性贷款等。结汇和其他贷款业务，仍由中国银行和其他指定的金融机构执行，并要扩大人民币和外汇专项贷款，扩大远期信用证贴现等业务。

建立经常的中央以进养出外汇和地方留成外汇的周转金，以支持进料加工业务。

二、改革出口经营计划体制，积极发展工贸联营

在三个行业实行自负盈亏试点和其他行业实行承包经营责任制以后，要积极创造条件，逐步过渡到自主经营和完全的自负盈亏，并要进一步改革外贸计划和经营体制。

（一）集中和分散经营相结合，有步骤地进一步下放出口商品经营权。

按照不同类别商品（见附件），实行不同的计划和经营体制：第一类是大宗的资源性出口商品，实行指令性出口计划，由指定的国家外贸公司统一经营；第二类是在国际市场上比较敏感的商品，实行指令性出口计划，由经过批准的有出口经营权的外贸企业分散经营；第三类是除上述第一、二类以外的其他出口商品，只对出口创汇总额和大类商品实行指导性出口计划，由经过批准的有出口经营权的各类外贸企业和出口生产企业按规定的经营范围放开经营。

（二）大力推行代理出口，促进工贸结合，发展横向联系。

为了扩大加工制成品出口，要继续批准一批有条件的大中型生产企业、企业联合体和企业集团，直接经营进出口贸易。

外贸专业公司经营的出口商品，凡有条件的要积极推行代理出口，逐步把加工制成品出口的责、权、利落实到出口生产企业，发展出口生产企业和外贸专业公司的直接联合经营。要在已有经验的基础上，进一步制定和推行工贸联营的具体政策措施。对于生产企业和外贸企业之间的联营和联合，各级主管部门应给以鼓励和支持，不要进行干预。

要继续提倡内地和沿海各种形式的出口联合，在互利的基础上，发挥各自优势，扩大出口。

（三）大力开展进料加工和来料加工。

当前发展我国出口的一个重要制约因素，是原材料短缺。在国内原材料有限的情况下，应优先安排出口生产，同时也要大力开展进料加工和来料加工。进料加工和来料加工，应由外贸企业和出口生产企业直接挂钩结算，不允许有任何中间加成、加利、加费的情况。对为出口生产而进口的原料、辅料和元器件，实行减免关税的优惠，并尽量简化监管手续。为解决进料所需的资金，除通过国家计划拨付的周转金外，经过经贸部和国家外汇管理局批准，地方和外贸企业可以运用留成外汇和银行贷款建立进料加工周转金。

（四）大力抓好出口生产基地建设。

抓紧抓好轻纺、机电、农副等产品出口生产体系的规划和建设。近期内应以沿海开放城市和地区以及出口商品产地为重点，集中资金和物力，建设一批创汇多、见效快的出口生产基地或专厂（矿）。

（五）积极协助出口生产企业解决资金来源。

为支持出口生产企业技术改造和提高产品质量，应制定具体政策措施，解决资金来源，以扩大外贸公司和有出口经营权的生产企业、企业联合体和企业集团的统借转贷、统借投资业务。积极开展外贸公司对生产企业的融资、租赁和补偿贸易、来料加工等业务。

三、实行进口代理作价办法，改革进口体制

实行进口代理作价办法，对于订用货部门加强经济核算，提高用汇经济效益，减轻财政负担和适当控制进口具有重要意义。目前，地方外汇进口已经实行自负盈亏。一九八八年，主要是解决中央外汇进口实行代理作价的问题，具体办法如下：

（一）对使用中央外汇进口，国内市场价格已放开或对市场物价指数直接影响较小的商品，将外汇额度下达给使用单位，实行较彻底的进口代理作价，中央财政不再补贴。

（二）对少数使用中央外汇进口的粮食、化肥和钢材等重要商品，国内外价差难以取消，尚需中央财政补贴，实行过渡性进口代理作价办法，即将进口物资的数量、外汇指标和补贴额度，由国家计委、财政部分别下达给商业部、国家物资局和有关使用单位。具体实施办法，由国家计委会同财政部、经贸部及有关部门商定。

（三）使用中央外汇进口的大宗商品和从苏联、东欧国家协定贸易进口的商品，由指定的国家外贸公司统一经营。

（四）要根据产业政策，适当调整关税税率，使关税逐步成为进口调节的主要手段。

四、进一步完善承包经营责任制，搞活外贸企业

在新旧体制转换时期，为了最终实现政企职责分开，企业所有权和经营权分离，有利于挖掘企业潜力、提高经济效益和扩大出口创汇，实行承包经营责任制是一种现实可行的过渡办法。一九八八年重点进行以下工作：

（一）经贸部和各主管部门，对所属外贸总公司都应实行和完善承包经营责任制。承包内容是：出口总额、出口收汇总额、出口商品换汇成本、盈利或补贴总额。承包方式是：由各有关主管部门发包，总公司总承包后再分包到各分公司、子公司，承包责任应尽可能落实到基层，落实到人。

（二）各类外贸企业内部，包括总公司、分公司、子公司及各级公司内部的处、科、室，也要推行各种形式的责任制，把企业经营好坏同企业的发展和职工的利益紧密挂钩。

出口退税后，个别出口成本很低、盈利过大，且容易出现恶性竞争的出口商品，由经贸部实行出口许可证管理，并征收一定的出口调节基金，使外贸企业达到合理的盈利水平。

（三）实行承包经营责任制后，对某些现在交叉经营、矛盾较大的出口商品，可成立联合经营的专业进出口公司，以避免因交叉经营而产生的盲目竞争，肥水外流。

（四）为使外贸专业总公司向完全自负盈亏的经济实体过渡，应适当扩大他们的经营自主权和业务范围。允许他们引进为发展本公司经营范围内出口商品生产所需的技术和关键设备；开展进料加工、来料加工、来件装配、补偿贸易，在生产领域举办中外合资经营企业；向出口商品生产企业参股、联营；开展期货贸易、对销贸易、租赁、咨询等业务。在经贸部的统一管理下，允许外贸专业总公司利用一部分外资发展出口，多创外汇。

（五）要成立一个综合性的进出结合的贸易集团公司，负责组织实施对苏联、东欧的协定贸易，统一组织成交，并联合各外贸企业开展经营。参加集团的各外贸公司对苏联、东欧的进出口业务均应实行单独核算，盈亏统一与集团公司挂钩结算，盈利部分不再上缴国家财政，用以补偿一部分进口亏损，不足部分暂由国家补贴。

五、改进外贸行政管理，落实联合统一对外

在整个外贸体制改革过程中，以至新型外贸体制确立之后，外贸的行政管理都要高度集中统一。经贸部作为国务院统一归口管理对外经济贸易的职能部门，要在改革过程中，逐步转变职能，逐步实现合理的政企职责分工。一九八八年，在政企职责分工和加强、改善外贸行政管理方面，主要措施是：

（一）进一步明确经贸部以及各省、自治区、直辖市经贸委（厅、局）的职能，在进出口贸易发展战略、外贸宏观管理以及外贸信息网络的建立等方面，要有新的进展，并根据这一任务的需要适当调整内部机构。

（二）各级外贸行政管理部门以及领导工贸公司的工业主管部门，都要进一步简政放权，实行合理的政企分工，扩大所属外贸企业在计划安排、经营决策、劳动工资、人事任免、机构设置等方面的自主权。在进行各类外贸企业经营机制改革的同时，要积极创造条件，使之搞得更活，以便能有效地管理和灵活地经营，适应国际市场多变的特点。

（三）改进和加强进出口许可证和配额管理制度。对某些出口商品的配额、许可证管理，在简化手续、方便企业的同时，审批和管理权限要作相应调整。在某些进出口商品中可拿出一部分数量，试行配额招标，促使各类外贸企业能更加有效地经营。要完善在国内外设立外贸企业的审批制度和办法。

（四）积极筹建粮油土畜、纺织服装、轻工工艺、五矿化工、机电等出口商会。出口商会具有半官方性质，下设分商品的分会。出口商会及分会，由有外贸出口经营权的企业组成。有外贸经营权的企业，经营粮油、食品、土产、畜产、茶叶、纺织、服装、丝绸、轻工、工艺、五金、矿产、化工、机电等商品的，必须参加有关出口商会及分会，否则不能经营该类商品的出口业务。出口商会及分会有在市场、客户、价格等方面的协调权和建议权。对不服从协调者，可以停止其会籍，经贸部相应地暂停其经营；对情节严重者，可以开除其会籍，经贸部相应地撤销其经营权。出口商会及分会应积极进行市场调研，提供咨询服务。出口商会可成立理事会，共议大事，并设立精干的办事机构处理日常事务。分会一般不另设常设机构和专职人员。出口商会及分会本着平等协商、维护共同利益的原则进行协调和提出建议。出口商会及分会的成立和撤销由经贸部审批，并归口管理。商会成立后的经费来源，由会费收入解决。

六、改革的配套设计和准备工作

外贸体制改革必须配套进行，在本方案被批准后，由经贸部牵头组织有关部门尽快制定具体的实施办法。这些工作应尽快完成，争取于年底前公布，明年实施。

上述准备工作中，比较重要的是拟定以下具体实施办法：出口退税实施细则；出口商品分类及其计划、经营管理办法；改进外汇留成的实施办法；发展工贸联营和进料加工、来料加工的政策措施；出口行业商会组织办法和章程；筹建外贸金融机构和改善进出口金融政策的意见；等等。

机电产品出口体制改革，仍按国发〔1985〕128 号文件精神进行，既要符合整个外贸体制改革的方向、原则，又要从扩大机电产品出口的实际情况出发。相应的改革方案和一九八八年的具体改革意见，由国务院机电产品出口办公室会同经贸部等有关部门拟定。

附件：出口商品分类目录

附件

出口商品分类目录

第一类：实行指令性计划，由指定的一家或几家国家外贸公司统一经营的出口商品。

大米，玉米，大豆，花生果及花生仁，活猪，冻猪肉，冻对虾，鳗鱼苗（包括鳗种），盐水蘑菇及蘑菇罐头，茶叶，烟草，丝类，坯绸，棉花，棉纱，棉涤纶纱，棉坯布，棉涤纶坯布，抽纱，兔毛，苎麻，苎麻条（球），苎麻纱（包括混纺），苎麻坯布（包括混纺、交织），珍珠，钻石，金银首饰，煤炭，原油，成品油，钨砂，仲钨酸铵，锑，氧化锑，重水，人参，鹿茸，当归，田七，鲜蜜王浆（包括粉）。

第二类：实行指令性计划，由经过批准的有出口经营权的外贸企业分散经营的出口商品。

杂粮（包括荞麦），杂豆，桐油，活牛，活家禽，冻家禽，冻兔肉，鲜蛋，水果，栗子，蔬菜（包括大蒜），砂糖，食盐，水产品（不含冻对虾），花生油，芝麻，豆类饲料，蜡烛，蜂蜜，辣椒干，红枣，松香，薄荷脑油，猪鬃，猪肠衣，羊绒，山羊板皮，猪革皮，水貂皮，羽绒毛，黄麻、红麻，麻袋，纸张（包括瓦楞纸、卫生纸），铅笔，劳保手套，钢材，生铁，焦炭，铜材，铝材，水泥，矾土，滑石块（粉），硼石块（粉），重晶石块（粉），轻、重烧镁，元明粉，电石，石蜡，糠醛，中药材，中成药，三氧化钨，碳化钨粉，钨酸，钨铁，锡砂，锡，锑砂，硫化锑，金属硅，稀土。

第三类：实行指导性计划，由经过批准有出口经营权的各类外贸企业和生产企业，放开经营的不列名的其他出口商品。

国务院关于加快和深化对外贸易体制改革若干问题的规定（节选）[①]

（1988 年 2 月 26 日）

各省、自治区、直辖市人民政府，国务院各部委、各直属机构:

根据党的第十三次全国代表大会关于加快和深化经济体制改革的精神，为了适应我国进一步对外开放和加速发展对外贸易事业的需要，国务院决定全面推行对外贸易承包经营责任制，进一步加快和深化对外贸易体制改革。

加快和深化对外贸易体制改革的基本内容是：全面推行对外贸易承包经营责任制，主要由各省、自治区、直辖市、计划单列市人民政府（以下简称各地方）向国家承包出口收汇基数、上缴外汇额度基数、出口收汇基数内人民币补贴基数、外汇额度挂帐数额，超过出口收汇基数的外汇收入实行分成，自负盈亏；少数商品由外贸和工贸进出口总公司承包并统一经营，不下放的部分工贸总公司仍由其承包经营。各外贸进出口总公司和部分工贸进出口总公司的地方分支机构（经营国家统一经营出口商品的有关企业除外）与总公司脱钩，作为企业法人，下放地方管理，财务上与地方财政挂钩。

一、以国务院批准的一九八八年出口计划和收汇计划为基础，在《国务院关于批转对外经济贸易部一九八八年外贸体制改革方案的通知》（国发〔1987〕90 号）确定的出口产品全面退税的前提下，

① 《国务院关于加快和深化对外贸易体制改革若干问题的规定》，中国政府网，2012 年 2 月 21 日。

按现行外汇留成的有关规定，确定各地方及其他承包单位向国家承包出口收汇基数、上缴中央外汇额度基数（分别确定现汇和记帐外汇），按照财政部和经贸部核定的一九八八年出口补贴金额，各地方及其他承包单位向国家承包出口补贴基数（出口收汇、上缴中央外汇额度和出口补贴基数的具体金额由经贸部、财政部、国家计委按国务院批准的数字下达），外贸经营企业和出口生产企业的出口奖励金，包括在出口补贴基数之内。出口收汇基数内的记帐贸易的留成额度中实行现汇留成占40%、记帐外汇留成占60%的办法。汽车、电子企业集团出口收汇和中国科学院科技产品“七五”期间出口收汇实行全额留成，自负盈亏。各地方及其他承包单位超过出口收汇基数增收的外汇，按中央得20%、各地方及其他承包单位得80%的比例分成，机电产品实行全额留成，盈亏及出口奖励金由各地方及其他承包单位自负。各地方及其他承包单位承包的出口收汇基数、上缴中央外汇额度基数和出口补贴基数，自一九八八年起一定三年不变。

二、出口经营企业的出口收汇，必须在中国银行或由国家批准的其他银行结汇。国家外汇管理局及各分局分别设立地方及其他承包单位的外汇总帐户、上缴中央外汇帐户、留成外汇帐户。各出口经营企业的出口收汇，经当地经贸厅（委、局）审核后，由国家外汇管理局或其分局根据银行有关结汇凭证和支付运费、保险费、佣金等付汇凭证，将净收外汇额度存入外汇总帐户，然后按规定比例分别收入上缴中央外汇帐户、各地方及其他承包单位留成外汇帐户、出口经营企业和出口供货企业留成外汇帐户。如各地方及其他承包单位当月收汇不足应上缴中央的外汇额度，由国家外汇管理局或其分局负责从其留成外汇帐户中扣回补足，以保证中央外汇收入。各级外汇管理局要把上缴中央的外汇按月等比例上划国家外汇管理局，收入中央外汇帐户。财政部或经贸部根据国家外汇管理局或其分局提供的各地方及其他承包单位上缴中央外汇凭证，核拨各地方及其他承包单位相应的出口补贴金额。在各地方及其他承包单位超过出口收汇基数增收的外汇额度中应上缴中央的20%的外汇，由国家外汇管理局及其分局按季度结算上缴，收入中央外汇帐户，年终多退少补。

三、从一九八八年起取消用汇控制指标，对各地方、各部门一九八六年底前的外汇额度余额实行挂帐。各地方及其他承包单位按国家外汇管理局核定的一九八六年底外汇额度余额，向国家承包挂帐外汇额度数额，分两期上划国家外汇管理局（具体上划挂帐外汇额度由国家外汇管理局按国务院批准的数字下达）。一九八八年第一季度末上划第一期挂帐的外汇额度，第二期持帐的外汇额度于一九八八年十月末上划。挂帐后剩余的外汇额度和一九八八年结算分拨清楚以后的外汇额度允许全额使用。对一九八七年底外汇额度余额少于一九八六年底外汇额度余额的地方及其他承包单位，从其一九八八年的留成外汇中扣回补足。各地方政府要根据具体情况制定实施办法，认真组织、统筹安排，切实做好挂帐工作。具体工作，由国家外汇管理局及其分局负责。国家外汇管理局要充分发挥监管作用，保证必要的国家外汇储备。各地方、各部门要切实加强自有外汇的综合平衡，保有一定的外汇结余和偿还外债基金；搞好自有外汇的分配和使用方向的引导，以利于本地区、本部门生产建设和市场必需的物资的进口，提高外汇的使用效益。

四、从一九八八年起，各地方、各部门、各国营和集体企事业单位挂帐以外的外汇额度允许全额使用和进行有偿调剂。在国家外汇管理局的统一领导和管理下，各省、自治区、直辖市逐步设立外汇调剂中心，办理本地区外汇额度和现汇的调剂业务；在北京设立全国外汇调剂中心，办理中央部门之间和各地方之间外汇额度和现汇的调剂业务。外汇调剂中心作为非盈利性的事业单位，按规定收取必要的手续费，本身不得进行外汇交易。各项留成外汇、外商投资企业外汇和经国家外汇管理局批准的其他外汇，均可通过外汇调剂中心进行调剂。各地方、各部门、各国营和集体企事业单位、外商投资企业，均可通过外汇调剂中心买卖外汇。调剂外汇的价格根据外汇供求状况实行浮动，必要时国家外汇管理局可规定最高限价。国家外汇管理局及其分局对进入调剂市场的单位要按照有关规定进行资格审查，防止外汇投机活动。严禁在外汇调剂中心以外私自进行非法交易。在国家宏观政策和中央、地方进口用汇计划的指导下，国家计委、国家外汇管理局和各地方政府要组织好对调剂外汇投向的引导；同时要按照有利于出口经营企业、出口生产企业自负盈亏和调动出口生产积极性的原则，组织好留成外汇的有偿使用。有关外汇调剂的具体规定，由国家外汇管理局制定并监督执行。

五、全面推行对外贸易承包经营责任制以后，国家下达的各项承包指标都是指令性计划。各地方及其他承包单位都要编制年度和中长期外贸进出口计划、计划列名商品出口计划、出口收汇计划和外汇收支平衡计划，报国家计委和经贸部审核汇总，经国家计委综合平衡后，纳入国民经济和社会发展计划。国家计委、经贸部对各地方及其他承包单位完成进出口计划和承包任务负责督促检查。地方外汇收支计划，各地政府自行平衡，不得透支。

六、中央在各地的外贸、工贸进出口分支公司、地县外贸公司以及外贸自属生产企业（经营国家统一经营出口商品的有关企业除外），下放地方管理，并与各外贸、工贸进出口总公司（名录见附件一）在财务方面脱钩，与地方财政挂钩。下放单位的中央投资的固定资产和国拨流动基金由原单位继续使用，其所有权的处理问题，由经贸部、财政部另行规定。库存商品、债权、债务，根据经过批准的一九八七年会计决算相应划转给地方。对一九八七年各外贸企业实行承包经营责任制以前购进的部分高亏库存商品，一九八八年仍可委托有关外贸进出口总公司根据国家批准的易货规定进行处理，年底以前不处理者，自行负责。各外贸、工贸进出口总公司与外贸、工贸进出口分支公司、地县外贸公司以及外贸自属生产企业，可在自主经营、自负盈亏、自愿互利的原则下，保持和建立必要的业务关系，发展各种形式的经济联合，各级行政部门不得干预。

七、按照少数商品统一经营与多数商品分散经营相结合的原则，适当减少国家统一经营的出口商品。出口商品分为三类：第一类是关系国计民生的、大宗的、资源性的、国际市场垄断的和某些特殊的出口商品，实行指令性计划管理，由指定的一家或几家外贸、工贸进出口总公司统一经营、统一管理，或由外贸进出口总公司与地方外贸进出口公司联合经营、统一成交。该类商品的增减，非经国务院批准不得变动。第二类是国际市场容量有限、有配额限制和竞争比较激烈、价格比较敏感的出口商品，按计划列名管理，由经过批准的有该类商品出口经营权的各类外贸企业经营。第三类是除第一、二类以外不列名的出口商品，由经过批准的有出口经营权的各类外贸企业放开经营（出口商品分类目录见附件二）。经营第一、二、三类出口商品中实行出口许可证和出口配额（包括主动配额和被动配额）管理的商品，按照经贸部有关规定办理；对香港、澳门出口的商品，按照现行规定执行，加强管理；政府间协定贸易项下的第一、二、三类出口商品，均按指令性计划管理；对于国家有特殊规定的出口商品，按照有关规定，由国家指定的外贸进出口公司经营。

八、对少数出口商品实行统一经营或联合经营，是为使中央掌握必需的外汇，保证国家宏观利益和长远利益的需要，各地方、各部门、各企业要大力支持、密切配合，扎扎实实地做好这项工作。实行统一经营的出口商品，由指定的外贸、工贸进出口总公司统一经营、统一管理，并在地方单独设立分公司，或由现有分公司经营，总公司对其实行垂直领导（名录见附件一）；出口计划任务实行双轨下达，由各地方和各外贸、工贸进出口总公司共同承担，共同统计；出口收汇基数、上缴中央外汇基数由各外贸、工贸进出口总公司承包；财务关系仍属中央财政，盈亏总额由经贸部和财政部分别按年下达各外贸、工贸进出口总公司；国家统一经营的出口商品的地方留成外汇，按国家规定划拨给地方。实行联合经营的出口商品，由指定的外贸进出口总公司与提供出口货源的各地方联合经营、统一成交；出口计划任务实行双轨下达，由各地方和各外贸进出口总公司共同承担，共同统计；出口收汇基数、上缴中央外汇基数由各地方承包；财务关系和盈亏总额划归地方财政。

九、按照少数商品统一经营与多数商品分散经营相结合的原则，进口商品分为三类。第一类为统一代理订货的进口商品，即关系国计民生的、大宗的、敏感性的重要进口商品，包括粮食、钢材、化肥、木材、涤纶腈纶类、橡胶、食糖、原油、成品油等九种。这九种商品由指定的外贸进出口总公司统一代理对外订货。使用中央以进养出外汇和自有外汇进口这九种商品，也可委托负责统一代理订货的外贸进出口总公司的国外采购网点直接订货；少量、急需进口的，经过经贸部或其各地特派员办事处批准亦可自行进口。第二类为联合成交的进口商品，即国际市场供应相对集中、价格敏感、国内紧缺、国内外价差较大的大宗进口商品，由经贸部组织经过批准的有该类商品进口经营权的各类外贸企业联合对外成交。目前，暂对羊毛、木浆、胶合板、牛皮卡纸和瓦楞纸、农药、重要化工原料、废船、显象管等八种进口商品实行联合成交。此类商品目录，经贸部可视国内外情况适时调整。第三类为放开经营的进口商品，即除上述第一、二类以外的其他进口商品。上述第一、二、三类进口商品中属于进口许可证管理的商品，按经贸部有关规定办理。

十、中央外汇进口要有步骤地推行代理制。一九八八年，对中央进口商品的具体补贴办法，由国家计委牵头，会同财政部、经贸部、国家物价局联合制定。

十一、为了发展我国对外贸易事业，要鼓励地方和出口经营企业参与国际市场竞争。沿海地区要充分利用我国劳动力资源的优势，发展劳动密集型、劳动与知识密集型产业，实行“两头在外、大进大出”，把原材料来源和产品销售放在国际市场上；内地要充分发挥自己的优势，挖掘潜力，有步骤地增强制成品的出口能力，努力扩大出口。为了防止大进少出、大进不出的现象，必须强化海关机构，对进口货物进行既简便又有效的监督管理。海关要根据进料加工复出口所用进口料件免征关税和产品税（或增值税）的原则，区别情况，采取不同方法进行管理。要大力推行保税工厂、保税仓库的管理制度；对于不具备条件和不易实行有效监督的进料加工，可实行关税和产品税（或增值税）事先按一定的比例作为不能复出口的部分予以征税，事后核销的办法。海关要完善核销制度，进一步提高工作效率，对于不经批准擅自在国内销售进料加工的料件或成品的行为，除补征税款外，还要给以必要的处罚。

十二、国家鼓励发展进料加工、来料加工、来件装配，进一步推动对外贸易尤其是出口贸易的发展。一九八八年的中央以进养出周转外汇已经下拨，年终最后一次周转的出口，按照现行办法全部结汇，其本金包括在各地方及其他承包单位上缴中央的外汇承包基数中，下一年视各地方及其他承包单位使用效益重新下拨。中央以进养出周转外汇的进口和出口，要实行专户管理，用好管好。鼓励各地方及其他承包单位使用自有外汇，建立进料加工出口的周转基金。为利用我国劳动力成本低廉的优势，要参照来料加工只收取工缴费的办法，改革进料加工的成本核算方法，大力发展进料加工出口。进料加工、来料加工和来件装配的进出口业务，均应按净收汇落实各项出口优惠政策，由外贸企业或外商同工厂直接挂钩结算，不允许在进口料件和其他环节中加成、加利、加税、加费。鼓励来料加工、来件装配的有关优惠政策，按国务院办公厅国办发〔1987〕80 号文件和其他有关文件办理。

十三、对苏联 、东欧、蒙古、朝鲜、古巴等政府间记帐清算的协定贸易的出口贸易，实行指令性计划，由各地方和各外贸、工贸进出口总公司共同承担。各外贸、工贸进出口总公司要继续组织统一成交，将出口交货作为指令性任务下达各地方有关外贸、工贸进出口分支公司完成。对政府间协定贸易的出口计划、盈亏总额，根据对外签订的协议，按年度核定，由各地方及其他承包单位分别纳入承包任务。无论在计划内或计划外出口，各地方、各部门都应按分成所得的记帐外汇，承担相应的进口任务，参照政府间协定贸易的商品结构，主要组织相应的机电设备进口货单，通过政府间协定贸易按代理进口，自负盈亏。同时，鼓励各地方、各部门在完成出口计划和政府间协定贸易的基础上，在经贸部的统一协调管理下，按照自签合同、自负盈亏、自行平衡的原则，与政府间协定贸易国家直接开展地方易货贸易和经济技术合作。对政府间协定贸易国家的进口（不包括使用留成外汇的进口），仍按现行办法办理。

十四、扩大机电产品出口，对于优化我国出口商品结构，增强出口创汇能力，振兴机电工业，具有重大的战略意义，各地方政府要继续加强对机电产品出口的领导。各地方及其他承包单位要按机电产品一九八八年出口计划和现行外汇留成比例承包上缴中央外汇基数和出口补贴金额基数，单独列出，专项核补，包干完成并争取超额完成机电产品出口任务。国家将从各方面继续扶持扩大机电产品出口，包括实行政策性优惠贷款等措施。各地方和各有关部门要继续执行国务院国发〔1985〕128号、国发〔1987〕64号和国务院办公厅国办发〔1987〕73号文件的有关规定，以保证国家宏观利益和产业政策的实现。

十五、轻工、工艺、服装三个行业在各地方包干的前提下，由各地方组织安排，坚持试点改革。原定上缴中央30%的外汇，除国家统一经营的出口商品以外，纳入各地方承包外汇基数之内，统一上缴中央；超过出口收汇基数的收汇，除轻工、工艺行业的机电产品实行全额留成以外，其他商品统一按照中央得20%、地方及其他承包单位得80%的比例分成。国务院国发〔1987〕90号文件及有关配套措施中规定的自负盈亏、外汇分成比例以及外汇有偿调剂等项政策，仍应继续执行。

十六、各地方政府要从全局出发，加强领导、认真组织、全面推行对外贸易承包经营责任制，进一步把承包落实到外贸经营企业和出口生产企业。要加速推行出口代理制，促进外贸经营企业和出口生产企业的各项改革，把出口创汇和盈亏的主要责任落实到外贸经营企业和出口生产企业。要切实加强各项外贸行政管理工作，严格制止抬价抢购、低价竞销、互相封锁、以邻为壑等种种不正当行为。各地行政管理部门之间，要切实防止职责不清、互相扯皮、无人负责的状况。各地方要充分发挥现有外贸进出口分支公司的作用，并以此作为承包主体，有条件的要积极推动出口生产企业承包，推行代理制，不要不顾条件地按行政区划实行地、市、县块块包干。现有外贸经营渠道在没有更好的方式代替以前，不要轻易打乱，以免引起工作脱节，影响出口创汇和必要的进口。各外贸、工贸进出口总公司与国外客户已经签订的各种协议、合同，在有效期内，与总公司脱钩后的地方外贸、工贸进出口分支公司要严格执行，各地方外贸行政主管部门要严格监督检查，以维护国家信誉。

十七、各外贸进出口总公司的地方分支机构和地县外贸企业，在财务方面同地方挂钩后，其机构设置、人员编制、劳动工资计划改由各地经贸厅（委、局）管理，具体办法由经贸部和劳动人事部制订。各地方原由经贸部列支经费的行政管理人员（见附件三）和事业单位人员（经贸部所属院校等除外），相应纳入地方行政事业编制序列，其中事业单位的具体机构和编制由劳动人事部和经贸部划拨。在这次改革中未下放的各级外贸企业、事业单位，在机构设置、人员编制、劳动工资和干部任免等方面，归口经贸部领导，并实行分级管理。各地经贸厅（委、局）在行政、企业、事业单位的机构设置、人员编制、劳动工资等管理权限下放地方以后，要在当地政府的领导下，行使本地区对外经济贸易归口管理部门的职能。经贸部要切实加强行政管理，增设特派员办事处，加强和改进进出口商品配额、进出口许可证的管理。

十八、各外贸、工贸总公司为适应形势发展的需要，要转变职能，努力开拓国际市场，扩大信息和推销网络，推行董事会领导下的总经理负责制，努力办成综合型、集团型、多功能、国际化的企业。已经国务院批准的中国化工进出口总公司的改革方案，除在出口任务、补贴包干和分公司下放等方面应按本规定执行外，其他各项措施均可继续执行。其他各外贸、工贸总公司亦应参照已给中国化工进出口总公司的有关政策制订自己的承包改革方案，报经贸部批准后实施。对于各外贸、工贸总公司在转变职能过程中进行的各种试验，计划、财政、金融、外汇、工商管理等部门都给予积极支持和配合。

十九、利用外资的企业和经济特区的进出口贸易，仍按现行有关规定办理。西藏自治区的对外贸易体制改革，由西藏自治区人民政府按照本规定精神，结合本地区实际情况制定方案，报国务院批准后实施。

二十、本规定自一九八八年一月一日起执行。过去国务院及其各部门下发的有关文件与本规定有抵触的，按照本规定执行。

（下略）

国务院关于进一步深化对外贸易体制改革的决定（节选）[1]

（1994 年 1 月 11 日）

各省、自治区、直辖市人民政府，国务院各部委、各直属机构：

为了贯彻党的十四届三中全会的决定，适应建立社会主义市场经济体制的需要，在金融、财税、投资、外汇等重点领域进行重大改革的同时，必须进一步深化对外贸易体制改革。

我国外贸体制改革的目标是：统一政策、放开经营、平等竞争、自负盈亏、工贸结合、推行代理制，建立适应国际经济通行规则的运行机制。

一、改革外汇管理体制，促进对外贸易发展

改革外汇管理体制是创造外贸平等竞争环境，深化外贸体制改革的一项重要措施。这对我国与国际经济接轨，进一步对外开放，推动对外贸易持续发展具有重要意义。根据国务院决定，从 1994 年 1 月 1 日起，国家实行新的外汇管理体制，实行以市场供求为基础的、单一的、有管理的人民币浮动汇率制；建立银行间外汇交易市场，改进汇率形成机制，保持合理及相对稳定的人民币汇率；实行外汇收入结汇制，取消现行的各类外汇留成、上缴和额度管理制度；实行银行售汇制，实现人民币在经常项目下有条件可兑换；对

① 《国务院关于进一步深化对外贸易体制改革的决定》，中国政府网，2010 年 11 月 15 日。

向境外投资、贷款、捐款等汇出继续实行审批制度。外商投资企业的外汇管理仍先按现行办法进行。

为保障进出口企业（包括除外商投资企业以外的所有有进出口经营权的企业，下同）出口用汇，作为一项过渡措施，改革初期对出口企业按结汇额的50%在外汇指定银行设立台帐。出口企业出口所需用汇及贸易从属费，凭规定的有效凭证，由银行在其台帐余额内办理兑付。出口企业超过台帐余额的用汇，仍可按照国家规定的办法，持有效凭证到外汇指定银行办理兑付。

二、运用法律、经济手段，完善外贸宏观管理

国家主要运用法律、经济手段调节对外贸易活动，使对外贸易按客观经济规律运行，充分利用国际国内两个市场、两种资源，优化资源配置。

加快完善外贸立法，依法管理。《中华人民共和国对外贸易法（草案）》经全国人大常委会审议通过后，要抓紧制定相关的法规、规章，争取尽快建成比较完善的外贸法律体系。所有外贸管理部门和进出口企业都要增强法制观念，严格依法管理和经营。

国家不再给各省、自治区、直辖市及计划单列市和进出口企业下达外贸承包指令性计划指标，对进出口总额、出口收汇和进口用汇实行指导性计划管理，对企业的经营目标进行引导。对少数重要的进出口商品实行配额控制，协调平衡内外销关系。

国家继续采取鼓励出口的政策措施，促进出口增长。完善出口退税制度，退税既要做到足额及时，简化手续，又要继续采取有力措施，有效防止骗税，严厉打击骗税的不法行为。对机电产品出口，继续给予扶持、鼓励。大力推动贸工技结合，加快科技成果转

化，优化出口商品结构。设立出口商品发展基金和风险基金，主要用于少数国际市场价格波动较大的商品以丰补歉，开发新商品、促进现有出口商品的更新换代，开拓新市场等。实行有利于外贸出口发展的信贷政策，银行对各类外贸企业出口贷款应按照信贷原则予以优先安排，贷款规模的增长与出口的增长保持同步。设立中国进出口信贷银行，为机电产品、成套设备等资本货物进出口提供政策性金融支持。上述鼓励出口的具体政策措施，由外经贸部等有关部门另行制定。

（下略）

国务院办公厅关于进一步加强贸易政策合规工作的通知[①]

（2014 年 6 月 9 日）

各省、自治区、直辖市人民政府，国务院各部委、各直属机构：

为贯彻落实党的十八届三中全会精神，加快构建开放型经济新体制，坚持世界贸易体制规则，经国务院批准，现就进一步加强贸易政策合规工作通知如下：

一、本通知所称贸易政策，是指国务院各部门、地方各级人民政府及其部门制定的有关或影响货物贸易、服务贸易以及与贸易有关的知识产权的规章、规范性文件和其他政策措施，不包括针对特定的行政管理对象实施的具体行政行为。

二、本通知所称合规，是指上述贸易政策应当符合《世界贸易组织协定》及其附件和后续协定、《中华人民共和国加入议定书》和《中国加入工作组报告书》。

三、商务部负责接收世界贸易组织成员对国务院各部门、地方各级人民政府及其部门制定的贸易政策提出的书面意见，并组织做好以下工作：

（一）涉及国务院有关部门制定的贸易政策，由商务部商有关部门研究提出合规性书面意见，抄送国务院法制办公室，有关部门做好相关后续工作。

---

① 《国务院办公厅关于进一步加强贸易政策合规工作的通知》，《中华人民共和国国务院公报》，2014 年 18 期。

（二）涉及地方人民政府及其部门制定的贸易政策，由商务部商有关部门提出合规性书面意见，并告知有关省、自治区、直辖市人民政府，抄送国务院法制办公室，有关地方人民政府做好相关后续工作。

四、国务院各部门应在拟定贸易政策的过程中进行合规性评估，并在正式发布时将政策文本抄送商务部（中国政府世界贸易组织通报咨询局）。

国务院各部门拟定的贸易政策，有下列情形之一的，如政策制定部门认为有必要，应在按有关程序报送审查或自行发布之前就是否合规征求商务部的意见：

（一）涉及与《世界贸易组织协定》等国际经贸条约、协定之间衔接的；

（二）可能对贸易产生重要影响的。

商务部应在收到征求意见稿之日起 7 个工作日内，对政策措施提出书面意见，特殊情况可适当延长。

各省、自治区、直辖市人民政府参照上述程序组织开展本地区的相关工作，抓紧制定具体措施，并指定商务主管部门或有关机构具体负责。

五、商务部可就落实本通知要求会同有关部门制定具体办法。

六、各地区、各部门要高度重视贸易政策合规工作，不断提高国际贸易规则意识，认真落实本通知各项要求，加大干部国际贸易规则培训力度。

附件：可能影响贸易的政策措施

附件

可能影响贸易的政策措施

一、直接影响进口的政策措施

1. 海关程序、估价和原产地规则

2. 关税

3. 影响进口的间接税

4. 进口禁令和许可

5. 国营贸易

6. 贸易救济

7. 标准和其他技术要求

8. 与进口有关的融资政策

二、直接影响出口的政策措施

9. 出口税

10. 出口退税

11. 加工贸易税收减让

12. 出口禁止、限制和许可

13. 国营贸易

14. 与出口有关的融资、保险和担保政策

15. 促进和营销支持措施

三、其他影响贸易的政策措施

16. 税收优惠政策

17. 补贴和其他政府支持

18. 涉及贸易的产业政策

19. 价格管制

20．竞争政策和消费者保护政策

21．与贸易有关的知识产权政策

22．与贸易有关的投资政策

23．与服务部门市场准入有关的政策

24．与服务部门国民待遇有关的政策

25．其他影响贸易的政策

国务院关于促进服务外包产业加快发展的意见[①]

（2014年12月24日）

各省、自治区、直辖市人民政府，国务院各部委、各直属机构：

近年来，我国服务外包产业规模迅速扩大，结构不断优化，以中国服务外包示范城市为主体的产业聚集效应日益增强。坚持改革创新，面向全球市场，加快发展高技术、高附加值服务外包产业，促进大众创业、万众创新，推动从主要依靠低成本竞争向更多以智力投入取胜转变，对于推进结构调整，形成产业升级新支撑、外贸增长新亮点、现代服务业发展新引擎和扩大就业新渠道，具有重要意义。为促进我国服务外包产业加快发展，推动“中国服务”再上台阶、走向世界，现提出以下意见：

一、总体要求

（一）指导思想。以邓小平理论、“三个代表”重要思想、科学发展观为指导，全面贯彻落实党的十八大和十八届二中、三中、四中全会精神，认真落实党中央、国务院的决策部署，以拓展国际国内市场为导向，围绕培育竞争新优势和营造良好发展环境，坚持改革创新、突出重点、分步实施、示范集聚的原则，着力激发企业创新动力和市场活力，尽快将服务外包产业提高到一个新水平。

（二）发展目标。今后三年，培养一批中高端人才、复合型人

① 《国务院关于促进服务外包产业加快发展的意见》，《中华人民共和国国务院公报》，2015年03期。

才和国际型人才，培育一批具有国际先进水平的服务外包知名企业，建设一批主导产业突出、创新能力强、体制机制先行先试的服务外包产业集聚区；人才队伍规模和素质进一步提高，吸纳大学生就业的数量大幅增长；服务外包产业规模持续快速增长，国际服务外包业务规模年均增长25%以上；产业结构进一步优化，高技术含量、高附加值的服务外包业务占比不断提高；区域布局明显改善，特色鲜明、优势互补、协调有序的良性发展格局初步形成；服务外包企业的专业服务能力和水平显著提高，中国服务外包示范城市的辐射带动作用进一步增强；服务外包产业政策体系和服务保障体系进一步完善。

到2020年，服务外包产业国际国内市场协调发展，规模显著扩大，结构显著优化，企业国际竞争力显著提高，成为我国参与全球产业分工、提升产业价值链的重要途径。

二、培育竞争新优势

（三）明确产业发展导向。同步推进信息技术、业务流程和知识流程外包服务，着力发展高技术、高附加值服务外包业务，促进向产业价值链高端延伸。定期发布《服务外包产业重点发展领域指导目录》，加强对服务外包产业发展指导。积极拓展服务外包行业领域，大力发展软件和信息技术、设计、研发、互联网、医疗、工业、能源等领域服务外包；加快发展文化创意、教育、交通物流、健康护理、科技服务、批发零售、休闲娱乐等领域服务外包；积极发展金融服务外包业务，鼓励金融机构将非核心业务外包。

（四）实施国际市场多元化战略。适应全球服务业加速跨国转移新趋势，进一步扩大与有关国家和地区服务外包交流与合作。巩固和加强与发达国家合作，着力提高服务外包高端业务比重；积极开拓新兴市场，不断拓展新业务和营销网络；深化与周边国家合作，推动服务标准出口；密切与丝绸之路经济带和21世纪海上丝绸之路沿线国家和地区的联系，构建多元化市场新格局。

（五）优化国内市场布局。立足服务外包产业现有基础和发展趋势，深度挖掘国内服务外包市场潜力，构建以中国服务外包示范城市为主体，结构合理、各具特色、优势互补的产业发展格局。发挥长三角、珠三角、环渤海及京津冀等区域已形成的产业集聚优势，积极吸引国内外创新资源，搭建具有国际先进水平的服务外包产业平台，不断提升产业竞争力，率先达到国际先进水平，加快带动全国服务外包产业发展。发挥中西部地区的区位优势，进一步加强服务外包产业基础设施建设，将推动服务外包产业发展作为产业转型升级、构建内陆地区开放型经济新高地的重要突破口，有序承接东部地区和国际产业转移。发挥东北地区工业体系完整的优势，不断优化发展环境，加大市场开拓力度，为振兴东北老工业基地和资源型城市转型发展提供有力支撑。

（六）培育壮大市场主体。支持各类所有制企业从事服务外包业务，鼓励服务外包企业专业化、规模化、品牌化发展。推动服务外包企业提升研发创新水平，通过国家科技计划（专项、基金等）引导和支持企业开展集成设计、综合解决方案及相关技术项目等研发。鼓励服务外包企业加强商业模式和管理模式创新，积极发展承接长期合约形式的服务外包业务。培育一批创新能力强、集成服务水平高、具有国际竞争力的服务外包龙头企业。支持一批“专、精、特、新”的中小型服务外包企业。鼓励企业特别是工业企业打破“大而全”、“小而全”的一体化格局，购买非核心业务的专业服务。引导服务外包企业通过兼并重组，优化资金、技术、人才等资源要素配置，实现优势互补。政府部门要不断拓宽购买服务领域，将可外包业务委托给专业服务企业。

（七）加强人才队伍建设。充分利用国际国内两种资源，加强服务外包各类人才培养培训。采取引进和培养相结合的方式，加强中高端人才队伍建设。支持高校以人才需求为导向调整优化服务外包专业和人才结构，依照服务外包人才相关标准组织实施教学活动，进行课程体系设置改革试点，引导大学生创新创业。鼓励高校和企业创新合作模式，积极开展互动式人才培养，共建实践教育基地，加强高校教师与企业资深工程师的双向交流。全面提升从业人员能力和水平，支持符合条件的服务外包企业通过开展校企合作录用高校毕业生，建立和完善内部培训体系。

三、强化政策措施

（八）加强规划引导。全面客观评估服务外包产业“十二五”规划实施情况，研究制订《中国国际服务外包产业发展“十三五”规划》，明确提出“十三五”服务外包产业的重点领域、主要任务和保障措施等。科学谋划服务外包产业集聚区布局，尽快形成产业集聚，发挥引领带动作用。有关部门要将服务外包产业集聚区的教育资源，物联网、大数据、云计算和移动互联及新技术应用的基础设施，以及企业的技术、管理和商业模式创新项目等纳入“十三五”相关规划。

（九）深化国际交流合作。提升双边经贸合作质量，在现有机制框架下有序推进服务外包产业务实合作，营造有利于共同发展的国际环境。加大支持服务外包企业参加国际展会、项目洽谈等活动。结合实施“走出去”战略和对外援助，综合运用贸易、出口信贷、对外投资合作和对外援助等多种措施，支持有条件的服务外包企业“走出去”，开展研发外包、知识流程外包和业务流程外包等高附加值项目合作。鼓励企业和机构在国际市场购买技术含量高、业务模式新的高端服务，引进先进技术、先进经营方式和管理经验，加快推动国内服务外包产业转型升级。

（十）加大财政支持力度。完善现有财政资金政策，优化资金安排和使用方向，改进支持方式，加大对国际服务外包业务的支持，鼓励开展国际服务外包研发、人才培训、资质认证、公共服务等。充分发挥财政资金的杠杆引导作用，通过设立国际服务外包产业引导基金等市场化支持方式，引导社会资金加大对承接国际服务外包业务企业的投入，促进扩大服务出口。

（十一）完善税收政策。从区域和领域上扩大对技术先进型服务企业减按 15%税率缴纳企业所得税和职工教育经费不超过工资薪金总额 8%部分税前扣除的税收优惠政策实施范围。根据服务外包产业集聚区布局，统筹考虑东、中、西部城市，将中国服务外包示范城市数量从 21 个有序增加到 31 个。实行国际服务外包增值税零税率和免税政策。

（十二）加强金融服务。拓宽服务外包企业投融资渠道。鼓励金融机构按照风险可控、商业可持续原则，创新符合监管政策、适应服务外包产业特点的金融产品和服务，推动开展应收账款质押、专利及版权等知识产权质押。支持政策性金融机构在有关部门和监管机构的指导下依法合规创新发展，加大对服务外包企业开拓国际市场、开展境外并购等业务的支持力度，加强服务外包重点项目建设。鼓励保险机构创新保险产品，提升保险服务，扩大出口信用保险规模和覆盖面，提高承保和理赔效率。利用现有资金政策，引导融资担保机构加强对服务外包中小企业的融资担保服务。支持符合条件的服务外包企业进入中小企业板、创业板、中小企业股份转让系统融资。支持符合条件的服务外包企业通过发行企业债券、公司债券、非金融企业债务融资工具等方式扩大融资，实现融资渠道多元化。

（十三）提升便利化水平。深化境外投资审批制度改革，推进境外投资便利化，实行备案为主的管理方式，最大限度缩小核准范围，简化审批手续。进一步提升通关便利化水平，创新服务外包海关监管模式。创新服务外包检验检疫监管模式，对承接国际服务外包业务所需样机、样本、试剂等简化审批程序，实施分类管理，提供通关便利。加快落实外汇管理便利化措施，具备条件的服务外包企业可申请参与服务外包境外投资外汇管理改革试点，根据试点情况及时研究推广。鼓励在跨境贸易和投资中使用人民币结算。为从事国际服务外包业务的外籍中高端管理和技术人员提供出入境和居留便利。提高国际通信服务水平，支持基础电信运营商为服务外包企业网络接入和国际线路租赁提供便利。

四、健全服务保障

（十四）建设法治化营商环境。研究完善服务外包产业的法律体系，促进产业发展和规范经营行为。切实保障国家安全，对故意或者过失泄露国家秘密、危害国家安全等违法行为，要依法追究法律责任。加大服务外包领域版权、专利、商标等知识产权的执法监管力度。建立服务外包企业信用记录和信用评价体系，惩戒失信，打击欺诈，完善服务外包企业诚信体系建设。鼓励条件成熟的地方开展地方性立法，适时出台有关服务外包产业的地方性法规和政府规章。

（十五）提高公共服务水平。驻外使（领）馆要加大对服务外包企业境外开展合作的指导协调力度，主动加强与国内主管部门的沟通配合，及时提供有效信息和政策建议。发挥行业协会的作用，提高服务和促进水平，加强行业自律，研究制订服务和人才标准，树立“中国服务”品牌。充分利用现有服务外包交流合作平台，吸引跨国公司转移国际服务外包业务，鼓励研究机构、商协会、高校和企业开展多种形式的务实合作。加强对服务外包公共信息服务，及时发布国际国内市场动态和政策信息。

（十六）加强统计分析体系建设。科学界定服务外包产业内涵和外延，健全服务外包统计指标体系和统计制度。加强服务外包统计信息系统建设。强化统计监测功能，推动服务外包产业监测预警体系建设。建立健全有关部门服务外包信息共享机制。加强与国际组织、研究机构和行业协会的数据信息交流与合作，按月度发布服务外包统计数据。

各地区、各部门要充分认识促进服务外包产业加快发展的重大意义，加强组织领导，建立工作机制，强化部门协同和上下联动，切实将本意见的各项任务落到实处、取得实效。商务部要加强统筹协调，会同有关部门科学评估服务外包产业发展情况，对本意见落实情况进行跟踪分析和监督检查，每年向国务院报告一次落实情况，重要问题及时报告。

附件：1．重点任务分工及进度安排表

2．21个中国服务外包示范城市

附件 1

重点任务分工及进度安排表

序号	工作任务	负责单位	时间进度
1	定期发布《服务外包产业重点发展领域指导目录》	商务部牵头，财政部、海关总署参加	2015 年 1 月启动
2	积极发展金融服务外包业务，鼓励金融机构将非核心业务外包	人民银行牵头，商务部、银监会、证监会、保监会参加	持续实施
3	推动服务外包企业提升研发创新水平，通过国家科技计划（专项、基金等）引导和支持企业开展集成设计、综合解决方案及相关技术项目等研发	科技部	持续实施
4	政府部门要不断拓宽购买服务领域，将可外包业务委托给专业服务企业	财政部	持续实施
5	支持高校以人才需求为导向调整优化服务外包专业和人才结构，依照服务外包人才相关标准组织实施教学活动，进行课程体系设置改革试点，引导大学生创新创业。鼓励高校和企业创新合作模式，积极开展互动式人才培养，共建实践教育基地，加强高校教师与企业资深工程师的双向交流	教育部牵头，商务部参加	持续实施
6	研究制订《中国国际服务外包产业发展“十三五”规划》。有关部门要将服务外包产业集聚区的教育资源，物联网、大数据、云计算和移动互联及新技术应用的基础设施，以及企业的技术、管理和商业模式创新项目等纳入“十三五”相关规划	商务部牵头，发展改革委、教育部、科技部、工业和信息化部参加	2015 年 1 月启动
7	加大支持服务外包企业参加国际展会、项目洽谈等活动	商务部牵头，财政部参加	持续实施

续表

序号	工作任务	负责单位	时间进度
8	完善现有财政资金政策，优化资金安排和使用方向，改进支持方式，加大对国际服务外包业务的支持，鼓励开展国际服务外包研发、人才培训、资质认证、公共服务等。充分发挥财政资金的杠杆引导作用，通过设立国际服务外包产业引导基金等市场化支持方式，引导社会资金加大对承接国际服务外包业务企业的投入，促进扩大服务出口	财政部牵头，商务部参加	持续实施
9	从区域和领域上扩大对技术先进型服务企业减按15%税率缴纳企业所得税和职工教育经费不超过工资薪金总额8%部分税前扣除的税收优惠政策实施范围	财政部牵头，发展改革委、科技部、商务部、税务总局参加	持续实施
10	将中国服务外包示范城市数量从21个有序增加到31个	商务部牵头，发展改革委、教育部、科技部、工业和信息化部、财政部、人力资源社会保障部、税务总局、外汇局参加	2015年1月启动
11	实行国际服务外包增值税零税率和免税政策	财政部牵头，商务部、税务总局参加	持续实施
12	鼓励金融机构按照风险可控、商业可持续原则，创新符合监管政策、适应服务外包产业特点的金融产品和服务，推动开展应收账款质押、专利及版权等知识产权质押	人民银行牵头，财政部、商务部、银监会参加	持续实施
13	支持政策性金融机构在有关部门和监管机构的指导下依法合规创新发展，加大对服务外包企业开拓国际市场、开展境外并购等业务的支持力度，加强服务外包重点项目建设	商务部牵头，财政部、人民银行、银监会参加	持续实施

续表

序号	工作任务	负责单位	时间进度
14	鼓励保险机构创新保险产品，提升保险服务，扩大出口信用保险规模和覆盖面，提高承保和理赔效率	保监会牵头,财政部、商务部参加	持续实施
15	利用现有资金政策，引导融资担保机构加强对服务外包中小企业的融资担保服务	财政部牵头，工业和信息化部、商务部参加	持续实施
16	支持符合条件的服务外包企业进入中小企业板、创业板、中小企业股份转让系统融资。支持符合条件的服务外包企业通过发行企业债券、公司债券、非金融企业债务融资工具等方式扩大融资，实现融资渠道多元化	证监会牵头，发展改革委、财政部、商务部、人民银行参加	持续实施
17	进一步提升通关便利化水平，创新服务外包海关监管模式	海关总署牵头，财政部、商务部参加	持续实施
18	创新服务外包检验检疫监管模式，对承接国际服务外包业务所需样机、样本、试剂等简化审批程序，实施分类管理，提供通关便利	质检总局牵头，商务部、海关总署参加	持续实施
19	加快落实外汇管理便利化措施，具备条件的服务外包企业可申请参与服务外包境外投资外汇管理改革试点，根据试点情况及时研究推广	外汇局牵头，商务部参加	持续实施
20	为从事国际服务外包业务的外籍中高端管理和技术人员提供出入境和居留便利	外交部、公安部牵头，人力资源社会保障部、商务部、质检总局参加	持续实施
21	提高国际通信服务水平，支持基础电信运营商为服务外包企业网络接入和国际线路租赁提供便利	工业和信息化部	持续实施
22	建立服务外包企业信用记录和信用评价体系，惩戒失信，打击欺诈，完善服务外包企业诚信体系建设	商务部牵头，人民银行、工商总局、外汇局参加	2015 年 1 月启动

续表

序号	工作任务	负责单位	时间进度
23	科学界定服务外包产业内涵和外延，健全服务外包统计指标体系和统计制度	商务部、统计局牵头	2015 年 1 月启动
24	加强服务外包统计信息系统建设。强化统计监测功能，推动服务外包产业监测预警体系建设	商务部牵头，统计局参加	持续实施
25	建立健全有关部门服务外包信息共享机制	商务部牵头，教育部、人民银行、统计局、银监会、证监会、保监会、外汇局参加	2015 年 1 月启动

附件 2

21 个中国服务外包示范城市

北京、天津、上海、重庆、大连、深圳、广州、武汉、哈尔滨、成都、南京、西安、济南、杭州、合肥、南昌、长沙、大庆、苏州、无锡、厦门

国务院关于加快发展服务贸易的若干意见[1]

（2015年1月28日）

各省、自治区、直辖市人民政府，国务院各部委、各直属机构：

近年来，我国服务贸易发展较快，但总体上国际竞争力相对不足，仍是对外贸易“短板”。大力发展服务贸易，是扩大开放、拓展发展空间的重要着力点，有利于稳定和增加就业、调整经济结构、提高发展质量效率、培育新的增长点。为适应经济新常态，加快发展服务贸易，现提出以下意见：

一、总体要求

（一）指导思想。深入贯彻党的十八大和十八届二中、三中、四中全会精神，以深化改革、扩大开放、鼓励创新为动力，着力构建公平竞争的市场环境，促进服务领域相互投资，完善服务贸易政策支持体系，加快服务贸易自由化和便利化，推动扩大服务贸易规模，优化服务贸易结构，增强服务出口能力，培育“中国服务”的国际竞争力。

（二）基本原则。

深化改革，扩大开放。深化服务业改革，放宽服务领域投资准入，减少行政审批事项，打破地区封锁和行业垄断，破除制约服务业发展的体制机制障碍；坚持有序推进服务业开放，以开放促改

---

① 《国务院关于加快发展服务贸易的若干意见》，《中华人民共和国国务院公报》，2015年07期。

革、促发展、促创新。

市场竞争，政府引导。发挥市场在服务贸易领域资源配置中的决定性作用，着力激发各类市场主体发展新活力；强化政府在制度建设、宏观指导、营造环境、政策支持等方面的职责，更好发挥政府引导作用。

产业支撑，创新发展。注重产业与贸易、货物贸易与服务贸易协调发展。依托制造业优势发展服务贸易，带动中国服务“走出去”；发挥服务贸易的支撑作用，提升货物贸易附加值。夯实服务贸易发展基础，增强服务业的国际竞争力。

（三）发展目标。服务业开放水平进一步提高，服务业利用外资和对外投资范围逐步扩大、质量和水平逐步提升。服务贸易规模日益扩大，到2020年，服务进出口额超过1万亿美元，服务贸易占对外贸易的比重进一步提升，服务贸易的全球占比逐年提高。服务贸易结构日趋优化，新兴服务领域占比逐年提高，国际市场布局逐步均衡，“一带一路”沿线国家在我国服务出口中的占比稳步提升。

二、主要任务

（四）扩大服务贸易规模。巩固旅游、建筑等劳动密集型服务出口领域的规模优势；重点培育运输、通信、金融、保险、计算机和信息服务、咨询、研发设计、节能环保、环境服务等资本技术密集型服务领域发展，既通过扩大进口满足国内需求，又通过鼓励出口培育产业竞争力和外贸竞争新优势；积极推动文化艺术、广播影视、新闻出版、教育等承载中华文化核心价值的文化服务出口，大力促进文化创意、数字出版、动漫游戏等新型文化服务出口，加强中医药、体育、餐饮等特色服务领域的国际交流合作，提升中华文化软实力和影响力。

（五）优化服务贸易结构。优化服务贸易行业结构，积极开拓服务贸易新领域，稳步提升资本技术密集型服务和特色服务等高附加值服务在服务进出口中的占比。优化国际市场布局，继续巩固传统市场，在挖掘服务出口潜力的同时，加大资本技术密集型服务进口力度；大力开拓“一带一路”沿线国家市场，提高新兴国家市场占比，积极发展运输、建筑等服务贸易，培育具有丝绸之路特色的国际精品旅游线路和产品，推进承载中华文化的特色服务贸易发展，提高资本技术密集型服务贸易占比。优化国内区域布局，巩固东部沿海地区的规模和创新优势，加快发展资本技术密集型服务贸易，发挥中西部地区的资源优势，培育特色产业，鼓励错位竞争、协同发展。

（六）规划建设服务贸易功能区。充分发挥现代服务业和服务贸易集聚作用，在有条件的地区开展服务贸易创新发展试点。依托现有各类开发区和自由贸易试验区规划建设一批特色服务出口基地。拓展海关特殊监管区域和保税监管场所的服务出口功能，扩充国际转口贸易、国际物流、中转服务、研发、国际结算、分销、仓储等功能。

（七）创新服务贸易发展模式。积极探索信息化背景下新的服务贸易发展模式，依托大数据、物联网、移动互联网、云计算等新技术推动服务贸易模式创新，打造服务贸易新型网络平台，促进制造业与服务业、各服务行业之间的融合发展。将承接服务外包作为提升我国服务水平和国际影响力的重要手段，扩大服务外包产业规模，增加高技术含量、高附加值外包业务比重，拓展服务外包业务领域，提升服务跨境交付能力。推动离岸、在岸服务外包协调发展，在积极承接国际服务外包的同时，逐步扩大在岸市场规模。

（八）培育服务贸易市场主体。打造一批主业突出、竞争力强的大型跨国服务业企业，培育若干具有较强国际影响力的服务品牌；支持有特色、善创新的中小企业发展，引导中小企业融入全球供应链。鼓励规模以上服务业企业走国际化发展道路，积极开拓海外市场，力争规模以上服务业企业都有进出口实绩。支持服务贸易企业加强自主创新能力建设，鼓励服务领域技术引进和消化吸收再创新。

（九）进一步扩大服务业开放。探索对外商投资实行准入前国民待遇加负面清单的管理模式，提高利用外资的质量和水平。推动服务业扩大开放，推进金融、教育、文化、医疗等服务业领域有序开放，逐步实现高水平对内对外开放；放开育幼养老、建筑设计、会计审计、商贸物流、电子商务等服务业领域外资准入限制。积极参与多边、区域服务贸易谈判和全球服务贸易规则制定。建立面向全球的高标准自由贸易区网络，依托自由贸易区战略实施，积极推动服务业双向互惠开放。基本实现内地与港澳服务贸易自由化。推动大陆与台湾服务业互利开放。

（十）大力推动服务业对外投资。支持各类服务业企业通过新设、并购、合作等方式，在境外开展投资合作，加快建设境外营销网络，增加在境外的商业存在。支持服务业企业参与投资、建设和管理境外经贸合作区。鼓励企业建设境外保税仓，积极构建跨境产业链，带动国内劳务输出和货物、服务、技术出口。支持知识产权境外登记注册，加强知识产权海外布局，加大海外维权力度，维护企业权益。

三、政策措施

（十一）加强规划引导。发挥规划的引领作用，定期编制服务贸易发展规划。指导地方做好规划工作，确立主导行业和发展重点，扶持特色优势行业发展。加强对重点领域的支持引导，制订重点服务出口领域指导目录。建立不同层级的重点企业联系制度。

（十二）完善财税政策。充分利用外经贸发展专项资金等政策，加大对服务贸易发展的支持力度，进一步优化资金安排结构，突出政策支持重点，完善和创新支持方式，引导更多社会资金加大对服务贸易发展的支持力度，拓宽融资渠道，改善公共服务。结合全面实施“营改增”改革，对服务出口实行零税率或免税，鼓励扩大服务出口。

（十三）创新金融服务。加强金融服务体系建设，鼓励金融机构在风险可控的前提下创新金融产品和服务，开展供应链融资、海外并购融资、应收账款质押贷款、仓单质押贷款、融资租赁等业务。鼓励政策性金融机构在现有业务范围内加大对服务贸易企业开拓国际市场、开展国际并购等业务的支持力度，支持服务贸易重点项目建设。鼓励保险机构创新保险品种和保险业务，探索研究推出更多、更便捷的外贸汇率避险险种，在风险可控的前提下采取灵活承保政策，简化投保手续。引导服务贸易企业积极运用金融、保险等多种政策工具开拓国际市场，拓展融资渠道。推动小微企业融资担保体系建设，积极推进小微企业综合信息共享。加大多层次资本市场对服务贸易企业的支持力度，支持符合条件的服务贸易企业在交易所市场上市、在全国中小企业股份转让系统挂牌、发行公司债和中小企业私募债等。

（十四）提高便利化水平。建立和完善与服务贸易特点相适应的口岸通关管理模式。探索对会展、拍卖、快递等服务企业所需通关的国际展品、艺术品、电子商务快件等特殊物品的监管模式创新，完善跨境电子商务通关服务。加强金融基础设施建设，便利跨境人民币结算，鼓励境内银行机构和支付机构扩大跨境支付服务范围，支持服务贸易企业采用出口收入存放境外等方式提高外汇资金使用效率。加强人员流动、资格互认、标准化等方面的国际磋商与合作，为专业人才和专业服务“引进来”和“走出去”提供便利。为外籍高端人才办理在华永久居留提供便利。

（十五）打造促进平台。支持商协会和促进机构开展多种形式的服务贸易促进活动，通过政府购买服务的形式整体宣传“中国服务”，提升服务贸易品牌和企业形象。支持企业赴境外参加服务贸易重点展会。积极培育服务贸易交流合作平台，形成以中国（北京）国际服务贸易交易会为龙头、以各类专业性展会论坛为支撑的服务贸易会展格局，鼓励其他投资贸易类展会增设服务贸易展区。积极与主要服务贸易合作伙伴和“一带一路”沿线国家签订服务贸易合作协议，在双边框架下开展务实合作。

四、保障体系

（十六）健全法规体系。加快推进相关服务行业基础性法律制修订工作，逐步建立和完善服务贸易各领域法律法规体系，规范服务贸易市场准入和经营秩序。研究制定或完善有关服务进出口的相关法规。鼓励有条件的地方出台服务贸易地方性法规。建立与国际接轨的服务业标准化体系。

（十七）建立协调机制。建立国务院服务贸易发展协调机制，加强对服务贸易工作的宏观指导，统筹服务业对外开放、协调各部门服务出口政策、推进服务贸易便利化和自由化。各地要将大力发展服务贸易作为稳定外贸增长和培育外贸竞争新优势的重要工作内容，纳入政府考核评价指标体系，完善考核机制。

（十八）完善统计工作。建立和完善国际服务贸易统计监测、运行和分析体系，健全服务贸易统计指标体系，加强与国际组织、行业协会的数据信息交流，定期发布服务贸易统计数据。创新服务贸易统计方法，加强对地方服务贸易统计工作的指导，开展重点企业数据直报工作。

（十九）强化人才培养。大力培养服务贸易人才，加快形成政府部门、科研院所、高校、企业联合培养人才的机制。加大对核心人才、重点领域专门人才、高技能人才和国际化人才的培养、扶持和引进力度。鼓励高等学校国际经济与贸易专业增设服务贸易相关课程。鼓励各类市场主体加大人才培训力度，开展服务贸易经营管理和营销服务人员培训，建设一支高素质的专业人才队伍。

（二十）优化发展环境。积极营造全社会重视服务业和服务贸易发展的良好氛围。清理和规范服务贸易相关法律法规和部门规章，统一内外资法律法规，培育各类市场主体依法平等进入、公平竞争的营商环境。推动行业协会、商会建立健全行业经营自律规范、自律公约和职业道德准则，规范会员行为，推进行业诚信建设，自觉维护市场秩序。

五、组织领导

（二十一）各地区、各有关部门要从全局和战略的高度，充分认识大力发展服务贸易的重要意义，根据本地区、本部门、本行业实际情况，制订出台行动计划和配套支持政策。各地区要建立工作机制，结合本地实际，积极培育服务贸易特色优势产业。各有关部门要密切协作，形成合力，促进产业政策、贸易政策、投资政策的良性互动，积极营造大力发展服务贸易的政策环境。

附件：重点任务分工及进度安排表

附件

重点任务分工及进度安排表

序号	工作任务	负责部门	时间进度
1	在有条件的地区开展国际服务贸易创新发展试点。依托现有各类开发区和自由贸易试验区规划建设一批特色服务出口基地。	商务部牵头，发展改革委、财政部、海关总署、质检总局参加	2015 年上半年启动
2	拓展海关特殊监管区域和保税监管场所的服务出口功能，扩充国际转口贸易、国际物流、中转服务、研发、国际结算、分销、仓储等功能。	海关总署牵头，发展改革委、财政部、商务部、人民银行、税务总局、质检总局等参加	持续实施
3	探索对外商投资实行准入前国民待遇加负面清单的管理模式。	发展改革委、商务部牵头，相关部门参加	2015 年 3 月实施
4	积极参与多边、区域服务贸易谈判和全球服务贸易规则制定。建立面向全球的高标准自由贸易区网络，依托自由贸易区战略实施，积极推动服务业双向互惠开放。基本实现内地与港澳服务贸易自由化。推动大陆与台湾服务业互利开放。	商务部牵头，发展改革委、港澳办、台办参加	持续实施

续表

序号	工作任务	负责部门	时间进度
5	支持各类服务业企业通过新设、并购、合作等方式，在境外开展投资合作，加快建设境外营销网络，增加在境外的商业存在。	发展改革委、商务部牵头	持续实施
6	支持服务业企业参与投资、建设和管理境外经贸合作区。鼓励企业建设境外保税仓，积极构建跨境产业链，带动国内劳务输出和货物、服务、技术出口。	商务部牵头，发展改革委、财政部、海关总署、贸促会参加	持续实施
7	支持知识产权境外登记注册，加强知识产权海外布局，加大海外维权力度，维护企业权益。	知识产权局、商务部牵头	持续实施
8	发挥规划的引领作用，定期编制服务贸易发展规划。指导地方做好规划工作，确立主导行业和发展重点，扶持特色优势行业发展。	商务部	持续实施
9	加强对重点领域的支持引导，制订重点服务出口领域指导目录。	商务部	2015 年上半年实施
10	充分利用外经贸发展专项资金等政策，加大对服务贸易发展的支持力度，进一步优化资金安排结构，突出政策支持重点，完善和创新支持方式，引导更多社会资金加大对服务贸易发展的支持力度，拓宽融资渠道，改善公共服务。	财政部、商务部	持续实施
11	结合全面实施“营改增”改革，对服务出口实行零税率或免税，鼓励扩大服务出口。	财政部、税务总局牵头，商务部参加	持续实施

续表

序号	工作任务	负责部门	时间进度
12	鼓励金融机构在风险可控的前提下创新金融产品和服务，开展供应链融资、海外并购融资、应收账款质押贷款、仓单质押贷款、融资租赁等业务。	银监会牵头，人民银行、商务部参加	持续实施
13	鼓励政策性金融机构在现有业务范围内加大对服务贸易企业开拓国际市场、开展国际并购等业务的支持力度，支持服务贸易重点项目建设。	银监会牵头，人民银行、商务部参加	持续实施
14	鼓励保险机构创新保险品种和保险业务，探索研究推出更多、更便捷的外贸汇率避险险种，在风险可控的前提下采取灵活承保政策，简化投保手续。	保监会	持续实施
15	加大多层次资本市场对服务贸易企业的支持力度，支持符合条件的服务贸易企业在交易所市场上市、在全国中小企业股份转让系统挂牌、发行公司债和中小企业私募债等。	证监会、发展改革委	持续实施
16	建立和完善与服务贸易特点相适应的口岸通关管理模式。探索对会展、拍卖、快递等服务企业所需通关的国际展品、艺术品、电子商务快件等特殊物品的监管模式创新，完善跨境电子商务通关服务。	海关总署牵头，财政部、商务部、税务总局、质检总局、邮政局参加	持续实施

续表

序号	工作任务	负责部门	时间进度
17	加强金融基础设施建设，便利跨境人民币结算，鼓励境内银行机构和支付机构扩大跨境支付服务范围，支持服务贸易企业采用出口收入存放境外等方式提高外汇资金使用效率。	人民银行、外汇局	持续实施
18	加强人员流动、资格互认、标准化等方面的国际磋商与合作，为专业人才和专业服务“引进来”和“走出去”提供便利。	商务部牵头，人力资源社会保障部、质检总局参加	持续实施
19	为外籍高端人才办理在华永久居留提供便利。	公安部	持续实施
20	支持企业赴境外参加服务贸易重点展会。积极培育服务贸易交流合作平台，形成以中国（北京）国际服务贸易交易会为龙头、以各类专业性展会论坛为支撑的服务贸易会展格局，鼓励其他投资贸易类展会增设服务贸易展区。	商务部牵头，贸促会参加	持续实施
21	积极与主要服务贸易合作伙伴和“一带一路”沿线国家签订服务贸易合作协议，在双边框架下开展务实合作。	商务部	持续实施
22	研究制定或完善有关服务进出口的相关法规。	商务部牵头，相关部门参加	持续实施
23	建立国务院服务贸易发展协调机制，加强对服务贸易工作的宏观指导，统筹服务业对外开放、协调各部门服务出口政策、推进服务贸易便利化和自由化。	商务部	2015 年上半年启动

续表

序号	工作任务	负责部门	时间进度
24	建立和完善国际服务贸易统计监测、运行和分析体系，健全服务贸易统计指标体系，加强与国际组织、行业协会的数据信息交流，定期发布服务贸易统计数据。创新服务贸易统计方法，加强对地方服务贸易统计工作的指导，开展重点企业数据直报工作。	商务部牵头，统计局、外汇局、贸促会参加	持续实施
25	鼓励高等学校国际经济与贸易专业增设服务贸易相关课程。	教育部	持续实施

中共中央、国务院关于构建开放型经济新体制的若干意见[①]

（2015年5月5日）

对外开放是我国的基本国策。当前，世界多极化、经济全球化进一步发展，国际政治经济环境深刻变化，创新引领发展的趋势更加明显。我国改革开放正站在新的起点上，经济结构深度调整，各项改革全面推进，经济发展进入新常态。面对新形势新挑战新任务，要统筹开放型经济顶层设计，加快构建开放型经济新体制，进一步破除体制机制障碍，使对内对外开放相互促进，引进来与走出去更好结合，以对外开放的主动赢得经济发展和国际竞争的主动，以开放促改革、促发展、促创新，建设开放型经济强国，为实现“两个一百年”奋斗目标和中华民族伟大复兴的中国梦打下坚实基础。

一、构建开放型经济新体制的总体要求

全面贯彻落实党的十八大和十八届二中、三中、四中全会精神，坚持使市场在资源配置中起决定性作用和更好发挥政府作用，坚持改革开放和法治保障并重，坚持引进来和走出去相结合，坚持与世界融合和保持中国特色相统一，坚持统筹国内发展和参与全球治理相互促进，坚持把握开放主动权和维护国家安全。主动适应经

---

① 《中共中央、国务院关于构建开放型经济新体制的若干意见》，《人民日报》，2015年9月18日。

济发展新常态，并与实施“一带一路”战略和国家外交战略紧密衔接，科学布局，选准突破口和切入点，发挥社会主义制度优势，把握好开放节奏和秩序，扬长避短、因势利导、有所作为、防范风险、维护安全，积极探索对外经济合作新模式、新路径、新体制。总体目标是，加快培育国际合作和竞争新优势，更加积极地促进内需和外需平衡、进口和出口平衡、引进外资和对外投资平衡，逐步实现国际收支基本平衡，形成全方位开放新格局，实现开放型经济治理体系和治理能力现代化，在扩大开放中树立正确义利观，切实维护国家利益，保障国家安全，推动我国与世界各国共同发展，构建互利共赢、多元平衡、安全高效的开放型经济新体制。

（一）建立市场配置资源新机制。促进国际国内要素有序自由流动、资源全球高效配置、国际国内市场深度融合，加快推进与开放型经济相关的体制机制改革，建立公平开放、竞争有序的现代市场体系。

（二）形成经济运行管理新模式。按照国际化、法治化的要求，营造良好法治环境，依法管理开放，建立与国际高标准投资和贸易规则相适应的管理方式，形成参与国际宏观经济政策协调的机制，推动国际经济治理结构不断完善。推进政府行为法治化、经济行为市场化，建立健全企业履行主体责任、政府依法监管和社会广泛参与的管理机制，健全对外开放中有效维护国家利益和安全的体制机制。

（三）形成全方位开放新格局。坚持自主开放与对等开放，加强走出去战略谋划，实施更加主动的自由贸易区战略，拓展开放型经济发展新空间。继续实施西部开发、东北振兴、中部崛起、东部率先的区域发展总体战略，重点实施“一带一路”战略、京津冀协同发展战略和长江经济带战略，推动东西双向开放，促进基础设施互联互通，扩大沿边开发开放，形成全方位开放新格局。

（四）形成国际合作竞争新优势。巩固和拓展传统优势，加快培育竞争新优势。以创新驱动为导向，以质量效益为核心，大力营造竞争有序的市场环境、透明高效的政务环境、公平正义的法治环境和合作共赢的人文环境，加速培育产业、区位、营商环境和规则标准等综合竞争优势，不断增强创新能力，全面提升在全球价值链中的地位，促进产业转型升级。

二、创新外商投资管理体制

改善投资环境，扩大服务业市场准入，进一步开放制造业，稳定外商投资规模和速度，提高引进外资质量。改革外商投资审批和产业指导的管理方式，向准入前国民待遇加负面清单的管理模式转变，促进开发区体制机制创新和转型升级发展。

（五）统一内外资法律法规。修订中外合资经营企业法、中外合作经营企业法和外资企业法，制定新的外资基础性法律，将规范和引导境外投资者及其投资行为的内容纳入外资基础性法律。对于外资企业组织形式、经营活动等一般内容，可由统一适用于各类市场主体法律法规加以规范的，按照内外资一致的原则，适用统一的法律法规。保持外资政策稳定、透明、可预期，营造规范的制度环境和稳定的市场环境。

（六）推进准入前国民待遇加负面清单的管理模式。完善外商投资市场准入制度，探索对外商投资实行准入前国民待遇加负面清单的管理模式。在做好风险评估的基础上，分层次、有重点放开服务业领域外资准入限制，推进金融、教育、文化、医疗等服务业领域有序开放，放开育幼养老、建筑设计、会计审计、商贸物流、电子商务等服务业领域外资准入限制，进一步放开一般制造业。在维护国家安全的前提下，对于交通、电信等基础设施以及矿业等相关领域逐步减少对外资的限制。

（七）完善外商投资监管体系。按照扩大开放与加强监管同步的要求，加强事中事后监管，建立外商投资信息报告制度和外商投资信息公示平台，充分发挥企业信用信息公示系统的平台作用，形成各政府部门信息共享、协同监管、社会公众参与监督的外商投资全程监管体系，提升外商投资监管的科学性、规范性和透明度，防止一放就乱。

（八）推动开发区转型升级和创新发展。加强国家级经济技术开发区、高新技术产业开发区、海关特殊监管区域以及省级开发区等各类开发区规划指导、创新发展。发挥开发区的引领和带动作用，大力发展先进制造业、生产性服务业和科技服务业，推动区内产业升级，建设协同创新平台，实现产业结构、产品附加值、质量、品牌、技术水平、创新能力的全面提升。推动开发区绿色、低碳、循环发展，继续深化节能环保国际合作。不断改善投资环境，进一步规范行政管理制度，完善决策、执行、监督和考核评价体系，避免同质竞争，努力把开发区建设成为带动地区经济发展和实施区域发展战略的重要载体、构建开放型经济新体制和培育吸引外资新优势的排头兵、科技创新驱动和绿色集约发展的示范区。

三、建立促进走出去战略的新体制

实施走出去国家战略，加强统筹谋划和指导。确立企业和个人对外投资主体地位，努力提高对外投资质量和效率，促进基础设施互联互通，推动优势产业走出去，开展先进技术合作，增强我国企业国际化经营能力，避免恶性竞争，维护境外投资权益。

（九）确立并实施新时期走出去国家战略。根据国民经济和社会发展总体规划以及对外开放总体战略，完善境外投资中长期发展规划，加强对走出去的统筹谋划和指导，提供政策支持和投资促进。鼓励企业制定中长期国际化发展战略，兼顾当前和长远利益，在境外依法经营。督促企业履行社会责任，树立良好形象。

（十）推进境外投资便利化。研究制定境外投资法规。贯彻企业投资自主决策、自负盈亏原则，放宽境外投资限制，简化境外投资管理，除少数有特殊规定外，境外投资项目一律实行备案制。加快建立合格境内个人投资者制度。加强境外投资合作信息平台建设。

（十一）创新对外投资合作方式。允许企业和个人发挥自身优势到境外开展投资合作，允许自担风险到各国各地区承揽工程和劳务合作项目，允许创新方式走出去开展绿地投资、并购投资、证券投资、联合投资等。鼓励有实力的企业采取多种方式开展境外基础设施投资和能源资源合作。促进高铁、核电、航空、机械、电力、电信、冶金、建材、轻工、纺织等优势行业走出去，提升互联网信息服务等现代服务业国际化水平，推动电子商务走出去。积极稳妥推进境外农业投资合作。支持我国重大技术标准走出去。创新境外经贸合作区发展模式，支持国内投资主体自主建设和管理。

（十二）健全走出去服务保障体系。加快同有关国家和地区商签投资协定，完善领事保护制度，提供权益保障、投资促进、风险预警等更多服务，推进对外投资合作便利化。保障我国境外人员人身和财产安全。发挥中介机构作用，培育一批国际化的设计咨询、资产评估、信用评级、法律服务等中介机构。

（十三）引进来和走出去有机结合。推进引进外资与对外投资有机结合、相互配合，推动与各国各地区互利共赢的产业投资合作。发挥我国优势和条件促进其他国家和地区共同发展。鼓励企业开展科技创新、项目对接、信息交流、人力资源开发等多方面国际合作。支持地方和企业做好引资、引智、引技等工作，并积极开拓国际市场。通过各类投资合作机制，分享我国引进来的成功经验，推动有关国家营造良好投资环境。

四、构建外贸可持续发展新机制

保持外贸传统优势，加快培育外贸竞争新优势，着力破解制约外贸持续发展和转型升级的突出问题。全面提升外贸竞争力，提高贸易便利化水平，完善进出口促进体系，健全贸易摩擦应对机制，大力发展服务贸易，促进外贸提质增效升级。

（十四）提高贸易便利化水平。强化大通关协作机制，实现口岸管理相关部门信息互换、监管互认、执法互助。加快国际贸易“单一窗口”建设，全面推行口岸管理相关部门“联合查验、一次放行”等通关新模式。依托电子口岸平台，推动口岸管理相关部门各作业系统横向互联，建立信息共享共用机制。探索开展口岸查验机制创新和口岸管理相关部门综合执法试点。加快海关特殊监管区域整合优化。加快一体化通关改革，推进通关作业无纸化。与主要贸易伙伴开展检验检疫、认证认可和技术标准等方面的交流合作与互认。加强口岸检验检疫综合能力建设，完善产品质量安全风险预警和快速反应体系。整合和规范进出口环节经营性服务和收费。

（十五）培育外贸竞争新优势。优化市场布局和贸易结构。稳定传统优势产品出口，进一步推进以质取胜战略，提升出口产品质量、档次和创新要素比重，扩大大型成套设备和技术出口。加强外贸诚信体系建设，规范进出口秩序。鼓励企业开展科技创新和商业模式创新，加快培育以技术、品牌、质量、服务为核心的外贸竞争新优势。鼓励发展跨境电子商务、市场采购贸易等新型贸易方式。积极解决电子商务在境内外发展的技术、政策问题，在标准、支付、物流、通关、检验检疫、税收等方面加强国际协调，参与相关规则制定，创新跨境电子商务合作方式，融入国外零售体系，化解相关贸易摩擦。优化进口商品结构，鼓励先进技术、关键设备和零部件进口，稳定资源性产品进口，合理增加一般消费品进口。培育国际大宗商品交易平台。提高一般贸易和服务贸易比重，推动加工贸易转型升级，提升产业层次，提高加工贸易的质量和附加值，延长加工贸易产业链，提高加工贸易增值率。

（十六）建立健全服务贸易促进体系。提升服务贸易战略地位，着力扩大服务贸易规模，推进服务贸易便利化和自由化。鼓励发展生产性服务贸易。依托大数据、云计算、物联网、移动互联网等新技术，推动服务业转型，培育服务新业态。创新服务贸易金融服务体系，建立与服务贸易相适应的口岸管理和通关协作模式。提高货物贸易中的服务附加值，促进制造业与服务业、货物贸易与服务贸易协调发展。推进国内服务市场健全制度、标准、规范和监管体系，为专业人才和专业服务跨境流动提供便利。制定与国际接轨的服务业标准化体系，加强与服务贸易相关的人才培养、资格互认、标准制定等方面的国际合作。促进服务外包升级，提升服务跨境交付能力，建设好服务外包示范城市。

（十七）实施质量效益导向型的外贸政策。支持技术含量高、附加值大、资源和能源消耗低、环境污染小、产业关联度强的对外贸易活动，实现外贸绿色低碳可持续发展。进一步完善出口退税制度，优化出口退税流程。健全出口信用保险体系。加强贸易风险、汇率风险监测分析，适时公布有关风险提示，引导企业有效规避出口风险。

（十八）健全贸易摩擦应对机制。强化中央、地方、行业协会商会、企业四体联动的综合应对机制，指导企业做好贸易摩擦预警、咨询、对话、磋商、诉讼等工作。有理有节、化解分歧、争取双赢，以协商方式妥善解决贸易争端，对滥用贸易保护措施和歧视性做法，善于运用规则进行交涉和制衡。依法开展贸易救济调查，维护国内产业企业合法权益。

五、优化对外开放区域布局

建设自由贸易园区，立足东中西协调、陆海统筹，扩大对港澳台开放合作，推动形成全方位的区域开放新格局，以区域开放的提质增效带动经济的协调发展。

（十九）建设若干自由贸易试验园区。深化上海自由贸易试验区改革开放，扩大服务业和先进制造业对外开放，形成促进投资和创新的政策支持体系，并将部分开放措施辐射到浦东新区，及时总结改革试点经验，在全国复制推广。依托现有新区、园区，推动广东、天津、福建自由贸易试验区总体方案全面实施，以上海自由贸易试验区试点内容为主体，结合地方特点，充实新的试点内容，未来结合国家发展战略需要逐步向其他地方扩展，推动实施新一轮高水平对外开放。

（二十）完善内陆开放新机制。抓住全球产业重新布局机遇，以内陆中心城市和城市群为依托，以开发区和产业聚集区为平台，积极探索承接产业转移新路径，创新加工贸易模式，以加工贸易梯度转移重点承接地为依托，稳妥推进有条件的企业将整机生产、零部件、原材料配套和研发、结算等向内陆地区转移，形成产业集群，支持在内陆中心城市建立先进制造业中心。鼓励区域合作共建产业园区，促进内陆贸易、投资、技术创新协调发展。支持内陆城市增开国际客货运航线，发展江海联运，以及铁水、陆航等多式联运，形成横贯东中西、联结南北方的对外经济走廊。

（二十一）培育沿边开放新支点。将沿边重点开发开放试验区、边境经济合作区建成我国与周边国家合作的重要平台，加快沿边开放步伐。允许沿边重点口岸、边境城市、边境经济合作区在人员往来、加工物流、旅游等方面实行特殊方式和政策。按有关规定有序进行边境经济合作区新设、调区和扩区工作。稳步发展跨境经济合作区，有条件的可结合规划先行启动中方区域基础设施建设。建设能源资源进口加工基地，开展面向周边市场的产业合作。鼓励边境地区与毗邻国地方政府加强务实合作。

（二十二）打造沿海开放新高地。发挥长三角、珠三角、环渤海地区对外开放门户的作用，建设若干服务全国、面向世界的国际化大都市和城市群，建成具有更强国际影响力的沿海经济带。推动京津冀协同发展。支持沿海地区发展高端产业、加强科技研发，加快从全球加工装配基地向研发、先进制造基地转变，推进服务业开放先行先试。依托长江黄金水道，推动长江经济带发展，打造中国经济新支撑带，建设陆海双向对外开放新走廊。

（二十三）扩大对香港、澳门和台湾地区开放。发挥港澳地区的开放平台与示范作用，深化内地与港澳更紧密经贸关系安排，加快实现与港澳服务贸易自由化。建设好深圳前海现代服务业示范区、珠海横琴新区、广州南沙新区。鼓励内地企业与港澳企业联合走出去。支持内地企业赴港融资，将境外产业投资与香港金融资本有机结合。鼓励内地企业与港澳企业联合成立投资基金，通过多种方式开展投资合作。促进澳门经济适度多元。促进海峡两岸经济关系正常化、制度化、自由化，逐步健全两岸经济合作机制。加强两岸产业合作、双向贸易投资及便利化方面的合作。充分发挥海峡西岸经济区、平潭综合实验区、昆山深化两岸产业合作试验区等的先行先试作用。深化和拓展与港澳台地区高校、科研院所、企业间科技研发和创新创业方面的合作。

六、加快实施“一带一路”战略

实施“一带一路”战略，以政策沟通、设施联通、贸易畅通、资金融通、民心相通为主要内容，全方位推进与沿线国家合作，构建利益共同体、命运共同体和责任共同体，深化与沿线国家多层次经贸合作，带动我国沿边、内陆地区发展。

（二十四）推进基础设施互联互通。加快形成国际大通道，构建联通内外、安全通畅的综合交通运输网络，完善交通合作平台与机制。巩固和扩大电力输送、光缆通信等合作。深化能源资源开发与通道建设合作。

（二十五）深化与沿线国家经贸合作。相互扩大市场开放，深化海关、检验检疫、标准、认证、过境运输等全方位合作，培育壮大特色优势产业，推动我国大型成套设备、技术、标准与沿线国家合作。加大非资源类产品进口力度，促进贸易平衡。推动企业在沿线国家设立仓储物流基地和分拨中心，完善区域营销网络。加强与沿线国家的产业投资合作，共建一批经贸合作园区，带动沿线国家增加就业、改善民生。鼓励发展面向沿线国家的电子商务，倡导电子商务多边合作。

（二十六）密切科技人文交流。扩大与沿线国家互派留学规模，鼓励有实力的高校走出去办学，开展境外教育合作。推进国际卫生合作。加强与沿线国家科技合作，采取多种方式联合开展重大科研攻关。推动产学研协同配合，把重点经贸项目合作与科技人文交流紧密结合起来。推进对外文化合作与交流，与沿线国家互办文化年、艺术节等活动，支持沿线国家申办国际重大赛事，加强与沿线国家旅游投资合作，联合打造具有丝绸之路特色的国际精品旅游线路和旅游产品。

（二十七）积极推进海洋经济合作。大力发展海洋经济，制定促进海洋经济发展的政策法规。妥善处理争议和分歧，建立海上经济合作和共同开发机制。加强国际远洋渔业合作。

（二十八）扎实推动中巴、孟中印缅经济走廊建设。中巴、孟中印缅两个经济走廊与推进“一带一路”建设关联紧密，要进一步深化研究、推动合作。积极探索孟中印缅经济走廊框架下四方合作模式，制定经济走廊务实合作计划，推出一批易操作、见效快的早期收获项目。共同推进编制中巴经济走廊建设远景规划，指导我国企业有序参与建设活动。

七、拓展国际经济合作新空间

巩固和加强多边贸易体制，加快实施自由贸易区战略，积极参与全球经济治理，做国际经贸规则的参与者、引领者，扩大国际合作与交流，努力形成深度交融的互利合作网络。

（二十九）坚持世界贸易体制规则。维护多边贸易体制在全球贸易投资自由化中的主渠道地位，坚持均衡、普惠、共赢原则，反对贸易投资保护主义。积极落实“巴厘一揽子”协议，推动后巴厘工作计划制定，争取尽早完成多哈回合谈判。推进《信息技术协定》扩围和《环境产品协定》谈判，推动我国加入《政府采购协定》谈判。支持世贸组织继续加强贸易政策监督机制、完善争端解决机制。进一步加强贸易政策合规工作。

（三十）建立高标准自由贸易区网络。加快实施自由贸易区战略，坚持分类施策、精耕细作，逐步构筑起立足周边、辐射“一带一路”、面向全球的高标准自由贸易区网络，积极扩大服务业开放，加快推进环境保护、投资保护、政府采购、电子商务等新议题谈判，积极推进国际创新合作。积极落实中韩、中澳自由贸易区谈判成果，打造中国—东盟自由贸易区升级版，推进中国与有关国家自由贸易协定谈判和建设进程，稳步推进中欧自由贸易区和亚太自由贸易区建设，适时启动与其他经贸伙伴的自由贸易协定谈判。

（三十一）积极参与全球经济治理。推进全球经济治理体系改革，支持联合国、二十国集团等发挥全球经济治理主要平台作用，推动金砖国家合作机制发挥作用，共同提高新兴市场和发展中国家在全球经济治理领域的发言权和代表性。全面参与国际经济体系变革和规则制定，在全球性议题上，主动提出新主张、新倡议和新行动方案，增强我国在国际经贸规则和标准制定中的话语权。

（三十二）构建多双边、全方位经贸合作新格局。坚持正确的义利观，弘义融利，因地制宜，务实合作。丰富中美新型大国关系的经贸内涵，深化中欧多领域合作，协同推进中美、中欧投资协定谈判，统筹国内改革与对外开放进程。促进中俄经贸关系跨越式发展。深化同发展中国家合作。加强与“一带一路”沿线国家的宏观政策沟通与协调。完善区域次区域合作机制，发挥亚太经合组织、亚欧会议、上海合作组织作用，强化中非、中阿、中拉等合作机制。推进大湄公河、中亚、图们江、泛北部湾等次区域合作。多双边合作机制要加强统筹、提高效率、讲求实效。

（三十三）建立国际经贸谈判新机制。抓紧建立依法有序、科学高效、协调有力、执行有效的谈判机制。统筹谈判资源和筹码，科学决策谈判方案，优化谈判进程。加强谈判方案执行、监督和谈判绩效评价，提高对外谈判力度和有效性。充分发挥有关议事协调机制的积极作用，完善国际经贸谈判授权和批准制度。

八、构建开放安全的金融体系

提升金融业开放水平，稳步推进人民币国际化，扩大人民币跨境使用范围、方式和规模，加快实现人民币资本项目可兑换。

（三十四）扩大金融业开放。在持续评估、完善审慎监管和有效管控风险的基础上，有序放宽证券业股比限制，有序推进银行业对外开放，形成公平、有序、良性的金融生态环境。提升金融机构国际化经营水平，鼓励金融机构审慎开展跨境并购，完善境外分支机构网络，提升金融服务水平，加强在支付与市场基础设施领域的国际合作。建立健全支持科技创新发展的国际金融合作机制。

（三十五）推动资本市场双向有序开放。积极稳妥推进人民币资本项目可兑换。便利境内外主体跨境投融资。扩大期货市场对外开放，允许符合规定条件的境外机构从事特定品种的期货交易。研究境内银行、证券公司等金融机构和企业在有真实贸易和投资背景的前提下，参与境外金融衍生品市场。在风险可控的前提下，研究逐步开放金融衍生品市场。

（三十六）建立走出去金融支持体系。构建政策性金融和商业性金融相结合的境外投资金融支持体系，推动金融资本和产业资本联合走出去。完善境外投融资机制，探索建立境外股权资产的境内交易融资平台，为企业提供“外保内贷”的融资方式。发展多种形式的境外投资基金，推进丝路基金、亚洲基础设施投资银行、金砖国家新开发银行设立和有效运作，构建上海合作组织融资机构。用好投融资国际合作机制，选准重点，积极推进与“一带一路”沿线国家合作。

（三十七）扩大人民币跨境使用。推进亚洲货币稳定体系、投融资体系和信用体系建设。推进本币互换合作，进一步扩大经常项目人民币结算规模，支持跨国企业集团开展人民币资金集中运营业务。在涉外经济管理、核算和统计中使用人民币作为主要计价货币。加快人民币跨境支付系统建设，进一步完善人民币全球清算体系。进一步拓宽人民币输出渠道，鼓励使用人民币向境外进行贷款和投资。建设区域性人民币债券市场，进一步便利境外机构投资境内债券市场，支持境外机构在境内发行人民币债务融资工具，稳妥推进境内金融机构和企业赴境外发行人民币债券。支持离岸市场人民币计价金融产品的创新，加快人民币离岸市场建设，扩大人民币的境外循环。

（三十八）完善汇率形成机制和外汇管理制度。有序扩大人民币汇率浮动区间，增强人民币汇率双向浮动弹性。深化外汇管理体制改革，进一步便利市场主体用汇，按照负面清单原则推进外商投资企业外汇资本金结汇管理改革。创新国家外汇储备使用方式，拓宽多元化运用渠道。

九、建设稳定、公平、透明、可预期的营商环境

加强对外开放的法治建设，坚持依法开放，大力培育开放主体，充分发挥行业协会商会作用，着力构建稳定、公平、透明、可预期的营商环境。

（三十九）加强开放型经济法治建设。适应对外开放不断深化形势，完善涉外法律法规体系，重大开放举措要于法有据，营造规范的法治环境。发挥法治的引领和推动作用，加快形成高标准的贸易投资规则体系。以保护产权、维护契约、统一市场、平等交换、公平竞争、有效监管为基本导向，推进对内对外开放的立法、执法与司法建设。积极参与国际经贸法律交流。强化涉外法律服务，维护我国公民、法人在海外及外国公民、法人在我国的正当经济权益。

（四十）大力培育开放主体。完善国有资本对外开放的监管体系，积极发展混合所有制经济，鼓励各类所有制企业发挥自身优势，深度参与国际产业分工协作。支持国内企业吸纳先进生产要素，培育国际知名品牌，增强参与全球价值链的广度和深度，形成一批具有国际知名度和影响力的跨国公司。鼓励国内优势企业建立海外生产加工和综合服务体系，在全球范围内配置资源、开拓市场，拓展企业发展新空间。

（四十一）优化市场竞争环境。建立统一开放、竞争有序的市场体系和监管规则。加快转变政府职能，完善经济管理体制和运行机制，逐步建立权力清单制度，加强知识产权保护和反垄断制度建设，健全全社会诚信体系，清理妨碍全国统一市场和公平竞争的各种规定和做法，保证各类所有制企业依法平等使用生产要素、公开公平公正参与市场竞争、同等受到法律保护。

（四十二）改善科技创新环境。加快实施创新驱动发展战略，

积极融入全球创新网络，全面提高我国科技创新的国际合作水平，更多更好利用全球创新资源。着力构建以企业为主体、市场为导向、产学研相结合的技术创新体系，健全技术创新激励机制，支持企业参与全球创新资源配置，在开放合作中提高自主创新能力。完善引进消化吸收再创新的机制，鼓励企业加强技术研发国际合作，加快新技术新产品新工艺研发应用。积极参与国际大科学计划和工程，开展多层次、多领域、多形式的国际科技合作。

（四十三）发挥行业协会商会作用。充分发挥行业协会商会在制定技术标准、规范行业秩序、开拓国际市场、应对贸易摩擦等方面的积极作用，提高协会商会组织协调、行业自律管理能力。坚持行业协会商会社会化、市场化改革方向，推进行业协会商会工作重心转向为企业、行业、市场服务。支持协会商会加强与国际行业组织的交流合作，建设国际化服务平台，改革内部管理体制和激励机制，增强可持续发展能力。加强境外中资企业协会商会建设。

十、加强支持保障机制建设

培养适应开放型经济新体制要求的人才队伍，健全对外交流渠道，做好人文交流和对外宣传，进一步完善支持保障措施。

（四十四）实施开放的人才政策。加强人才培养，构建科学有效的选人用人机制，充分集聚国际化的人才资源。健全引进人才制度，完善外国人永久居留制度，营造吸引海外高层次人才的良好工作、生活环境。支持和推荐优秀人才到国际组织任职工作。积极探索职业资格国际、地区间互认。鼓励并支持从事国际合作的社会化专业队伍加快发展，更好利用社会资源开展国际合作。

（四十五）打造对外开放战略智库。加强中国特色新型智库建设，发挥智库作用，增进国际间智库研究交流，打造拥有国际视野和战略意识的智库力量，提高对外开放战略谋划水平和国际经贸合作服务能力。加强对有关国家、区域、重点合作领域的前瞻性研究，为我国政府和企业提供政策建议和智力支持。

（四十六）做好人文交流和对外宣传。坚持与时俱进，强化国际传播能力建设，推动中国文化走出去，在对外开放中切实保障文化安全和教育安全。综合运用国际国内两种资源，培养造就更多优秀国际化人才。办好博鳌亚洲论坛，深化与世界经济论坛的合作，利用国际平台发出中国声音，深化世界各国与我国的相互了解和信任。与世界各国政党、政府、企业、民间组织、学术界和媒体广交朋友。鼓励走出去企业以多种方式培养本土技术人才，增信释疑，推动民心相通，凝聚共识和力量，营造于我有利的国际舆论和外部发展环境。

十一、建立健全开放型经济安全保障体系

要大力加强对外开放的安全工作，在扩大开放的同时，坚持维护我国核心利益，建立系统完备、科学高效的开放型经济安全保障体系，健全体制机制，有效管控风险，切实提升维护国家安全的能力。

（四十七）完善外商投资国家安全审查机制。完善外商投资国家安全审查的法律制度，制定外商投资国家安全审查条例。建立与负面清单管理模式相适应的外商投资国家安全审查制度。完善国家安全审查范围，加强事中事后监管，充分发挥社会监督作用，确保安全审查措施落到实处。

（四十八）建立走出去风险防控体系。综合运用经济、外交、法

律等多种方式，规范走出去秩序，防止一哄而上、恶性竞争，维护国家形象，推动我走出去企业成为正确义利观的自觉践行者。加强境外风险防控体系建设，提升对外投资合作质量和水平。强化对国有和国有控股企业走出去经营活动的监督与管理，加强审计，完善国有企业境外经营业绩考核和责任追究制度，确保国有资本的安全与效益，防止国有资产流失，防范假借走出去侵吞国有资产的行为。

（四十九）构建经贸安全保障制度。加快出口管制立法，加快构建和实施设计科学、运转有序、执行有力的出口管制体系，完善出口管制许可和调查执法体制机制，积极参与出口管制多边规则制定。进一步加强和完善产业安全预警机制。

（五十）健全金融风险防控体系。坚持便利化与防风险并重，形成适应开放需要的跨境金融监管制度，健全宏观审慎管理框架下的外债和资本流动管理体系，完善系统性风险监测预警、评估处置以及市场稳定机制，加强对短期投机性资本流动和跨境金融衍生品交易的监测，防范和化解金融风险。创新国际优惠贷款使用模式，用好国际商业贷款，推动外债形式多元化。健全走出去金融监管体系。加强金融监管的国际交流与合作机制建设，预防危机，维护区域金融稳定。

各地区各部门要从全局和战略高度，深刻认识构建开放型经济新体制的重大意义，将思想和行动统一到党中央、国务院的决策部署上来，适应构建开放型经济新体制的要求，加强党的领导，落实工作责任，完善工作机制，精心组织实施。要加强对开放战略问题的研究，创新工作方法，及时总结经验，认真研究解决构建开放型经济新体制中遇到的新情况新问题，不断开创高水平对外开放新局面。

国务院关于加快实施自由贸易区战略的若干意见[①]

（2015年12月6日）

各省、自治区、直辖市人民政府，国务院各部委、各直属机构：

加快实施自由贸易区战略是我国新一轮对外开放的重要内容。党的十八大提出加快实施自由贸易区战略，十八届三中、五中全会进一步要求以周边为基础加快实施自由贸易区战略，形成面向全球的高标准自由贸易区网络。当前，全球范围内自由贸易区的数量不断增加，自由贸易区谈判涵盖议题快速拓展，自由化水平显著提高。我国经济发展进入新常态，外贸发展机遇和挑战并存，“引进来”、“走出去”正面临新的发展形势。加快实施自由贸易区战略是我国适应经济全球化新趋势的客观要求，是全面深化改革、构建开放型经济新体制的必然选择。为加快实施自由贸易区战略，现提出如下意见：

一、总体要求

（一）指导思想。全面贯彻党的十八大和十八届三中、四中、五中全会精神，认真落实党中央、国务院决策部署，按照“四个全面”战略布局要求，坚持使市场在资源配置中起决定性作用和更好发挥政府作用，坚持统筹考虑和综合运用国际国内两个市场、两种

① 《国务院关于加快实施自由贸易区战略的若干意见》，《中华人民共和国国务院公报》，2016年01期。

资源，坚持与推进共建“一带一路”和国家对外战略紧密衔接，坚持把握开放主动和维护国家安全，逐步构筑起立足周边、辐射“一带一路”、面向全球的高标准自由贸易区网络。

（二）基本原则。

一是扩大开放，深化改革。加快实施更加主动的自由贸易区战略，通过自由贸易区扩大开放，提高开放水平和质量，深度参与国际规则制定，拓展开放型经济新空间，形成全方位开放新格局，开创高水平开放新局面，促进全面深化改革，更好地服务国内发展。

二是全面参与，重点突破。全方位参与自由贸易区等各种区域贸易安排合作，重点加快与周边、“一带一路”沿线以及产能合作重点国家、地区和区域经济集团商建自由贸易区。

三是互利共赢，共同发展。树立正确义利观，兼顾各方利益和关切，考虑发展中经济体和最不发达经济体的实际情况，寻求利益契合点和合作公约数，努力构建互利共赢的自由贸易区网络，推动我国与世界各国、各地区共同发展。

四是科学评估，防控风险。加强科学论证，做好风险评估，努力排除自由贸易区建设中的风险因素。同时，提高开放环境下的政府监管能力，建立健全并严格实施安全审查、反垄断和事中事后监管等方面的法律法规，确保国家安全。

（三）目标任务。近期，加快正在进行的自由贸易区谈判进程，在条件具备的情况下逐步提升已有自由贸易区的自由化水平，积极推动与我国周边大部分国家和地区建立自由贸易区，使我国与自由贸易伙伴的贸易额占我国对外贸易总额的比重达到或超过多数发达国家和新兴经济体水平；中长期，形成包括邻近国家和地区、涵盖“一带一路”沿线国家以及辐射五大洲重要国家的全球自由贸易区网络，使我国大部分对外贸易、双向投资实现自由化和便利化。

二、进一步优化自由贸易区建设布局

（四）加快构建周边自由贸易区。力争与所有毗邻国家和地区建立自由贸易区，不断深化经贸关系，构建合作共赢的周边大市场。

（五）积极推进“一带一路”沿线自由贸易区。结合周边自由贸易区建设和推进国际产能合作，积极同“一带一路”沿线国家商建自由贸易区，形成“一带一路”大市场，将“一带一路”打造成畅通之路、商贸之路、开放之路。

（六）逐步形成全球自由贸易区网络。争取同大部分新兴经济体、发展中大国、主要区域经济集团和部分发达国家建立自由贸易区，构建金砖国家大市场、新兴经济体大市场和发展中国家大市场等。

三、加快建设高水平自由贸易区

（七）提高货物贸易开放水平。坚持进出口并重，通过自由贸易区改善与自由贸易伙伴双向市场准入，合理设计原产地规则，促进对自由贸易伙伴贸易的发展，推动构建更高效的全球和区域价值链。在确保经济安全、产业安全和考虑产业动态发展需要的前提下，稳步扩大货物贸易市场准入。同时，坚持与自由贸易伙伴共同削减关税和非关税壁垒，相互开放货物贸易市场，实现互利共赢。

（八）扩大服务业对外开放。通过自由贸易区等途径实施开放带动战略，充分发挥服务业和服务贸易对我国调整经济结构、转变经济发展方式和带动就业的促进作用。推进金融、教育、文化、医疗等服务业领域有序开放，放开育幼养老、建筑设计、会计审计、商贸物流、电子商务等服务业领域外资准入限制。

加快发展对外文化贸易，创新对外文化贸易方式，推出更多体现中华优秀文化、展示当代中国形象、面向国际市场的文化产品和服务。讲好中国故事、传播好中国声音、阐释好中国特色，更好地推动中华文化“走出去”。吸引外商投资于法律法规许可的文化产业领域，积极吸收借鉴国外优秀文化成果，切实维护国家文化安全。

在与自由贸易伙伴协商一致的基础上，逐步推进以负面清单模式开展谈判，先行先试、大胆探索、与时俱进，积极扩大服务业开放，推进服务贸易便利化和自由化。

（九）放宽投资准入。大力推进投资市场开放和外资管理体制改革，进一步优化外商投资环境。加快自由贸易区投资领域谈判，有序推进以准入前国民待遇加负面清单模式开展谈判。在维护好我国作为投资东道国利益和监管权的前提下，为我国投资者“走出去”营造更好的市场准入和投资保护条件，实质性改善我国与自由贸易伙伴双向投资准入。在自由贸易区内积极稳妥推进人民币资本项目可兑换的各项试点，便利境内外主体跨境投融资。加强与自由贸易伙伴货币合作，促进贸易投资便利化。

（十）推进规则谈判。结合全面深化改革和全面依法治国的要求，对符合我国社会主义市场经济体制建设和经济社会稳定发展需要的规则议题，在自由贸易区谈判中积极参与。参照国际通行规则及其发展趋势，结合我国发展水平和治理能力，加快推进知识产权保护、环境保护、电子商务、竞争政策、政府采购等新议题谈判。

知识产权保护方面，通过自由贸易区建设，为我国企业“走出去”营造更加公平的知识产权保护环境，推动各方完善知识产权保护制度，加大知识产权保护和执法力度，增强企业和公众的知识产权保护意识，提升我国企业在知识产权保护领域的适应和应对能力。

环境保护方面，通过自由贸易区建设进一步加强环境保护立法和执法工作，借鉴国际经验探讨建立有关环境影响评价机制的可行性，促进贸易、投资与环境和谐发展。

电子商务方面，通过自由贸易区建设推动我国与自由贸易伙伴电子商务企业的合作，营造对彼此有利的电子商务规则环境。

竞争政策方面，发挥市场在资源配置中的决定性作用，通过自由贸易区建设进一步促进完善我国竞争政策法律环境，构建法治化、国际化的营商环境。

政府采购方面，条件成熟时与自由贸易伙伴在自由贸易区框架下开展政府采购市场开放谈判，推动政府采购市场互惠对等开放。

（十一）提升贸易便利化水平。加强原产地管理，推进电子联网建设，加强与自由贸易伙伴原产地电子数据交换，积极探索在更大范围实施经核准出口商原产地自主声明制度。改革海关监管、检验检疫等管理体制，加强关检等领域合作，逐步实现国际贸易“单一窗口”受理。简化海关通关手续和环节，加速放行低风险货物，加强与自由贸易伙伴海关的协调与合作，推进实现“经认证经营者”互认，提升通关便利化水平。提高检验检疫效率，实行法检目录动态调整。加快推行检验检疫申报无纸化，完善检验检疫电子证书联网核查，加强与自由贸易伙伴电子证书数据交换。增强检验检疫标准和程序的透明度。

（十二）推进规制合作。加强与自由贸易伙伴就各自监管体系的信息交换，加快推进在技术性贸易壁垒、卫生与植物卫生措施、具体行业部门监管标准和资格等方面的互认，促进在监管体系、程序、方法和标准方面适度融合，降低贸易成本，提高贸易效率。

（十三）推动自然人移动便利化。配合我国“走出去”战略的实施，通过自由贸易区建设推动自然人移动便利化，为我国境外投资企业的人员出入境提供更多便利条件。

（十四）加强经济技术合作。不断丰富自由贸易区建设内涵，适当纳入产业合作、发展合作、全球价值链等经济技术合作议题，推动我国与自由贸易伙伴的务实合作。

四、健全保障体系

（十五）继续深化自由贸易试验区试点。上海等自由贸易试验区是我国主动适应经济发展新趋势和国际经贸规则新变化、以开放促改革促发展的试验田。可把对外自由贸易区谈判中具有共性的难点、焦点问题，在上海等自由贸易试验区内先行先试，通过在局部地区进行压力测试，积累防控和化解风险的经验，探索最佳开放模式，为对外谈判提供实践依据。

（十六）完善外商投资法律法规。推动修订中外合资经营企业法、中外合作经营企业法和外资企业法，研究制订新的外资基础性法律，改革外商投资管理体制，实行准入前国民待遇加负面清单的管理模式，完善外商投资国家安全审查制度，保持外资政策稳定、透明、可预期。

（十七）完善事中事后监管的基础性制度。按照全面依法治国的要求，以转变政府职能为核心，在简政放权的同时，加强事中事后监管，通过推进建立社会信用体系、信息共享和综合执法制度、企业年度报告公示和经营异常名录制度、社会力量参与市场监督制度、外商投资信息报告制度、外商投资信息公示平台、境外追偿保障机制等，加强对市场主体“宽进”以后的过程监督和后续管理。

（十八）继续做好贸易救济工作。在扩大产业开放的同时，有效运用世贸组织和自由贸易协定的合法权利，依法开展贸易救济调查，加大对外交涉力度，维护国内产业企业合法权益。强化中央、地方、行业协会商会、企业四体联动的贸易摩擦综合应对机制，指导企业做好贸易摩擦预警、咨询、对话、磋商、诉讼等工作。

（十九）研究建立贸易调整援助机制。在减少政策扭曲、规范产业支持政策的基础上，借鉴有关国家实践经验，研究建立符合世贸组织规则和我国国情的贸易调整援助机制，对因关税减让而受到冲击的产业、企业和个人提供援助，提升其竞争力，促进产业调整。

五、完善支持机制

（二十）完善自由贸易区谈判第三方评估制度。参照我国此前自由贸易区谈判经验，借鉴其他国家开展自由贸易区谈判评估的有益做法，进一步完善第三方评估制度，通过第三方机构对自由贸易区谈判进行利弊分析和风险评估。

（二十一）加强已生效自由贸易协定实施工作。商务部要会同国内各有关部门、地方政府，综合协调推进协定实施工作。优化政府公共服务，全面、及时提供有关自由贸易伙伴的贸易、投资及其他相关领域法律法规和政策信息等咨询服务。加强地方和产业对自由贸易协定实施工作的参与，打造协定实施的示范地区和行业。特别要加强西部地区和有关产业的参与，使自由贸易区建设更好地服务西部地区经济社会建设，促进我国区域协调发展。做好宣传推介，定期开展评估和分析，查找和解决实施中存在的问题，不断挖掘协定潜力，研究改进实施方法，提升企业利用自由贸易协定的便利性，提高协定利用率，用足用好优惠措施。

（二十二）加强对自由贸易区建设的人才支持。增强自由贸易区谈判人员配备，加大对外谈判人员教育培训投入，加强经济外交人才培养工作，逐步建立一支政治素质好、全局意识强、熟悉国内产业、精通国际经贸规则、外语水平高、谈判能力出色的自由贸易区建设领导、管理和谈判人才队伍。积极发挥相关领域专家的作用，吸收各类专业人士参与相关谈判的预案研究和政策咨询。

六、加强组织实施

加快实施自由贸易区战略是一项长期、涉及面广的系统工作，各有关方面要加强协调，形成合力。商务部要会同相关部门研究制订加快实施自由贸易区战略的行动计划，建立协调工作机制。地方各级人民政府要结合本地实际，围绕实施自由贸易区战略推进地方相关工作，调动有关企业充分利用自由贸易协定的积极性，提高协定利用率。

国务院关于同意开展服务贸易创新发展试点的批复[①]

（2016年2月22日）

天津市、黑龙江省、上海市、江苏省、浙江省、山东省、湖北省、广东省、海南省、重庆市、四川省、贵州省、陕西省人民政府，商务部：

商务部关于开展服务贸易创新发展试点的请示收悉。现批复如下：

一、原则同意商务部提出的《服务贸易创新发展试点方案》，同意在天津、上海、海南、深圳、杭州、武汉、广州、成都、苏州、威海和哈尔滨新区、江北新区、两江新区、贵安新区、西咸新区等省市（区域）开展服务贸易创新发展试点。试点期为2年，自国务院批复之日起算。

二、试点建设要全面贯彻党的十八大和十八届三中、四中、五中全会精神，认真落实党中央、国务院决策部署，按照“四个全面”战略布局要求，牢固树立并贯彻落实创新、协调、绿色、开放、共享的发展理念，充分发挥地方在发展服务贸易中的积极性和创造性，推进服务贸易领域供给侧结构性改革，健全服务贸易促进体系，探索适应服务贸易创新发展的体制机制和政策措施，着力构建法治化、国际化、便利化营商环境，打造服务贸易制度创新高地。

---

① 《国务院关于同意开展服务贸易创新发展试点的批复》，《中华人民共和国国务院公报》，2016年08期。

三、有关部门和省、直辖市人民政府要适应服务贸易创新发展要求，坚持深化简政放权、放管结合、优化服务等改革，加强对试点工作的指导和政策支持，积极鼓励试点地区大胆探索、创新发展。

四、试点地区人民政府（管委会）要加强对试点工作的组织领导，负责试点工作的实施推动、综合协调及措施保障。按照《服务贸易创新发展试点方案》要求，重点在管理体制、促进机制、政策体系和监管模式方面先行先试，形成可复制可推广的经验，定期向商务部报送试点成果，为全国服务贸易创新发展探索路径。要结合本地实际，突出地方特色，制定试点工作实施方案，经省级人民政府批准同意后，报商务部备案。

五、国务院有关部门要按照职能分工，加强指导和服务。加强部门之间的沟通协作和政策衔接，深入调查研究，及时总结经验，指导和帮助地方政府切实解决试点中遇到的困难和问题，为试点建设创造良好的环境。商务部要加强统筹协调、跟踪分析和督促检查，适时对试点工作进行评估，重大问题和情况及时报告国务院。

附件：服务贸易创新发展试点方案

附件

服务贸易创新发展试点方案

加快发展服务贸易是促进外贸转型升级的重要支撑，是推进供给侧结构性改革和培育新动能的重要抓手，是大众创业、万众创新的重要载体，对于推动出口、带动就业，实现外贸从“大进大出”向“优进优出”转变具有重要意义。按照《中共中央 国务院关于构建开放型经济新体制的若干意见》和《国务院关于加快发展服务贸易的若干意见》（国发〔2015〕8号）有关要求，为探索适应服务贸易创新发展的体制机制和支持政策体系，促进服务贸易创新发展，特制定本方案。

一、总体要求

全面贯彻党的十八大和十八届三中、四中、五中全会精神，按照党中央、国务院决策部署，牢固树立创新、协调、绿色、开放、共享的发展理念，充分发挥地方的积极性和创造性，选择部分地区在服务贸易管理体制、促进机制、政策体系、监管模式等方面先行先试，推进服务贸易便利化和自由化，着力构建法治化、国际化、便利化营商环境，打造服务贸易制度创新高地。

二、试点地区及期限

试点地区为天津、上海、海南、深圳、杭州、武汉、广州、成都、苏州、威海等10个省市和哈尔滨新区、江北新区、两江新区、贵安新区、西咸新区等5个国家级新区。试点期为2年。

三、试点任务

（一）探索完善服务贸易管理体制。建立与国际服务贸易通行规则相衔接的促进、服务和监管体系，探索适应服务贸易创新发展的体制机制。开展服务贸易领域地方性法规立法探索，构建法治化、国际化、便利化营商环境。加强统筹协调，建立服务贸易跨部门协调机制，促进产业政策、贸易政策、投资政策的有效衔接、良性互动。健全政府、协会、企业协同配合的服务贸易促进和服务体系，建立服务贸易重点企业联系制度。

（二）探索扩大服务业双向开放力度。结合本地区产业特色，稳步推进金融、教育、文化、医疗、育幼养老、建筑设计、会计审计、商贸物流等行业对外开放。支持本地区旅游、研发设计、会计咨询、资产评估、信用评级、法律服务、商贸物流等领域企业开展跨国经营，支持企业深度开拓国际市场。

（三）探索培育服务贸易市场主体。加强部门协作，整合公共资源，加大对服务出口重点领域企业的支持力度，推动扩大服务出口。依托服务贸易重点领域的大企业，探索建立一批项目对接平台、国际市场推广平台、共性技术支撑平台等公共服务平台，为行业内中小企业提供公共服务，支持有特色、善创新的中小企业发展，引导中小企业融入全球价值链。

（四）探索创新服务贸易发展模式。积极探索信息化背景下服务贸易发展新模式，依托大数据、物联网、移动互联网、云计算等新技术推动服务贸易模式创新，打造服务贸易新型网络平台。促进技术贸易、金融、中医药服务贸易领域加快发展。积极承接离岸服务外包，提升服务跨境交付能力。

（五）探索提升服务贸易便利化水平。创新通关监管机制和模式，为服务贸易企业进出口货物提供通关便利。探索便利跨境电子商务、供应链管理等新型服务模式发展的监管方式。依托海关特殊监管区域，发展特色服务出口产业。推动境内外专业人才和专业服务便利流动，为外籍高端人才在华工作居留等提供便利。

（六）探索优化服务贸易支持政策。发挥财政资金引导作用，加大对服务贸易发展的支持力度，优化资金安排结构，完善和创新支持方式，引导更多社会资金投入服务贸易，支持服务贸易企业加强创新能力建设。探索设立服务贸易创新发展引导基金，拓宽融资渠道，扶持服务贸易企业发展壮大。鼓励金融机构积极创新金融产品和服务，按照风险可控、商业可持续原则，积极为“轻资产”服务贸易企业提供融资便利。

（七）探索健全服务贸易统计体系。建立统计监测、运行和分析体系，拓展基础数据来源，整合各部门服务贸易统计信息，实现共用共享。创新统计方法，完善重点企业数据直报工作，创新数据采集方式，扩大统计覆盖面，实现应统尽统。探索建立对服务贸易四种模式（跨境提供、境外消费、商业存在和自然人移动）的全口径统计。

（八）探索创新事中事后监管举措。进一步简政放权、放管结合，寓管理于服务之中。完善技术、文化等领域进出口监测，探索创新事中事后监管举措，形成各部门信息共享、协同监管和社会公众参与监督的监管体系，确保政治经济文化安全。建立服务贸易市场主体信用记录，纳入信用信息共享平台，探索对严重失信主体实施跨部门联合惩戒，对诚实守信主体实施联合奖励。实施“互联网+监管”，探索运用大数据技术，依据信用记录和信用评价，对相关主体实行差别化分类监管。将服务贸易创新发展试点情况纳入地方政府考核评价指标体系，完善考核机制。

试点地区要根据上述要求细化形成各自的试点方案，在全面推进落实八项试点任务的同时，立足产业发展特点和自身优势，突出重点、精准施策，确定一批重点发展的行业和领域，建设若干特色服务出口基地，形成可在全国复制推广的改革、开放、创新经验。

四、政策保障

（一）加大中央财政支持力度。中央财政支持建立服务贸易统计监测管理信息系统，创新事中事后监管举措，切实防止骗税和骗取补贴等行为。支持试点地区建设服务贸易和服务外包公共服务平台。对试点地区进口国内急需的研发设计、节能环保和环境服务等给予贴息支持。

（二）完善税收优惠政策。在试点地区扩大技术先进型服务企业认定范围，由服务外包扩大到其他高技术、高附加值的服务行业。将服务外包领域技术先进型服务企业税收优惠政策由服务外包示范城市推广到试点地区。经认定的技术先进型服务企业，减按15%税率缴纳企业所得税；职工教育经费不超过工资薪金总额8%部分据实税前扣除，超过部分，准予在以后纳税年度结转扣除。

（三）落实创新金融服务举措。鼓励和支持在服务贸易及相关的投融资和跨境电子商务活动中使用人民币进行计价结算，规避企业汇率风险。鼓励金融机构积极创新适合服务贸易特点的金融服务，扩大出口信用保险保单融资，大力发展供应链融资、海外并购融资、应收账款质押贷款和融资租赁等业务。鼓励政策性金融机构在现有业务范围内加大对服务贸易企业开拓国际市场、开展国际并购的支持力度。

（四）设立服务贸易创新发展引导基金。中央财政支持设立服务贸易创新发展引导基金，为试点地区有出口潜力、符合产业导向的中小服务企业提供融资支持服务。

（五）探索便利化举措。对试点地区经认定的技术先进型服务企业，全面实施服务外包保税监管模式。

五、组织实施

各有关部门和地方人民政府要加强组织领导，落实工作责任。试点地区人民政府（管委会）作为试点工作的责任主体，负责试点工作的组织领导、实施推动、综合协调及措施保障，每年向商务部报送试点成果和可复制可推广的经验。有关省、直辖市人民政府要加强对试点工作的指导和政策支持。商务部要充分发挥国务院服务贸易发展部际联席会议办公室作用，会同有关部门加强宏观指导、督促推动、考核评估和政策协调，及时总结工作经验，组织复制推广，并将年度考核结果报国务院。

中共中央、国务院关于推进贸易高质量发展的指导意见[①]

（2019 年 11 月 19 日）

推进贸易高质量发展，是党中央面对国际国内形势深刻变化作出的重大决策部署，是奋力推进新时代中国特色社会主义事业的必然要求，是事关经济社会发展全局的大事。为加快培育贸易竞争新优势，推进贸易高质量发展，现提出如下意见。

一、总体要求

以习近平新时代中国特色社会主义思想为指导，全面贯彻党的十九大和十九届二中、三中、四中全会精神，坚持新发展理念，坚持推动高质量发展，以供给侧结构性改革为主线，加快推动由商品和要素流动型开放向规则等制度型开放转变，建设更高水平开放型经济新体制，完善涉外经贸法律和规则体系，深化外贸领域改革，坚持市场化原则和商业规则，强化科技创新、制度创新、模式和业态创新，以共建“一带一路”为重点，大力优化贸易结构，推动进口与出口、货物贸易与服务贸易、贸易与双向投资、贸易与产业协调发展，促进国际国内要素有序自由流动、资源高效配置、市场深度融合，促进国际收支基本平衡，实现贸易高质量发展，开创开放合作、包容普惠、共享共赢的国际贸易新局面，为推动我国经济社会发展和构建人类命运共同体作出更大贡献。

① 《中共中央、国务院关于推进贸易高质量发展的指导意见》，《中华人民共和国国务院公报》，2019 年 35 期。

到2022年，贸易结构更加优化，贸易效益显著提升，贸易实力进一步增强，建立贸易高质量发展的指标、政策、统计、绩效评价体系。

二、加快创新驱动，培育贸易竞争新优势

（一）夯实贸易发展的产业基础。发挥市场机制作用，促进贸易与产业互动，推进产业国际化进程。加快发展和培育壮大新兴产业，推动重点领域率先突破。优化升级传统产业，提高竞争力。加快发展现代服务业，特别是生产性服务业，推进先进制造业与现代服务业深度融合。加快建设现代农业。培育具有全球影响力和竞争力的先进制造业集群。

（二）增强贸易创新能力。构建开放、协同、高效的共性技术研发平台，强化制造业创新对贸易的支撑作用。推动互联网、物联网、大数据、人工智能、区块链与贸易有机融合，加快培育新动能。加强原始创新、集成创新。充分利用多双边合作机制，加强技术交流与合作。着力扩大知识产权对外许可。积极融入全球创新网络。

（三）提高产品质量。加强质量管理，积极采用先进技术和标准，提高产品质量。推动一批重点行业产品质量整体达到国际先进水平。进一步完善认证认可制度，加快推进与重点市场认证和检测结果互认。完善检验检测体系，加强检验检测公共服务平台建设。健全重要产品追溯体系。

（四）加快品牌培育。大力培育行业性、区域性品牌。在重点市场举办品牌展览推介，推动品牌产品走向世界。加强商标、专利等知识产权保护和打击假冒伪劣工作，鼓励企业开展商标和专利境外注册。强化品牌研究、品牌设计、品牌定位和品牌交流，完善品牌管理体系。加强商标、地理标志品牌建设，提升中国品牌影响力。

三、优化贸易结构，提高贸易发展质量和效益

（五）优化国际市场布局。继续深耕发达经济体等传统市场。着力深化与共建“一带一路”国家的贸易合作，拓展亚洲、非洲、拉美等市场。逐步提高自贸伙伴、新兴市场和发展中国家在我国对外贸易中的占比，扩大与周边国家贸易规模。综合考虑市场规模、贸易潜力、消费结构、产业互补、国别风险等因素，引导企业开拓一批重点市场。

（六）优化国内区域布局。以“一带一路”建设、京津冀协同发展、长江经济带发展、长江三角洲区域一体化发展、粤港澳大湾区建设、黄河流域生态保护和高质量发展、推进海南全面深化改革开放等重大战略为引领，推动区域间融通联动。推动东部地区新旧动能转换，实现贸易高质量发展。支持中西部和东北地区加快发展，承接国内外产业转移，提高开放型经济比重。提升边境经济合作区、跨境经济合作区发展水平。

（七）优化经营主体。鼓励行业龙头企业提高国际化经营水平，逐步融入全球供应链、产业链、价值链，形成在全球范围内配置要素资源、布局市场网络的能力。支持推动中小企业转型升级，聚焦主业，走“专精特新”国际化道路。

（八）优化商品结构。大力发展高质量、高技术、高附加值产品贸易。不断提高劳动密集型产品档次和附加值。优化资本品、消费品贸易结构，扩大中间品贸易规模，发展和保护全球产业链。加

快推动智能制造发展，逐步从加工制造环节向研发设计、营销服务、品牌经营等环节攀升，稳步提高出口附加值。

（九）优化贸易方式。做强一般贸易，增强议价能力，提高效益和规模。提升加工贸易，鼓励向产业链两端延伸，推动产业链升级；推进维修、再制造、检测等业务发展；利用互联网、大数据等信息技术完善监管。发展其他贸易，加快边境贸易创新发展和转型升级，探索发展新型贸易方式。

四、促进均衡协调，推动贸易可持续发展

（十）积极扩大进口。适时进一步降低进口关税和制度性成本，激发进口潜力，优化进口结构。扩大先进技术、设备和零部件进口。鼓励国内有需求的资源性产品进口。支持日用消费品、医药和康复、养老护理等设备进口。促进研发设计、节能环保、环境服务等生产性服务进口。

（十一）大力发展服务贸易。深化服务贸易领域改革和开放，持续推进服务贸易创新发展试点，完善促进服务贸易发展的管理体制和政策体系。加快数字贸易发展。推进文化、数字服务、中医药服务等领域特色服务出口基地建设。完善技术进出口管理制度，建立健全技术贸易促进体系。探索跨境服务贸易负面清单管理制度。加强服务贸易国际合作，打造“中国服务”国家品牌。

（十二）推动贸易与双向投资有效互动。持续放宽外资市场准入，鼓励外资投向新兴产业、高新技术、节能环保、现代服务业等领域，充分发挥外资对产业升级和外贸高质量发展的带动作用。深化国际产能和装备制造合作，培育一批产业定位清晰、发展前景好的境外经贸合作区。大力发展对外工程承包，带动装备、技术、标准、认证和服务走出去。

（十三）推进贸易与环境协调发展。发展绿色贸易，严格控制高污染、高耗能产品进出口。鼓励企业进行绿色设计和制造，构建绿色技术支撑体系和供应链，并采用国际先进环保标准，获得节能、低碳等绿色产品认证，实现可持续发展。

五、培育新业态，增添贸易发展新动能

（十四）促进贸易新业态发展。推进跨境电子商务综合试验区建设，复制推广成熟经验做法。完善跨境电子商务零售进出口管理模式，优化通关作业流程，建立全口径海关统计制度。在总结试点经验基础上，完善管理体制和政策措施，推进市场采购贸易方式试点。完善外贸综合服务企业发展政策，推动信息共享和联合监管。鼓励发展其他贸易新业态。

（十五）提升贸易数字化水平。形成以数据驱动为核心、以平台为支撑、以商产融合为主线的数字化、网络化、智能化发展模式。推动企业提升贸易数字化和智能化管理能力。大力提升外贸综合服务数字化水平。积极参与全球数字经济和数字贸易规则制定，推动建立各方普遍接受的国际规则。

（十六）加快服务外包转型升级。健全服务外包创新机制，培育创新环境，促进创新合作。加快服务外包向高技术、高附加值、高品质、高效益方向发展。发挥服务外包示范城市创新引领作用，促进服务外包产业向价值链中高端转型升级。积极发展设计、维修、咨询、检验检测等领域服务外包，促进生产性服务贸易发展。

六、建设平台体系，发挥对贸易的支撑作用

（十七）加快培育各类外贸集聚区。推进国家外贸转型升级基地建设，依托产业集聚区，培育一批产业优势明显、创新驱动突出、公共服务体系完善的基地。加快加工贸易转型升级示范区、试点城市和梯度转移重点承接地发展。推进国家级新区、经济技术开发区、高新技术产业开发区、海关特殊监管区域等各类开放平台建设，创新管理制度。

（十八）推进贸易促进平台建设。办好中国国际进口博览会，不断提升其吸引力和国际影响力。拓展中国进出口商品交易会（广交会）、中国国际服务贸易交易会（京交会）等综合性展会功能，培育若干国际知名度高、影响力大的境内外展会。培育国家进口贸易促进创新示范区，创新监管制度、服务功能、交易模式，带动周边地区增强进口能力。

（十九）推进国际营销体系建设。鼓励企业针对不同市场、不同产品建设营销保障支撑体系，促进线上线下融合发展。完善售后服务标准，提高用户满意度，积极运用物联网、大数据等技术手段开展远程监测诊断、运营维护、技术支持等售后服务。推进国际营销公共平台建设。

（二十）完善外贸公共服务平台建设。加强对重点市场相关法律、准入政策、技术法规、市场信息等收集发布。支持各级政府、行业组织及企业建设不同层级、不同领域的公共服务平台，加强公共服务供给。

（二十一）构建高效跨境物流体系。推进跨境基础设施建设与互联互通，共同推动运输便利化安排和大通关协作。加快发展智能化多式联运。加快智慧港口建设。鼓励电商、快递、物流龙头企业

建设境外仓储物流配送中心，逐步打造智能物流网络。

七、深化改革开放，营造法治化国际化便利化贸易环境

（二十二）深化管理体制改革。进一步推进外贸体制改革，加强事中事后监管。完善政策协调机制，加强财税、金融、产业、贸易等政策之间衔接。推动世界贸易组织《贸易便利化协定》在国内实施。优化通关、退税、外汇、安全、环保管理方式，推进国际贸易"单一窗口"建设和应用，落实减税降费政策，加快打造国际一流、公平竞争的营商环境。

（二十三）充分发挥自由贸易试验区示范引领作用，高水平建设中国特色自由贸易港。以制度创新为核心，推动自由贸易试验区先行先试，开展首创性、差别化改革探索，加快形成法治化国际化便利化的营商环境和公平开放统一高效的市场环境。探索实施国际通行的货物、资金、人员出入境等管理制度。积极复制推广改革试点经验。加快探索建设自由贸易港，打造开放层次更高、营商环境更优、辐射作用更强的开放新高地。

（二十四）加强知识产权保护和信用体系建设。加大对侵权违法行为的惩治力度。加强知识产权保护国际合作，积极参与相关国际规则构建。完善海外知识产权维权援助机制。推进商务、知识产权、海关、税务、外汇等部门信息共享、协同执法的监管体系建设。建立经营主体信用记录，实施失信联合惩戒。

八、坚持共商共建共享，深化"一带一路"经贸合作

（二十五）深化贸易合作。拓宽贸易领域，推动优质农产品、制成品和服务进口，促进贸易平衡发展。发展特色服务贸易。推进

中欧班列、西部陆海新通道等国际物流和贸易大通道建设。发展“丝路电商”，鼓励企业在相关国家开展电子商务。积极开展促贸援助。推进商建贸易畅通工作机制。

（二十六）创新投资合作。拓宽双向投资领域，推动绿色基础设施建设、绿色投资，推动企业按照国际规则标准进行项目建设和运营。鼓励合作建设境外经贸合作区、跨境经济合作区等产业园区，促进产业集群发展。推动新兴产业合作。推进商建投资合作工作机制。

（二十七）促进贸易投资自由化便利化。积极开展共建“一带一路”经贸领域合作、三方合作、多边合作，推进合作共赢的开放体系建设，加强贸易和投资领域规则标准对接。推动削减非关税壁垒，提高技术性贸易措施透明度，提升贸易投资便利化水平。

九、坚持互利共赢，拓展贸易发展新空间

（二十八）建设性参与全球经济治理，推动区域、次区域合作。维护以规则为基础的开放、包容、透明、非歧视性等世界贸易组织核心价值和基本原则，反对单边主义和保护主义，推动对世界贸易组织进行必要改革。积极参与多边贸易规则谈判，维护多边贸易体制的权威性和有效性。深入参与二十国集团、金砖国家、亚太经合组织、湄公河次区域经济合作、大图们倡议等多边和区域、次区域合作机制，积极贡献更多中国倡议、中国方案。

（二十九）加快高标准自由贸易区建设。不断扩大自由贸易区网络覆盖范围，加快形成立足周边、辐射“一带一路”、面向全球的高标准自由贸易区网络。推动与世界重要经济体商建自由贸易区进程，努力提高开放水平，扩大市场准入，提高规则标准。

十、加强组织实施，健全保障体系

（三十）加强党对推进贸易高质量发展工作的全面领导。建立推进贸易高质量发展工作机制，整体推进贸易高质量发展，工作机制办公室设在商务部。商务部会同有关部门，加强协调指导，制定行动计划。

（三十一）健全法律法规体系。落实全面依法治国基本方略，不断完善贸易及相关领域国内立法，为贸易高质量发展提供法治保障。促进国内经贸立法与国际经贸规则的良性互动。加强贸易政策合规工作。

（三十二）加大政策支持力度。在符合世界贸易组织规则前提下，发挥财政资金对贸易发展的促进作用。结合增值税改革和立法，逐步完善出口退税机制。在依法合规、风险可控、商业可持续前提下，支持金融机构有序开展金融创新，提供多样化、综合化金融服务。进一步发挥进出口信贷和出口信用保险作用。稳步提高跨境贸易人民币结算比例，扩大经常项目人民币跨境使用，拓宽人民币跨境投融资渠道。

（三十三）加强贸易领域风险防范。加快出口管制体系建设，强化最终用户最终用途管理。继续敦促相关国家放宽对华出口管制。建立出口管制合规体系。完善对外贸易调查制度。健全产业损害预警体系。妥善应对贸易摩擦。提升运用贸易救济规则能力和水平。研究设立贸易调整援助制度。加强风险监测分析预警，引导企业防范风险。

（三十四）完善中介组织和智力支撑体系。加强与国际组织、各国各地区相关机构和工商业界交流合作，充分发挥行业组织、贸促机构在贸易促进、信息交流、标准体系建设、行业自律、应对摩擦等方面的作用，助力外贸高质量发展。设立推进贸易高质量发展专家咨询委员会。强化外贸发展人才支撑。

中央和国家机关有关部门要按照职能分工，研究具体政策措施，加强协同配合，形成工作合力。各级党委和政府要切实加强组织领导，强化责任担当，结合本地区实际进一步明确重点任务，抓好相关工作落实。

国务院办公厅关于推进对外贸易创新发展的实施意见[①]

（2020年10月25日）

各省、自治区、直辖市人民政府，国务院各部委、各直属机构：

对外贸易是我国开放型经济的重要组成部分和国民经济发展的重要推动力量。为深入贯彻党中央、国务院关于推进贸易高质量发展的决策部署，经国务院同意，现就推进对外贸易创新发展提出如下意见：

一、总体要求

以习近平新时代中国特色社会主义思想为指导，全面贯彻党的十九大和十九届二中、三中、四中、五中全会精神，坚持新发展理念，坚持以供给侧结构性改革为主线，坚定不移扩大对外开放，稳住外贸外资基本盘，稳定产业链供应链，进一步深化科技创新、制度创新、模式和业态创新。围绕构建以国内大循环为主体、国内国际双循环相互促进的新发展格局，加快推进国际市场布局、国内区域布局、经营主体、商品结构、贸易方式等“五个优化”和外贸转型升级基地、贸易促进平台、国际营销体系等“三项建设”，培育新形势下参与国际合作和竞争新优势，实现外贸创新发展。

---

① 《国务院办公厅关于推进对外贸易创新发展的实施意见》，《中华人民共和国国务院公报》，2020年32期。

二、创新开拓方式，优化国际市场布局

优化国际经贸环境。坚定维护以世界贸易组织为核心的多边贸易体制，坚决反对单边主义和保护主义，支持世界贸易组织必要改革，积极参与国际贸易规则制定。推动《区域全面经济伙伴关系协定》（RCEP）尽早签署。加快推进中日韩自由贸易协定、中国—海合会自由贸易协定谈判，积极商签更多高标准自由贸易协定和区域贸易协定。

推进贸易畅通工作机制建设。落实好已签署的共建“一带一路”合作文件，大力推动与重点市场国家特别是共建“一带一路”国家商建贸易畅通工作组、电子商务合作机制、贸易救济合作机制，推动解决双边贸易领域突出问题。

利用新技术新渠道开拓国际市场。充分运用第五代移动通信（5G）、虚拟现实（VR）、增强现实（AR）、大数据等现代信息技术，支持企业利用线上展会、电商平台等渠道开展线上推介、在线洽谈和线上签约等。推进展会模式创新，探索线上线下同步互动、有机融合的办展新模式。

提升公共服务水平。加大对重点市场宣传推介力度，及时发布政策和市场信息。加强国别贸易投资法律政策研究。建设跨境贸易投资综合法律支援平台。做好企业境外商务投诉服务。提升商事法律、标准体系建设等方面服务水平。

三、发挥比较优势，优化国内区域布局

提高东部地区贸易质量。加强京津冀协同发展，围绕雄安新区建设开放发展先行区的定位，全面对标国际高标准贸易规则。以长江三角洲区域一体化发展战略为依托，打造高水平开放平台。以上

海自由贸易试验区临港新片区为载体，进一步提升浦东新区开放水平，打造更具国际竞争力的特殊经济功能区。以广州南沙、深圳前海、珠海横琴等重大合作平台为重点，加强贸易领域规则衔接、制度对接，推进粤港澳市场一体化发展。

提升中西部地区贸易占比。支持中西部地区深度融入共建“一带一路”大格局，构筑内陆地区效率高、成本低、服务优的国际贸易通道。加快边境经济合作区和跨境经济合作区建设，扩大与周边国家经贸往来。实施黄河流域生态保护和高质量发展战略，推动成渝地区双城经济圈建设，打造内陆开放战略高地。积极推进中西部地区承接产业转移示范区建设。培育和建设新一批加工贸易梯度转移重点承接地和示范地。

扩大东北地区对外开放。支持东北地区开展大宗资源性商品进出口贸易，探索设立大宗资源性商品交易平台。发挥装备制造业基础优势，积极参与承揽大型成套设备出口项目。落实好中俄远东合作规划，稳步推进能源资源、农林开发等领域合作项目，加强毗邻地区贸易和产业合作，发挥大图们倡议等合作机制作用，提升面向东北亚合作水平。

创新区域间外贸合作机制。以国家级新区、承接产业转移示范区为重点，建立产业转移承接结对合作机制。鼓励中西部和东北重点地区承接产业转移平台建设，完善基础设施，建设公共服务平台，提升承接产业转移能力。完善东中西加工贸易产业长效对接机制，深化中国加工贸易产品博览会等平台功能，加强投资信息共享，举办梯度转移对接交流活动。

四、加强分类指导，优化经营主体

培育具有全球竞争力的龙头企业。在通信、电力、工程机械、轨道交通等领域，以市场为导向，培育一批具有较强创新能力和国际竞争力的龙头企业。引导企业创新对外合作方式，优化资源、品牌和营销渠道。构建畅通的国际物流运输体系、资金结算支付体系和海外服务网络。

增强中小企业贸易竞争力。开展中小外贸企业成长行动计划。推进中小企业“抱团出海”行动。鼓励“专精特新”中小企业走国际化道路，在元器件、基础件、工具、模具、服装、鞋帽等行业，鼓励形成一批竞争力强的“小巨人”企业。

提升协同发展水平。发挥行业龙头企业引领作用，探索组建企业进出口联盟，促进中小企业深度融入供应链。支持龙头企业搭建资源和能力共享平台。引导企业与境外产业链上下游企业加强供需保障的互利合作。稳存量，促增量，充分发挥外资对外贸创新发展的带动作用。

主动服务企业。建立和完善重点外贸外资企业联系服务机制。发挥贸促机构、行业商协会作用，共同推动解决企业遇到的困难和问题。

五、创新要素投入，优化商品结构

保护和发展产业链供应链。保障在全球产业链中有重要影响的企业和关键产品生产出口，维护国际供应链稳定。拓展重点市场产业链供应链，实现物流、商流、资金流、信息流等互联互通。推进供应链数字化和智能化发展。搭建应急供应链综合保障平台。提升全球产业链供应链风险防控能力。积极参与和推动国际产业链供应链保障合作。

推动产业转型升级。实施新一轮技术改造升级工程。开展先进制造业集群培育试点示范，创建一批国家制造业高质量发展试验区。加快推进战略性新兴产业集群建设。鼓励企业实施绿色化、智能化、服务化改造。提高农业产业竞争力，建设一批农产品贸易高质量发展基地。

优化出口产品结构。积极推动电力、轨道交通、通信设备、船舶及海洋工程、工程机械、航空航天等装备类大型成套设备开拓国际市场。提高生物技术、节能环保、新一代信息技术、新能源、机器人等新兴产业的国际竞争力。推动纺织、服装、箱包、鞋帽等劳动密集型产品高端化、精细化发展。提升农产品精深加工能力和特色发展水平，扩大高附加值农产品出口。

提高出口产品质量。加强全面质量管理，严把供应链质量关。加强质量安全风险预警和快速反应监管体系建设。建设一批重点出口产品质量检测公共服务平台。加快推进与重点出口市场认证证书和检测结果互认。鼓励企业使用国际标准和国外先进标准，充分利用国际认可的产品检测和认证体系，按照国际标准开展生产和质量检验。

优化进口结构。适时调整部分产品关税。发挥《鼓励进口技术和产品目录》引导作用，扩大先进技术、重要装备和关键零部件进口。支持能源资源产品进口。鼓励优质消费品进口。加强对外农业产业链供应链建设，增加国内紧缺和满足消费升级需求的农产品进口。扩大咨询、研发设计、节能环保、环境服务等知识技术密集型服务进口和旅游进口。

六、创新发展模式，优化贸易方式

做强一般贸易。扩大一般贸易规模，提升产品附加值，增强谈判、议价能力。鼓励企业加强研发、品牌培育、渠道建设，增强关键技术、核心零部件生产和供给能力。在有条件的地区、行业和企业建立品牌推广中心，鼓励形成区域性、行业性品牌。

提升加工贸易。加大对加工贸易转型升级示范区和试点城市的支持力度，培育认定新一批试点城市，支持探索创新发展新举措。提升加工贸易技术含量和附加值，延长产业链，由加工组装向技术、品牌、营销环节延伸。支持保税维修等新业态发展。动态调整加工贸易禁止类商品目录。

发展其他贸易。落实促进边境贸易创新发展政策，修订《边民互市贸易管理办法》。制订边民互市进口商品负面清单，开展边民互市进口商品落地加工试点。培育发展边境贸易商品市场和商贸中心。支持边境地区发展电子商务。探索发展新型贸易方式。支持在自由贸易港、自由贸易试验区探索促进新型国际贸易发展。

促进内外贸一体化。优化市场流通环境，便利企业统筹用好国际国内两个市场，降低出口产品内销成本。鼓励出口企业与国内大型商贸流通企业对接，多渠道搭建内销平台，扩大内外销产品“同线同标同质”实施范围。加强宣传推广和公共服务，推动内销规模化、品牌化。

七、创新运营方式，推进国家外贸转型升级基地建设

健全组织管理。依托各类产业集聚区，加快基地建设，做大做强主导产业链，完善配套支撑产业链，增强供给能力。建立多种形式的基地管理服务机构。

建设公共服务平台。依托研究院所、大专院校、贸促机构、行业商协会、专业服务机构和龙头企业，搭建研发、检测、营销、信息、物流等方面的公共服务平台。

八、创新服务模式，推进贸易促进平台建设

办好进博会、广交会等一批综合展会。对标国际一流展会，丰富完善中国国际进口博览会功能，着力提升国际化、专业化水平，增强吸引力和国际影响力，确保“越办越好”。研究推行中国进出口商品交易会线上线下融合办展新模式。拓展中国国际服务贸易交易会、中国国际高新技术成果交易会等展会功能。优化现有展会，培育若干知名度高、影响力大的国际展会。

培育进口贸易促进创新示范区。充分发挥示范区在促进进口、服务产业、提升消费等方面的示范引领作用。提升监管水平，加强服务创新。研究建立追踪问效、评估和退出机制。

九、创新服务渠道，推进国际营销体系建设

加快建立国际营销体系。鼓励企业以合作、自建等方式，完善营销和服务保障体系，开展仓储、展示、批发、销售、接单签约及售后服务。推进售后云服务模式和远端诊断、维修。重点推动汽车、机床等行业品牌企业建设国际营销服务网点。

推进国际营销公共平台建设。充分发挥平台带动和示范作用，助力企业开拓国际市场。研究建立评估及退出机制。建设国际营销公共服务平台网络，共享平台资源。

十、创新业态模式，培育外贸新动能

促进跨境电商等新业态发展。积极推进跨境电商综合试验区建设，不断探索好经验好做法，研究建立综合试验区评估考核机制。支持建设一批海外仓。扩大跨境电商零售进口试点。推广跨境电商应用，促进企业对企业（B2B）业务发展。研究筹建跨境电商行业联盟。推进市场采购贸易方式试点建设，总结经验并完善配套服务。促进外贸综合服务企业发展，研究完善配套监管政策。

积极推进二手车出口。建立健全二手车出口管理与促进体系，扩大二手车出口业务，完善质量检测标准，实行全国统一的出口检测规范。强化二手车境外售后服务体系建设，鼓励有条件的企业在重点市场建立公共备品备件库，提高售后服务质量。培育和支持二手车出口行业组织发展。

加快发展新兴服务贸易。加快发展对外文化贸易，加大对国家文化出口重点企业和重点项目的支持，加强国家文化出口基地建设。加快服务外包转型升级，开展服务外包示范城市动态调整，大力发展高端生产性服务外包。加强国家中医药服务出口基地建设，扩大中医药服务出口。

加快贸易数字化发展。大力发展数字贸易，推进国家数字服务出口基地建设，鼓励企业向数字服务和综合服务提供商转型。支持企业不断提升贸易数字化和智能化管理能力。建设贸易数字化公共服务平台，服务企业数字化转型。

十一、优化发展环境，完善保障体系

发挥自由贸易试验区、自由贸易港制度创新作用。扩大开放领域，推动外向型经济主体及业务在自由贸易试验区汇聚。推动出台海南自由贸易港法。以贸易自由化便利化为重点，突出制度集成创新，研究优化贸易方案，扎实推进海南自由贸易港建设，制定海南自由贸易港禁止、限制进出口的货物、物品清单，清单外货物、物品自由进出；出台海南自由贸易港跨境服务贸易负面清单，进一步规范影响服务贸易自由便利的国内规制，为适时向更大范围推广积累经验。

不断提升贸易便利化水平。进一步简化通关作业流程，精简单证及证明材料。创新海关核查模式，推进“网上核查”改革。进一步完善国际贸易“单一窗口”功能，推进全流程作业无纸化。建立更加集约、高效、运行通畅的船舶便利通关查验新模式，加快推进“单一窗口”功能覆盖海运和贸易全链条。

优化进出口管理和服务。完善大宗商品进出口管理。有序推动重点商品进出口管理体制改革。加强口岸收费管理，严格执行口岸收费目录清单制度，持续清理规范进出口环节涉企收费。降低港口收费，进一步减并港口收费项目，降低政府定价的港口经营服务性项目收费标准。积极推动扩大出口退税无纸化申报范围，持续加快出口退税办理进度。扩大贸易外汇收支便利化试点，便利跨境电商外汇结算。

强化政策支持。在符合世界贸易组织规则前提下，加大财政金融支持力度。用好外经贸发展专项资金，推动外贸稳中提质、创新发展。落实再贷款、再贴现等金融支持政策，加快贷款投放进度，引导金融机构增加外贸信贷投放，落实好贷款阶段性延期还本付息等政策，加大对中小微外贸企业支持。充分发挥进出口信贷和出口信用保险作用，进一步扩大出口信用保险覆盖面，根据市场化原则适度降低保险费率。

加强国际物流保障。确保国际海运保障有力，提升国际航空货运能力，促进国际道路货运便利化。提升中欧班列等货运通道能力，加强集结中心示范工程建设，以市场化为原则，鼓励运营企业完善境外物流网络，增强境外物流节点的联运、转运和集散能力，拓展回程货源，提高国际化运营竞争力。鼓励港航企业与铁路企业加强合作，积极发展集装箱铁水联运。

提升风险防范能力。统筹发展和安全，切实防范、规避重大风险。坚持底线思维，保障粮食、能源和资源安全。努力构建现代化出口管制体系。严格实施出口管制法。优化出口管制许可和执法体系，推动出口管制合规和国际合作体系建设。完善对外贸易调查制度，丰富调查工具。健全预警和法律服务机制，构建主体多元、形式多样的工作体系。健全贸易救济调查工作体系，提升运用规则的能力和水平。完善贸易摩擦应对机制，推动形成多主体协同应对的工作格局。研究设立贸易调整援助制度。

加强组织实施。加强党对外贸工作的全面领导。充分发挥国务院推进贸易高质量发展部际联席会议制度作用，整体推进外贸创新发展。商务部要会同有关部门加强协调指导，各地方要抓好贯彻落实。重大情况及时向党中央、国务院报告。

国务院办公厅关于支持出口产品转内销的实施意见[①]

（2020 年 6 月 17 日）

各省、自治区、直辖市人民政府，国务院各部委、各直属机构：

为深入贯彻落实党中央、国务院关于统筹推进新冠肺炎疫情防控和经济社会发展工作的决策部署，做好“六稳”工作、落实“六保”任务，在鼓励企业拓展国际市场的同时，支持适销对路的出口产品开拓国内市场，着力帮扶外贸企业渡过难关，促进外贸基本稳定，经国务院同意，现提出以下意见：

一、工作原则

发挥政府引导作用，支持出口产品转内销，帮助外贸企业纾困，确保产业链供应链畅通运转，稳住外贸外资基本盘。发挥企业主体作用，坚持市场化运作，鼓励外贸企业拓展销售渠道，促进国内消费提质升级。落实地方属地责任，因地制宜推动出口产品转内销工作，重点帮扶本地区重要产业链供应链外贸企业和中小微外贸企业。

二、支持出口产品进入国内市场

（一）加快转内销市场准入。在 2020 年底前，对依据出口目的

① 《国务院办公厅关于支持出口产品转内销的实施意见》，《中华人民共和国国务院公报》，2020 年 19 期。

国标准生产且相关标准技术指标达到我国强制性标准要求的出口产品，因疫情影响转内销的，允许企业作出相关书面承诺，通过自我符合性声明的方式进行销售，法律法规另有规定的从其规定。外贸企业要对出口转内销产品加贴的中文和外文标签、标识的一致性负责。（市场监管总局、生态环境部、交通运输部、农业农村部、卫生健康委、应急部、铁路局、民航局、煤矿安监局等部门按职责分工负责）出口转内销产品涉及强制性产品认证（CCC认证）的，应当依法获得强制性产品认证证书。继续深化强制性产品认证制度改革，简化出口转内销产品认证程序，缩短办理时间。（市场监管总局负责）简化企业办税程序。（税务总局负责）

（二）促进“同线同标同质”发展。支持企业发展“同线同标同质”（以下称“三同”）产品，即在同一生产线上按照相同标准、相同质量要求生产既能出口又可内销的产品，帮助企业降低成本、实现内外销转型。扩大“三同”适用范围至一般消费品、工业品领域。（市场监管总局、工业和信息化部、商务部等部门按职责分工负责）开通国内生产销售审批快速通道。加快完善“三同”公共信息服务平台功能。（市场监管总局负责）开展“三同”产品宣传推广活动，提升知名度和影响力。（中央宣传部、商务部、市场监管总局按职责分工负责）

（三）加强知识产权保障。支持外贸企业与品牌商协商出口转内销产品涉及的知识产权授权，做好专利申请、商标注册和著作权登记。加强对外贸企业知识产权运用的指导和服务。（中央宣传部、知识产权局按职责分工负责）

三、多渠道支持转内销

（四）搭建转内销平台。鼓励外贸企业对接电商平台，依托各类网上购物节，设置外贸产品专区。在符合国内疫情防控要求的前提下，引导主要步行街组织开展出口产品转内销专题活动。组织各地大型商业企业与外贸企业开展订单直采，设立外贸产品销售专区、专柜。组织国内采购商在中国进出口商品交易会（广交会）、中国加工贸易产品博览会等采购外贸产品。（商务部，各省、自治区、直辖市人民政府负责）

（五）发挥有效投资带动作用。重点结合各地新型基础设施、新型城镇化和重大工程（“两新一重”）建设需要，组织对接一批符合条件的出口产品转内销，帮助企业融入投资项目产业链供应链。（各省、自治区、直辖市人民政府负责）引导外贸企业积极补链固链强链，推动产业链协同创新和产业结构调整、加大技术和工艺升级改造力度，参与工业和通信业重大项目建设。（工业和信息化部，各省、自治区、直辖市人民政府负责）

（六）精准对接消费需求。引导外贸企业精准对接国内市场消费升级需求，发挥质量、研发等优势，应用大数据、工业互联网等技术，通过个性化定制、柔性化生产，研发适销对路的内销产品，创建自有品牌，培育和发展新的消费热点，推动消费回升。鼓励外贸企业充分利用网上销售、直播带货、场景体验等新业态新模式，促进线上线下融合发展。（工业和信息化部、商务部按职责分工负责，各省、自治区、直辖市人民政府负责）

四、加大支持力度

（七）提升转内销便利化水平。对符合条件可集中办理内销征税手续的加工贸易企业，在不超过手（账）册有效期或核销截止日期的前提下，由每月 15 日前申报，调整为最迟可在季度结束后 15 天内申报。（海关总署负责）

（八）做好融资服务和支持。鼓励各类金融机构对出口产品转内销提供金融支持，加强供应链金融服务，结合实际开展内销保险项下的保单融资业务，加大流动性资金贷款等经营周转类信贷支持，积极开展应收账款、存货、机器设备、仓单、订单等质押融资，依托大型电商平台加强对中小微外贸企业直贷业务。（财政部、人民银行、银保监会按职责分工负责）

（九）加大保险支持力度。支持保险公司加大对出口产品转内销的保障力度，提供多元化的保险服务。（银保监会负责）

（十）加强资金支持。用足用好外经贸发展专项资金，支持出口转内销相关业务培训、宣传推介、信息服务等，支持外贸企业参加线上线下内销展会。（财政部、商务部负责）

五、加强组织实施

各地方人民政府、各有关部门要高度重视支持出口产品转内销工作。各地方要根据本地区实际出台针对性配套措施，商务部要会同相关部门制定具体工作方案并组织实施，加强政策指导和业务培训，及时总结推广好经验好做法；组织引导媒体集中开展宣传报道，营造支持出口产品转内销的良好环境，引导拓展国内市场空间，促进公平竞争。（中央宣传部、发展改革委、工业和信息化部、财政部、商务部、人民银行、海关总署、税务总局、市场监管总局、银保监会按职责分工负责，各省、自治区、直辖市人民政府负责）

国务院办公厅关于加快发展外贸新业态新模式的意见[①]

（2021 年 7 月 2 日）

各省、自治区、直辖市人民政府，国务院各部委、各直属机构：

新业态新模式是我国外贸发展的有生力量，也是国际贸易发展的重要趋势。加快发展外贸新业态新模式，有利于推动贸易高质量发展，培育参与国际经济合作和竞争新优势，对于服务构建新发展格局具有重要作用。为深入贯彻党中央、国务院决策部署，促进外贸新业态新模式健康持续创新发展，经国务院同意，现提出以下意见：

一、总体要求

（一）指导思想。以习近平新时代中国特色社会主义思想为指导，全面贯彻落实党的十九大和十九届二中、三中、四中、五中全会精神，坚持稳中求进工作总基调，立足新发展阶段、贯彻新发展理念、构建新发展格局，以供给侧结构性改革为主线，深化外贸领域“放管服”改革，推动外贸领域制度创新、管理创新、服务创新、业态创新、模式创新，拓展外贸发展空间，提升外贸运行效率，保障产业链供应链畅通运转，推动高质量发展。

① 《国务院办公厅关于加快发展外贸新业态新模式的意见》，《中华人民共和国国务院公报》2021 年 21 期。

（二）基本原则。

坚持鼓励创新。充分发挥市场在资源配置中的决定性作用，更好发挥政府作用，进一步释放市场主体活力。开展先行先试，鼓励在外贸领域广泛运用新技术新工具，推动传统业态转型升级，细化贸易分工，提升专业化水平，促进业态融合创新，不断探索新的外贸业态和模式。

坚持包容审慎。统筹发展和安全，坚持在发展中规范、在规范中发展。建立健全适应外贸新业态新模式发展的政策体系。完善信息数据、信用体系、知识产权保护等方面标准、制度。科学合理界定平台责任。加强事中事后监管，持续优化营商环境，促进公平竞争。

坚持开放合作。统筹国内国际两个市场、两种资源，坚持互利共赢开放战略，促进贸易和投资自由化便利化。加强部门、地方、行业、企业间协作联动，提升政府管理和服务效能。积极探索建立适应和引领外贸新业态新模式发展的国际规则，推动高水平开放。

（三）发展目标。到 2025 年，外贸新业态新模式发展的体制机制和政策体系更为完善，营商环境更为优化，形成一批具有国际竞争力的行业龙头企业和产业集群，产业价值链水平进一步提升，对外贸和国民经济的带动作用进一步增强。到 2035 年，外贸新业态新模式发展水平位居创新型国家前列，法律法规体系更加健全，贸易自由化便利化程度达到世界先进水平，为贸易高质量发展提供强大动能，为基本实现社会主义现代化提供强劲支撑。

二、积极支持运用新技术新工具赋能外贸发展

（四）推广数字智能技术应用。运用数字技术和数字工具，推动外贸全流程各环节优化提升。发挥“长尾效应”，整合碎片化订

单，拓宽获取订单渠道。大力发展数字展会、社交电商、产品众筹、大数据营销等，建立线上线下融合、境内境外联动的营销体系。集成外贸供应链各环节数据，加强资源对接和信息共享。到2025年，外贸企业数字化、智能化水平明显提升。（商务部牵头，各有关单位按职责分工负责）

（五）完善跨境电商发展支持政策。在全国适用跨境电商企业对企业（B2B）直接出口、跨境电商出口海外仓监管模式，完善配套政策。便利跨境电商进出口退换货管理。优化跨境电商零售进口商品清单。稳步开展跨境电商零售进口药品试点工作。引导企业用好跨境电商零售出口增值税、消费税免税政策和所得税核定征收办法。研究制定跨境电商知识产权保护指南，引导跨境电商平台防范知识产权风险。到2025年，跨境电商政策体系进一步完善，发展环境进一步优化，发展水平进一步提升。（商务部牵头，财政部、海关总署、税务总局、国家外汇局、国家药监局、国家知识产权局按职责分工负责）

（六）扎实推进跨境电子商务综合试验区建设。扩大跨境电子商务综合试验区（以下简称综试区）试点范围。积极开展先行先试，进一步完善跨境电商线上综合服务和线下产业园区“两平台”及信息共享、金融服务、智能物流、电商诚信、统计监测、风险防控等监管和服务“六体系”，探索更多的好经验好做法。鼓励跨境电商平台、经营者、配套服务商等各类主体做大做强，加快自主品牌培育。建立综试区考核评估和退出机制，2021年组织开展考核评估。到2025年，综试区建设取得显著成效，建成一批要素集聚、主体多元、服务专业的跨境电商线下产业园区，形成各具特色的发展格局，成为引领跨境电商发展的创新集群。（商务部牵头，中央网信办、国家发展改革委、工业和信息化部、财政部、交通运输部、人民银行、海关总署、税务总局、市场监管总局、银保监会、国家邮政局、国家外汇局按职责分工负责）

（七）培育一批优秀海外仓企业。鼓励传统外贸企业、跨境电商和物流企业等参与海外仓建设，提高海外仓数字化、智能化水平，促进中小微企业借船出海，带动国内品牌、双创产品拓展国际市场空间。支持综合运用建设—运营—移交（BOT）、结构化融资等投融资方式多元化投入海外仓建设。充分发挥驻外使领馆和经商机构作用，为海外仓企业提供前期指导服务，协助解决纠纷。到2025年，力争培育100家左右在信息化建设、智能化发展、多元化服务、本地化经营等方面表现突出的优秀海外仓企业。（商务部牵头，外交部、国家发展改革委、银保监会按职责分工负责）

（八）完善覆盖全球的海外仓网络。支持企业加快重点市场海外仓布局，完善全球服务网络，建立中国品牌的运输销售渠道。鼓励海外仓企业对接综试区线上综合服务平台、国内外电商平台等，匹配供需信息。优化快递运输等政策措施，支持海外仓企业建立完善物流体系，向供应链上下游延伸服务，探索建设海外物流智慧平台。推进海外仓标准建设。到2025年，依托海外仓建立覆盖全球、协同发展的新型外贸物流网络，推出一批具有国际影响力的国家、行业等标准。（商务部牵头，国家发展改革委、交通运输部、市场监管总局、国家邮政局按职责分工负责）

三、持续推动传统外贸转型升级

（九）提升传统外贸数字化水平。支持传统外贸企业运用云计算、人工智能、虚拟现实等先进技术，加强研发设计，开展智能化、个性化、定制化生产。鼓励企业探索建设外贸新业态大数据实验室。引导利用数字化手段提升传统品牌价值。鼓励建设孵化机构和创新中心，支持中小微企业创业创新。到 2025 年，形成新业态驱动、大数据支撑、网络化共享、智能化协作的外贸产业链供应链体系。（商务部牵头，各有关单位按职责分工负责）

（十）优化市场采购贸易方式政策框架。完善市场采购贸易方式试点动态调整机制，设置综合评价指标，更好发挥试点区域示范引领作用。支持各试点区域因地制宜探索创新，吸纳更多内贸主体开展外贸，引导市场主体提高质量、改进技术、优化服务、培育品牌，提升产品竞争力，放大对周边产业的集聚和带动效应。到 2025 年，力争培育 10 家左右出口超千亿元人民币的内外贸一体化市场，打造一批知名品牌。（商务部牵头，国家发展改革委、财政部、海关总署、税务总局、市场监管总局、国家外汇局按职责分工负责）

（十一）提升市场采购贸易方式便利化水平。进一步优化市场采购贸易综合管理系统，实现源头可溯、风险可控、责任可究。继续执行好海关简化申报、市场采购贸易方式出口的货物免征增值税等试点政策，优化通关流程。扩大市场采购贸易预包装食品出口试点范围。对在市场采购贸易综合管理系统备案且可追溯交易真实性的市场采购贸易收入，引导银行提供更为便捷的金融服务。（商务部牵头，国家发展改革委、财政部、人民银行、海关总署、税务总局、市场监管总局、国家外汇局按职责分工负责）

四、深入推进外贸服务向专业细分领域发展

（十二）进一步支持外贸综合服务企业健康发展。落实落细集中代办退税备案工作，提高工作效率。对已经办理代办退税备案但尚未进行过首次申报退（免）税实地核查的生产企业，在收到首次委托代办退税业务申报信息后，进一步提高实地核查工作效率。引导外贸综合服务企业（以下简称综服企业）规范内部风险管理，提升集中代办退税风险管控水平。进一步落实完善海关“双罚”机制，在综服企业严格履行合理审查义务，且无故意或重大过失情况下，由综服企业和其客户区分情节承担相应责任。到2025年，适应综服企业发展的政策环境进一步优化。（商务部牵头，海关总署、税务总局按职责分工负责）

（十三）提升保税维修业务发展水平。进一步支持综合保税区内企业开展维修业务，动态调整维修产品目录，研究将医疗器械等产品纳入目录。支持自贸试验区内企业按照综合保税区维修产品目录开展“两头在外”的保税维修业务，由自贸试验区所在地省级人民政府对维修项目进行综合评估、自主支持开展，对所支持项目的监管等事项承担主体责任。探索研究支持有条件的综合保税区外企业开展高技术含量、高附加值、符合环保要求的自产出口产品保税维修，以试点方式稳妥推进，加强评估，研究制定管理办法和维修产品清单。到2025年，逐步完善保税维修业务政策体系。（商务部牵头，财政部、生态环境部、海关总署、税务总局按职责分工负责）

（十四）稳步推进离岸贸易发展。鼓励银行探索优化业务真实性审核方式，按照展业原则，基于客户信用分类及业务模式提升审核效率，为企业开展真实合规的离岸贸易业务提供优质的金融服务，提升贸易结算便利化水平。在自贸试验区进一步加强离岸贸易业务创新，支持具备条件并有较强竞争力和管理能力的城市和地区发展离岸贸易。（商务部、人民银行、国家外汇局按职责分工负责）

（十五）支持外贸细分服务平台发展壮大。支持在营销、支付、交付、物流、品控等外贸细分领域共享创新。鼓励外贸细分服务平台在各区域、各行业深耕垂直市场，走“专精特新”之路。鼓励外贸企业自建独立站，支持专业建站平台优化提升服务能力。探索区块链技术在贸易细分领域中的应用。到2025年，形成一批国际影响力较强的外贸细分服务平台企业。（商务部牵头，各有关单位按职责分工负责）

五、优化政策保障体系

（十六）创新监管方式。根据外贸业态发展需要，适时研究完善相关法律法规，科学设置“观察期”和“过渡期”。引入“沙盒监管”模式，为业态创新提供安全空间。推动商务、海关、税务、市场监管、邮政等部门间数据对接，在优化服务的同时，加强对逃税、假冒伪劣、虚假交易等方面的监管。完善外贸新业态新模式统计体系。（商务部牵头，海关总署、税务总局、市场监管总局、国家统计局、国家邮政局按职责分工负责）

（十七）落实财税政策。充分发挥外经贸发展专项资金、服务贸易创新发展引导基金作用，引导社会资本以基金方式支持外贸新业态新模式发展。积极探索实施促进外贸新业态新模式发展的税收征管和服务措施，优化相关税收环境。支持外贸新业态新模式企业适用无纸化方式申报退税。对经认定为高新技术企业的外贸新业态新模式企业，可按规定享受高新技术企业所得税优惠政策。（财政部、商务部、税务总局按职责分工负责）

（十八）加大金融支持力度。深化政银企合作，积极推广“信易贷”等模式，鼓励金融机构、非银行支付机构、征信机构、外贸服务平台等加强合作，为具有真实交易背景的外贸新业态新模式企业提供便利化金融服务。鼓励符合条件的外贸新业态新模式企业通过上市、发行债券等方式进行融资。加快贸易金融区块链平台建设。加大出口信用保险对海外仓等外贸新业态新模式的支持力度，积极发挥风险保障和融资促进作用。（国家发展改革委、财政部、商务部、人民银行、银保监会、证监会、国家外汇局、进出口银行、中国出口信用保险公司按职责分工负责）

（十九）便捷贸易支付结算管理。深化贸易外汇收支便利化试点，支持更多符合条件的银行和支付机构依法合规为外贸新业态新模式企业提供结算服务。鼓励研发安全便捷的跨境支付产品，支持非银行支付机构“走出去”。鼓励外资机构参与中国支付服务市场的发展与竞争。（人民银行、国家外汇局按职责分工负责）

六、营造良好环境

（二十）维护良好外贸秩序。加强反垄断和反不正当竞争规制，着力预防和制止外贸新业态领域垄断和不正当竞争行为，保护公平竞争，防止资本无序扩张。探索建立外贸新业态新模式企业信用评价体系，鼓励建立重要产品追溯体系。支持制定外贸新业态领域的国家、行业和地方标准，鼓励行业协会制定相关团体标准。（商务部、国家发展改革委、海关总署、市场监管总局按职责分工负责）

（二十一）推进新型外贸基础设施建设。支持外贸领域的线上综合服务平台、数字化公共服务平台等建设。鼓励电信企业为外贸企业开展数字化营销提供国际互联网数据专用通道。完善国际邮件互换局（交换站）和国际快件处理中心布局。开行中欧班列专列，满足外贸新业态新模式发展运输需要。（商务部、国家发展改革委、工业和信息化部、国家邮政局、中国国家铁路集团有限公司按职责分工负责）

（二十二）加强行业组织建设和专业人才培育。依法推动设立外贸新业态领域相关行业组织，出台行业服务规范和自律公约。鼓励普通高校、职业院校设置相关专业。引导普通高校、职业院校与企业合作，培养符合外贸新业态新模式发展需要的管理人才和高素质技术技能人才。（商务部、教育部、民政部按职责分工负责）

（二十三）深化国际交流合作。积极参与世贸组织、万国邮联等多双边谈判，推动形成电子签名、电子合同、电子单证等方面的国际标准。加强知识产权保护、跨国物流等领域国际合作，参与外贸新业态新模式的国际规则和标准制定。加强与有关国家在相关领域政府间合作，推动双向开放。大力发展丝路电商，加强“一带一路”经贸合作。推动我国外贸新业态新模式与国外流通业衔接连通。鼓励各地方、各试点单位、各企业开展国际交流合作。（商务部牵头，各地方人民政府、各有关单位按职责分工负责）

七、做好组织实施

（二十四）加强组织领导。充分发挥国务院推进贸易高质量发展部际联席会议制度作用，加强部门联动、央地协同，统筹协调解决重大问题。各地区、各有关部门要按照职责分工抓好贯彻落实，密切协作配合，及时出台相关措施，继续大胆探索实践。商务部要会同有关部门加强工作指导，确保各项措施落地见效。（商务部牵头，各地方人民政府、各有关单位按职责分工负责）

（二十五）做好宣传推广。不断总结推广好经验好做法。加强舆论引导，宣介外贸新业态新模式发展成效。积极营造鼓励创新、充满活力、公平竞争、规范有序的良好氛围，促进外贸新业态新模式健康持续创新发展。（商务部牵头，各地方人民政府、各有关单位按职责分工负责）

国务院办公厅关于促进内外贸一体化发展的意见①

（2021 年 12 月 30 日）

各省、自治区、直辖市人民政府，国务院各部委、各直属机构：

推进内外贸一体化有利于形成强大国内市场，有利于畅通国内国际双循环。近年来，我国内外贸一体化取得了长足发展，但也存在调控体系不够完善，统筹利用两个市场、两种资源的能力不够强，内外贸融合发展不够顺畅等问题，还不能完全适应构建新发展格局的需要。为深入贯彻党中央、国务院决策部署，促进内外贸一体化发展，经国务院同意，现提出以下意见：

一、总体要求

（一）指导思想。以习近平新时代中国特色社会主义思想为指导，全面贯彻党的十九大和十九届历次全会精神，立足新发展阶段，完整、准确、全面贯彻新发展理念，加强改革创新驱动、产品对标驱动、渠道对接驱动、主体引领驱动、数字赋能驱动、服务优化驱动，促进内外贸法律法规、监管体制、经营资质、质量标准、检验检疫、认证认可等高水平衔接，降低企业市场转换的制度成本，提高统筹利用两个市场、两种资源的能力，促进内贸和外贸、进口和出口协调发展，服务构建新发展格局，实现更高水平开放和更高质量发展。

① 《国务院办公厅关于促进内外贸一体化发展的意见》，《中华人民共和国国务院公报》，2022 年 04 期。

（二）基本原则。

坚持政府引导、市场为主。充分发挥市场在资源配置中的决定性作用，更好发挥政府政策引导和公共服务作用，充分调动企业积极性，提升市场主体内外贸一体化经营能力，激发内生发展动力。

坚持改革开放、规则衔接。加快制度型开放，推动制度和模式创新，循序渐进推进体制机制改革，不断破除内外贸一体化发展面临的制度障碍，促进制度规则衔接，优化内外贸融合发展环境。

坚持系统观念、统筹推进。强化对内外贸一体化发展的顶层设计和统筹谋划，立足当前，着眼长远，突出重点，以点带面，完善内外贸一体化发展的制度体系、工作体系和评价体系，全面协调持续推进内外贸一体化发展。

（三）发展目标。到 2025 年，内外贸法律法规、监管体制、经营资质、质量标准、检验检疫、认证认可等衔接更加有效，市场主体内外贸一体化发展水平进一步提升，内外联通网络更加完善，政府管理服务持续优化，内外贸一体化调控体系更加健全，实现内外贸高效运行、融合发展。

二、完善内外贸一体化制度体系

（四）健全法律法规。推动健全有利于内外贸一体化的法律法规体系，梳理并推动修订妨碍内外贸一体化的法律、法规、规章和规范性文件。（各有关部门及各地区按职责分工负责）健全知识产权侵权惩罚性赔偿制度，加大损害赔偿力度，实行严格的知识产权保护，提高企业创新和产品内销的积极性。（市场监管总局、国家知识产权局及各地区按职责分工负责）

（五）完善监管体制。对标国际先进水平，促进内外贸监管规则衔接，推进内外贸监管部门信息互换、监管互认、执法互助，提高监管的精准性有效性，优化内外贸营商环境。加强反垄断和反不正当竞争执法，强化公平竞争审查，清理纠正地方保护、行业垄断、市场分割等不公平做法和隐性壁垒，推动形成全国统一大市场，促进内外贸资源要素顺畅流动、优化配置。（各有关部门及各地区按职责分工负责）深化海关国际合作，与贸易伙伴加强在技术性贸易措施、口岸监管、产品合规情况等方面的信息交换，推动检验检疫证书国际联网核查，积极稳妥推进商品检验第三方结果采信，提升通关、资金结算、纳税便利化水平。（海关总署、市场监管总局、国家外汇局及各地区按职责分工负责）

（六）加强规则对接。加强在联合国、世界贸易组织等框架和多边机制中的国际合作，积极参与国际规则制定。推进实施自由贸易区提升战略，与更多贸易伙伴商签自由贸易协定。加强国内市场规则与国际通行贸易规则对接，做好贸易政策合规工作，在贸易自由化便利化、知识产权保护、电子商务、招标投标、政府采购等方面实行更高标准规则，更好联通国内国际市场，促进企业拓展内外贸业务。（商务部牵头，国家发展改革委、工业和信息化部、财政部、海关总署、市场监管总局、国家知识产权局及各地区按职责分工负责）

（七）促进标准认证衔接。积极开展国内国际标准转化，补齐国内标准短板，提高标准技术水平，持续提升国内国际标准一致性。鼓励国内企事业单位积极参与国际标准化活动，加强与全球产业链上下游企业协作，共同制定国际标准。支持检验检测、认证认可等第三方合格评定服务机构为内外贸企业提供一站式服务，鼓励第三方合格评定服务机构国际化发展。在共建“一带一路”倡议、区域全面经济伙伴关系协定等框架下深化国际合作，促进合格评定机构、政府间合格评定结果国际互认水平不断提升。简化出口转内销相关强制性产品认证程序，缩短办理时间。（市场监管总局、工业和信息化部及各地区按职责分工负责）加强绿色食品、有机农产品、地理标志农产品认证和管理，提升内外贸农产品质量安全水平。统一林草可持续经营认证标准，对接国际森林认证标准，增加优质内外贸林草产品供给。（农业农村部、市场监管总局、国家林草局及各地区按职责分工负责）

（八）推进同线同标同质。推进内外贸产品同线同标同质（以下称“三同”），带动国内相关产业加快提质升级，优化供需结构。鼓励企业对其产品作出满足“三同”要求的自我声明，或委托第三方机构依据“三同”要求进行质量评价。建设“三同”公共服务平台，强化服务企业功能。加强“三同”企业和产品信息宣传推广，提高消费者认知度。（市场监管总局、工业和信息化部、商务部及各地区按职责分工负责）

三、增强内外贸一体化发展能力

（九）支持市场主体内外贸一体化经营。鼓励有条件的大型商贸、物流企业“走出去”，加强资源整合配置，优化国际营销体系，完善全球服务网络。支持跨国大型供应链服务企业发展，提高国际竞争力，增强产业链供应链韧性。培育一批国内国际市场协同互促、有较强创新能力和竞争实力的优质贸易企业，引导带动更多企业走一体化经营道路。对标国际先进农产品种植和生产标准，建设一批优质农产品种植和生产基地，培育一批种养加、产供销、内外贸一体化的现代农业企业。加大对企业的指导和服务力度，提升知识产权管理能力。加强区域品牌建设，加快自主品牌培育。（国家发展改革委、农业农村部、商务部、国务院国资委、海关总署、市场监管总局、国家邮政局、国家知识产权局及各地区按职责分工负责）

（十）创新内外贸融合发展模式。推动内外贸数字化发展，充分利用现代信息技术，加快线上线下融合，促进产销衔接、供需匹配，推动传统产业转型升级，培育内外贸新业态新模式。支持反向定制（C2M）、智能工厂等创新发展，增强企业柔性生产和市场需求适配能力，促进内外贸产业链供应链融合。扎实推进跨境电子商务综合试验区建设，鼓励跨境电商平台完善功能，更好对接国内国际市场。促进跨境电商零售进口规范健康发展，丰富产品供给。复制推广服务贸易创新发展试点经验，提升服务贸易自由化便利化水平。（商务部牵头，财政部、工业和信息化部、海关总署、税务总局、国家外汇局、国家邮政局及各地区按职责分工负责）

（十一）加强内外贸一体化专业人才培养培训。增强职业技术教育适应性，加强产教融合、校企合作，创新推广“外语+职业技能”等人才培养模式，探索中国特色学徒制，推进相关专业升级和数字化改造。培养熟悉国内外法律、规则和市场环境的专业人才，进一步健全终身职业技能培训制度，为企业提高内外贸一体化经营能力提供人才和技能支撑。（教育部牵头，各有关部门及各地区按职责分工负责）

四、加快内外贸融合发展

（十二）建设内外贸融合发展制度高地。发挥自由贸易试验区、自由贸易港的示范引领作用，对标高标准国际经贸规则推动高水平制度型开放，促进内外贸融合发展。发挥国家级经济技术开发区、综合保税区、跨境电子商务综合试验区等开放平台和产业集聚区作用，积极探索内外贸融合发展的新模式、新举措，促进内外贸体制机制对接和一体化发展。（国家发展改革委、商务部、海关总署等有关部门及各地区按职责分工负责）

（十三）打造内外贸融合发展平台。提升市场采购贸易方式便利化水平，吸引地方特色产业集聚，带动更多市场主体拓展外贸业务。促进重点商品交易市场与国外营销网络互联互通，培育一批运营模式与国际接轨的国内商品交易市场，打造特色鲜明的区域或国际商品集散中心。充分利用中国国际进口博览会、中国进出口商品交易会、中国国际服务贸易交易会等具有国际影响力的会展平台，增进国内外市场交流。推进国家进口贸易促进创新示范区建设，充分发挥促进进口、服务产业、提升消费、示范引领作用。（商务部牵头，财政部、海关总署及各地区按职责分工负责）搭建出口转内销平台，支持国内商贸企业与外贸企业开展订单直采，引导外贸企业精准对接国内市场消费需求，多渠道拓展内销市场。（商务部及各地区按职责分工负责）

（十四）完善内外联通物流网络。加强国际航空货运能力建设，提升国际海运竞争力，推动中欧班列高质量发展，加快推进国际道路运输便利化。引导外贸企业、跨境电商、物流企业加强业务协同和资源整合，加快布局海外仓、配送中心等物流基础设施网络，提高物流运作和资产利用效率。优化城市物流配送网络，补齐城市配送“最后一公里”短板。持续支持中西部地区、县域商贸物流基础设施建设，强化协同共享，畅通区域间、城乡间流通网络，降低内外贸商品流通成本，促进高效通达国内国际市场。（国家发

展改革委、商务部、交通运输部、中国民航局、国家邮政局及各地区按职责分工负责）

五、完善保障措施

（十五）加强财政金融支持。在符合多双边经贸协定规则前提下，加大对内外贸一体化发展的支持力度。统筹用好现有财政支持政策，推动内外贸融合创新发展。鼓励金融机构按照市场化原则加大对内外贸的信贷支持力度，依托内外贸企业的应收账款、存货、仓单、订单、保单等，创新金融产品，加强金融服务。进一步扩大出口信用保险和国内贸易信用保险覆盖面。（国家发展改革委、财政部、商务部、人民银行、银保监会、中国出口信用保险公司及各地区按职责分工负责）

（十六）开展内外贸一体化试点。在部分地区开展内外贸一体化试点，全面梳理内外贸一体化调控体系的问题清单和需求清单，促进内外贸法律法规、监管体制、经营资质、质量标准、检验检疫、认证认可等衔接，探索建立内外贸一体化评价体系，培育一批内外贸一体化经营企业，打造一批内外贸融合发展平台，形成一批可复制推广的经验和模式。（商务部牵头，各有关部门及试点地区按职责分工负责）

（十七）发挥行业组织作用。鼓励行业协会、商会制定发布内外贸一体化产品和服务标准，参与制定国家标准、行业标准及有关政策法规。积极发挥第三方服务机构和市场中介组织作用，提升市场化专业化服务能力。（市场监管总局、工业和信息化部、农业农村部、商务部及各地区按职责分工负责）

（十八）强化组织领导。各地区、各有关部门要充分认识促进内外贸一体化发展的重要性，加强组织领导，完善工作机制，落实工作职责，密切协调配合。商务部牵头建立促进内外贸一体化发展部际工作机制，会同有关部门加强协调指导，确保各项工作有效落实。各地区要结合本地区实际，研究确定促进内外贸一体化发展的具体政策措施，推动取得实效。重大问题要及时请示报告。

中华人民共和国反倾销条例[①]

（2001 年 11 月 26 日中华人民共和国国务院令第 328 号公布）

第一章　总则

第一条　为了维护对外贸易秩序和公平竞争，根据《中华人民共和国对外贸易法》的有关规定，制定本条例。

第二条　进口产品以倾销方式进入中华人民共和国市场，并对已经建立的国内产业造成实质损害或者产生实质损害威胁，或者对建立国内产业造成实质阻碍的，依照本条例的规定进行调查，采取反倾销措施。

第二章　倾销与损害

第三条　倾销，是指在正常贸易过程中进口产品以低于其正常价值的出口价格进入中华人民共和国市场。

对倾销的调查和确定，由对外贸易经济合作部（以下简称外经贸部）负责。

第四条　进口产品的正常价值，应当区别不同情况，按照下列方法确定：

（一）进口产品的同类产品，在出口国（地区）国内市场的正常贸易过程中有可比价格的，以该可比价格为正常价值；

（二）进口产品的同类产品，在出口国（地区）国内市场的正

① 《中华人民共和国保障措施条例》，《中华人民共和国国务院公报》2002 年 02 期。

常贸易过程中没有销售的，或者该同类产品的价格、数量不能据以进行公平比较的，以该同类产品出口到一个适当第三国（地区）的可比价格或者以该同类产品在原产国（地区）的生产成本加合理费用、利润，为正常价值。

进口产品不直接来自原产国（地区）的，按照前款第（一）项规定确定正常价值；但是，在产品仅通过出口国（地区）转运、产品在出口国（地区）无生产或者在出口国（地区）中不存在可比价格等情形下，可以以该同类产品在原产国（地区）的价格为正常价值。

第五条　进口产品的出口价格，应当区别不同情况，按照下列方法确定：

（一）进口产品有实际支付或者应当支付的价格的，以该价格为出口价格；

（二）进口产品没有出口价格或者其价格不可靠的，以根据该进口产品首次转售给独立购买人的价格推定的价格为出口价格；但是，该进口产品未转售给独立购买人或者未按进口时的状态转售的，可以以外经贸部根据合理基础推定的价格为出口价格。

第六条　进口产品的出口价格低于其正常价值的幅度，为倾销幅度。

对进口产品的出口价格和正常价值，应当考虑影响价格的各种可比性因素，按照公平、合理的方式进行比较。

倾销幅度的确定，应当将加权平均正常价值与全部可比出口交易的加权平均价格进行比较，或者将正常价值与出口价格在逐笔交易的基础上进行比较。

出口价格在不同的购买人、地区、时期之间存在很大差异，按照前款规定的方法难以比较的，可以将加权平均正常价值与单一出口交易的价格进行比较。

第七条　损害，是指倾销对已经建立的国内产业造成实质损害或者产生实质损害威胁，或者对建立国内产业造成实质阻碍。

对损害的调查和确定，由国家经济贸易委员会（以下简称国家经贸委）负责；其中，涉及农产品的反倾销国内产业损害调查，由国家经贸委会同农业部进行。

第八条　在确定倾销对国内产业造成的损害时，应当审查下列事项：

（一）倾销进口产品的数量，包括倾销进口产品的绝对数量或者相对于国内同类产品生产或者消费的数量是否大量增加，或者倾销进口产品大量增加的可能性；

（二）倾销进口产品的价格，包括倾销进口产品的价格削减或者对国内同类产品的价格产生大幅度抑制、压低等影响；

（三）倾销进口产品对国内产业的相关经济因素和指标的影响；

（四）倾销进口产品的出口国（地区）、原产国（地区）的生产能力、出口能力，被调查产品的库存情况；

（五）造成国内产业损害的其他因素。

对实质损害威胁的确定，应当依据事实，不得仅依据指控、推测或者极小的可能性。

在确定倾销对国内产业造成的损害时，应当依据肯定性证据，不得将造成损害的非倾销因素归因于倾销。

第九条　倾销进口产品来自两个以上国家（地区），并且同时满足下列条件的，可以就倾销进口产品对国内产业造成的影响进行累积评估：

（一）来自每一国家（地区）的倾销进口产品的倾销幅度不小于2%，并且其进口量不属于可忽略不计的；

（二）根据倾销进口产品之间以及倾销进口产品与国内同类产品之间的竞争条件，进行累积评估是适当的。

可忽略不计，是指来自一个国家（地区）的倾销进口产品的数量占同类产品总进口量的比例低于3%；但是，低于3%的若干国家（地区）的总进口量超过同类产品总进口量7%的除外。

第十条　评估倾销进口产品的影响，应当针对国内同类产品的生产进行单独确定；不能针对国内同类产品的生产进行单独确定的，应当审查包括国内同类产品在内的最窄产品组或者范围的生产。

第十一条　国内产业，是指中华人民共和国国内同类产品的全部生产者，或者其总产量占国内同类产品全部总产量的主要部分的生产者；但是，国内生产者与出口经营者或者进口经营者有关联的，或者其本身为倾销进口产品的进口经营者的，可以排除在国内产业之外。

在特殊情形下，国内一个区域市场中的生产者，在该市场中销售其全部或者几乎全部的同类产品，并且该市场中同类产品的需求主要不是由国内其他地方的生产者供给的，可以视为一个单独产业。

第十二条　同类产品，是指与倾销进口产品相同的产品；没有相同产品的，以与倾销进口产品的特性最相似的产品为同类产品。

第三章　反倾销调查

第十三条　国内产业或者代表国内产业的自然人、法人或者有关组织（以下统称申请人），可以依照本条例的规定向外经贸部提出反倾销调查的书面申请。

第十四条　申请书应当包括下列内容：

（一）申请人的名称、地址及有关情况；

（二）对申请调查的进口产品的完整说明，包括产品名称、所涉及的出口国（地区）或者原产国（地区）、已知的出口经营者或者生产者、产品在出口国（地区）或者原产国（地区）国内市场消费时的价格信息、出口价格信息等；

（三）对国内同类产品生产的数量和价值的说明；

（四）申请调查进口产品的数量和价格对国内产业的影响；

（五）申请人认为需要说明的其他内容。

第十五条　申请书应当附具下列证据：

（一）申请调查的进口产品存在倾销；

（二）对国内产业的损害；

（三）倾销与损害之间存在因果关系。

第十六条　外经贸部应当自收到申请人提交的申请书及有关证据之日起60天内，对申请是否由国内产业或者代表国内产业提出、申请书内容及所附具的证据等进行审查，经商国家经贸委后，决定立案调查或者不立案调查。

在决定立案调查前，应当通知有关出口国（地区）政府。

第十七条　在表示支持申请或者反对申请的国内产业中，支持者的产量占支持者和反对者的总产量的50%以上的，应当认定申请是由国内产业或者代表国内产业提出，可以启动反倾销调查；但是，表示支持申请的国内生产者的产量不足国内同类产品总产量的25%的，不得启动反倾销调查。

第十八条　在特殊情形下，外经贸部没有收到反倾销调查的书面申请，但有充分证据认为存在倾销和损害以及二者之间有因果关系的，经商国家经贸委后，可以决定立案调查。

外经贸部和国家经贸委，以下统称调查机关。

第十九条　立案调查的决定，由外经贸部予以公告，并通知申请人、已知的出口经营者和进口经营者、出口国（地区）政府以及其他有利害关系的组织、个人（以下统称利害关系方）。

立案调查的决定一经公告，外经贸部应当将申请书文本提供给已知的出口经营者和出口国（地区）政府。

第二十条　调查机关可以采用问卷、抽样、听证会、现场核查等方式向利害关系方了解情况，进行调查。

调查机关应当为有关利害关系方提供陈述意见和论据的机会。

外经贸部认为必要时，可以派出工作人员赴有关国家（地区）进行调查；但是，有关国家（地区）提出异议的除外。

第二十一条　调查机关进行调查时，利害关系方应当如实反映情况，提供有关资料。利害关系方不如实反映情况、提供有关资料的，或者没有在合理时间内提供必要信息的，或者以其他方式严重妨碍调查的，调查机关可以根据已经获得的事实和可获得的最佳信息作出裁定。

第二十二条　利害关系方认为其提供的资料泄露后将产生严重不利影响的，可以向调查机关申请对该资料按保密资料处理。

调查机关认为保密申请有正当理由的，应当对利害关系方提供的资料按保密资料处理，同时要求利害关系方提供一份非保密的该资料概要。

按保密资料处理的资料，未经提供资料的利害关系方同意，不得泄露。

第二十三条　调查机关应当允许申请人和利害关系方查阅本案

有关资料；但是，属于按保密资料处理的除外。

第二十四条　外经贸部、国家经贸委根据调查结果，分别就倾销、损害作出初裁决定，并就二者之间的因果关系是否成立作出初裁决定，由外经贸部予以公告。

第二十五条　初裁决定确定倾销、损害以及二者之间的因果关系成立的，外经贸部、国家经贸委应当对倾销及倾销幅度、损害及损害程度继续进行调查，并根据调查结果分别作出终裁决定，由外经贸部予以公告。

在作出终裁决定前，应当由外经贸部将终裁决定所依据的基本事实通知所有已知的利害关系方。

第二十六条　反倾销调查，应当自立案调查决定公告之日起12个月内结束；特殊情况下可以延长，但延长期不得超过6个月。

第二十七条　有下列情形之一的，反倾销调查应当终止，并由外经贸部予以公告：

（一）申请人撤销申请的；

（二）没有足够证据证明存在倾销、损害或者二者之间有因果关系的；

（三）倾销幅度低于2%的；

（四）倾销进口产品实际或者潜在的进口量或者损害属于可忽略不计的；

（五）外经贸部和国家经贸委共同认为不适宜继续进行反倾销调查的。

来自一个或者部分国家（地区）的被调查产品有前款第（二）、（三）、（四）项所列情形之一的，针对所涉产品的反倾销调查应当终止。

第四章　反倾销措施

第一节　临时反倾销措施

第二十八条　初裁决定确定倾销成立，并由此对国内产业造成损害的，可以采取下列临时反倾销措施：

（一）征收临时反倾销税；

（二）要求提供现金保证金、保函或者其他形式的担保。

临时反倾销税税额或者提供的现金保证金、保函或者其他形式担保的金额，应当不超过初裁决定确定的倾销幅度。

第二十九条　征收临时反倾销税，由外经贸部提出建议，国务院关税税则委员会根据外经贸部的建议作出决定，由外经贸部予以公告。要求提供现金保证金、保函或者其他形式的担保，由外经贸部作出决定并予以公告。海关自公告规定实施之日起执行。

第三十条　临时反倾销措施实施的期限，自临时反倾销措施决定公告规定实施之日起，不超过 4 个月；在特殊情形下，可以延长至 9 个月。

自反倾销立案调查决定公告之日起 60 天内，不得采取临时反倾销措施。

第二节　价格承诺

第三十一条　倾销进口产品的出口经营者在反倾销调查期间，可以向外经贸部作出改变价格或者停止以倾销价格出口的价格承诺。

外经贸部可以向出口经营者提出价格承诺的建议。

调查机关不得强迫出口经营者作出价格承诺。

第三十二条　出口经营者不作出价格承诺或者不接受价格承诺

的建议的，不妨碍对反倾销案件的调查和确定。出口经营者继续倾销进口产品的，调查机关有权确定损害威胁更有可能出现。

第三十三条　外经贸部认为出口经营者作出的价格承诺能够接受的，经商国家经贸委后，可以决定中止或者终止反倾销调查，不采取临时反倾销措施或者征收反倾销税。中止或者终止反倾销调查的决定由外经贸部予以公告。

外经贸部不接受价格承诺的，应当向有关出口经营者说明理由。

调查机关对倾销以及由倾销造成的损害作出肯定的初裁决定前，不得寻求或者接受价格承诺。

第三十四条　依照本条例第三十三条第一款规定中止或者终止反倾销调查后，应出口经营者请求或者调查机关认为有必要，调查机关可以对倾销和损害继续进行调查。

根据前款调查结果，作出倾销或者损害的否定裁定的，价格承诺自动失效；作出倾销或者损害的肯定裁定的，价格承诺继续有效。

第三十五条　外经贸部可以要求出口经营者定期提供履行其价格承诺的有关情况、资料，并予以核实。

第三十六条　出口经营者违反其价格承诺的，外经贸部经商国家经贸委后，依照本条例的规定，可以立即决定恢复反倾销调查；根据可获得的最佳信息，可以决定采取临时反倾销措施，并可以对实施临时反倾销措施前 90 天内进口的产品追溯征收反倾销税，但违反价格承诺前进口的产品除外。

第三节　反倾销税

第三十七条　终裁决定确定倾销成立，并由此对国内产业造成损害的，可以征收反倾销税。

第三十八条　征收反倾销税，由外经贸部提出建议，国务院关税税则委员会根据外经贸部的建议作出决定，由外经贸部予以公告。海关自公告规定实施之日起执行。

第三十九条　反倾销税适用于终裁决定公告之日后进口的产品，但属于本条例第三十六条、第四十三条、第四十四条规定的情形除外。

第四十条　反倾销税的纳税人为倾销进口产品的进口经营者。

第四十一条　反倾销税应当根据不同出口经营者的倾销幅度，分别确定。对未包括在审查范围内的出口经营者的倾销进口产品，需要征收反倾销税的，应当按照合理的方式确定对其适用的反倾销税。

第四十二条　反倾销税税额不超过终裁决定确定的倾销幅度。

第四十三条　终裁决定确定存在实质损害，并在此前已经采取临时反倾销措施的，反倾销税可以对已经实施临时反倾销措施的期间追溯征收。

终裁决定确定存在实质损害威胁，在先前不采取临时反倾销措施将会导致后来作出实质损害裁定的情况下已经采取临时反倾销措施的，反倾销税可以对已经实施临时反倾销措施的期间追溯征收。

终裁决定确定的反倾销税，高于已付或者应付的临时反倾销税或者为担保目的而估计的金额的，差额部分不予收取；低于已付或者应付的临时反倾销税或者为担保目的而估计的金额的，差额部分应当根据具体情况予以退还或者重新计算税额。

第四十四条　下列两种情形并存的，可以对实施临时反倾销措施之日前 90 天内进口的产品追溯征收反倾销税，但立案调查前进口的产品除外：

（一）倾销进口产品有对国内产业造成损害的倾销历史，或者该产品的进口经营者知道或者应当知道出口经营者实施倾销并且倾销对国内产业将造成损害的；

（二）倾销进口产品在短期内大量进口，并且可能会严重破坏即将实施的反倾销税的补救效果的。

第四十五条　终裁决定确定不征收反倾销税的，或者终裁决定未确定追溯征收反倾销税的，已征收的临时反倾销税、已收取的现金保证金应当予以退还，保函或者其他形式的担保应当予以解除。

第四十六条　倾销进口产品的进口经营者有证据证明已经缴纳的反倾销税税额超过倾销幅度的，可以向外经贸部提出退税申请；外经贸部经审查、核实并提出建议，国务院关税税则委员会根据外经贸部的建议可以作出退税决定，由海关执行。

第四十七条　进口产品被征收反倾销税后，在调查期间未向中华人民共和国出口该产品的新出口经营者，能证明其与被征收反倾销税的出口经营者无关联的，可以向外经贸部申请单独确定其倾销幅度。外经贸部应当迅速进行审查并作出终裁决定。在审查期间，可以采取本条例第二十八条第一款第（二）项规定的措施，但不得对该产品征收反倾销税。

第五章　反倾销税和价格承诺的期限与复审

第四十八条　反倾销税的征收期限和价格承诺的履行期限不超过5年；但是，经复审确定终止征收反倾销税有可能导致倾销和损害的继续或者再度发生的，反倾销税的征收期限可以适当延长。

第四十九条　反倾销税生效后，外经贸部经商国家经贸委，可以在有正当理由的情况下，决定对继续征收反倾销税的必要性进行复审；也可以在经过一段合理时间，应利害关系方的请求并对利害关系方提供的相应证据进行审查后，决定对继续征收反倾销税的必要性进行复审。

价格承诺生效后，外经贸部可以在有正当理由的情况下，决定对继续履行价格承诺的必要性进行复审；也可以在经过一段合理时间，应利害关系方的请求并对利害关系方提供的相应证据进行审查后，决定对继续履行价格承诺的必要性进行复审。

第五十条　根据复审结果，由外经贸部依照本条例的规定提出保留、修改或者取消反倾销税的建议，国务院关税税则委员会根据外经贸部的建议作出决定，由外经贸部予以公告；或者由外经贸部依照本条例的规定，商国家经贸委后，作出保留、修改或者取消价格承诺的决定并予以公告。

第五十一条　复审程序参照本条例关于反倾销调查的有关规定执行。

复审期限自决定复审开始之日起，不超过 12 个月。

第五十二条　在复审期间，复审程序不妨碍反倾销措施的实施。

第六章　附则

第五十三条　对依照本条例第二十五条作出的终裁决定不服的，对依照本条例第四章作出的是否征收反倾销税的决定以及追溯征收、退税、对新出口经营者征税的决定不服的，或者对依照本条例第五章作出的复审决定不服的，可以依法申请行政复议，也可以依法向人民法院提起诉讼。

第五十四条　依照本条例作出的公告，应当载明重要的情况、事实、理由、依据、结果和结论等内容。

第五十五条　外经贸部、国家经贸委可以采取适当措施，防止规避反倾销措施的行为。

第五十六条　任何国家（地区）对中华人民共和国的出口产品采取歧视性反倾销措施的，中华人民共和国可以根据实际情况对该国家（地区）采取相应的措施。

第五十七条　外经贸部负责与反倾销有关的对外磋商、通知和争端解决事宜。

第五十八条　外经贸部、国家经贸委可以根据本条例制定有关具体实施办法。

第五十九条　本条例自 2002 年 1 月 1 日起施行。1997 年 3 月 25 日国务院发布的《中华人民共和国反倾销和反补贴条例》中关于反倾销的规定同时废止。

中华人民共和国反补贴条例[①]

（2001 年 11 月 26 日中华人民共和国国务院令第 329 号公布）

第一章　总则

第一条　为了维护对外贸易秩序和公平竞争，根据《中华人民共和国对外贸易法》的有关规定，制定本条例。

第二条　进口产品存在补贴，并对已经建立的国内产业造成实质损害或者产生实质损害威胁，或者对建立国内产业造成实质阻碍的，依照本条例的规定进行调查，采取反补贴措施。

第二章　补贴与损害

第三条　补贴，是指出口国（地区）政府或者其任何公共机构提供的并为接受者带来利益的财政资助以及任何形式的收入或者价格支持。

出口国（地区）政府或者其任何公共机构，以下统称出口国（地区）政府。

本条第一款所称财政资助，包括：

（一）出口国（地区）政府以拨款、贷款、资本注入等形式直接提供资金，或者以贷款担保等形式潜在地直接转让资金或者债务；

（二）出口国（地区）政府放弃或者不收缴应收收入；

（三）出口国（地区）政府提供除一般基础设施以外的货物、

① 《中华人民共和国反补贴条例》,《中华人民共和国国务院公报》，2002 年 02 期。

服务，或者由出口国（地区）政府购买货物；

（四）出口国（地区）政府通过向筹资机构付款，或者委托、指令私营机构履行上述职能。

第四条　依照本条例进行调查、采取反补贴措施的补贴，必须具有专向性。

具有下列情形之一的补贴，具有专向性：

（一）由出口国（地区）政府明确确定的某些企业、产业获得的补贴；

（二）由出口国（地区）法律、法规明确规定的某些企业、产业获得的补贴；

（三）指定特定区域内的企业、产业获得的补贴；

（四）以出口实绩为条件获得的补贴，包括本条例所附出口补贴清单列举的各项补贴；

（五）以使用本国（地区）产品替代进口产品为条件获得的补贴。

在确定补贴专向性时，还应当考虑受补贴企业的数量和企业受补贴的数额、比例、时间以及给与补贴的方式等因素。

第五条　对补贴的调查和确定，由对外贸易经济合作部（以下简称外经贸部）负责。

第六条　进口产品的补贴金额，应当区别不同情况，按照下列方式计算：

（一）以无偿拨款形式提供补贴的，补贴金额以企业实际接受的金额计算；

（二）以贷款形式提供补贴的，补贴金额以接受贷款的企业在正常商业贷款条件下应支付的利息与该项贷款的利息差额计算；

（三）以贷款担保形式提供补贴的，补贴金额以在没有担保情况下企业应支付的利息与有担保情况下企业实际支付的利息之差计算；

（四）以注入资本形式提供补贴的，补贴金额以企业实际接受的资本金额计算；

（五）以提供货物或者服务形式提供补贴的，补贴金额以该项货物或者服务的正常市场价格与企业实际支付的价格之差计算；

（六）以购买货物形式提供补贴的，补贴金额以政府实际支付价格与该项货物正常市场价格之差计算；

（七）以放弃或者不收缴应收收入形式提供补贴的，补贴金额以依法应缴金额与企业实际缴纳金额之差计算。

对前款所列形式以外的其他补贴，按照公平、合理的方式确定补贴金额。

第七条　损害，是指补贴对已经建立的国内产业造成实质损害或者产生实质损害威胁，或者对建立国内产业造成实质阻碍。

对损害的调查和确定，由国家经济贸易委员会（以下简称国家经贸委）负责；其中，涉及农产品的反补贴国内产业损害调查，由国家经贸委会同农业部进行。

第八条　在确定补贴对国内产业造成的损害时，应当审查下列事项：

（一）补贴可能对贸易造成的影响；

（二）补贴进口产品的数量，包括补贴进口产品的绝对数量或者相对于国内同类产品生产或者消费的数量是否大量增加，或者补贴进口产品大量增加的可能性；

（三）补贴进口产品的价格，包括补贴进口产品的价格削减或者对国内同类产品的价格产生大幅度抑制、压低等影响；

（四）补贴进口产品对国内产业的相关经济因素和指标的影响；

（五）补贴进口产品出口国（地区）、原产国（地区）的生产能力、出口能力，被调查产品的库存情况；

（六）造成国内产业损害的其他因素。

对实质损害威胁的确定，应当依据事实，不得仅依据指控、推测或者极小的可能性。

在确定补贴对国内产业造成的损害时，应当依据肯定性证据，不得将造成损害的非补贴因素归因于补贴。

第九条　补贴进口产品来自两个以上国家（地区），并且同时满足下列条件的，可以就补贴进口产品对国内产业造成的影响进行累积评估：

（一）来自每一国家（地区）的补贴进口产品的补贴金额不属于微量补贴，并且其进口量不属于可忽略不计的；

（二）根据补贴进口产品之间的竞争条件以及补贴进口产品与国内同类产品之间的竞争条件，进行累积评估是适当的。

微量补贴，是指补贴金额不足产品价值 1%的补贴；但是，来自发展中国家（地区）的补贴进口产品的微量补贴，是指补贴金额不足产品价值 2%的补贴。

第十条　评估补贴进口产品的影响，应当对国内同类产品的生产进行单独确定。不能对国内同类产品的生产进行单独确定的，应当审查包括国内同类产品在内的最窄产品组或者范围的生产。

第十一条　国内产业，是指中华人民共和国国内同类产品的全部生产者，或者其总产量占国内同类产品全部总产量的主要部分的生产者；但是，国内生产者与出口经营者或者进口经营者有关联的，或者其本身为补贴产品或者同类产品的进口经营者的，应当除外。

在特殊情形下，国内一个区域市场中的生产者，在该市场中销售其全部或者几乎全部的同类产品，并且该市场中同类产品的需求主要不是由国内其他地方的生产者供给的，可以视为一个单独产业。

第十二条　同类产品，是指与补贴进口产品相同的产品；没有相同产品的，以与补贴进口产品的特性最相似的产品为同类产品。

第三章　反补贴调查

第十三条　国内产业或者代表国内产业的自然人、法人或者有关组织（以下统称申请人），可以依照本条例的规定向外经贸部提出反补贴调查的书面申请。

第十四条　申请书应当包括下列内容：

（一）申请人的名称、地址及有关情况；

（二）对申请调查的进口产品的完整说明，包括产品名称、所涉及的出口国（地区）或者原产国（地区）、已知的出口经营者或者生产者等；

（三）对国内同类产品生产的数量和价值的说明；

（四）申请调查进口产品的数量和价格对国内产业的影响；

（五）申请人认为需要说明的其他内容。

第十五条　申请书应当附具下列证据：

（一）申请调查的进口产品存在补贴；

（二）对国内产业的损害；

（三）补贴与损害之间存在因果关系。

第十六条　外经贸部应当自收到申请人提交的申请书及有关证据之日起60天内，对申请是否由国内产业或者代表国内产业提出、申请书内容及所附具的证据等进行审查，经商国家经贸委后，决定立案调查或者不立案调查。在特殊情形下，可以适当延长审查期限。

在决定立案调查前，应当就有关补贴事项向产品可能被调查的国家（地区）政府发出进行磋商的邀请。

第十七条　在表示支持申请或者反对申请的国内产业中，支持者的产量占支持者和反对者的总产量的50%以上的，应当认定申请是由国内产业或者代表国内产业提出，可以启动反补贴调查；但是，表示支持申请的国内生产者的产量不足国内同类产品总产量的25%的，不得启动反补贴调查。

第十八条　在特殊情形下，外经贸部没有收到反补贴调查的书面申请，但有充分证据认为存在补贴和损害以及二者之间有因果关系的，经商国家经贸委后，可以决定立案调查。

外经贸部和国家经贸委，以下统称调查机关。

第十九条　立案调查的决定，由外经贸部予以公告，并通知申请人、已知的出口经营者、进口经营者以及其他有利害关系的组织、个人（以下统称利害关系方）和出口国（地区）政府。

立案调查的决定一经公告，外经贸部应当将申请书文本提供给已知的出口经营者和出口国（地区）政府。

第二十条　调查机关可以采用问卷、抽样、听证会、现场核查等方式向利害关系方了解情况，进行调查。

调查机关应当为有关利害关系方、利害关系国（地区）政府提供陈述意见和论据的机会。

外经贸部认为必要时，可以派出工作人员赴有关国家（地区）进行调查；但是，有关国家（地区）提出异议的除外。

第二十一条　调查机关进行调查时，利害关系方、利害关系国（地区）政府应当如实反映情况，提供有关资料。利害关系方、利害关系国（地区）政府不如实反映情况、提供有关资料的，或者没有在合理时间内提供必要信息的，或者以其他方式严重妨碍调查的，调查机关可以根据可获得的事实作出裁定。

第二十二条　利害关系方、利害关系国（地区）政府认为其提供的资料泄露后将产生严重不利影响的，可以向调查机关申请对该资料按保密资料处理。

调查机关认为保密申请有正当理由的，应当对利害关系方、利害关系国（地区）政府提供的资料按保密资料处理，同时要求利害关系方、利害关系国（地区）政府提供一份非保密的该资料概要。

按保密资料处理的资料，未经提供资料的利害关系方、利害关系国（地区）政府同意，不得泄露。

第二十三条　调查机关应当允许申请人、利害关系方和利害关系国（地区）政府查阅本案有关资料；但是，属于按保密资料处理的除外。

第二十四条　在反补贴调查期间，应当给予产品被调查的国家（地区）政府继续进行磋商的合理机会。磋商不妨碍调查机关根据本条例的规定进行调查，并采取反补贴措施。

第二十五条　外经贸部、国家经贸委根据调查结果，分别就补贴、损害作出初裁决定，并就二者之间的因果关系是否成立作出初裁决定，由外经贸部予以公告。

第二十六条　初裁决定确定补贴、损害以及二者之间的因果关系成立的，外经贸部、国家经贸委应当对补贴及补贴金额、损害及损害程度继续进行调查，并根据调查结果分别作出终裁决定，由外经贸部予以公告。

在作出终裁决定前，应当由外经贸部将终裁决定所依据的基本事实通知所有已知的利害关系方、利害关系国（地区）政府。

第二十七条　反补贴调查，应当自立案调查决定公告之日起12个月内结束；特殊情况下可以延长，但延长期不得超过6个月。

第二十八条　有下列情形之一的，反补贴调查应当终止，并由外经贸部予以公告：

（一）申请人撤销申请的；

（二）没有足够证据证明存在补贴、损害或者二者之间有因果关系的；

（三）补贴金额为微量补贴的；

（四）补贴进口产品实际或者潜在的进口量或者损害属于可忽略不计的；

（五）通过与有关国家（地区）政府磋商达成协议，不需要继续进行反补贴调查的；

（六）外经贸部和国家经贸委共同认为不适宜继续进行反补贴调查的。

来自一个或者部分国家（地区）的被调查产品有前款第（二）、（三）、（四）、（五）项所列情形之一的，针对所涉产品的反补贴调查应当终止。

第四章　反补贴措施

第一节　临时措施

第二十九条　初裁决定确定补贴成立，并由此对国内产业造成损害的，可以采取临时反补贴措施。

临时反补贴措施采取以现金保证金或者保函作为担保的征收临

时反补贴税的形式。

第三十条　采取临时反补贴措施，由外经贸部提出建议，国务院关税税则委员会根据外经贸部的建议作出决定，由外经贸部予以公告。海关自公告规定实施之日起执行。

第三十一条　临时反补贴措施实施的期限，自临时反补贴措施决定公告规定实施之日起，不超过 4 个月。

自反补贴立案调查决定公告之日起 60 天内，不得采取临时反补贴措施。

第二节　承诺

第三十二条　在反补贴调查期间，出口国（地区）政府提出取消、限制补贴或者其他有关措施的承诺，或者出口经营者提出修改价格的承诺的，外经贸部应当予以充分考虑。

外经贸部可以向出口经营者或者出口国（地区）政府提出有关价格承诺的建议。

调查机关不得强迫出口经营者作出承诺。

第三十三条　出口经营者、出口国（地区）政府不作出承诺或者不接受有关价格承诺的建议的，不妨碍对反补贴案件的调查和确定。出口经营者继续补贴进口产品的，调查机关有权确定损害威胁更有可能出现。

第三十四条　外经贸部认为承诺能够接受的，经商国家经贸委后，可以决定中止或者终止反补贴调查，不采取临时反补贴措施或者征收反补贴税。中止或者终止反补贴调查的决定由外经贸部予以公告。

外经贸部不接受承诺的，应当向有关出口经营者说明理由。

调查机关对补贴以及由补贴造成的损害作出肯定的初裁决定前，不得寻求或者接受承诺。在出口经营者作出承诺的情况下，未经其本国（地区）政府同意的，调查机关不得寻求或者接受承诺。

第三十五条　依照本条例第三十四条第一款规定中止或者终止调查后，应出口国（地区）政府请求或者调查机关认为有必要，调查机关可以对补贴和损害继续进行调查。

根据调查结果，作出补贴或者损害的否定裁定的，承诺自动失效；作出补贴或者损害的肯定裁定的，承诺继续有效。

第三十六条　外经贸部可以要求承诺已被接受的出口经营者或者出口国（地区）政府定期提供履行其承诺的有关情况、资料，并予以核实。

第三十七条　对违反承诺的，外经贸部经商国家经贸委后，依照本条例的规定，可以立即决定恢复反补贴调查；根据可获得的最佳信息，可以决定采取临时反补贴措施，并可以对实施临时反补贴措施前 90 天内进口的产品追溯征收反补贴税，但违反承诺前进口的产品除外。

第三节　反补贴税

第三十八条　在为完成磋商的努力没有取得效果的情况下，终裁决定确定补贴成立，并由此对国内产业造成损害的，可以征收反补贴税。

第三十九条　征收反补贴税，由外经贸部提出建议，国务院关税税则委员会根据外经贸部的建议作出决定，由外经贸部予以公告。海关自公告规定实施之日起执行。

第四十条　反补贴税适用于终裁决定公告之日后进口的产品，

但属于本条例第三十七条、第四十四条、第四十五条规定的情形除外。

第四十一条　反补贴税的纳税人为补贴进口产品的进口经营者。

第四十二条　反补贴税应当根据不同出口经营者的补贴金额，分别确定。对实际上未被调查的出口经营者的补贴进口产品，需要征收反补贴税的，应当迅速审查，按照合理的方式确定对其适用的反补贴税。

第四十三条　反补贴税税额不得超过终裁决定确定的补贴金额。

第四十四条　终裁决定确定存在实质损害，并在此前已经采取临时反补贴措施的，反补贴税可以对已经实施临时反补贴措施的期间追溯征收。

终裁决定确定存在实质损害威胁，在先前不采取临时反补贴措施将会导致后来作出实质损害裁定的情况下已经采取临时反补贴措施的，反补贴税可以对已经实施临时反补贴措施的期间追溯征收。

终裁决定确定的反补贴税，高于现金保证金或者保函所担保的金额的，差额部分不予收取；低于现金保证金或者保函所担保的金额的，差额部分应当予以退还。

第四十五条　下列三种情形并存的，必要时可以对实施临时反补贴措施之日前 90 天内进口的产品追溯征收反补贴税：

（一）补贴进口产品在较短的时间内大量增加；

（二）此种增加对国内产业造成难以补救的损害；

（三）此种产品得益于补贴。

第四十六条　终裁决定确定不征收反补贴税的，或者终裁决定未确定追溯征收反补贴税的，对实施临时反补贴措施期间已收取的现金保证金应当予以退还，保函应当予以解除。

第五章　反补贴税和承诺的期限与复审

第四十七条　反补贴税的征收期限和承诺的履行期限不超过5年；但是，经复审确定终止征收反补贴税有可能导致补贴和损害的继续或者再度发生的，反补贴税的征收期限可以适当延长。

第四十八条　反补贴税生效后，外经贸部经商国家经贸委，可以在有正当理由的情况下，决定对继续征收反补贴税的必要性进行复审；也可以在经过一段合理时间，应利害关系方的请求并对利害关系方提供的相应证据进行审查后，决定对继续征收反补贴税的必要性进行复审。

承诺生效后，外经贸部可以在有正当理由的情况下，决定对继续履行承诺的必要性进行复审；也可以在经过一段合理时间，应利害关系方的请求并对利害关系方提供的相应证据进行审查后，决定对继续履行承诺的必要性进行复审。

第四十九条　根据复审结果，由外经贸部依照本条例的规定提出保留、修改或者取消反补贴税的建议，国务院关税税则委员会根据外经贸部的建议作出决定，由外经贸部予以公告；或者由外经贸部依照本条例的规定，商国家经贸委后，作出保留、修改或者取消承诺的决定并予以公告。

第五十条　复审程序参照本条例关于反补贴调查的有关规定执行。

复审期限自决定复审开始之日起，不超过12个月。

第五十一条　在复审期间，复审程序不妨碍反补贴措施的实施。

第六章　附则

第五十二条　对依照本条例第二十六条作出的终裁决定不服的，对依照本条例第四章作出的是否征收反补贴税的决定以及追溯征收的决定不服的，或者对依照本条例第五章作出的复审决定不服的，可以依法申请行政复议，也可以依法向人民法院提起诉讼。

第五十三条　依照本条例作出的公告，应当载明重要的情况、事实、理由、依据、结果和结论等内容。

第五十四条　外经贸部、国家经贸委可以采取适当措施，防止规避反补贴措施的行为。

第五十五条　任何国家（地区）对中华人民共和国的出口产品采取歧视性反补贴措施的，中华人民共和国可以根据实际情况对该国家（地区）采取相应的措施。

第五十六条　外经贸部负责与反补贴有关的对外磋商、通知和争端解决事宜。

第五十七条　外经贸部、国家经贸委可以根据本条例制定有关具体实施办法。

第五十八条　本条例自 2002 年 1 月 1 日起施行。1997 年 3 月 25 日国务院发布的《中华人民共和国反倾销和反补贴条例》中关于反补贴的规定同时废止。

附

出口补贴清单

1. 出口国（地区）政府根据出口实绩对企业、产业提供的直接补贴。

2. 与出口奖励有关的外汇留成或者类似做法。

3. 出口国（地区）政府规定或者经出口国（地区）政府批准对出口货物提供的国内运输或者运费条件优于对国内货物提供的条件。

4. 出口国（地区）政府直接或者间接地为生产出口产品提供产品或者服务的条件，优于其为生产国内产品提供的相关产品或者服务的条件，但特殊情形除外。

5. 对企业已付或者应付的与出口产品特别有关的直接税或者社会福利费，实行全部或者部分的减免或者延迟缴纳。

6. 在计算直接税征税基数时，直接与出口产品或者出口实绩相关的扣除优于国内产品的扣除。

7. 对与出口产品的生产和流通有关的间接税的减免或者退还，超过对国内同类产品所征收的间接税。

8. 对用于生产出口产品的货物或者服务所征收的先期累积间接税的减免、退还或者延迟缴纳，优于对用于生产国内同类产品的货物或者服务所征收的先期累积间接税的减免、退还或者延迟缴纳，但特殊情形除外。

9. 对与生产出口产品有关的进口投入物减免或者退还进口费用，超过对此类投入物在进口时所收取的费用，但特殊情形除外。

10. 出口国（地区）政府以不足以弥补长期营业成本和亏损的费率，提供的出口信贷担保或者保险，或者针对出口产品成本增加或者外汇风险提供保险或者担保。

11. 出口国（地区）政府给予出口信贷的利率低于使用该项资金实际支付的利率，或者为出口商或者其他金融机构支付为获得贷款所产生的全部或者部分费用，使其在出口信贷方面获得优势，但特殊情形除外。

12. 由公共账户支出的构成出口补贴的其他费用。

保障措施产业损害调查规定①

（2003年10月17日商务部令第5号公布 自公布之日起30日后施行）

第一章　总则

第一条　为规范保障措施产业损害调查，根据《中华人民共和国保障措施条例》（以下简称保障措施条例），制定本规定。

第二条　依据保障措施条例进行的保障措施产业损害调查相关活动，适用本规定。

第三条　中华人民共和国商务部（以下简称商务部）负责保障措施产业损害的调查。涉及农产品的保障措施产业损害调查，由商务部会同农业部进行。

第二章　损害的认定

第四条　损害，是指由于进口产品数量增加，对生产同类产品或者直接竞争产品的国内产业造成严重损害或者严重损害威胁。

严重损害是国内产业受到的全面的和重大的减损。

严重损害威胁是明显迫近的严重损害，如果不采取措施将导致严重损害的发生。

第五条　在确定进口产品数量增加对国内产业造成的严重损害或严重损害威胁时，应当考虑以下因素：

（一）进口产品增长情况，包括进口产品的绝对和相对增长率

① 《保障措施产业损害调查规定》，商务部网站，2020年5月9日。

和增长量；

（二）增加的进口产品在国内市场中所占的份额；

（三）进口产品对国内产业的影响，包括对国内产业在产量、销售水平、市场份额、生产率、设备利用率、利润与亏损、就业等方面的影响；

（四）造成国内产业损害的其他因素。

对严重损害威胁的确定，应当依据事实，审查被调查产品出口国的生产能力、库存情况、出口能力和对中国出口继续增加的可能性等因素，而不得仅依据指控、推测或者极小的可能性。

第六条　商务部在确定进口增长对国内产业的影响时，应当依据确实的证据，客观、综合地评估影响国内产业状况的各种可量化的指标，而不得仅根据个别指标作出裁决。

第七条　同类产品，是指与被调查进口产品相同的产品；没有相同产品的，以与被调查进口产品的特性最相似的产品为同类产品。

直接竞争产品，是指与被调查进口产品虽然不是同类产品，但是与被调查进口产品具有相近的用途和较强的可替代性，且具有直接竞争关系的产品。

第八条　在确定同类产品和直接竞争产品时，可以考虑以下因素：产品的物理特征、化学性能、生产设备和工艺、产品用途、产品的可替代性、消费者和生产者的评价、销售渠道、价格等。

第九条　商务部在进行产业损害调查时，应当为进口产品的使用者、消费者等提供陈述意见、提交证据的机会。

第十条　保障措施案件的产业损害调查期通常为立案调查开始前的三至五年。

第三章　产业损害调查

第十一条　利害关系方申请参加保障措施产业损害调查活动的，应当自保障措施调查立案公告发布之日起20日内向商务部提出参加调查活动的申请，办理有关登记。同时，可以对保障措施产业损害调查中的产业损害发表意见，提供相应证据。

第十二条　利害关系方包括以下范围：

（一）被调查产品的外国（地区）生产者、出口经营者、国内进口经营者，或者该产品生产者、出口经营者、进口经营者的行业组织或者其他组织；

（二）被调查产品的原产国（地区）、出口国（地区）的政府及其代表；

（三）国内同类产品的生产者、经营者，或者该产品生产者、经营者的行业组织或者其他组织；

（四）其他。

第十三条　利害关系方参加调查活动，应当出具相关身份证明。利害关系方为企业或者其他组织的，应当出具营业执照等登记证明、法定代表人身份证明。

委托代理人参加调查活动的，应当出具代理人身份证明及授权委托书；委托律师作代理人的，应当委托中国律师事务所及中国执业律师，并应当出具授权委托书、律师事务所营业执照、律师执业证明。

第十四条　商务部保障措施产业损害调查的对象包括国内生产者、国内进口经营者、国内购买者、国内最终消费者、国外出口经营者、国外生产者等。

第十五条　商务部认为有必要的，可以聘请有关产业、财会、经贸、法律等方面的专家提供咨询意见。有关专家应当承担相应的保密责任。

第十六条　商务部采取问卷、抽样、听证、技术鉴定、实地核查等调查方式进行产业损害调查。

第十七条　商务部向利害关系方发放的调查问卷包括国内生产者调查问卷，国内进口商调查问卷，国内用户调查问卷，国外生产者、国外出口商调查问卷或者其他类型的调查问卷。

第十八条　利害关系方应当按问卷规定的方式和时间返回答卷。如需延期，应当在答卷截止日期的 7 日前向商务部提出书面申请并说明理由。是否同意延期，由商务部决定。

第十九条　商务部可以对利害关系方进行实地核查。实地核查前，应当将核查的主要目的和内容提前通知有关利害关系方。

第二十条　应利害关系方请求或者根据调查需要，经有关国家（地区）同意，商务部可以派出人员赴该国家（地区）对有关产品的生产能力、投资扩产、库存、原产或转口及企业间的关联关系等情况进行调查。

第二十一条　商务部可以要求利害关系方按照规定提交或者补充书面材料，利害关系方也可以主动向商务部提交书面材料。

第二十二条　应利害关系方的请求，或者商务部认为有必要的，可以举行产业损害听证。

第二十三条　参加产业损害调查的利害关系方认为其所提供的资料及相关证据有必要保密的，应当在提交资料的同时向商务部提交该资料的非保密概要，或者分别提交该资料的保密文本和公开文本。

第二十四条　参加产业损害调查的利害关系方不提供资料及相关证据的非保密概要或公开文本的，或者不提交非保密概要或公开文本理由不充分的，商务部可以对该资料不予考虑。商务部如果认为提供的资料不需要保密时，可以要求利害关系方撤销保密申请。

第二十五条　在产业损害调查过程中，应诉产业损害调查的利害关系方应当如实反映情况，提供有关资料。利害关系方不如实反映情况、提供有关资料的，或者没有在合理时间内提供必要信息的，或者以其他方式严重妨碍调查的，商务部可以根据已经获得的事实和可获得的最佳信息作出裁定。

第四章　附　则

第二十六条　参加产业损害调查的利害关系方在向商务部提交任何文件及证据材料时，均应提交中文正本一式 5 份，并同时提交相应的电子文本（计算机软盘或光盘）一式 3 份。

第二十七条　商务部产业损害调查，依据国家语言文字主管部门规定的规范中文为正式语言和文字。利害关系方所提供的任何文件、资料、信息应当为规范中文。非中文资料应提交中文译文及原文，并以中文译文为准。非中文资料如未附有中文译文将不被视为有效的和合法的证据材料。

第二十八条　本规定由商务部负责解释。

第二十九条　本规定自公布之日起 30 日后施行。本规定施行之日，原国家经贸委颁布的《保障措施产业损害调查与裁决规定》（国家经贸委令〔2002〕第 47 号）同时废止。

贸易政策合规工作实施办法（试行）[1]

（2014 年 12 月 12 日商务部公布）

第一条　为进一步加强贸易政策合规工作（以下简称合规工作），根据《国务院办公厅关于进一步加强贸易政策合规工作的通知》（国办发〔2014〕29 号，以下简称《通知》），制定本办法。

第二条　本办法所称贸易政策，是指国务院各部门、地方各级人民政府及其部门制定的有关或影响货物贸易、服务贸易以及与贸易有关的知识产权的规章、规范性文件和其他政策措施，不包括针对特定的行政管理对象实施的具体行政行为。

第三条　本办法所称合规，是指上述贸易政策应当符合《世界贸易组织协定》及其附件和后续协定、《中华人民共和国加入议定书》和《中国加入工作组报告书》。

第四条　本办法适用于：

（一）世界贸易组织（以下简称世贸组织）成员对中国贸易政策提出的合规问题；

（二）国务院有关部门和地方各级人民政府及其部门制定或拟定的贸易政策涉及的合规问题。

第五条　商务部负责接收世贸组织成员对国务院各部门、地方各级人民政府及其部门制定的贸易政策提出的书面意见。

第六条　世贸组织成员提出的贸易政策合规问题书面意见应当符合以下要求：

---

① 《贸易政策合规工作实施办法（试行）》，商务部网站，2015 年 2 月 13 日。

（一）列明认为不合规的贸易政策名称、内容和发布单位；

（二）列明认为不合规的贸易政策违反世贸组织规则的具体条款；

（三）说明认为不合规的贸易政策违反世贸组织规则的具体理由；

（四）文字应为规范汉字（简体中文）。

世贸组织成员提出的贸易政策合规问题书面意见不符合上述要求的，商务部可告知其补正材料。对于虽未满足上述形式要件，但相关贸易政策涉及合规问题的，商务部可视情受理。

第七条　商务部指定世贸组织司（中国政府世贸组织通报咨询局）负责贸易政策合规工作，并对受理的书面意见统一登记编号。

第八条　世贸组织成员提出的合规问题涉及国务院有关部门制定的贸易政策的，按照以下程序开展工作：

（一）商务部在收到世贸组织成员提出的书面意见之日起 5 个工作日内对世贸组织成员所提书面意见的形式要件进行初步审核，确定受理后转国务院有关部门；

（二）国务院有关部门在收到商务部转来的世贸组织成员书面意见之日起 15 个工作日内向商务部提供相关贸易政策正式文本以及认为有必要提供的其他相关基础材料；

（三）商务部在收到国务院有关部门提交的相关基础材料之日起 30 个工作日内商有关部门，研究提出合规性书面意见，告知有关部门，抄送国务院法制办。对相关贸易政策研提合规性意见需进行科学、技术或经济等分析的，商务部提出书面意见的时限可适当延长。

（四）商务部商有关部门提出对世贸组织成员的答复意见，由商务部负责对外答复，并告知有关部门。

第九条　世贸组织成员提出的合规问题书面意见涉及地方人民政府及其部门制定的贸易政策的，按照以下程序开展工作：

（一）商务部在收到世贸组织成员提出的书面意见之日起 5 个工作日内对世贸组织成员所提书面意见的形式要件进行初步审核，确定受理后转有关省、自治区、直辖市人民政府；

（二）有关省、自治区、直辖市人民政府在收到商务部转来的世贸组织成员书面意见之日起 20 个工作日内向商务部提供相关贸易政策的正式文本以及认为有必要提供的其他相关基础材料；

（三）商务部在收到有关省、自治区、直辖市人民政府提交的相关基础材料之日起 30 个工作日内商有关部门，研究提出合规性书面意见交有关省、自治区、直辖市人民政府，抄送国务院法制办。对相关贸易政策研提合规性意见需进行科学、技术或经济等分析的，商务部提出书面意见的时限可适当延长。

（四）商务部商有关部门提出对世贸组织成员的答复意见，由商务部负责对外答复，并告有关省、自治区、直辖市人民政府。

第十条　国务院各部门应在拟定贸易政策的过程中进行合规性评估，并在正式发布时将政策文本抄送商务部（中国政府世贸组织通报咨询局）。

第十一条　国务院有关部门就拟定的贸易政策是否合规向商务部征求意见的，商务部可要求征求意见方提交贸易政策草案及制定政策的背景、依据、目标等基础材料，并在收到征求意见材料之日起 7 个工作日内提出合规性书面意见。对相关贸易政策研提合规性意见需进行科学、技术或经济等分析的，时限可适当延长，但除涉及重大、复杂问题的情形外，不应超过 15 个工作日。

第十二条　商务部对国务院有关部门在贸易政策拟定过程中提交的征求意见稿，应当提出相应的书面意见。在商务部提出合规性意见后，如该贸易政策草案进行了可能影响合规性的修改，该贸易政策出台前应再次征求商务部的合规性意见。

第十三条　贸易政策发布后，国务院有关部门应当采取下列方式之一，将贸易政策文本送商务部，同时提供电子文本：

（一）在政策文本的抄送栏加抄商务部（中国政府世贸组织通报咨询局）；

（二）在政策发布之日起 3 个工作日内将政策文本径送商务部（中国政府世贸组织通报咨询局）。

国务院各部门如有上述政策文本的英文译本，应当按照上述程序要求一并送商务部。

第十四条　地方各级人民政府及其部门拟定贸易政策过程中的合规工作，由各省、自治区、直辖市人民政府根据《通知》要求，参照本办法，自行组织开展，并将具体负责机构和落实措施报商务部备案。如认为有必要，可就相关贸易政策是否合规书面征求商务部的意见。商务部负责对地方贸易政策合规工作进行指导。

第十五条　商务部负责制定合规工作指导性工作手册，供开展合规性评估工作参考。

第十六条　商务部可根据需要建立合规工作专家支持体系。

第十七条　商务部负责建立贸易政策合规工作机制，组织开展日常联系、业务培训、信息汇总等工作。

第十八条　本办法由商务部负责解释。

第十九条　本办法自公布之日起 30 日后施行。

附件

可能影响贸易的政策措施

一、直接影响进口的政策措施

1. 海关程序、估价和原产地规则
2. 关税
3. 影响进口的间接税
4. 进口禁令和许可
5. 国营贸易
6. 贸易救济
7. 标准和其他技术要求
8. 与进口有关的融资政策

二、直接影响出口的政策措施

9. 出口税
10. 出口退税
11. 加工贸易税收减让
12. 出口禁止、限制和许可
13. 国营贸易
14. 与出口有关的融资、保险和担保政策
15. 促进和营销支持措施

三、其他影响贸易的政策措施

16. 税收优惠政策
17. 补贴和其他政府支持

18. 涉及贸易的产业政策
19. 价格管制
20. 竞争政策和消费者保护政策
21. 与贸易有关的知识产权政策
22. 与贸易有关的投资政策
23. 与服务部门市场准入有关的政策
24. 与服务部门国民待遇有关的政策
25. 其他影响贸易的政策

期刊摘要

▼

建立并改善我国外贸调节体系的主要设想

（周小川、谢伏瞻、张小济，《管理世界》，1987 年 06 期）

本文对我国外贸体系的建立和改善问题进行了深入论述。全文共分四个部分：一是当前外贸政策工具运用中存在的问题。二是建立外贸调节体系的基本原则。三是各项政策工具的初步设计。在这部分中，作者论述了以促进国际收支平衡为原则，确定合理的贸易汇率水平；出口退税、换汇成本与收购价格；进口环节的税收；用个别扶植体现本国的出口发展战略；外汇留成；试行出口许可证招标和押金招标可交易方式；进出口信贷；奖励问题；配合间接控制的立法、组织与行政管理等问题。四是几个外部配套关系。

谈外贸体改的方向、阶段、疑难问题和配套要求

（周小川，《国际贸易》，1988 年 02 期）

外贸体改是我国经济体制改革的重要组成部分。如何加强对我国外贸体改理论与实践的研究是摆在广大经贸工作者面前的一项主要任务。本文对近年来我国的外贸体改过程进行了回顾与反思，着重探讨了我国外贸体制改革的目标模式和发展阶段问题，对人们普遍关注的 1988 年外贸体改方案设计过程作了重点介绍与分析，并提出了外贸体改与国内经济体制改革的配套要求。

外贸制改革推进外贸发展

（吴仪，《国际贸易》，1992 年 07 期）

本文回顾了自党的十一届三中全会以来在外贸体制改革方面迈出的重大步伐，充分肯定了对外经贸在国民经济发展中的巨大作用，对 1991 年 1 月 1 日起实施的新一轮外贸体制改革的特点、运行情况和前景作了阐述。同时，还就如何深化和加快以改革进口管理体制为重点的外贸体制改革，作了较为详细的分析和说明。

加入世界贸易组织对中国社会经济的深层影响

（龙永图，《国际贸易问题》，1999 年 09 期）

本文认为，我国加入世界贸易组织，首先解决了“入世”前长

期困扰我国的美国给予中国最惠国待遇的问题，为我国的对外经贸关系创造了良好的国际环境，也为我国塑造开放的、负责任的大国形象奠定了扎实的基础；其次，“入世”时遵守国际规则的承诺促进了我国继续改革开放，一些重要原则已经延伸到经贸领域之外的范围，影响巨大而深远，从而使我国可能成为以国际谈判促进国内改革的经典案例。同时，“入世”也使我们接受了双赢的理念，使我们和世界各国人民能够共同分享经济发展的成果，共同期待经济的更大发展。

外贸经营权改革与外贸经营主体的变化

（孙玉琴，《国际贸易问题》，2004 年 10 期）

改革开放以来，随着对外贸易经营权的放开，外贸经营主体日趋多元化。受各种因素的制约，各类外贸企业在我国对外贸易中的地位出现了此消彼长的变化。在“依法登记，公平竞争”的新型外贸经营权制度下，应采取相应的措施，最大限度地发挥各类企业发展对外贸易的潜力，积极培育我国对外贸易的核心竞争力。

对外贸易依存度与现阶段我国贸易战略调整

（裴长洪、彭磊，《财贸经济》，2006 年 04 期）

针对目前我国外贸依存度是否合理的争论，本文从概念本身出发，一方面对有关我国外贸依存度较高原因进行综述，另一方面对外贸依存度指标本身存在的定义缺陷给予说明。并在对外贸依存度与外贸贡献率不一致性的论证中指出，近年来，我国粗放式贸易增长不断强化的倾向，不利于我国经济增长方式的转变和经济质量的提高，因此贸易战略调整势在必行，外贸增长方式转变必须提到议事日程。

后危机时代中国外贸发展战略之抉择

（李钢、白明、李俊、崔卫杰，《国际贸易》，2010 年 01 期）

在国际金融危机和世界经济衰退中，2009 年中国出口贸易虽然出现无法避免的下降，但是完成了“保市场、保份额”的艰巨任务，并极有可能成为世界第一位的出口贸易大国。尚未完成工业化的中国取得了世界贸易数百年发展史上令人不可思议的奇迹。后危机时代，世界步入大变革大调整的新周期，中国迫切需要从战略上谋划对外贸易的长远发展，加快转变对外贸易发展方式应有新思维、新战略。

转变外贸发展方式的经验与理论分析——中国应对国际金融危机冲击的一种总结

（裴长洪、彭磊、郑文，《中国社会科学》，2011 年 01 期）

在应对国际金融危机冲击中，中国各级政府和外贸企业不仅创造了新的实践，而且实现了从“转变外贸增长方式”到“转变外贸发展方式”的认识飞跃。中国的经验说明，某些经济学的认识工具，如“价格的贸易条件”和“微笑曲线”等理论，对解读中国的对外贸易都存在局限性。从总结中国自身的经验出发，转变外贸发展方式的经济学含义应当定义为：转变外贸的国民收益方式和格局；转变外贸的竞争方式；转变外贸的市场开拓方式；转变外贸的资源利用方式。从这些经济学含义中，可以制定出较为科学、合理并易于操作的考核指标体系。

我国外贸体制改革与国际竞争新优势培育

（王拓、李钢，《改革》，2019 年 06 期）

外贸体制改革对于我国国际竞争优势的形成和变迁具有重要推动作用，主要通过倒逼机制和释放机制作用于要素禀赋、市场主体、产业结构和国际贸易等。当前我国实施高水平开放，以构建国际竞争新优势，但在深层次改革落地过程中还存在突破型改革创新难、政策协调性不足、法律制度不完善、国际规则引领能力尚需提高等问题。我国应以外贸体制改革为引领，增强政策协调性，优化营商环境，降低要素流动壁垒，提高国际规则引领能力，构建国际竞争新优势。

中国对外贸易发展历程、成就与经验

（孙玉琴、曲韵、王微微、舒莉，《国际贸易》，2019 年 09 期）

新中国成立 70 年来，中国对外贸易经历了曲折的发展历程。本文按时间维度将中国对外贸易划分为改革开放前、改革开放到党的十八大前、十八大以来对外贸易发展新时期三个阶段，系统分析了 70 年来中国对外贸易的发展历程，从外贸规模、经营主体结构、贸易方式、商品结构与市场结构等方面重点探讨了中国对外贸易发展成就，结合对外贸易在经济增长、产业结构调整、就业促进、国际金融风险防范等方面的贡献，总结了历史经验。在此基础上，结合当前中国面临的政治多极化、经济全球化、科技进步、新型国际生产体系、消费革命和社会文化变迁的大背景，提出了加快区域经济一体化进程、进一步提高贸易自由化程度，充分利用多种渠道应对与有关国家的贸易摩擦，积极维护多边贸易体制的稳定性等建议。

著作介绍

▼

《迈向贸易强国——中国外经贸战略的深化与升级》

（李钢、李俊著，人民出版社 2006 年出版）

本书分为五篇，第一篇介绍我国外经贸发展战略，勾勒出外经贸发展的总体战略，主要介绍相关国家的经验，相关的贸易和投资理论以及我国外经贸领域四大战略的相互关系；第二篇至第五篇分别介绍我国外经贸领域的“市场多元化战略”“以质取胜战略”“科技兴贸战略”和“走出去战略”。对每个具体战略的介绍均从历史发展开始，接着介绍发展现状并作出评价，然后介绍面临的新形势，最后给出调整的思路，以及进一步实施该战略的政策建议。

《中国对外贸易与经济增长》

（杨正位著，中国人民大学出版社 2006 年出版）

中国是公认的在此轮经济全球化中获益最多的国家之一，外贸的贡献功不可没。本书从贸易与经济增长的理论渊源、衡量外贸对增长贡献的方法、外贸数量的增长和质量的提高四个方面，对外贸发展进行了分析，指出了转变外贸增长方式、实现由贸易大国向贸易强国转变的发展思路。同时，对一些有争议的问题进行了探讨。在研究方法上，强调了经济学的实践与致用特性，应纠正“人”与“资本”倒置的方法；在贸易理论上，从就业与利益分配的角度将自由贸易和保护贸易联结起来；在发展中国家应对全球化问题上，提出了商品自由与要素自由同步的均衡全球化战略；在外贸对经济增长贡献计量方法上，深入分析、全面对比了10种方法，提出了采用出口“增加值”法和内外贸类比法的建议；同时，对外贸依存度风险、高技术产品比重提高、中国是否成为世界制造中心、美对华逆差等问题都提出了全新的见解。

《中国对外贸易三十年》

（商务部研究院编，中国商务出版社2008年出版）

党的十一届三中全会以来，我国坚持对外开放的基本国策，实现了从政策性开放向制度性开放的历史性转变，开放型经济取得了举世瞩目的成就，对外贸易飞跃发展有力地促进了经济振兴、社会进步和民生改善，同时显著提升了我国国际地位和影响力，并为世界经济发展作出了越来越大的贡献。本书是纪念改革开放30周年系列丛书之一，对我国对外贸易从1978年到2008年这30年的历程进行了回顾、总结及展望，从我国对外贸易理论的产生和发展，中国对外贸易取得的辉煌成就、对我国经济社会的巨大贡献，以及未来发展方向等方面进行了全面而深入的论述。

《出口退税与中国对外贸易》

（裴长洪、高培勇主编，社会科学文献出版社 2008 年出版）

出口退税政策经过多年的调整，制度安排日臻完善，对我国出口贸易的促进作用举足轻重。为适应对外贸易，特别是出口贸易，由单纯强调数量扩张到数量与质量并重的转变以及与此相适应的增长方式的转变，出口退税应当进一步进行哪些调整，以及进行哪些配套政策的调整，是改善国家宏观经济管理和宏观政策调控的题中应有之义。本书从出口退税基本原理和国际比较出发，对我国实行出口退税政策以来的出口促进作用及对贸易和财政产生的消极影响两个方面进行实证分析，并作出客观评价。提出出口退税制度设计进一步完善目标应有利于推动科学发展，创建能够反映市场供求关系、资源稀缺程度、环境损害成本的价值形成机制。

《中国对外贸易三十年》

（傅自应著，中国财政经济出版社 2008 年出版）

本书全面梳理了从改革开放到 2008 年以来，我国对外贸易的发展历程，总结了成就、经验与教训，提出了我国外贸体制改革所获得的基本经验。此外，本书还站在新的历史起点上，从外贸政策、加工贸易、贸易结构、功能变化、全球影响等方面阐述我国外贸领域的下一步发展方向，揭示了面临着的深层次矛盾与问题，提出国内外形势变化对外贸发展提出新要求以及未来转变外贸增长方式的战略思路。

《突围——国门初开的岁月》

（李岚清著，中央文献出版社 2008 年出版）

作者以自己的亲身经历和所见所闻，并运用大量珍贵的档案资料和历史图片，回顾了对外开放初期的有关重大事件，对创办经济特区、引进先进技术、兴办合资企业、利用国外贷款、改革外贸体制、引进国外智力资源等重大决策产生的背景和过程，作了详细的叙述。在解释重要史实的同时，梳理和总结了对外开放初期的一些重要的实践和理论问题，反映了 20 世纪 70 年代末到 80 年代中期，以邓小平同志为主要代表的中国共产党人，团结带领全国人民解放思想，冲破重重阻力，进行对外开放的伟大探索和实践。

《中国对外开放与对外经贸 30 年》

（王子先主编，经济管理出版社 2008 年出版）

本书立足于全方位的实证分析，并更多侧重横向比较和全球视野，对 30 年对外开放重要历程进行了自己独到概要的描绘，全面总结了其重要成就与宝贵经验，揭示了区域性开放、政策性开放、多边性开放等几大主线，深入归纳了贸易、投资、对外经济合作等主要开放领域的进展与成就。在此基础上，本书还对新形势下对外开放战略进行了前瞻性研究，概述了我国迈向开放型经济的路径和战略目标。此外，本书还从政策和学术研究两个视角，对30年对外开放理论的发展进行了总结和评述。附录部分汇集了覆盖30年对外开放历史的重要文献。

《对外开放起始录》

（刘向东主编，经济管理出版社2008年出版）

本书着力反映了1979年至1982年我国改革开放初期的艰难历程，回顾和总结了当时作为对外开放参谋部和指挥部的国家进出口委、外资委的工作。本书分7个部分，包括实施对外开放的重要步骤；组织制订对外开放急需的经贸法规，积极开展有关双边协定的谈判；开利用外资的先河；加强管理，开创引进技术新局面；改革外贸管理体制，促进进出口事业全面发展；附录（大事记）等内容。

《中国外贸发展战略研究——国际金融危机之后的新视角》

（钟山主编，中国商务出版社2010年出版）

本书将后危机时代中国外贸发展战略研究置于全球大变革大调整，我国加快转变经济发展方式，提升开放型经济发展水平的大格局下进行思考；紧紧围绕推进贸易强国的目标，通过进一步改革创新，设计实现这一目标的战略路径；把战略的顶层设计与战略实施有机结合起来，形成政策措施调整完善，体制机制的改革创新，战略举措的综合立体支撑。

《沈觉人论中国对外贸易问题——报告、演讲文稿选编（1981—2011年）》

（中国国际贸易学会编，中国商务出版社2011年出版）

本书是为了纪念中国国际贸易学会成立30周年，选编了沈觉人关于国际贸易问题的报告、演讲原稿，可以表达出当时的实际情况和看法，具有宝贵的史料价值。本书共计收录《关于外贸体制改革的情况和初步设想》《关于外贸管理问题》《关于我国外贸体制改革》《关于我国恢复关贸总协定缔约国地位和参加新的一轮多边贸易谈判的若干问题》《关于国有外贸企业改革问题》《关于加入世贸组织的回顾与展望》《完善社会主义市场经济体制是应对加入世贸挑战的重要保障》《关于外贸发展方式转变和结构调整问题》《新的五年计划开局的外贸发展指导思想》等41篇文稿。

《贸易强国战略》

（陈文敬、赵玉敏著，学习出版社、海南出版社2012年出版）

本书全面介绍了我国对外开放理论与实践，试图站在历史的新起点，探讨我国如何通过对外开放为国家的长治久安和繁荣富强储备力量，包括战略目标、战略重点、战略步骤、战略措施的确定与实施。全书对我国对外贸易尤其是改革开放以来对外贸易发展历程进行追溯，厘清贸易政策和战略的演进轨迹，探讨贸易大国遇到的种种困惑，洞悉国内外形势和发展趋势，站在历史的新高点，以全球视野和国际眼光，谋划新时期的中国对外贸易战略，提出我国在21世纪对外开放和对外贸易中的挑战与应对策略。

《往事如歌——60年经历对外经济贸易往事的若干回顾（上、下）》

（沈觉人著，中国商务出版社2013年出版）

本书是作者在从事对外贸易工作60年之际，以亲身经历，回顾我国对外经济贸易实业从不平坦的发展道路走来的经历和成就。书中收录了《外贸体制改革的探索》《外贸体制改革的艰难推进》《对外贸易总公司的改革和发展》《大力支持经济特区建设和沿海城市开发开放》《融入经济全球化的重要步骤——从“复关”到加入世界贸易组织》《中国“复关”代表团的答疑——一场考试》《组织和推动对外贸易立法》《主持编辑〈当代中国对外贸易〉》《普及世界贸易组织知识，参与编辑知识读本》等113篇文稿。

《中国对外经济贸易改革和发展史》

（石广生主编，人民出版社 2013 年出版）

本书采用编年体与叙事体相结合的方式，以我国外经贸改革和发展变迁为主线，对不同时期各项外经贸体制改革、政策措施、发展变化等整理编排，做了真实的历史记述。

其中，第一章高度浓缩地介绍了新中国成立前几千年来我国对外贸易的发展与演变。

第二章阐述了新中国成立初期在计划经济时期的对外经济贸易（1949—1978 年）。

第三章主要介绍我国实施改革开放，对外经济贸易先行改革（1979—1992 年）。党的十一届三中全会确立了对内改革、对外开放的基本国策，对外经济贸易被确定为先行改革的领域。在这一时期，在外贸管理体制、企业经营体制等方面进行了一系列重大改革。同时，我国制定并颁布了吸收外资的法律法规。本章还着重介绍了对外开放中设立经济特区、沿海开放城市、经济技术开发区等特殊经济功能区以及外贸、外资在这些区域内享受的特殊政策，进行先行体制改革的经验。

第四章是建立社会主义市场经济体制目标下，我国外经贸体制改革进一步深化（1992—2001 年）。党的十四大明确提出建立社会主义市场经济体制的改革目标，以市场经济为导向的中国外经贸体制进入深化改革阶段，我国外经贸体制改革由政策性开放和改革，逐渐转变为机制和制度性开放和改革，市场经济深化了外经贸的改革，而外经贸改革反过来又促进了社会主义市场经济的建立和发展。与此同时，为了实现外经贸可持续发展，国家先后提出了“市场多元化”“以质取胜”“科技兴贸”和“走出去”等重要发展战略。这一时期，中国加快了“复关”谈判进程，积极参与多个区域和次区域经济合作以及多边贸易体制。

第五章是加入世界贸易组织后，我国全面参与经济全球化（2001—2011年）。以加入世界贸易组织为标志，我国进入全面、主动参与经济全球化的新时期。为履行“入世”承诺，遵守世界贸易组织规则，我国对涉外经济法律法规、制度、政策进行了全面的清理和修订，建立起一整套符合世界贸易组织规则、符合我国发展需要的法律法规体系，进一步加快了建立社会主义市场经济体制的步伐。

第六章主要介绍“复关”和加入世界贸易组织谈判15年的历程、谈判的内容以及利弊分析等，阐述了世贸组织历史沿革、基本规则及与我国的历史关系等。

第七章和第八章分别介绍了我国的对外援助、会展业与电子商务发展。

《改革开放40年中国对外贸易发展报告》

（海关总署统计分析司编著，中国海关出版社2018年出版）

2018年是我国改革开放40周年，纵观40年的改革开放历程，对外贸易进出口的快速发展既是我国开放型经济建设的主要内容，也是经济增长的重要动力。海关统计作为我国货物进出口贸易的官方统计，是国民经济统计的重要组成部分，是海关履行把关服务职能的重要手段。为全面梳理总结我国对外贸易发展情况，充分发挥海关统计分析和进出口监测预警职能作用，编撰出版本书，如实记录了40年来我国外贸进出口的运行轨迹，涉及主要贸易伙伴、贸易方式、贸易区域、贸易主体、贸易商品、热点专题等方面，并附录新中国成立以来较为全面翔实的贸易统计数据资料。本书对全面了解我国改革开放发展历程，进一步坚定“改革开放再出发”的决心和信心，思考在新时代新起点实现外贸高质量发展，建设贸易强国等具有一定的参考价值。

《迈向贸易强国之路——40年改革开放大潮下的中国对外贸易》

（商务部研究院编，中国商务出版社2018年出版）

本书旨在系统梳理总结过去40年我国对外贸易改革发展过程中的探索实践与成就经验。全书共分十章，分别从思想解放、管理和经营体制改革、外贸战略演进、货物贸易发展阶段、加工贸易、服务业开放和服务贸易、“一带一路”与中国对外贸易、进口贸易、外贸对国民经济的贡献、建设贸易强国的未来展望等方面进行了梳理和总结。全书以重大历史事件为脉络，以翔实的文献资料和数据为支撑，力求全面系统、实事求是地展现我国对外贸易发展的历史图景。

《中国对外贸易体制与实践（1949—2019 年）》

（裴长洪、王万山著，社会科学文献出版社 2020 年出版）

本书全程回顾我国对外贸易 70 年来的体制变迁与改革实践，根据对外贸易发展不同阶段的特点，把对外贸易划分为十个时期，依据历史资料和文献资料，分阶段讲述 70 年来的对外贸易基本概况，对外贸易体制变迁及其改革创新，展示我国的对外贸易管理及其政策模式，从“对外贸易背景，对外贸易状况，对外贸易体制，对外贸易政策”等方面剖析每个特定历史阶段的不同特点与管理层的改革努力。

重要文献索引

▼

政策文件

《国务院关于宝安、珠海两县外贸基地和市政建设规划设想的批复》，载钟坚、郭茂佳、钟若愚主编，《中国经济特区文献资料（第1辑）》，社会科学文献出版社，2010年版，第3-10页。

《国务院批转对外经济贸易部关于外贸体制改革意见的报告的通知》，《中华人民共和国国务院公报》，1984年25期。

《国务院批转财政部关于对进出口产品征、退产品税或增值税报告的通知》，《吉林省人民政府公报》，1985年08期。

《国务院关于批转对外经济贸易部一九八八年外贸体制改革方案的通知》，中国政府网，2012年2月22日。

《国务院关于狠抓出口保证国家外汇收入的通知》，中国政府网，2013年8月27日。

《国务院关于同意向关税和贸易总协定递交〈中国对外贸易制度备忘录〉的批复》，中国政府网，2012年2月27日。

《国务院关于加快和深化对外贸易体制改革若干问题的规定》，中国政府网，2012年2月21日。

《中国对外贸易制度备忘录（1993年5月修订版）》，中国对外经济贸易出版社，1993年版。

《国务院关于进一步深化对外贸易体制改革的决定》，《河南省人民政府公报》，1994年03期。

《国务院办公厅转发国家经贸委等部门关于进一步完善加工贸易银行保证金台帐制度意见的通知》，《中华人民共和国国务院公报》，1999年16期。

《中华人民共和国对外贸易经济合作部关于调整企业申请对外承包劳务经营权的资格条件及加强后期管理等问题的通知》，商务部网站，1999年4月9日。

《国务院关于改革现行出口退税机制的决定》，《中国财经审计法规公报》，2003年23期。

《国务院办公厅转发商务部等部门关于进一步实施科技兴贸战略若干意见的通知》，《中华人民共和国国务院公报》，2004年01期。

《商务部关于印发〈国别投资经营障碍报告制度〉的通知》，商务部网站，2004年11月11日。

《外商投资产业指导目录（2004年修订）》，《中华人民共和国国务院公报》，2005年21期。

《关于印发国际服务贸易统计制度的通知》，中华人民共和国商务部，2007年11月21日。

《服务贸易发展“十一五”规划纲要》，商务部网站，2007年12月7日。

《商务部关于进一步下放对外贸易经营者备案登记工作有关问题的通知》，商务部网站，2009年2月3日。

《中国加入世贸组织议定书（标准中文版全文）》，商务部网站，2016年12月8日。

《商务部、发展改革委、财政部、人民银行、海关总署、税务总局、质检总局、银监会、保监会、外汇局〈关于加快转变外贸发展方式的指导意见〉》，商务部网站，2012 年 4 月 25 日。

《国务院办公厅关于促进外贸稳定增长的若干意见》，《中华人民共和国国务院公报》，2012 年 27 期。

《商务部、环境保护部关于印发〈对外投资合作环境保护指南〉的通知》，商务部网站，2013 年 2 月 18 日。

《国务院关于印发中国（上海）自由贸易试验区总体方案的通知》，中国政府网，2013 年 9 月 27 日。

《国务院办公厅关于进一步加强贸易政策合规工作的通知》，《辽宁省人民政府公报》，2014 年 14 期。

《国家卫生计生委、商务部关于开展设立外资独资医院试点工作的通知》，中华人民共和国商务部，2015 年 3 月 3 日。

《国务院关于促进服务外包产业加快发展的意见》，《中华人民共和国国务院公报》，2015 年 03 期。

《国务院关于加快发展服务贸易的若干意见》，《中华人民共和国国务院公报》，2015 年 07 期。

《中共中央、国务院关于构建开放型经济新体制的若干意见》，中国政府网，2015 年 9 月 17 日。

《商务部、外交部、国资委关于规范对外承包工程外派人员管理的通知》，商务部网站，2015 年 10 月 21 日。

《国务院关于同意设立中国（杭州）跨境电子商务综合试验区的批复》，《中华人民共和国国务院公报》，2015 年 09 期。

《国务院关于印发中国（广东）自由贸易试验区总体方案的通知》，《中华人民共和国国务院公报》，2015 年 13 期。

《国务院关于印发中国（天津）自由贸易试验区总体方案的通知》，《中华人民共和国国务院公报》，2015 年 13 期。

《国务院关于印发中国（福建）自由贸易试验区总体方案的通知》，《中华人民共和国国务院公报》，2015 年 13 期。

《国务院关于印发进一步深化中国（上海）自由贸易试验区改革开放方案的通知》，《中华人民共和国国务院公报》，2015 年 13 期。

《国务院办公厅关于促进跨境电子商务健康快速发展的指导意见》，《中华人民共和国国务院公报》，2015 年 19 期。

《国务院关于同意建立国务院服务贸易发展部际联席会议制度的批复》，《中华人民共和国国务院公报》，2015 年 28 期。

《国务院关于加快实施自由贸易区战略的若干意见》，《中华人民共和国国务院公报》，2016 年 01 期。

《国务院关于同意开展服务贸易创新发展试点的批复》，《中华人民共和国国务院公报》，2016 年 08 期。

《国务院关于印发中国（辽宁）自由贸易试验区总体方案的通知》，《中华人民共和国国务院公报》，2017 年 11 期。

《国务院关于印发中国（重庆）自由贸易试验区总体方案的通知》，《中华人民共和国国务院公报》，2017 年 11 期。

《国务院关于印发中国（河南）自由贸易试验区总体方案的通知》，《中华人民共和国国务院公报》，2017 年 11 期。

《国务院关于印发中国（陕西）自由贸易试验区总体方案的通知》，《中华人民共和国国务院公报》，2017 年 11 期。

《国务院关于印发中国（四川）自由贸易试验区总体方案的通知》，《中华人民共和国国务院公报》，2017 年 11 期。

《国务院关于印发全面深化中国（上海）自由贸易试验区改革开放

方案的通知》,《中华人民共和国国务院公报》，2017 年 11 期。

《国务院关于印发中国（湖北）自由贸易试验区总体方案的通知》,《中华人民共和国国务院公报》，2017 年 11 期。

《国务院关于印发中国（浙江）自由贸易试验区总体方案的通知》,《中华人民共和国国务院公报》，2017 年 11 期。

《中国关于世贸组织改革的立场文件》，商务部网站，2018 年 12 月 17 日。

中华人民共和国国务院新闻办公室编,《中国与世界贸易组织》，人民出版社，2018 年版。

《国务院办公厅转发商务部等部门关于扩大进口促进对外贸易平衡发展意见的通知》,《中华人民共和国国务院公报》，2018 年 20 期。

《国务院关于全面推进北京市服务业扩大开放综合试点工作方案的批复》,《中华人民共和国国务院公报》，2019 年 07 期。

《国务院关于印发中国（上海）自由贸易试验区临港新片区总体方案的通知》,《中华人民共和国国务院公报》，2019 年 23 期。

《国务院关于印发 6 个新设自由贸易试验区总体方案的通知》,《中华人民共和国国务院公报》，2019 年 25 期。

《中共中央、国务院关于推进贸易高质量发展的指导意见》,《中华人民共和国国务院公报》，2019 年 35 期。

《中共中央、国务院印发〈海南自由贸易港建设总体方案〉》,《中华人民共和国国务院公报》，2020 年 17 期。

《商务部等 11 部门关于做好北京市服务业扩大开放综合试点经验复制推广工作的通知》，北京市人民政府网站，2020 年 7 月 26 日。

《国务院办公厅关于支持出口产品转内销的实施意见》,《中华人民共和国国务院公报》，2020 年 19 期。

《国务院关于做好自由贸易试验区第六批改革试点经验复制推广工作的通知》,《中华人民共和国国务院公报》，2020 年 20 期。

《国务院关于同意全面深化服务贸易创新发展试点的批复》,《中华人民共和国国务院公报》，2020 年 24 期。

《国务院关于深化北京市新一轮服务业扩大开放综合试点建设国家服务业扩大开放综合示范区工作方案的批复》,《中华人民共和国国务院公报》，2020 年 26 期。

《国务院关于印发北京、湖南、安徽自由贸易试验区总体方案及浙江自由贸易试验区扩展区域方案的通知》,《中华人民共和国国务院公报》，2020 年 27 期。

《国务院办公厅关于推进对外贸易创新发展的实施意见》,《中华人民共和国国务院公报》，2020 年 32 期。

《商务部 发展改革委 财政部 海关总署 税务总局 市场监管总局关于扩大跨境电商零售进口试点、严格落实监管要求的通知》,《中国对外经济贸易文告》，2021 年 17 期。

《国务院办公厅关于加快发展外贸新业态新模式的意见》,《中华人民共和国国务院公报》，2021 年 21 期。

《国务院印发关于推进自由贸易试验区贸易投资便利化改革创新若干措施的通知》,《中华人民共和国国务院公报》，2021 年 26 期。

《国务院办公厅关于促进内外贸一体化发展的意见》,《中华人民共和国国务院公报》，2022 年 04 期。

法律规章

《对侨资企业、外资企业、中外合资经营企业外汇管理施行细则》,《中华人民共和国国务院公报》，1983 年 16 期。

《关于中外合作经营企业进出口货物的监管和征免税的规定》,《中华人民共和国国务院公报》,1984 年 03 期。

《中华人民共和国中外合资经营企业法实施条例》,法律出版社,1984 年版。

《边境小额贸易暂行管理办法》,《中华人民共和国国务院公报》,1985 年 03 期。

《中华人民共和国涉外经济合同法》,法律出版社,1985 年版。

《进口家用电器检验管理暂行办法》,《中华人民共和国国务院公报》,1985 年 31 期。

《国家计划委员会印发〈关于中外合资、合作经营企业产品以产顶进办法〉的通知》,《中华人民共和国国务院公报》,1987 年 25 期。

《中国国际经济贸易仲裁委员会网上仲裁规则》,《中华人民共和国国务院公报》,1988 年 22 期。

《境外投资外汇管理办法》,载国家计委政策研究室编,《重要经济贸易法规资料选编 1986—1992(上)》,中国统计出版社,1993 年版,第 1087–1088 页。

《全民所有制工业企业转换经营机制条例》,《中华人民共和国国务院公报》,1992 年 22 期。

《中华人民共和国进出口关税条例》,法律出版社,1992 年版。

《对外贸易经济合作部、国家体改委、国家经贸委关于印发〈对外经济贸易企业转换经营机制实施办法〉的通知》,载王玉珊、王成主编,《黑龙江对外经济贸易年鉴(1994 年)》,黑龙江人民出版社,1994 年版,第 23–26 页。

《出口货物退(免)税管理办法》,《涉外税务》,1994 年 05 期。

《中华人民共和国反补贴条例》,《中华人民共和国国务院公报》,

2002年02期。

《中华人民共和国货物进出口管理条例》,《中华人民共和国国务院公报》,2002年02期。

《中华人民共和国反倾销条例》,《中华人民共和国国务院公报》,2002年02期。

《中华人民共和国海关对出口加工区监管的暂行办法》,《中华人民共和国国务院公报》,2003年29期。

《保障措施产业损害调查规定》,《中国财经审计法规选编》,2004年02期。

《中华人民共和国保障措施条例》,《中华人民共和国国务院公报》,2004年16期。

《关于印发〈出口货物退(免)税管理办法(试行)〉的通知》,《国家税务总局公报》,2005年04期。

《外国投资者对上市公司战略投资管理办法》,《中华人民共和国国务院公报》,2006年33期。

《中华人民共和国反垄断法》,中国法制出版社,2007年版。

《境外投资管理办法》,《中华人民共和国国务院公报》,2009年29期。

《国务院办公厅关于建立外国投资者并购境内企业安全审查制度的通知》,《海南省人民政府公报》,2011年04期。

《反价格垄断规定》,《海南省人民政府公报》,2011年10期。

《反价格垄断行政执法程序规定》,《海南省人民政府公报》,2011年11期。

《贸易政策合规工作实施办法(试行)》,商务部网站,2014年12月15日。

《贸易政策合规工作实施办法（试行）》，商务部网站，2014年12月12日。

《中华人民共和国对外贸易法》，法律出版社，2016年版。

《中华人民共和国海南自由贸易港法》，法律出版社，2021年版。

期刊文献

季崇威、孟宪刚，《加强集中统一管理，发展对外贸易》，《国际贸易》，1984年06期。

薛暮桥，《谈谈对外贸易管理体制的改革》，《国际贸易》，1986年03期。

周小川、谢伏瞻、张小济，《建立并改善我国外贸调节体系的主要设想》，《管理世界》，1987年06期。

冯艾玲、李华云、周小川，《外贸体制改革及其外部配合关系的探讨》，《改革》，1988年01期。

周小川，《谈外贸体改的方向、阶段、疑难问题和配套要求》，《国际贸易》，1988年02期。

周小川，《对外贸易体制改革的认识与探索》，《财贸经济》，1990年06期。

傅自应，《关于外贸体制和外贸财务体制改革的思考》，《国际贸易问题》，1992年03期。

刘向东，《进一步深化我国外贸体制改革》，《商业经济与管理》，1993年05期。

刘向东，《中国的外贸体制改革》，《国际贸易问题》，1993年09期。

龙永图，《“乌拉圭回合”的结束及其影响》，《求是》，1994年07期。

石广生，《深化对外贸易体制改革 促进对外经济贸易发展》，《国际贸易》，1994 年 04 期。

刘向东，《加快对外经济贸易发展》，《求是》，1995 年 01 期。

孙广相，《当前我国对外经贸形势和任务》，《国际贸易问题》，1996 年 02 期。

刘向东，《中国对外经济贸易：实行两个转变》，《国际贸易》，1996 年 04 期。

傅自应，《外贸企业集团化与国际融资》，《国际贸易》，1997 年 12 期。

李雨时、陆燕，《世界贸易新发展及我国的对策》，《求是》，1997 年 15 期。

石广生，《飞速发展的中国外贸》，《紫光阁》，1998 年 12 期。

龙永图，《加入世贸组织 融入国际社会主流》，《国际贸易问题》，1999 年 09 期。

王子先，《以竞争优势为导向——我国比较优势变化与外贸长期发展的思考》，《国际贸易》，2000 年 01 期。

石广生，《发展对外经济贸易 促进西部大开发》，《求是》，2000 年 06 期。

林毅夫、李永军，《必要的修正——对外贸易与经济增长关系的再考察》，《国际贸易》，2001 年 09 期。

石广生，《漫长的历程 深远的影响——写在中国加入世界贸易组织之际》，《求是》，2001 年 23 期。

石广生，《实施"走出去"战略 提高对外开放水平》，《求是》，2002 年 21 期。

钟坚，《邓小平经济特区思想的丰富内容和时代意义》，《人民日报》，2004 年 9 月 16 日。

孙玉琴，《外贸经营权改革与外贸经营主体的变化》，《国际贸易问题》，2004 年 10 期。

沈觉人，《全面贯彻落实科学发展观 共同创造和谐的贸易环境——在中国国际贸易学会学术年会上的演讲》，《国际经贸探索》，2006 年 01 期。

裴长洪、彭磊，《对外贸易依存度与现阶段我国贸易战略调整》，《财贸经济》，2006 年 04 期。

龙永图，《加入世界贸易组织对中国社会经济的深层影响》，《中国流通经济》，2006 年 12 期。

王子先、杨正位，《我国外贸顺差的成因、趋势与对策》，《国际贸易》，2006 年 12 期。

裴长洪、彭磊，《加工贸易转型升级："十一五"时期我国外贸发展的重要课题》，《宏观经济研究》，2006 年 01 期。

牟新生，《关于当前我国对外贸易发展及其顺差问题的一些思考》，《求是》，2007 年 05 期。

陈文敬，《中国对外开放三十年回顾与展望（一）》，《国际贸易》，2008 年 02 期。

李健，《当前外贸形势及其对宏观经济的影响》，《国际经济合作》，2008 年 08 期。

李健，《金融危机下中国外贸发展的中长期思考》，《国际贸易》，2009 年 01 期。

陈德铭，《关于国内外贸易的几个认识问题》，《求是》，2009 年 07 期。

钟山，《关于我国外贸顺差问题的若干思考》，《求是》，2009 年 16 期。

李钢、白明、李俊、崔卫杰，《后危机时代中国外贸发展战略之抉择》，《国际贸易》，2010 年 01 期。

傅自应，《加快转变外贸发展方式》，《经济日报》，2010 年 5 月 10 日。

裴长洪、彭磊、郑文，《转变外贸发展方式的经验与理论分析——中国应对国际金融危机冲击的一种总结》，《中国社会科学》，2011 年 01 期。

龙永图，《中国入世的核心利益及发展中存在的问题》，《国际经济评论》，2011 年 05 期。

姚景源，《入世 10 年：成就、问题及展望》，《红旗文稿》，2011 年 15 期。

石广生，《中国加入世界贸易组织十年回顾与展望》，《当代中国史研究》，2012 年 02 期。

王子先，《服务贸易新角色：经济增长、技术进步和产业升级的综合性引擎》，《国际贸易》，2012 年 06 期。

李健、刘雪琴、金柏松、张莉、李俊、肖新艳、章海源，《加快转变外贸发展方式的理论与实践》，《国际贸易》，2012 年 06 期。

任彦、王如君、李志伟、陈效卫、杨迅，《打破低效障碍，为全球贸易添活力》，《人民日报》，2017 年 2 月 24 日。

王拓、李钢，《我国外贸体制改革与国际竞争新优势培育》，《改革》，2019 年 06 期。

李钢，《中国迈向贸易强国的战略路径》，《国际贸易问题》，2018 年 02 期。

孙玉琴、曲韵、王微微、舒莉，《中国对外贸易发展历程、成就与经验》，《国际贸易》，2019 年 09 期。

权衡,《坚定不移推进高水平对外开放》,《人民日报》,2022 年 6 月 10 日。

图书著作

中国国际贸易学会秘书处编,《国际贸易论文选》,对外贸易出版社,1981 年版。

《国际贸易问题》编辑部编,《中国对外贸易问题研究》,对外经济贸易出版社,1983 年版。

《中国对外贸易概论》编写组编著,《中国对外贸易概论》,对外贸易教育出版社,1985 年版。

对外经济贸易部教育局编,《我国对外经济贸易的理论与实践》,对外贸易教育出版社,1988 年版。

王绍熙编著,《中国对外贸易理论和政策》,对外贸易教育出版社,1989 年版。

周小川著,《外贸体制改革的探讨》,中国展望出版社,1990 年版。

中国对外经济贸易出版社编,《关税与贸易总协定GATT》,中国对外经济贸易出版社,1992 年版。

李钢编著,《从"国际富人俱乐部"到"经贸联合国"——关税与贸易总协定》,人民出版社,1993 年版。

王绍熙、王寿椿主编,《中国对外贸易》,中国人民大学出版社,1994 年版。

世界贸易组织秘书处编,索必成、胡盈之译,《乌拉圭回合协议导读》,法律出版社,2000 年版。

海关总署综合统计司著,《"十五"期间中国对外贸易监测报告》,中国海关出版社,2006 年版。

杨正位著,《中国对外贸易与经济增长》,中国人民大学出版社,2006年版。

李岚清著,《突围:国门初开的岁月》,中央文献出版社,2008年版。

裴长洪、高培勇主编,《出口退税与中国对外贸易》,社会科学文献出版社,2008年版。

海关总署综合统计司编,《中国对外贸易指数:1993—2004(上、下)》,中国海关出版社,2008年版。

刘向东主编,《对外开放起始录》,经济管理出版社,2008年版。

王子先主编,《中国对外开放与对外经贸30年》,经济管理出版社,2008年版。

海关总署综合统计司著,《改革开放三十年中国对外贸易监测报告》,中国海关出版社,2009年版。

钟山主编,《中国外贸发展战略研究——国际金融危机之后的新视角》,中国商务出版社,2010年版。

李钢,《中国外贸转型之路》,中国商务出版社,2011年版。

中国国际贸易学会编,《沈觉人论中国对外贸易问题——报告、演讲文稿选编(1981—2011年)》,中国商务出版社,2011年版。

石广生主编,《中国对外经济贸易改革和发展史》,人民出版社,2013年版。

商务部研究院编,《迈向贸易强国之路——40年改革开放大潮下的中国对外贸易》,中国商务出版社,2018年版。

海关总署统计分析司编著,《改革开放40年中国对外贸易发展报告》,中国海关出版社,2018年版。

裴长洪、王万山，《中国对外贸易体制与实践（1949—2019）》，社会科学文献出版社，2020 年版。

海关总署统计分析司编著，《“十三五”期间中国对外贸易发展报告》，中国海关出版社，2021 年版。

中国外贸体制改革大事记

▼

1978年

12月18—22日，党的十一届三中全会在北京召开。全会根据中央工作会议的精神，作出把全党工作的着重点转移到社会主义现代化建设上来的战略决策，指出实现现代化是一场广泛、深刻的革命，要求大幅度提高生产力，多方面改变同生产力发展不适应的生产关系和上层建筑，改变一切不适应的管理方式、活动方式和思想方式。会议还确立以经济建设为中心、对内实行改革、对外实行开放、加快社会主义现代化的基本路线。

1979年

3月26日，国务院颁布《以进养出试行办法》，提出对外贸易要有一个大的发展，引进新技术，进口成套设备，大量地增加出口；强调各有关部门和各地区，要千方百计地发展出口商品生产，在充分挖掘国内出口货源潜力的同时，积极利用国外原材料和技术，发挥国内生产能力，大力发展以进养出业务，把出口贸易做大做活，增加外汇收入，增强国家的外汇支付能力。

7月15日，中共中央、国务院批转广东省委和福建省委《关于对外经济活动实行特殊政策和灵活措施的两个报告》，原则同意试行在中央统一领导下大包干的经济管理办法，两省在计划、物资供应、物价政策等方面也实行新的经济体制和灵活政策。并决定，先在深圳、珠海两市划出部分地区试办出口特区，取得经验后，再考虑在汕头、厦门设置。

8月23日，经五届全国人大常委会第十次会议审议通过，中共中央、国务院下发《关于设立进出口管理委员会、外商投资管理委员会的通知》。

9月3日，国务院公布《开展对外加工装配和中小型补偿贸易办法》，使来料加工装配和补偿贸易作为利用外资、扩大出口的一种灵活方式，在更大范围内得到迅速发展。

1980年

2月9日，国务院印发《关于改革海关管理体制的决定》，提出改革现行海关管理体制，成立海关总署，作为国务院直属机构，统一管理全国海关机构和人员编制及其业务。

2月29日，国务院下发《关于改革进出口商品检验管理体制的通知》，决定成立进出口商品检验总局，为国务院直属局，由对外贸易部代管。

4月1日，经国务院批准，中国银行开始发行外汇兑换券，规定自外汇兑换券发行之日起，禁止外币在国内使用和流通。我国外汇兑换券制度实行14年，于1994年1月1日起停止发行，1995年1月1日起停止流通。

4月2日，海关总署发言人就大陆与台湾通商中有关海关手续和征税的问题发表谈话，指出祖国大陆同台湾的贸易是地区间的物资交流。

海关总署规定，对向台湾公、私企业直接购买的台湾商品，不征收进口税；对于大陆运往台湾的出口商品均免征出口税。

4月17日，经国务院批准，长江沿岸八个对外贸易运输港口正式开办，分别是江苏省张家港、南通、南京，安徽省芜湖，江西省九江，湖北省武汉，湖南省城陵矶，四川省重庆市。

5月15日，世界银行集团执行董事会通过决议，恢复中华人民共和国政府在国际复兴开发银行、国际开发协会和国际金融公司三个组织中的代表权。

5月16日，中共中央和国务院批准《广东、福建两省会议纪要》，决定在广东省的深圳市、珠海市、汕头市和福建省的厦门市，各划出一定范围的区域试办经济特区。

6月3日，国家进出口管理委员会、外贸部发布《关于出口许可证制度的暂行办法》。

8月10日，国家进出口管理委员会颁发《出口工业品专厂试行办法》和《出口农副产品生产基地试行办法》。

8月19日，外贸部发布《关于对台湾贸易管理试行办法》。

8月26日，国家进出口管理委员会、外贸部发布《对外贸易进口管理试行办法》和《对外贸易地方进口管理试行办法》。

8月26日，五届全国人大常委会第十五次会议批准《中华人民共和国广东省经济特区条例》，并同意福建省参照该条例管理厦门经济特区。至此，我国共建立深圳、珠海、汕头和厦门等四个经济特区。

8月30日—9月10日，五届全国人大三次会议召开，通过《中华人民共和国中外合资经营企业所得税法》《中华人民共和国个人所得税法》等法律。

12月28日，国务院公布《中华人民共和国外汇管理暂行条例》。

1981 年

7 月 19 日，中共中央、国务院批转《广东、福建两省和经济特区工作会议纪要》。

12 月 24 日，外贸部、国家进出口管理委员会印发《进一步办好出口商品生产基地、专厂的设想》。

1982 年

1 月 7 日，国务院批转外贸部《关于出口商品分类经营的规定的请示》。

1 月 15 日，中共中央、国务院批转《沿海九省、市、自治区对外经济贸易工作座谈会纪要》并发出通知，提出沿海地区要在内外统筹安排的原则下，努力增加出口比重；抓住当前有利时机，大胆利用外资；加强国际经济合作和技术交流；积极地、有步骤地改革经济贸易管理体制，为全国提供经验；指出正确处理沿海和内地的关系，是我国社会主义经济建设中的一个战略性问题。

2 月 17 日，国务院批准《中华人民共和国外国企业所得税法施行细则》。

3 月 8 日，五届全国人大常委会第二十二次会议审议通过《关于国务院机构改革问题的报告》，决定将国家进出口管理委员会、外贸部、对外经济联络部和外国投资管理委员会合并，设立经贸部。

4 月 20 日，国务院批转财政部、海关总署、国家计委、经贸部《关于若干商品征收出口关税的请示》，决定对若干利润大或国家控制出口的商品征收出口关税。

5 月 15 日，海关总署发布《关于开征出口关税的通知》，决定自

6月1日起，对34种出口商品征收出口关税。

9月10日，全国进出口许可证管理工作会议在杭州召开。

9月19日，全国对外贸易计划工作会议在北京召开。

11月24日，我国政府获得关贸总协定观察员身份并首次派团列席关贸总协定第36届缔约国大会。

12月1日，中国代表团就恢复中国关贸总协定缔约国地位问题咨询关贸总协定秘书处。

12月3日，中共中央、国务院批转《当前试办经济特区工作中若干问题的纪要》，肯定了试办经济特区三年来的成绩。

12月31日，国务院批准中国申请参加关贸总协定的报告。

1983年

4月14日，经贸部外贸管理局发布《关于丝绸服装、手工工具、内燃机及机组、胱氨酸、维生素C、四环素、元明粉等七个商品实行出口许可证的通知》，决定对丝绸服装、手工工具、内燃机及机组、胱氨酸、维生素C、四环素、元明粉七类商品实行出口许可证制度。

6月15—30日，经贸部在昆明召开全国进口统计工作会议，拟定《对外贸易业务统计制度的若干补充规定》，修改了部分进口统计报表和进口商品目录。

8月1日，国务院批准国家外汇管理局公布《对侨资企业、外资企业、中外合资经营企业外汇管理施行细则》。

9月2日，六届全国人大常委会第二次会议通过《中华人民共和国中外合资经营企业所得税税法》。

9月18日，我国被接纳为世界能源会议国家执行理事会会员国。

9月20日，国务院发布《中华人民共和国中外合资经营企业法实施条例》，对外国投资者和合资企业内各个方面普遍关心的一些政策作出具体而明确的规定。《中华人民共和国中外合资经营企业法实施条例》的公布，使中外合资企业遇到的认识、政策、法规诸方面的问题，大体上得到了解决。

10月5日，第五届世界旅游组织新德里大会通过我国加入该组织。

1984年

1月1日，《国际纺织品贸易协定》对我国生效。

1月10日，国务院发布《中华人民共和国进口货物许可证制度暂行条例》。

1月18日，《国际纺织品贸易协议的延长议定书》对我国生效。

1月28日，国务院发布《中华人民共和国进出口商品检验条例》。

3月26日—4月6日，中共中央书记处和国务院在北京召开沿海部分城市座谈会。会议确定进一步开放由北至南14个沿海港口城市，即大连、秦皇岛、天津、烟台、青岛、连云港、南通、上海、宁波、温州、福州、广州、湛江和北海，作为我国实行对外开放的一个新的重要步骤。

4月8日，经贸部宣布，对30种商品实行出口许可证，主要包括棉纱、棉坯布、棉涤纶纱、棉涤纶布、景泰蓝、文房四宝、芦苇、地毯、花生等。

4月30日，海关总署、财政部、经贸部公布《关于中外合作经营企业进出口货物的监管和征免税规定》。

5月4日，中共中央、国务院转发《沿海部分城市座谈会纪要》，决定加快利用外资、引进先进技术的步伐，进一步开放大连、秦皇岛、天津、烟台、青岛、连云港、南通、上海、宁波、温州、福州、广州、湛江、北海14个港口城市和海南岛，实行经济特区的某些特殊政策，扩大它们的对外经济活动权限。

9月12日，经贸部发出《关于对沿海开放城市下放进出口管理等审批权的通知》。

9月15日，国务院批转经贸部《关于外贸体制改革意见的报告》，确定外贸体制改革的基本原则。

10月29日—11月18日，全国对外经济贸易工作会议在北京召开。

11月15日，国务院发布《中华人民共和国国务院关于经济特区和沿海14个港口城市减征、免征企业所得税和工商统一税的暂行规定》，要求各部委、各地区遵照执行，有关所得税的减征、免征，自1984年12月1日起施行。

12月20日，经贸部发布《边境小额贸易暂行管理办法》。

1985年

2月21日，全国出口商品在国外获奖表彰大会在北京召开。

3月7日，国务院公布《中华人民共和国进出口关税条例》。

3月13日，国务院发布《关于加强外汇管理的决定》。

3月18日，经贸部发布《关于出口许可证分级管理有关问题的通知》。

3月21日，六届全国人大常委会第十次会议通过《中华人民共和国涉外经济合同法》。

3月22日，国务院同意财政部《关于对进出口产品征、退产品税或增值税的报告》和《关于对进出口产品征、退产品税或增值税的规定》，自1985年4月1日起，对出口产品实行出口退税政策，这时我国尚未实行增值税制度。当时的出口退税率约为11%。

3月28日，国务院批转《关于广东、福建两省继续实行特殊政策、灵活措施的会议纪要》。

3月29日，国务院批转经贸部、国家计委、国家外汇管理局《出口商品外汇留成办法》。

4月1日，国务院下发《关于狠抓出口保证国家外汇收入的通知》。

5月24日，国务院公布《中华人民共和国技术引进合同管理条例》。

9月3日，经贸部发出《关于对冻虾、皮制劳保手套等21种商品实行出口许可证管理的通知》，决定自1985年9月20日起，对皮制劳保手套、绸缎、陶瓷等21种商品实行出口许可证。

9月14—19日，全国技术贸易工作会议在北京召开。

9月15—20日，关贸总协定缔约国部长级会议在乌拉圭埃斯特角城召开，决定发动第八轮多边贸易谈判，即乌拉圭回合多边贸易谈判。沈觉人率领中国政府代表团出席会议，取得中国全面参加第八轮多边贸易谈判的资格。

9月19日，经贸部、商业部、国家商检局联合制定《进口家用电器检验管理暂行办法》，规定进口家用电器，必须在合同规定的期限内，由商检局或商检局认可的检验机构进行检验，未经检验的进口家用电器，整机不准销售，散件不准装配生产。

9月25日，经贸部、海关总署发出《关于7种生产装配线、6种商品进口实行许可证管理的通知》，决定对彩色、黑白电视机、收音机、家用电冰箱、家用洗衣机、房间空调器、摩托车、轻型汽车等7种生产装配线实行进口许可证管理；自11月1日起，对空调器、汽车起重机、电子显微镜、电子分色机、X射线断层检查仪（CT）等6种商品实行进口许可证管理。

10月1日，经贸部公布《技术引进合同审批办法》，强调自10月

1日起，凡与国外签订各类技术引进合同，都必须由对外签约公司报经贸部或经贸部授权机关批准后方能生效。

10月19日，国务院转批国家计委等八部门《关于扩大机电产品出口的报告》，并决定设立国务院机电产品出口办公室，其职能是协调、监督、检查和裁决，主要职责是组织制定机电产品出口发展战略，协同国家计划委员会、对外经济贸易部编制长远规划和年度计划，会同有关部门组织制定扩大机电产品出口的政策措施和管理办法等。

1986年

1月5日，全国经济特区工作会议在深圳结束，提出经济特区在“七五”计划期间要更上一层楼，朝着建立外向型经济的目标奋力前进，确实成为技术的窗口、管理的窗口、知识的窗口、对外政策的窗口，进一步发挥向国内外两个扇面辐射的枢纽作用；更好地为全国社会主义现代化建设服务，增强出口创汇能力，深入进行经济体制改革，在运用经济办法和现代化信息手段管理经济方面，总结出具有中国特色的经验。

2月6日，国务院发出《关于鼓励出口商品生产，扩大出口创汇的通知》。

2月26日，全国外经贸厅长会议在北京召开，研究如何落实鼓励出口商品生产扩大出口创汇的措施和办法。

6月27日，国务院办公厅发出《关于成立国务院外国投资工作领导小组的通知》，决定成立外国投资工作领导小组，谷牧担任组长，周建南任副组长。

7月11日，我国向世界关税及贸易总协定总干事提交关于恢复中国在关贸总协定缔约国地位的申请，并准备就此问题同关贸总协定缔约各方进行谈判。

8 月 5 日，财政部发布《中华人民共和国中外合资经营企业财务管理规定》。

10 月 11 日，国务院发布《关于鼓励外商投资的规定》，鼓励外国投资者在中国境内举办中外合资经营企业、中外合作经营企业和外资企业。

1987 年

2 月 13 日，我国向关贸总协定提交《中国对外贸易制度备忘录》，对我国经济体制改革、对外开放政策、外贸政策、体制，包括外贸管理、海关关税、商品检验、进出口商品价格、外汇管理和经济特区政策进行全面介绍。

3 月 4 日，关贸总协定理事会成立“关于中国缔约方地位的工作组”，对所有缔约方开放。

3 月 7 日，国务院办公厅发出《关于成立国务院关税税则委员会的通知》。

4 月 18 日，全国经贸系统财务工作会议在广东省中山市召开，主要解决落实承包经营责任制的办法、措施。

9 月 12 日，国务院修订发布《中华人民共和国进出口关税条例》。

10 月 19 日，国家计委公布《关于中外合资、合作经营企业产品以产顶进办法》，鼓励外商投资兴办先进技术企业，帮助企业解决外汇收支平衡。国家经贸委根据该办法制定《中外合资、合作经营企业机电产品以产顶进管理办法》。

10 月 22 日，关贸总协定中国工作组第一次会议在日内瓦举行。

1988 年

2 月 23—24 日，关贸总协定中国工作组第二次会议在日内瓦举行，开始审议我国外贸制度。

2 月 26 日，国务院颁布《关于加快和深化对外贸易体制改革若干问题的规定》，要求全面推行对外贸易承包经营责任制，主要由各省、自治区、直辖市、计划单列市人民政府向国家承包出口收汇基数、上缴外汇额度基数、出口收汇基数内人民币补贴基数、外汇额度挂账数额，超过出口收汇基数的外汇收入实行分成，自负盈亏；少数商品由外贸和工贸进出口总公司承包并统一经营，不下放的部分工贸总公司仍由其承包经营；在轻工、工艺、服装三个行业进行外贸企业自负盈亏的改革试点。

3 月 4 日，国务院沿海地区对外开放工作会议在北京召开。

3 月 18 日，国务院发出《关于进一步扩大沿海经济开放区范围的通知》，决定适当扩大沿海经济开放区，新划入沿海经济开放区的有 140 个市、县，包括杭州、南京、沈阳等省会城市，人口增加到 1.6 亿人。

7 月 21 日，中国机电产品进出口商会成立。

9 月 1 日，中国五矿化工进出口商会成立。

9 月 6 日，中国食品土畜进出口商会成立。

10 月 18 日，中国纺织品进出口商会成立，是我国乃至全球纺织服装进出口行业最大的全国性中介组织。

12 月 3 日，经贸部发出《关于授权中国外商投资企业协会负责协调管理外商投资企业进出口商品事宜的通知》，授权中国外商投资企业协会负责协调管理外商投资企业进出口商品事宜。

12 月 5—9 日，中国代表团出席在加拿大蒙特利尔举行的乌拉圭回合多边贸易谈判中期审评部长级会议。这是我国自 1949 年以来首次正式参加多边贸易谈判。

1989 年

2 月 15 日，海关总署公布《中华人民共和国海关对沿海开放地区进出境货物的管理规定》。

2 月 20 日，国务院发出《关于清理整顿各类对外经济贸易公司的通知》，要求各地区、各部门对各类对外经济贸易公司进行清理整顿。主要解决政企不分、官商不分、违法经营、业务脱节、经营紊乱等问题。

同日，国务院发布《关于加强华侨、港澳台同胞捐赠进口物资管理的若干规定》。

2 月 21 日，七届全国人大常委会第六次会议通过《中华人民共和国进出口商品检验法》，其宗旨是加强进出口商品检验工作，保证进出口商品的质量，维护对外贸易有关各方的合法权益，促进对外经济贸易关系的顺利发展。

3 月 6 日，国家外汇管理局发布《境外投资外汇管理办法》，旨在促进对外经济技术合作，加强境外投资外汇管理。

4 月 4—8 日，中国代表团在日内瓦参加关贸总协定“乌拉圭回合”贸易谈判委员会会议，通过包括“乌拉圭回合”全部 15 个议题的一揽子文件，推动“乌拉圭回合”多边贸易谈判进展。

5 月 22 日，中国医药保健品进出口商会成立。

6 月 14 日，国务院发布《外国商会管理暂行规定》。

11 月 10 日，国务院批转经贸部《关于进一步清理整顿各类外经贸公司的意见》。

同日，国家外汇管理局公布《外汇（转）管理贷款登记管理办法》

和《外债登记实施细则》。

11月14—16日，全国经贸系统出口商品商标管理工作会议在青岛召开，决定对全国经贸企业的出口商标进行整顿、理顺商标关系，使商标更好地为扩大出口服务。

1990年

2月5—8日，国务院经济特区工作会议在深圳召开。

4月4日，七届全国人大三次会议通过《关于修改〈中华人民共和国中外合资经营企业法〉的决定》，对企业董事长的人选和合营期限以及不实行国有化和征收都作出新的规定。

5月28日，国务院批转《1990年经济特区工作会议纪要》，充分肯定了进一步办好经济特区，对于推动改革开放、扩大国际影响具有的重要意义；要求经济特区在治理整顿和深化改革中求稳定、求提高、求发展，把外向型经济提高到新水平。

8月19日，国务院公布《关于鼓励华侨和香港、澳门同胞投资的规定》。

12月30日，国务院作出《关于进一步改革和完善对外贸易体制若干问题的决定》，决定取消国家对外贸出口的财政补贴，从建立自负盈亏的机制入手，统一全国对外贸易政策。

1991年

3月5日，海关总署发布《中华人民共和国海关对外商投资企业物资公司进口物资保税管理办法》。

3月6日，国务院发出《关于批准国家高新技术产业开发区和有关政策规定的通知》，决定继1988年批准北京高新技术产业开发试验区之后，再批准21个高新技术开发区为国家高新技术产业开发区。

4月9—11日，全国反倾销应诉工作会议在广州举行。会议介绍欧共体、美国反倾销的基本法规和当前动态，总结交流处理国外反倾销案件的经验，讨论修改《关于处理国外反倾销案件的暂行规定（讨论稿）》。

6月24日，经贸部在杭州召开输美纺织品启用新出口许可证的经济会议。

10月30日，国务院公布《中华人民共和国进出境动植物检疫法》。

1992年

2月13—14日，中国代表团参加在日内瓦举行的关贸总协定中国工作组第十次会议。

2月24日，中国代表团与美国代表团在北京就市场准入问题进行第五轮谈判。

10月21—23日，中国代表团参加在日内瓦举行的关贸总协定中国工作组第十一次会议。这次会议结束了对我国贸易政策的审议，转入市场准入的实质性谈判阶段。

1993年

3月1日，中断四年之久的中美关贸总协定双边磋商在北京恢复。中国代表团和美国代表团就中国复关议定书的主要内容进行具体讨论，并在部分问题上达成共识。

3月8日，国务院批转国家体改委《关于1993年经济体制改革要点》，提出大力发展市场体系，加快以改革进口管理体制为重点的外贸体制改革。

3月16日，八届全国人大一次会议决定，对外经济贸易部更名为对外贸易经济合作部。

6月24日，中共中央、国务院印发《关于当前经济情况和加强宏观调控的意见》。

7月15—16日，国务院在北京召开全国加强边境贸易管理工作会议，加强对地方贸易的管理，制止伪劣商品出口国境，促进边地贸易持续、稳定、健康地发展。

8月5日，对外贸易经济合作部、国家体改委、国家经贸委印发《对外经济贸易企业转换经营机制实施办法》，要求外贸企业真正成为自主经营、自负盈亏、自我发展、自我约束的法人实体和市场竞争主体。

10月1日，国务院发布《关于进一步改革外汇管理体制的通知》，决定改革外汇管理制度，实行以市场供求为基础、单一的、有管理的人民币浮动汇率；建立银行间外汇交易市场，改进汇率形成机制，保持合理及相对稳定的人民币汇率；实行外汇收入结汇制，取消现行的各类外汇留成、上缴和额度管理制度；实行银行售汇制，实现人民币在经常项目下有条件可兑换；对向境外投资、贷款、捐款等汇出实行审批制度。

12月6—8日，对外贸易经济合作部、海关总署和国家商检局在杭州联合召开全国第三次打击纺织品非法转口工作会议。

1994年

1月1日，我国正式成为《专利合作条约》（PCT）成员国。

1月8日，我国首家外汇交易中心——深圳外汇交易中心成立。

1月11日，国务院印发《关于进一步深化对外贸易体制改革的决定》，提出我国外贸体制改革的目标是：统一政策、放开经营、平等竞争、自负盈亏、工贸结合、推行代理制，建立适应国际经济通行规则的运行机制。

2月4日，上海兰生股份有限公司在上海证券交易所挂牌，开国有专业外贸公司上市的先河。辽宁、四川、大连等地的国际经济合作公司也先后上市。

2月18日，国家税务总局制定并印发《出口货物退（免）税管理办法》。

2月26日，我国政府和新加坡政府在北京签署《中华人民共和国政府和新加坡共和国政府关于合作开发建设苏州工业园区的协议》，成立苏州工业园区中新联合协调理事会。

5月11—15日，90年代中国外经贸战略国际研讨会上首次明确提出，20世纪90年代，我国对外经济贸易必须实行以进出口贸易为基础，商品、资金、技术、劳务合作与交流相互渗透、协调发展，外经贸、生产、科技、金融等部门共同参与的大经贸战略。这一战略的实质就是把外贸（商品、劳务进出口），资本流动（资本的输出入），国际经济合作（生产经营中的国际分工协作）有机地结合起来，纳入世界经济一体化的进程。

7月1日，《中华人民共和国对外贸易法》正式实施，标志着中国对外贸易管理与经营走上法制化轨道。

7月5日，国务院发布《关于进一步加强知识产权保护工作的决定》。

1995年

1月1日，世界贸易组织正式成立。

2月26日，中美两国就知识产权问题达成协议，从而避免了一场贸易战，也结束了中美两国关于知识产权问题长达20个月的九轮磋商。

6月3日，我国成为世界贸易组织观察员。

11月28日，金永健致函时任世界贸易组织总干事鲁杰罗，代表中国政府申请加入世界贸易组织。中国“复关”工作组更名为中国加入世界贸易组织工作组，标志着中国的“复关”谈判转为加入世界贸易组织谈判。

12月5—7日，中央经济工作会议宣布1996年关于涉外税制的三项重要改革，一是大幅度降低关税税率，同时取消进口税收减免的优惠政策；二是进一步调低出口货物退税率；三是对加工贸易实行进口料件保证金台账监管制度。

1996年

3月22日，世界贸易组织中国工作组第一次正式会议在日内瓦举行，我国加入世界贸易组织的多边谈判开始进行。

4月1—3日，国务院经济特区工作会议在珠海召开。

11月25日，江泽民出席在菲律宾海滨城镇苏比克举行的亚太经合组织领导人第四次非正式会议，并就如何推进亚太经合组织成员间的经济技术合作问题发表讲话。这次会议通过《亚太经合组织经济技术合作原则框架宣言》等三个文件。

12月1日，我国正式接受《国际货币基金组织协定》第八条款，实行人民币经常项目下的可兑换。提前达到《国际货币基金组织协定》第八条款的要求，标志着我国外汇管理体制改革取得重大进展。

12月24日，国务院制定《质量振兴纲要（1996—2010年）》，确定质量振兴的主要目标是：经过5年至15年的努力，从根本上提高我国主要产业的整体素质和企业的质量管理水平，使我国的产品质量、工程质量和服务质量跃上一个新台阶。

1997 年

6 月 3 日，中国互联网络信息中心成立。

10 月 1 日，国务院决定再次大幅度自主降低进口关税税率。这次降税涉及 4874 个税号的商品，平均降幅达 26%，关税算术平均税率从 23%降至 17%。

10 月 10 日，中国人民银行发布《关于允许中资企业保留一定限额外汇收入的公告》，决定从 1997 年 10 月 15 日起，逐步允许中资企业保留一定限额的外汇收入。这是中国为进一步加快国有企业改革，完善企业经营机制，为企业创造更为宽松经营环境而采取的一项重要措施。

10 月 27 日，财政部印发《技术改造专项贷款项目贴息资金管理暂行办法》。

12 月 24 日，江泽民在接见全国外资工作会议代表时，首次提出实施“走出去”的对外开放战略，把“引进来”与“走出去”紧密结合起来，并把它置于国家发展战略的重要位置。

12 月 10 日，对外贸易经济合作部根据国内九家新闻纸厂的申请，对来自韩国、美国和加拿大进口新闻纸进行反倾销调查，这是我国对进口产品采取反倾销调查的首例案件。

1998 年

4 月 8 日，世界贸易组织中国工作组第七次会议在日内瓦结束。

7 月 9 日，对外贸易经济合作部发布《关于对原产于加拿大、韩国和美国的进口新闻纸反倾销调查的初步裁定》。

7 月 13—15 日，全国打击走私工作会议指出，为适应反走私斗争新形势的需要，党中央、国务院决定对现行缉私体制进行重大改革。一是组建国家缉私警察队伍，专司打击走私犯罪活动的职能。二是以海关为主，公安、工商等执法部门联合缉私，对查获的走私案件由海关统一处理。三是改革现行缉私罚没收支管理办法，坚持收支两条线制度。

11月27日—12月1日，对外贸易经济合作部、国家计委、国家经贸委在北京展览馆联合主办“改革开放二十年以来利用外资成果展”。

12月7—9日，中共中央、国务院在北京召开中央经济工作会议。

12月28日，对外贸易经济合作部印发《1999年出口许可证管理商品分级发证目录》，决定实行出口许可证管理的商品由原来的115种减少为58种，减少47%；对部分出口商品实行指定发证机关和指定出口口岸管理，以维护正常的经营秩序。

1999年

1月1日，我国下调1041个税目商品的进口关税税率，关税水平从原来的17%下调至16.23%。为有利于国内企业发展生产，降低进口成本，我国还决定在1999年对196个税目的进口商品实行比规定税率低的暂定税率。

1月4日，国内首批20家私营生产企业获得自营进出口权，标志着非公有制经济在全国范围内首次合法获得直接从事对外贸易的权利。

2月6日，对外贸易经济合作部发布《关于加工贸易业务审批工作有关事项的通知》，决定在全国范围内统一使用加工贸易计算机审批管理系统，建立纺织品出口许可证计算机联网核查系统、电子招标系统，初步建立进出口商品配额执行情况的核查反馈机制。

4月5日，国务院办公厅转发国家经贸委等部门《关于进一步完善加工贸易银行保证金台帐制度的意见》，其目的是完善加工贸易管理，维护正常的加工贸易秩序，防止和打击利用加工贸易走私、逃税和逃汇等违法行为，进一步完善加工贸易银行保证金台账制度。

4月9日，对外贸易经济合作部发出《关于调整企业申请对外承包劳务经营权的资格条件及加强后期管理等问题的通知》，积极鼓励和支持具有独立施工能力和较强经营能力的大型专业工程公司走向国际市场，决定放宽企业申请对外承包劳务经营权资格条件及进一步加强对外经企业的管理。

6月1日，科技部、对外贸易经济合作部联合制定并颁布《科技兴贸行动计划》，提出科技兴贸是我国外经贸工作的基本战略。

6月30日，中国人民银行和对外贸易经济合作部联合发布《关于支持境外带料加工装配业务的信贷指导意见》，以支持扩大出口，鼓励我国轻工、纺织、家电、机械电子以及服装加工等行业具有比较优势的企业到境外开展带料加工装配业务。

7月9日，我国政府代表团与日本政府代表团在北京发表《关于中国加入世界贸易组织双边谈判的联合新闻公报》，结束了有关我国加入世界贸易组织的全部双边谈判。

7月15日，对外贸易经济合作部向海尔集团、金城集团等50家海外投资企业颁发批准证书，确认其境外加工贸易企业资格。

9月22日，党的十五届四中全会通过《中共中央关于国有企业改革和发展若干重大问题的决定》。

11月15日，我国政府和美国政府在北京签署《中华人民共和国政府和美利坚合众国政府关于中国加入世贸组织的双边协议》，并发表新闻公报，这标志着中美双方就中国加入全球最大贸易组织的双边谈判正式结束，也是我国“入世”迈出的重要一步。

2000 年

4 月 17 日，国务院办公厅转发对外贸易经济合作部等部门《关于大力发展对外承包工程的意见》。

4 月 27 日，国务院批准《中华人民共和国海关对出口加工区监管的暂行办法》。

5 月 19 日，我国与欧盟在北京就加入世界贸易组织达成双边协议。

8 月 25 日，九届全国人大常委会第十七次会议通过我国加入世界贸易组织的决定。

10 月 24 日，财政部和对外贸易经济合作部印发《中小企业国际市场开拓资金管理（试行）办法》，其宗旨是支持中小企业发展，鼓励中小企业参与国际市场竞争，降低企业经营风险，促进国民经济发展，加强对中小企业国际市场开拓资金的管理。

11 月 17 日，国务院在北京召开全国打击骗取出口退税工作会议。

2001 年

1 月 1 日，我国将自主降低关税总水平，即从此前的 16.4%降为 15.3%，平均降幅 6.6%，共涉及 3462 个税目，占中国关税税则税目总数的 49%。

3 月 15 日，九届全国人大四次会议批准通过《中华人民共和国国民经济和社会发展第十个五年计划纲要》，提出要更好地实施科技兴贸战略。

6 月 13 日，对外贸易经济合作部与财政部联合制定《中小企业国际市场开拓资金管理办法实施细则（暂行）》，目的是鼓励中小企业参与国际市场竞争。同时，由中国机电产品进出口商会牵头的中小企业国际市场开拓资金管理办公室成立，负责资金的中央使用部分的具体承办工作。

9月17日，世界贸易组织中国工作组第十八次会议通过《中华人民共和国加入世界贸易组织议定书》及附件，标志着历时15年的我国“复关”和加入世纪贸易组织谈判全部完成。

10月21日，亚太经合组织第九次领导人非正式会议在上海举行，这是我国第一次举行这样高级别的大型国际会议。会议通过《领导人宣言》和作为附件的《上海共识》《数字APEC战略》，发表《亚太经合组织领导人反恐声明》。

11月10日，在卡塔尔首都多哈举行的世界贸易组织第四届部长级会议以全体协商一致的方式，审议并通过我国加入世界贸易组织的决定，标志着我国长达15年的“复关”和加入世界贸易组织进程的结束。

11月11日，我国向世界贸易组织递交《中国加入世贸组织批准书》，并签署《中华人民共和国加入世界贸易组织议定书》。

11月19日，我国政府代表首次以正式成员身份出席世界贸易组织总理事会。

12月11日，我国正式加入世界贸易组织，成为第143个成员。

2002年

1月1日，《中华人民共和国货物进出口管理条例》和《中华人民共和国技术进出口管理条例》正式实施。

1月20—21日，全国推进流通现代化工作现场会提出，把连锁经营、物流配送、网上销售作为推进流通现代化的重要任务。

1月28日，我国常驻世界贸易组织代表团在日内瓦湖畔威尔逊总统酒店举行揭牌开馆仪式。

2003 年

3 月 10 日，十届全国人大一次会议通过《关于国务院机构改革方案的决定》，撤销对外贸易经济合作部和国家经贸委，把国家经贸委负责贸易的部门和对外贸易经济合作部合并，设立商务部，主管国内外贸易和国际经济合作。

6 月 18 日，我国政府和泰国政府在北京钓鱼台国宾馆签署《中华人民共和国政府与泰王国政府关于在〈中国—东盟全面经济合作框架协议〉“早期收获”方案下加速取消关税的协议》，双方自 2003 年 10 月 1 日起，实现蔬菜和水果产品贸易的零关税。这个协议涉及的蔬菜和水果共 188 项产品，其中蔬菜产品为食用蔬菜、根及块茎（如萝卜、甜菜根等），共计 108 项；水果产品为食用水果及坚果等，共计 80 项。

6 月 29 日，中央政府与香港特区政府签署《内地与香港关于建立更紧密经贸关系的安排》。

10 月 12 日，“中国　葡语国家经贸合作论坛”在澳门开幕。这是澳门特区政府成立以来举办的最高层次的国际会议。

10 月 13 日，国务院发布《关于改革现行出口退税机制的决定》，提出依照“新账不欠，老账要还；完善机制，共同负担；推动改革，促进发展”的原则，改革出口退税机制。

10 月 17 日，中央政府与澳门特区政府签署《内地与澳门关于建立更紧密经贸关系的安排》，内地与港澳经济加快融合。

11 月 2 日，博鳌亚洲论坛 2003 年年会在海南省博鳌开幕。

11 月 3 日，《中华人民共和国和巴基斯坦伊斯兰共和国关于双边合作发展方向的联合宣言》在北京签署。同时，我国政府和巴基斯坦政府还签署《中华人民共和国政府与巴基斯坦伊斯兰共和国政府优惠贸易安排》，自2004年1月1日起实施。

11月12日，国务院办公厅转发商务部、科技部、国家发改委、信息产业部、财政部、海关总署、国家税务总局、国家质检总局《关于进一步实施科技兴贸战略的若干意见》。

2004年

1月31日，国务院印发《关于推进资本市场改革开放和稳定发展的若干意见》。

3月16日，财政部、海关总署、国家税务总局联合下发《关于进口货物进口环节海关代征税税收政策问题的规定》，对进一步规范进口环节海关代征税的减免行为具有重要意义。

4月6日，十届全国人大常委会第八次会议通过新修订的《中华人民共和国对外贸易法》，自2004年7月1日起施行。

6月3日，泛珠三角区域的内地九省区政府行政首长和港澳两个特别行政区行政长官在广州签署《泛珠三角区域合作框架协议》，标志着我国迄今为止最大规模的区域经济合作正式启动。

8月3日，财政部、国家税务总局、海关总署联合下发《关于国内货物进入苏州工业园区海关保税物流中心（B型试点）准予退税的通知》。

8月31日—9月1日，国务院在北京召开对发展中国家经济外交工作会议。

9月14日，财政部、国家税务总局印发《东北地区扩大增值税抵扣范围若干问题的规定》，选择东北地区的部分行业试行扩大增值税抵扣范围。

11月11日，商务部印发《国别投资经营障碍报告制度》。

11月30日，国家发改委和商务部公布《外商投资产业指导目录（2004年修订）》。

12月9日，商务部第十七次部务会议通过《货物进口许可证管理办法》。

12月11日，根据我国加入世界贸易组织的承诺，金融、信息产业、教育等领域结束过渡期，对外资开始实行开放。

12月12日，商务部新闻发言人发表谈话指出，中国政府决定自2005年起对部分纺织品加征出口税。

12月30日，商务部发布《商业特许经营管理办法》。

2005年

1月1日，根据世界贸易组织《纺织品与服装协定》关于纺织品配额一体化和《中国加入世界贸易组织议定书》中的相关条款，自2005年1月1日起，原对我国纺织品出口设限国将取消配额限制。自此，长达40年的全球纺织品配额体制将宣告结束，纺织品国际贸易将实现自由化，这将使生产量和出口量居世界之首的我国纺织品贸易迎来更为自由、公平的外部环境。

1月26日，商务部公布2005—2006年度“商务部重点培育和发展的出口名牌”名单，以增强培育自主品牌能力的精神，进一步推动出口品牌创建工作，全面提高出口竞争力，实现外贸增长方式的根本性转变。

12月31日，商务部、中国证监会、国家税务总局、国家工商总局、国家外汇管理局联合发布《外国投资者对上市公司战略投资管理办法》，规定国外投资者可以对已完成股改的上市公司和股改后新上市公司两类对象进行战略投资。

2006年

2月13日，商务部颁布《关于实施“双百市场工程”的通知》，决定培育一批面向国内外市场的大型农产品批发市场和流通企业，构建与国际市场接轨的农产品现代流通体系，拓宽保障农产品流通安全、促进农民持续增收的新路子。

5月26日，国务院印发《关于推进天津滨海新区开发开放有关问题的意见》，提出推进天津滨海新区开发开放，是党中央、国务院从我国经济社会发展全局出发作出的重要战略部署。

6月27日，内地与香港签署《〈内地与香港关于建立更紧密经贸关系的安排〉补充协议三》，内地将进一步在服务贸易领域对香港扩大开放，并加强与香港在贸易投资便利化领域的合作。

10月15—30日，第100届中国出口商品交易会（即广交会）举行。温家宝在开幕式上宣布，从第101届开始，中国出口商品交易会更名为中国进出口商品交易会。

10月25日，国务院常务会议讨论通过《关于鼓励和规范我国企业对外投资合作的意见》。

11月11日，国务院公布《中华人民共和国外资银行管理条例》，全面履行入世承诺，取消对外资银行的一切非审慎性市场准入限制，面向外资银行全面开放人民币零售业务。

11月24日，我国政府和巴基斯坦政府在伊斯兰堡签署《中华人民共和国政府和巴基斯坦伊斯兰共和国政府自由贸易协定》。根据该协定，中巴两国将分两个阶段对全部货物产品实施降税。

2007 年

3 月 19 日，国务院发出《关于加快发展服务业的若干意见》，提出加快发展服务业，提高服务业在三次产业结构中的比重，尽快使服务业成为国民经济的主导产业。

8 月 30 日，十届全国人大常委会第二十九次会议通过《中华人民共和国反垄断法》。

9 月 6—8 日，首届夏季达沃斯经济论坛在大连举行。

12 月 6 日，全国产业安全数据库扩容工作会议在北京召开。这是自 2006 年产业安全数据库扩容工程启动以来的一次承前启后的会议。

12 月 6 日，国务院公布《中华人民共和国企业所得税法实施条例》，我国告别实行了 30 多年的企业所得税双轨制税率，外商投资企业和国内企业将统一按 24%的所得税税率上缴所得税。

12 月 6 日，商务部印发《服务贸易发展“十一五”规划纲要》，这是我国服务贸易领域的第一个规划。

12 月 17 日，商务部在深圳召开会议，正式将北京、天津、上海、辽宁、江苏、浙江、山东、青岛、湖北、甘肃等十个省（市）作为对外贸易信用体系建设第二批试点省市。

12 月 24 日，商务部、海关总署联合公布《2007 年第二批加工贸易禁止类商品目录（禁止出口）》，公布新一批加工贸易禁止类目录，共计 589 个海关编码商品。该目录主要涉及动物产品、植物产品、动植物油脂、食品、饮料、矿产品、化学产品、塑料及其制品、钢铁及制品、铝制品。还有一些含濒危动植物成分的制品也列入禁止类，包括皮革制品、动物毛及其织物、鞋靴类、首饰制品、眼镜、钟表、杂项制品。

2008 年

4 月 7 日,《中华人民共和国政府和新西兰政府自由贸易协定》在北京正式签署，涵盖了货物贸易、服务贸易、投资等诸多领域，这是我国与其他国家签署的第一个全面的自由贸易协定，也是我国与发达国家签署的第一个自由贸易协定。

5 月 7 日，国务院常务会议审议通过《对外承包工程管理条例（草案）》，将对外承包工程纳入法制化轨道。

6 月 6—7 日，首届大湄公河次区域经济走廊论坛在云南昆明召开，通过《昆明共识》和《大湄公河次区域南北经济走廊战略框架和行动计划》两个成果性文件。

8 月 5 日，国务院修订并公布施行《中华人民共和国外汇管理条例》，取消对境内机构的强制结汇规定。

10 月 23 日,《中华人民共和国政府和新加坡共和国政府自由贸易协定》(简称《协定》) 在北京人民大会堂签署,《协定》涵盖了货物贸易、服务贸易、人员流动、海关程序等诸多领域。

2009 年

1 月 15 日，国务院办公厅发出《关于促进服务外包产业发展问题的复函》，批复商务部会同有关部委共同制定的促进服务外包发展的政策措施，批准北京等 20 个城市为我国服务外包示范城市，并在 20 个试点城市实行一系列鼓励和支持措施，加快我国服务外包产业发展。

1 月 23 日，商务部发布《关于进一步下放对外贸易经营者备案登记工作有关问题的通知》，重申备案登记工作下放的有关程序，争取年内将商务部委托的备案登记机关覆盖到所有符合条件的地市级商务主管部门。

2月5日，商务部与国家质检总局在北京签署贸检协作备忘录。双方商定，为服务经济增长大局，改善贸易便利化环境，努力保持出口稳定增长，将建立更为紧密长效的协作机制。

4月14日，国务院印发《关于推进上海加快发展现代服务业和先进制造业建设国际金融中心和国际航运中心的意见》，明确将上海建设成为国际金融中心、国际航运中心和现代国际大都市。

4月28日，我国政府同秘鲁政府签署《中华人民共和国政府与秘鲁共和国政府自由贸易协定》。这是我国与拉美国家签署的第一个一揽子自由贸易协定。

5月1日，修订后的《中国国际经济贸易仲裁委员会网上仲裁规则》正式施行，该规则特别适用于解决电子商务争议。

8月3—4日，商务部与世界贸易组织秘书处在北京联合举办“世界贸易组织《政府采购协定》研讨会”。这是世界贸易组织技术援助的组成部分，世界贸易组织秘书处派出两位主管专家到会，详细讲解世界贸易组织《政府采购协定》的框架、主要条款、加入程序及协定修改情况等问题。

2010年

1月1日，中国–东盟自由贸易区宣布正式建立，经济总量约6万亿美元，贸易额达4.5万亿美元，是世界上由发展中国家组成的最大自由贸易区。

1月26日，《海峡两岸经济合作框架协议》第一次海峡两岸关系协会和财团法人海峡交流基金会专家工作商谈在北京举行。

3月1日，《中华人民共和国政府与秘鲁共和国政府自由贸易协定》

正式实施，成为我国达成并实施的第八个自由贸易协定。

4月8日，我国政府和哥斯达黎加政府在北京签署《中华人民共和国政府和哥斯达黎加共和国政府自由贸易协定》，涵盖领域广，开放水平高，是我国与中美洲国家签署的第二个一揽子自贸协定。

6月29日，海峡两岸关系协会与台湾海峡交流基金会在重庆签署《海峡两岸经济合作框架协议》。

9月29日，世界贸易组织争端解决机构发布“中国诉美国禽肉限制措施案”专家组报告。专家组全面支持我国的诉请，裁定美国《2009年综合拨款法》的第727条款违反世界贸易组织《实施卫生与植物卫生措施协定》、最惠国待遇和普遍取消数量限制原则等多项规定。

10月25日，世贸组织争端解决机构正式通过“中国诉美国禽肉限制措施案”专家组报告。中美两国自2004年便持续升级的“禽肉大战”终于在世界贸易组织的裁决下以我国全面胜利而告终。

12月29日，国家发改委发布《反价格垄断规定》和《反价格垄断行政执法程序规定》，以加强反价格垄断执法，培育市场竞争文化，促使相关企业和市场主体自觉规范经营行为，维护社会主义市场经济秩序。

2011年

2月3日，国务院办公厅印发《关于建立外国投资者并购境内企业安全审查制度的通知》。

3月4日，商务部、工信部、农业部、海关总署、国家工商总局、国家质检总局、国务院新闻办、国家食品药品监管局八部门联合召开全国“外贸商品质量提升年”视频会议。

同日，国务院发文批复《浙江省义乌市国际贸易综合改革试点总体方案》，提出建立新型贸易方式、优化出口商品结构、加强义乌市场建设、探索现代流通新方式、推动产业转型升级、开拓国际市场、加快“走出去”步伐、推动内外贸一体化发展、应对国际贸易摩擦和壁垒九方面的试点主要任务。这是继国家设立九个综合配套改革试验区之后、经国务院批准设立的又一个综合改革试点，也是全国首个由国务院批准的县级市综合改革试点。

3 月 27 日，国家发改委修订并发布《产业结构调整指导目录（2011 年本）》。

9 月 29 日，由商务部主办的 2011 中国进口论坛在上海举行。

2012 年

2 月 17 日，商务部、国家发改委、财政部、中国人民银行等十部门联合发布《关于加快转变外贸发展方式的指导意见》，提出通过培育新兴市场、加快国内中西部地区外贸发展、培育一批重点行业外贸转型基地、提升出口商品品牌与质量等方式，推动我国对外贸易加快转变发展方式。

4 月 13 日，商务部印发《对外贸易发展“十二五”规划》，明确“十二五”时期，我国进出口总额年均增长 10%左右。

5 月 26 日，全球贸易投资研究咨询中心揭牌仪式在上海举行。全球贸易投资研究咨询中心是以上海WTO事务咨询中心为载体，采取商务部与上海市政府合作建设方式，为国家及上海提供经济全球化背景下贸易、投资和产业运行监测、预警等领域研究与咨询服务的机构。

5 月 28 日，首届中国（北京）国际服务贸易交易会在北京国家会议中心开幕。

6 月 27 日，国家外汇管理局、海关总署、国家税务总局发布《关于货物贸易外汇管理制度改革的公告》，决定自 2012 年 8 月 1 日起，我国取消出口收汇核销单，企业不再办理出口收汇核销手续；国家外管局对企业的贸易外汇管理方式由现场逐笔核销改变为非现场总量核查。

9 月 16 日，国务院办公厅发布《关于促进外贸稳定增长的若干意见》，共提出做好出口退税和金融服务、提高贸易便利化水平、改善贸易环境、优化贸易结构、加强组织领导等 16 条具体意见。

9 月 27 日，海关总署发布《关于促进外贸稳定增长的若干措施》，出台 16 项措施促进外贸稳定增长，主要内容是“取消五项收费、深化四项改革、优化三项服务、简化两项手续、营造一个环境”。

12 月 1 日，国务院发布《服务业发展“十二五”规划》。

2013 年

2 月 18 日，商务部、环境保护部印发《对外投资合作环境保护指南》，目的是指导我国企业在对外投资合作中进一步规范环境保护行为，引导企业积极履行环境保护社会责任，推动对外投资合作可持续发展。

8 月 17 日，国务院正式批准设立中国（上海）自由贸易试验区。其范围包括上海市外高桥保税区、外高桥保税物流园区、洋山保税港区和上海浦东机场综合保税区四个海关特殊监管区域，总面积为 28.78 平方千米。

8 月 30 日，十二届全国人大常委会第四次会议通过《全国人民代表大会常务委员会关于修改〈中华人民共和国商标法〉的决定》。

9 月 7 日，习近平总书记在哈萨克斯坦纳扎尔巴耶夫大学发表题为《弘扬人民友谊 共创美好未来》的演讲，第一次提出共同建设“丝绸之路经济带”的倡议。

9 月 9 日，商务部、国家统计局、国家外汇管理局联合发出《2012 年度中国对外直接投资统计公报》，公布 2012 年中国对外直接投资的年度数据。2012 年我国对外投资创下 878 亿美元历史新高，首次成为全球第三大对外投资国。

9 月 18 日，国务院印发《中国（上海）自由贸易试验区总体方案》，提出政府职能转变、金融制度、贸易服务、外商投资和税收政策等多项改革措施。

9 月 29 日，中国（上海）自由贸易试验区在上海外高桥保税区正式挂牌成立。

12 月 16 日，财政部正式发布《2014 年关税实施方案》，对 767 种进口商品实施低于最惠国税率的年度进口暂定税率，暂定税率从 0%到 20%不等，平均优惠幅度达 60%。其中，婴幼儿奶粉继续执行 5%的进口商品暂定税率。

2014 年

8 月 19 日，商务部第二十七次部务会议审议通过《境外投资管理办法》。

8 月 25 日，国家卫计委、商务部下发《关于开展设立外资独资医院试点工作的通知》，决定自 2014 年 7 月 25 日起，境外投资者可通过新设或并购的方式，在北京市、天津市、上海市、江苏省、福建省、广东省、海南省设立外资独资医院。

9 月 10—13 日，两岸货物贸易协议第九轮商谈在台湾宜兰举行。

9 月 26 日，商务部、国家统计局发布修订后的《国际服务贸易统计制度》。此次修订是结合我国服务贸易发展的实际情况和特点，对 2012 年 8 月印发的《国际服务贸易统计制度》进行修订，以建立符合国际规范的服务贸易统计体系，科学、有效地开展服务贸易统计工作，促进服务贸易的健康发展。

10 月 30 日，国务院办公厅下发《关于促进国家级经济技术开发区转型升级创新发展的若干意见》。

11 月 26 日，国务院常务会议部署加快发展服务外包产业、打造外贸竞争新优势。会议指出，坚持改革创新，面向全球市场，加快发展高技术、高附加值服务外包这一“绿色产业”，促进大众创业、万众创新，推动从主要依靠低成本竞争向更多以智力投入取胜转变，对于推进结构调整，形成产业升级新支撑、外贸增长新亮点、现代服务业发展新引擎和扩大就业新渠道，都具有重要意义。

12 月 12 日，商务部制定《贸易政策合规工作实施办法（试行）》。

12 月 18 日，商务部与澳门特区政府经济财政司在澳门签署《内地与澳门CEPA关于内地在广东与澳门基本实现服务贸易自由化的协议》。

同日，商务部与香港特区政府财政司在香港签署《内地与香港CEPA关于内地在广东与香港基本实现服务贸易自由化的协议》，该协议是内地首次以准入前国民待遇加负面清单的方式签署的自由贸易协议，涉及面广、内容丰富。

12 月 28 日，十二届全国人大常委会第十二次会议通过《全国人民代表大会常务委员会关于授权国务院在中国（广东）自由贸易试验区、中国（天津）自由贸易试验区、中国（福建）自由贸易试验区以及中国（上海）自由贸易试验区扩展区域暂时调整有关法律规定的行政审批的决定》。

2015 年

1 月 14 日，国务院常务会议部署加快发展服务贸易，以结构优化拓展发展空间。

1 月 16 日，国务院发布《关于促进服务外包产业加快发展的意见》。

1月28日，国务院印发《关于加快发展服务贸易的若干意见》。

2月12日，国务院印发《关于加快培育外贸竞争新优势的若干意见》。

3月7日，国务院发布《国务院关于同意设立中国（杭州）跨境电子商务综合试验区的批复》。

4月17日，国务院印发《关于改进口岸工作支持外贸发展的若干意见》，提出优化口岸服务，促进外贸稳定增长；加强口岸建设，推动外贸转型升级；深化口岸协作，改善外贸发展环境；扩大口岸开放，提升对外开放水平；夯实口岸基础，提高服务经济社会发展能力。

4月20日，我国商务部与巴基斯坦商务部共同签署《中华人民共和国政府和巴基斯坦伊斯兰共和国政府自由贸易区服务贸易协定银行业服务议定书》。

6月16日，国务院办公厅印发《关于促进跨境电子商务健康快速发展的指导意见》。

8月29日，国务院印发《关于同意建立国务院服务贸易发展部际联席会议制度的批复》。

9月15日，中央全面深化改革领导小组召开第十六次会议，强调坚持以扩大开放促进深化改革，坚定不移提高开放型经济水平。

10月29日，党的十八届五中全会第二次全体会议强调，要推动全球经济治理体系改革完善，引导全球经济议程，维护多边贸易体制，加快实施自由贸易区战略，积极承担与我国能力和地位相适应的国际责任和义务。

11月9日，习近平总书记主持召开中央全面深化改革领导小组第十八次会议，审议通过《关于加快实施自由贸易区战略的若干意见》《关于促进加工贸易创新发展的若干意见》。

2016 年

2 月 22 日，国务院印发《关于同意开展服务贸易创新发展试点的批复》，同意在天津、上海、海南、深圳、杭州、武汉、广州、成都、苏州、威海和哈尔滨新区、江北新区、两江新区、贵安新区、西咸新区等省市（区域）开展服务贸易创新发展试点。

4 月 21 日，由商务部、科技部、国家知识产权局和上海市人民政府共同主办的第四届中国（上海）国际技术进出口交易会在上海世博展览馆开幕。

5 月 5 日，国务院印发《关于促进外贸回稳向好的若干意见》。

10 月 25 日，商务部发布《服务出口重点领域指导目录》，对扩大服务出口规模，优化服务出口结构，培育“中国服务”国际竞争力具有重要意义。

11 月 2 日，国务院印发《关于做好自由贸易试验区新一批改革试点经验复制推广工作的通知》，对自由贸易试验区新一批改革试点经验在全国范围内的复制推广工作进行部署安排。

11 月 3—4 日，《区域全面经济伙伴关系协定》部长级会议在菲律宾宿务举行。商务部、财政部和农业部组成的中方代表团与会。

12 月 26 日，商务部印发《对外贸易发展“十三五”规划》，明确“十三五”时期我国外贸发展的总体思路、目标任务和保障措施，是指导各级外贸主管部门工作的行动指南，为外贸企业开展经营活动提供参考。

2017 年

1 月 12 日，国务院印发《关于扩大对外开放积极利用外资若干措施的通知》，对我国利用外资工作提出 20 项具体措施。

2 月 17 日，国家发改委、商务部公布《中西部地区外商投资优势产业目录（2017 年修订）》。

3 月 9 日，国务院印发《关于新形势下加强打击侵犯知识产权和制售假冒伪劣商品工作的意见》，部署进一步加强打击侵权假冒工作，保障国家知识产权战略深入实施，维护公平竞争的市场秩序，完善法治化、国际化、便利化的营商环境。

5 月 13 日，《中华人民共和国政府和格鲁吉亚政府自由贸易协定》在北京正式签署。

6 月 28 日，商务部与香港特区政府财政司在香港签署内地与香港《CEPA投资协议》和《CEPA经济技术合作协议》。

同日，国家发改委、商务部正式对外发布《外商投资产业指导目录（2017 年修订）》，此次修订是 1995 年首次颁布《外商投资产业指导目录》以来的第七次修订，修订周期更短、开放领域更广泛。其最大亮点之一是将关联并购以外，不涉及外资限制性措施的外资并购由审批改为备案管理。

10 月 31 日，中国国际进口博览局启动仪式在北京举行，主要负责牵头落实中国国际进口博览会实施方案，受委托承担组织招展和招商具体工作，参与进口博览会期间重要会议论坛的组织工作，以及国家展区布展等工作。

12 月 18 日，商务部与澳门特区政府经济财政司在澳门签署内地与澳门《CEPA投资协议》和《CEPA经济技术合作协议》。

2018 年

1 月 1 日，《中华人民共和国政府和格鲁吉亚政府自由贸易协定》

生效并实施。这是我国与欧亚地区国家签署的第一个自贸协定，也是“一带一路”倡议提出后我国启动并达成的第一个自贸协定。本协定自2015年12月启动谈判，2017年5月签署。

3月22日，美国总统特朗普签署备忘录，基于美国贸易代表办公室公布的“301调查”报告，指令有关部门对来自我国进口商品大规模征收关税。

4月3日，美国政府依据“301调查”单方认定结果，宣布将对原产于我国的进口商品加征25%的关税，涉及约500亿美元我国对美出口，涵盖约1300个税号产品。

4月4日，对于美国违反国际义务对我国造成的紧急情况，为捍卫自身合法权益，我国依据《中华人民共和国对外贸易法》等法律法规和国际法基本原则，将对原产于美国的大豆等农产品、汽车、化工品、飞机等进口商品对等采取加征关税措施，税率为25%，涉及2017年中国自美国进口金额约500亿美元。

6月1日，国务院批复同意商务部提出的《深化服务贸易创新发展试点总体方案》，在北京、天津、河北雄安新区、重庆两江新区等17个省市（区域）深化服务贸易创新发展试点。

6月10日，国务院印发《关于积极有效利用外资推动经济高质量发展若干措施的通知》，从六方面提出积极有效利用外资的政策措施。

6月15日，美国政府宣布，对从我国进口的约500亿美元商品加征25%的关税，其中对约340亿美元商品自2018年7月6日起实施加征关税措施；自2018年8月23日起加征25%关税的贸易商品金额由340亿美元提升至500亿美元。

6月16日，国务院关税税则委员会发布《关于对原产于美国500亿美元进口商品加征关税的公告》，对于美国加征关税违反国际义务对我国造成的紧急情况，根据《中华人民共和国对外贸易法》《中华人民共和国进出口关税条例》等法律法规和国际法基本原则，决定对原产于美国的659项约500亿美元进口商品加征25%的关税，其中545项约340亿美元商品自2018年7月6日起实施加征关税。

7月1日，《亚太贸易协定》第四轮关税减让成果文件——《亚太贸易协定第二修正案》正式生效实施。六个成员国——中国、印度、韩国、斯里兰卡、孟加拉国和老挝对共计10312个税目的产品削减关税，平均降税幅度为33%。此外，中国、印度、韩国、斯里兰卡还给予协定内最不发达国家孟加拉国共1259个产品特惠税率安排，给予老挝1251个产品特惠税率安排，平均降税幅度均为86%。

7月2日，国务院办公厅转发商务部等部门《关于扩大进口促进对外贸易平衡发展的意见》，提出扩大进口促进对外贸易平衡发展的政策举措。

7月6日，我国在世界贸易组织就美国301调查项下正式实施的征税措施追加起诉。

7月20日，商务部、国家发改委、科技部、财政部等十一部门联合发布《关于推广服务贸易创新发展试点经验的通知》，提出五方面、29条向全国复制推广的试点创新经验。

8月23日，我国在世界贸易组织起诉美国301调查项下对华160亿美元输美产品实施的征税措施。

9月2日，我国政府与毛里求斯政府签署《中华人民共和国商务部与毛里求斯共和国外交、地区一体化和国际贸易部关于结束中国毛里求斯自由贸易协定谈判的谅解备忘录》。这是我国与非洲国家商签的首个自贸协定。

9月17日，美国政府宣布自9月24日起对2000亿美元中国输入美产品加征 10%的关税。

9 月 18 日，我国在世界贸易组织追加起诉美国 301 调查项下对华 2000 亿美元输美产品实施的征税措施。

11 月 5 日，傅自应在出席首届中国国际进口博览会期间，会见时任新加坡贸工部部长陈振声，共同宣布结束中国与新加坡自由贸易协定升级谈判。双方将在履行有关国内程序后签署《中华人民共和国政府和新加坡共和国政府关于升级〈自由贸易协定〉的议定书》。

11 月 6 日，商务部在首届中国国际进口博览会期间发布《中国服务进口报告 2018》。这是首部由我国政府部门发布的服务进口报告。

12 月 14 日，商务部与香港财政司在香港签署《CEPA货物贸易协议》。

2019 年

1 月 16 日，中外投资促进机构工作会在北京举行，以“促进高质量投资合作，推动高水平对外开放”作为主题。

1 月 31 日，国务院发布《关于全面推进北京市服务业扩大开放综合试点工作方案的批复》，同意在北京市继续开展和全面推进服务业扩大开放综合试点。

3 月 1 日，《中华人民共和国政府与智利共和国政府关于修订〈自由贸易协定〉及〈自由贸易协定关于服务贸易的补充协定〉的议定书》正式生效实施。

4 月 18—19 日，全国贸易救济工作会议在北京召开。

5 月 28 日，2019 年中国国际服务贸易交易会全球服务贸易峰会在北京举行。

6 月 4 日，商务部与蒙古国政府授权代表在北京正式签署《中华人民共和国政府和蒙古国政府关于建设中国蒙古二连浩特—扎门乌德经济合作区的协议》。

6月8—9日，二十国集团贸易部长会议在日本筑波召开，其间与同期召开的数字经济部长会议举行联席会议。

6月27日，首届中国—非洲经贸博览会开幕式暨中非经贸合作论坛在湖南长沙举行。

7月31日，商务部出台《商务信用联合惩戒对象名单管理办法》，将进一步规范商务领域惩戒对象名单的管理，为联合惩戒工作跨部门协作提供依据和支撑。

8月7日，中国政府代表团在新加坡出席《联合国关于调解所产生的国际和解协议公约》签署仪式，并代表我国签署公约。

9月9日，习近平总书记主持召开中央全面深化改革委员会第十次会议，审议通过《关于推进贸易高质量发展的指导意见》。

10月30日，国务院印发《关于进一步做好利用外资工作的意见》，提出四方面共20条政策措施。

11月2日，商务部等十八部门联合印发《关于在中国（海南）自由贸易试验区试点其他自贸试验区施行政策的通知》。

11月4日，我国政府和新西兰政府宣布正式结束两国之间的自由贸易协定升级谈判。

11月5日，第二届中国国际进口博览会在上海开幕。习近平总书记出席开幕式并发表题为《开放合作 命运与共》的主旨演讲，提出共建开放型世界经济的三点倡议，宣布中国对外开放的五项新举措。

11月19日，中共中央、国务院发布《关于推进贸易高质量发展的指导意见》，明确到2022年贸易结构更加优化，贸易效益显著提升，贸易实力进一步增强，建立贸易高质量发展的指标、政策、统计、绩效评价体系。

11 月 20 日，商务部与澳门经济财政司在澳门共同签署《关于修订〈CEPA服务贸易协议〉的协议》。

11 月 21 日，商务部与香港财政司在香港共同签署《关于修订〈CEPA服务贸易协议〉的协议》。

12 月 1 日，《中华人民共和国政府和巴基斯坦伊斯兰共和国政府关于修订〈自由贸易协定〉的议定书》正式生效。

2020 年

1 月 6 日，商务部等八部门发布《关于推动服务外包加快转型升级的指导意见》，提出加快服务外包向高技术、高附加值、高品质、高效益转型升级，全面提升“中国服务”和“中国制造”品牌影响力和国际竞争力。

3 月 26 日，国务院发布《关于支持中国（浙江）自由贸易试验区油气全产业链开放发展若干措施的批复》，围绕浙江自贸试验区油气产业发展需要，在引进油品贸易国际战略投资者、加快推进石化炼化产业转型升级、提升油品流通领域市场化配置能力、提升大宗商品跨境贸易金融服务与监管水平等 11 个领域提出 26 项具体支持措施。

3 月 31 日，国务院服务贸易发展部际联席会议办公室公布《关于印送服务贸易创新发展试点“最佳实践案例”的函》，发布 20 个深化服务贸易创新发展试点“最佳实践案例”。

4 月 6 日，国务院发布《关于同意设立江西内陆开放型经济试验区的批复》。

4 月 21 日，国务院发布《关于中韩（长春）国际合作示范区总体方案的批复》，提出坚持新发展理念，坚持高质量发展，着力构建产业、科技、贸易、人文、环保等多领域开放合作格局，着力创新中外合作体制机制，着力建设现代产业体系，打造营商环境法治化国际化便利化、管理服务更协调更高效的国际合作示范区，为共建“一带一路”、推动东北全面振兴全方位振兴注入新动能。

4月27日，国务院发布《关于同意在雄安新区等46个城市和地区设立跨境电子商务综合试验区的批复》。

6月1日，中共中央、国务院印发《海南自由贸易港建设总体方案》。

6月18日，国务院下发《关于在中国（海南）自由贸易试验区暂时调整实施有关行政法规规定的通知》。

6月28日，国务院下发《关于做好自由贸易试验区第六批改革试点经验复制推广工作的通知》。

7月13日，商务部联合最高人民法院、科技部等十部门印发《关于做好北京市服务业扩大开放综合试点经验复制推广工作的通知》，向全国复制推广一批试点经验，支持各地共享试点的改革开放红利、推动服务业高质量发展、稳住外贸外资基本盘。

7月17日，商务部和智利外交部共同发表《关于加强自贸合作、抗击新冠肺炎疫情的联合声明》，强调贸易和投资自由化的重要性，承诺在经贸领域携手应对疫情，共同反对贸易保护主义。

7月22日，国务院办公厅发布《关于同意建立国务院推进贸易高质量发展部际联席会议制度的函》。

7月27日，国务院服务贸易发展部际联席会议办公室公布《关于印发深化服务贸易创新发展试点经验和第二批“最佳实践案例”的函》，公布五项试点经验，其中“港澳服务提供者在内地独立举办经济技术展会便利举措”“知识产权证券化融资模式”两项拟在全国复制推广，“国际贸易‘单一窗口’服务贸易功能集成拓展”“国际航行船舶移泊免办边检查验”“开展服务贸易开放度评价”三项拟在试点地区复制推广。同时，还编撰了第二批深化试点20个最佳实践案例。

7月29日，国务院常务会议部署进一步扩大开放稳外贸稳外资，决定深化服务贸易创新发展试点。

8月1日，中韩经贸联委会第二十四次会议在山东省青岛市举行。

8月2日，国务院发布《关于同意全面深化服务贸易创新发展试点的批复》，同意在北京、天津、上海、重庆（涪陵区等21个市辖区）、海南、大连、厦门、青岛、深圳、石家庄、长春、哈尔滨、南京、苏州、杭州、合肥、济南、威海、武汉、广州、成都、贵阳、昆明、西安、乌鲁木齐和河北雄安新区、贵州贵安新区、陕西西咸新区28个省、市（区域）全面深化服务贸易创新发展试点。

8月5日，国务院办公厅印发《关于进一步做好稳外贸稳外资工作的意见》。

8月27日，东南亚国家联盟成员国和澳大利亚、中国、日本、韩国、新西兰的贸易部长召开《区域全面经济伙伴关系协定》第八次部长级会议。

8月28日，国务院发布《关于深化北京市新一轮服务业扩大开放综合试点建设国家服务业扩大开放综合示范区工作方案的批复》。

9月1日，中央全面深化改革委员会召开第十五次会议，强调推动更深层次改革实行更高水平开放，为构建新发展格局提供强大动力。

9月11日，我国与挪威举行自由贸易协定首席谈判代表视频会议，双方就货物贸易、服务贸易、贸易救济、竞争、电子商务、知识产权、环境与贸易、海关议题、技术性贸易壁垒、法律、争端解决等议题展开深入磋商。

9月21日，国务院印发《关于北京、湖南、安徽自由贸易试验区总体方案及浙江自由贸易试验区扩展区域方案的通知》。

10月25日，国务院办公厅印发《关于推进对外贸易创新发展的实施意见》。

11月12日，第二十三次中国–东盟（10+1）领导人会议通过视频方式举行。作为会议成果之一，双方共同发表《中国–东盟自由贸易区全面建成十周年实施报告》。

11月15日，《区域全面经济伙伴关系协定》第四次领导人会议期间，东盟十国与中国、日本、韩国、澳大利亚、新西兰共同签署《区域全面经济伙伴关系协定》，标志着世界上人口最多、经贸规模最大、最具发展潜力的自由贸易区正式启航。

12月14日，我国政府和白俄罗斯政府间合作委员会第四次会议期间，双方通过视频方式正式签署《中华人民共和国商务部和白俄罗斯共和国经济部关于启动〈中国与白俄罗斯服务贸易与投资协定〉谈判的联合声明》。

12月23日，我国政府和乌克兰政府间合作委员会第四次会议期间，双方签署《中华人民共和国商务部与乌克兰经济发展、贸易和农业部关于启动贸易自由化安排联合可行性研究的联合声明》。

12月31日，国家发改委、商务部发布《海南自由贸易港外商投资准入特别管理措施（负面清单）（2020年版）》。

2021年

1月1日，《中华人民共和国政府和毛里求斯共和国政府自由贸易协定》（以下简称《协定》）正式生效。生效后，在货物贸易领域，我国和毛里求斯最终实现零关税的产品税目比例分别达到96.3%和94.2%。服务贸易领域，双方承诺开放的分部门均超过100个。投资领域，这是我国首次与非洲国家升级原投资保护协定。

同日，我国与蒙古国相互实施在《亚太贸易协定》项下的关税减让安排。

2月26日，商务部与韩国产业通商资源部通过视频方式举行自贸协定第二阶段谈判首席谈判代表会议。

4月9日，国务院印发《关于同意在天津、上海、海南、重庆开展服务业扩大开放综合试点的批复》，部署在天津、上海、海南、重庆4省市开展服务业扩大开放综合试点。

4月15日，我国向东盟秘书长正式交存《区域全面经济伙伴关系协定》（RCEP）核准书，标志着中国正式完成RCEP核准程序。

4月19日，商务部等二十部门联合印发《关于推进海南自由贸易港贸易自由化便利化若干措施的通知》，从货物贸易和服务贸易两方面，明确28项政策措施。

5月8日，国务院发布《关于同意在河南省开展跨境电子商务零售进口药品试点的批复》。

5月12日，国务院服务贸易发展部际联席会议办公室公布《关于印发全面深化服务贸易创新发展试点"最佳实践案例"的函》，发布全面深化试点第一批16个最佳实践案例。

6月10日，十三届全国人大常委会第二十九次会议通过《中华人民共和国海南自由贸易港法》。

7月2日，国务院办公厅印发《关于加快发展外贸新业态新模式的意见》。

7月15日，商务部、生态环境部联合印发《对外投资合作绿色发展工作指引》。

7月23日，商务部发布《海南自由贸易港跨境服务贸易特别管理措施（负面清单）（2021 年版）》，这是我国跨境服务贸易领域首张负面清单，也是我国主动推动高水平制度型开放的一项重要举措，对于推动海南自由贸易港高质量发展具有重要的意义。

8 月 2 日，国务院印发《关于推进自由贸易试验区贸易投资便利化改革创新若干措施的通知》。

9 月 1 日，商务部与香港特区政府签署《关于推进境外经贸合作区高质量发展合作备忘录》，双方将在内地与香港经贸合作委员会机制下，充分发挥香港参与“一带一路”建设合作专责小组作用，利用内地与香港各自优势，推动两地企业与境外经贸合作区、东道国深度合作，实现互利共赢。

9 月 6 日，中共中央、国务院印发《全面深化前海深港现代服务业合作区改革开放方案》。

9 月 15 日，国务院发布《关于同意在全面深化服务贸易创新发展试点地区暂时调整实施有关行政法规和国务院文件规定的批复》。

9 月 16 日，商务部向《全面与进步跨太平洋伙伴关系协定》（CPTPP）保存方新西兰贸易与出口增长部提交我国正式申请加入CPTPP的书面信函。

10 月 13 日，商务部等二十四部门印发《“十四五”服务贸易发展规划》。

10 月 15 日—11 月 3 日，第 130 届中国进出口商品交易会首次线上线下融合举办。

11 月 2 日，国务院印发《关于“十四五”对外贸易高质量发展规划的批复》。

11 月 17 日，商务部等九部门发布《关于确定中国服务外包示范城市的通知》。同意将徐州、佛山、烟台、贵阳、洛阳、宜昌 6 个城市确定为中国服务外包示范城市，享受现有示范城市的支持政策。

11月18日，商务部印发《“十四五”对外贸易高质量发展规划》。

2022年

1月17日，中国–中亚经贸合作论坛以视频方式举行。

1月22日，国务院印发《关于同意在鄂尔多斯等27个城市和地区设立跨境电子商务综合试验区的批复》。

1月24日，商务部等六部门印发《关于高质量实施〈区域全面经济伙伴关系协定〉（RCEP）的指导意见》。

2月4日，商务部和俄罗斯联邦经济发展部签署《关于完成制定〈中俄货物贸易和服务贸易高质量发展的路线图〉的联合声明》。

2月24日，国务院服务贸易发展部际联席会议办公室印发《全面深化服务贸易创新发展试点第二批“最佳实践案例”》。

5月9日，商务部等14部门发布《关于开展内外贸一体化试点的通知》，提出试点目标、主要任务，确定在9个试点地区开展试点。

5月17日，国务院办公厅印发《关于推动外贸保稳提质的意见》。

6月9日，金砖国家第十二次经贸部长会议召开，批准了《金砖国家第十二次经贸部长会议联合公报》，达成《金砖国家加强多边贸易体制和世贸组织改革声明》《金砖国家数字经济伙伴关系框架》《金砖国家贸易投资与可持续发展倡议》《金砖国家加强供应链合作倡议》等成果文件。

7月18日，商务部等27部门印发《关于推进对外文化贸易高质量发展的意见》，明确提出发展文化贸易的任务举措。

8月18日，根据《数字经济伙伴关系协定》（DEPA）联合委员会的决定，中国加入DEPA工作组正式成立，全面推进中国加入DEPA的谈判。

9月27日，商务部印发《支持外贸稳定发展若干政策措施》。

同日，商务部等七部门联合印发《关于加快推进市场采购贸易方式试点工作的函》，推动加快培育贸易新业态新模式，支持外贸稳定发展。

11月14日，国务院印发《关于同意在廊坊等33个城市和地区设立跨境电子商务综合试验区的批复》。

11月29日，商务部发布《商务领域行业标准化技术委员会工作指南》。

12月11—14日，首届全球数字贸易博览会在杭州举办。

12月15—16日，中央经济工作会议在北京召开，针对更大力度吸引和利用外资等做出部署，指出要推进高水平对外开放，提升贸易投资合作质量和水平；扩大市场准入，加大现代服务业领域开放力度；积极推动加入全面与进步跨太平洋伙伴关系协定和数字经济伙伴关系协定等高标准经贸协议，主动对照相关规则、规制、管理、标准，深化国内相关领域改革。

图书在版编目（CIP）数据

外贸体制改革 / 李钢主编.— 北京 : 中国工人出版社，2024. 6. -- ISBN 978-7-5008-8029-5

Ⅰ. F752

中国国家版本馆CIP数据核字第20246XW546号

外贸体制改革

出 版 人	董 宽
责任编辑	王晨轩 左 鹏
责任校对	张 彦
责任印制	栾征宇
出版发行	中国工人出版社
地　　址	北京市东城区鼓楼外大街 45 号 邮编：100120
网　　址	http://www.wp-china.com
电　　话	（010）62005043（总编室）
	（010）62005039（印制管理中心）
	（010）62382916（工会与劳动关系分社）
发行热线	（010）82029051 62383056
经　　销	各地书店
印　　刷	北京印刷集团有限责任公司
开　　本	710 毫米 × 1000 毫米 1/16
印　　张	37.75
字　　数	430 千字
版　　次	2024 年 9 月第 1 版 2024 年 9 月第 1 次印刷
定　　价	108.00 元